陶瓷手記

陶瓷史思索和操作的軌跡

謝明良 著

石頭出版

陶瓷手記

陶瓷史思索和操作的軌跡

作　　者：謝明良
副總編輯：黃文玲
執行編輯：蘇玲怡
美術設計：鄭雅華

出 版 者：石頭出版股份有限公司
發 行 人：龐愼予
社　　長：陳啟德
會計行政：陳美璇
登 記 證：行政院新聞局局版台業字第4666號
地　　址：106台北市大安區敦化南路二段34號9樓
電　　話：02-27012775（代表號）
傳　　眞：02-27012252
電子信箱：rockintl21@seed.net.tw
網　　址：http://www.rock-publishing.com.tw
郵政劃撥：1437912-5　石頭出版股份有限公司
製版印刷：鴻柏印刷事業股份有限公司
出版日期：2008年12月 初版
　　　　　2018年 3 月 再版
定　　價：新台幣1600元

ISBN　978-986-6660-38-2

目次

I 造型篇

1-1 國立故宮博物院藏兩件汝窯紙槌瓶及相關問題

在臺灣國立故宮博物院所藏近二十件的宋代汝窯當中，有兩件經常為研究者所引用的長頸瓶。其形制大體相同，均平底無足、圓筒腹、寬折肩上置細長頸，頸口沿微向外侈。一件高二十二公分，口沿裝鑲金屬釦（圖1：a）；另一件細長頸稍短，通高二十點四公分，口沿露出一圈澀胎，其上部分殘存數塊成分不明但薄而失透的灰綠色層斑。後者從口沿部位遺留的痕跡觀察，仍可辨認出業已脫落的金屬釦痕，推測原來也應裝鑲有金屬釦（圖2：a）。上述兩件作品器身及底滿施青瓷釉，底部均留下五處細小支釘痕露出灰黃色胎，並且都刻有乾隆御題詩，釉色精純典雅，是傳世汝窯中的佳作。這種長頸、寬折肩、碩腹、平底的造型一般被稱為紙槌瓶，據說是與造紙打漿時所使用的槌打具造型相似之故。

圖1 汝窯瓶
　a 外觀　b 口沿部位　c 瓶底
　臺灣國立故宮博物院藏

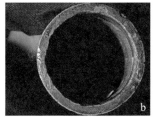

圖2 汝窯瓶
　a 外觀　b 口沿部位　c 瓶底
　臺灣國立故宮博物院藏

有關宋代造紙打漿用的槌具形制目前已難得知，不過一般認為造紙過程中的打漿技術可能來自漂絮時以砧杵擊絮的方法。砧杵一般具有易於執握的細長柄，柄以上相對粗大，以便使力捶打（圖3）。就具有細長頸、筒形身腹的所謂汝窯紙槌瓶的基本器形而言，確實與砧杵有若干共通之處。明人筆記如文震亨（1585－1645）《長物志》、袁宏道（1568－1610）《瓶史》、張謙德《瓶花譜》，雖將瓷器紙槌瓶

圖3　王禎《農書》桑蠹（四庫所收永樂大典本）

列入文房清玩，可惜不見有關形容其造型的任何記載。姑且不論宋代是否已有紙槌瓶這一稱法，由於長頸、折肩、筒形腹的器形是宋代陶瓷常見的造型之一，不少瓷窯都曾生產大同小異的類似作品，因此我們既無法在眾多的類似作品中明確區分出哪些才屬明人筆記所指的紙槌瓶，也無從得知明代文人之間心目中的紙槌瓶其造型是否一致。儘管如此，我們仍可通過現有傳世器物的觀察，初步地認識所謂紙槌瓶在宋代的基本造型特徵，從而為理解臺灣國立故宮博物院藏兩件汝窯紙槌瓶的造型提供一些線索。

一

於宋代燒造的長頸、折肩、筒形腹等具有所謂紙槌瓶造型特徵的瓷窯為數不少，其中又以南宋官窯或龍泉窯系青瓷最為常見。就目前所見南宋官窯長頸筒腹瓶的造型而言，大致上可區分為以下兩式：一式係長頸、筒形身腹、頸口沿處略往外侈，且飾有一道明顯的邊稜（圖4）；另一式口沿外敞而較寬平，形成盤口，就器形來說，也可

（左）圖4　官窯瓶　南宋　美國弗利爾美術館（Freer Gallery of Art）藏
（右）圖5　官窯瓶　南宋　日本金澤市立中村紀念館藏

以稱它做長頸盤口瓶（圖5）。最近出現於市肆的一件日本舊藏南宋官窯瓶，口沿雖已缺損並鑲金釦，仍可清楚看出是屬於盤口式（圖6）。[1]儘管上述作品的頸部長度和器身的比例以及折肩部位的弧度常因不同作品而有所差異，不過其基本造型均符合所謂紙槌瓶的特徵。長頸盤口瓶於龍泉窯系青瓷作品中更是經常可見（圖7），有時雖於長頸兩側相對處加飾鳳形或摩羯魚等雙耳，盤口的弧度也有若干變化（圖8），但仍保有長頸、折肩、筒形腹等造型特徵。

　　南宋陸游（1125－1210）《老學庵筆記》或葉寘《坦齋筆衡》都曾記載定窯由於其特有的覆燒技法而造成碗盤類口沿一圈無釉的缺陷不易使用，因此朝廷特命汝窯燒瓷代替定窯貢入宮中。傳世的定窯白瓷也見有幾件長頸碩腹瓶，有的如臺灣國立故宮博物院所藏造型呈盤口、長頸、扁圓腹（圖9）；也有的如臺灣國立歷史博物館收藏的呈盤口細長頸、折肩、筒腹造型（圖10）。與後者類似的作品還可見於英國大衛德基金會（Percival David Foundation of Chinese Art）的收藏，然其既無盤口，口沿無釉，且加飾金屬釦，從而得知大衛德基金會的定窯白瓷長頸瓶，原來應具盤口

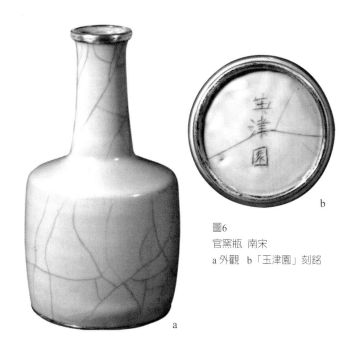

圖6
官窯瓶　南宋
a 外觀　b「玉津園」刻銘

圖7　龍泉窯瓶　南宋
　　日本私人藏

圖8　龍泉窯瓶　南宋
　　臺灣國立故宮博物院藏

造型，大概是由於盤口受損而後
磨去盤口部位加工改造而成的。
英國巴洛氏收藏（The Barlow
Collection）的一件定窯白瓷長
頸瓶，也可做為定窯長頸瓶盤口
造型的參考資料（圖11）。

　　這樣看來，就宋代具有所謂
紙槌瓶造型特徵的瓷窯作品而
言，一般均於長頸口沿加飾盤口
或一圈細的邊稜，帶有圈足的作
品除了圈足或圈足著地處之外，
整體均施釉。而平底以支釘正燒
的臺灣國立故宮博物院藏兩件汝
窯紙槌瓶，一件長頸口沿平削無
釉，露出澀胎，折角處頗為銳利（圖2：b）；另一件由於裝鑲

圖9
定窯瓶
臺灣國立故宮博物院藏

圖10
定窯劃花螭紋瓶
臺灣國立歷史博物館藏

有金屬釦無從得知口沿部位是否施罩釉藥，不過我們仍可於金
屬釦下方瓶口內外部位，觀察到青釉因遭琢磨而遺留下的黑色
細小棕眼（圖1：b），從而得知該作品金屬釦下口沿也應無
釉。兩件作品頸部收口均不自然，特別是金屬釦已經脫落、口
沿露出澀胎的那件，其澀胎之下瓶口邊沿部位釉藥與器坯接合
處平直而銳利非原來燒成狀態，且頸部近口沿處青釉亦有經琢
磨造成的細小棕眼。看來臺灣故宮藏兩件汝窯紙槌瓶也應如前
述大衛德基金會所藏定窯長頸瓶般，其頸部口沿不僅原施有
釉，還應置有盤口或接近於俗稱「唇口」的細邊稜。這不僅可
以從兩件作品長頸口沿下方釉藥均有遭琢磨的痕跡不難推測得
知，也可從比較兩件作品頸部長度及其與器身的比例等方面獲
得若干啓示。從這點而言，儘管臺灣故宮藏兩件汝窯紙槌瓶都
曾因口部破損而施以磨口加工，但〈圖2〉的作品，顯然是由
於損傷部位較多，因此頸部被磨削的部位相對增大，使得整體

圖11
定窯劃花紋瓶
英國巴洛氏
（The Barlow Collection）藏

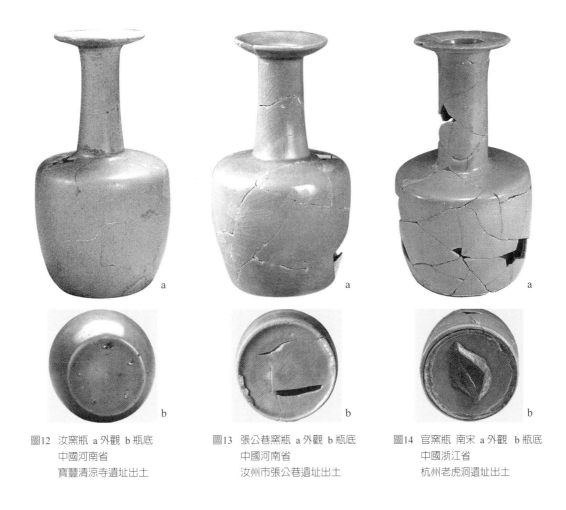

圖12　汝窯瓶 a 外觀 b 瓶底　　　　圖13　張公巷窯瓶 a 外觀 b 瓶底　　　　圖14　官窯瓶 南宋 a 外觀 b 瓶底
　　　中國河南省　　　　　　　　　　　中國河南省　　　　　　　　　　　中國浙江省
　　　寶豐清涼寺遺址出土　　　　　　　汝州市張公巷遺址出土　　　　　　　杭州老虎洞遺址出土

造型顯得不太協調。關於這點，1980年代發現的河南寶豐清涼寺汝窯遺址出土標本（圖
12），[2]以及近年出盡風頭被部分學者視爲北宋官窯的同省汝州市張公巷窯製品（圖13），[3]
乃至於襲故京遺制之杭州老虎洞修內司窯作品（圖14），[4]均可做爲其原來器形的直接參考。

　　另一方面，朝鮮半島亦可提供相關訊息。儘管截至目前學界對於高麗青瓷的起源問題
尙有爭論，未有一致的看法，不過一般認爲高麗青瓷是受到中國南方越窯的影響而出現，
並且至遲於十二世紀初期已能燒造出釉色極佳的所謂翡色青瓷。傳世作品表明，高麗的陶
工也燒造不少具有所謂紙槌瓶造型的青瓷作品：一般多呈盤口長頸、折肩、筒腹，與宋代
的瓶式極爲接近（圖15）；個別作品更和汝窯紙槌瓶造型一致。北宋宣和五年（1123）徐
兢奉命出使高麗，歸國後撰《宣和奉使高麗圖經》記錄了他的見聞行程和高麗民俗文物，
其中有一則經常爲研究者所引用的形容高麗翡色猊貎香爐的記載。徐兢認爲：高麗青瓷當

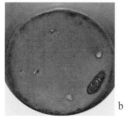

圖15
高麗青瓷瓶　a 外觀　b 瓶底
日本大阪
市立東洋陶磁美術館藏

中要以該翡色香爐最精絕，其餘的作品則與中國南方越窯秘色瓷或北方「汝州新窯器」大致相似（「狻猊出香亦翡色也，上有蹲獸，下有仰蓮以承之，諸器惟此物最精絕，其餘則越州古秘色，汝州新窯器，大概相類。」卷三十二「陶爐條」）。我認爲瑞典卡爾・肯普（Carl Kempe）博士收藏的一件白瓷獅形爐（圖16）[5]可做爲翡色香爐原型的參考，而《宣和奉使高麗圖經》所謂「汝州新窯器」雖有清涼寺汝窯和張公巷窯等兩種不同的見解，[6]但無論何者，其紙槌瓶式和釉色均和高麗翡色青瓷相類。另外，徐兢還提到高麗翡色青瓷常做效定窯作品（「復能作盌楪桮甌花瓶湯琖，皆竊倣定器制度。」卷三十二「陶尊條」）。從考古發掘資料或傳世作品得知定窯主要是生產白瓷，不見任何青瓷作品，因此徐兢所說的「竊倣定器制度」不會是指定窯白釉，而應理解爲模倣定窯的造型或所裝飾的紋樣。如前所述，定窯也燒造盤口紙槌瓶，其造型不僅與高麗青瓷同類作品相近，也與臺灣故宮藏汝窯紙槌瓶基本一致。

二

　　前引宋人《老學庵筆記》載：「故都時，定器不入禁中，惟用汝器，以定器有芒也」，此一著名記事說明了汝窯曾替代定窯進奉宮中，而兩窯也都燒造有紙槌瓶。就目前的資料看來，紙槌瓶式雖非個別瓷窯的專利，卻也集中於與官用陶瓷有關的瓷窯，如汝窯、定窯、張公巷窯、老虎洞窯、郊壇官窯等胎釉精純的窯場都曾燒製此類瓶式。不過，相對於十一世紀後期至十二世紀初汝窯青瓷和定窯白瓷等和官方用瓷有關的北宋時期作品，廣東地區瓷窯也於北宋時期燒製紙

圖16
白瓷獅形爐　瑞典卡爾・肯普氏
（Carl Kempe）藏

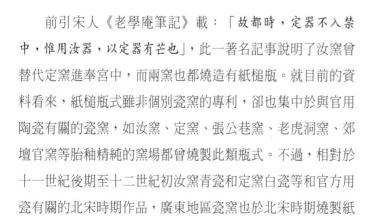

槌瓶（圖17）。[7]值得留意的是，內蒙古遼開泰七年
（1018）陳國公主及其駙馬墓（圖18）[8]和納奉於遼清寧
四年（1058）的天津市薊縣獨樂寺塔塔基（圖19）[9]則均
出土了玻璃紙槌瓶。學者早已指出陳國公主墓和獨樂寺
塔的玻璃紙槌瓶屬伊斯蘭地區十至十一世紀製品。[10]內
蒙古赤峰乾瓦窯（圖20）[11]和北宋晚期汝窯、定窯等紙
槌瓶式無疑是模倣自伊斯蘭玻璃器的造型。[12]另外，由
於做爲宋代陶瓷紙槌瓶原型的伊斯蘭玻璃紙槌瓶均呈平
底造型，此說明了幾處與宮廷用器有關的青瓷紙槌瓶當
中應以器式最接近原型的汝窯平底製品之年代最早（同
圖1：c、圖2：c、圖12：b），南宋老虎洞窯（同圖14：
b）或傳世的龍泉窯製品（圖29：b）所見圈足製品之年
代相對較晚，而汝州市張公巷出土的細矮圈足紙槌瓶式

圖17
廣東窯系瓶
Collection of Cynthia O. Valdes藏

（同圖13：b）之年代則應是介於汝窯和老虎洞窯紙槌瓶之間。如前所述，學界對於《高麗
圖經》記載和高麗青瓷相類的所謂「汝州新窯器」有寶豐縣清涼寺汝窯和汝州市張公巷窯
等兩種不同的看法，僅就紙槌瓶的底部造型而言，高麗青瓷紙槌瓶整體施滿釉，平底以支

圖18
伊斯蘭玻璃瓶
中國內蒙古陳國公主墓出土

圖19
伊斯蘭玻璃瓶
中國天津市獨樂寺塔塔基出土

圖20
中國內蒙古赤峰乾瓦窯瓶
臺灣私人藏

釘支燒而成（同圖15：b），其外觀特
徵酷似清涼寺汝窯製品。因此，設若
高麗青瓷紙槌瓶之器式並非直接摹自
伊斯蘭玻璃瓶，則應是和清涼寺汝窯
同類瓶相關，而和帶細矮圈足的張公
巷瓶無涉。換言之，「汝窯新窯器」
指的就是寶豐縣清涼寺汝瓷。不過，
考慮到相對年代約於北宋後期的定窯
白瓷紙槌瓶（同圖10）亦帶圈足，因
此中國紙槌瓶之器式變遷仍有待日後
進一步的編年排序。無論如何，伊斯
蘭玻璃紙槌瓶因頗受歡迎而銷售各

（左）圖21
（上）圖22
伊斯蘭玻璃瓶
印尼 *Intan Shipwreck*
打撈品

地，除了土耳其發現的沉船之外，[13]印尼海域打撈上岸的裝載有大量十世紀中期越窯青瓷
之 *Intan*（印坦）（圖21、22）、[14]*Cirebon*（井里汶）沉船[15]亦見不少此類標本。

　　《宋史》、《宋會要輯稿》載大食、三佛齊（今蘇門答臘島〔Sumatra〕）進獻北宋的眼
藥、棗、糖、核桃和薔薇水均是裝盛於玻璃瓶中，因此一說玻璃紙槌瓶即薔薇水瓶，也就
是香水瓶。[16]香水於佛典稱閼伽水，《大日經疏》載：「**本尊等現前加被時，即應當稽首作
禮奉閼伽水，此即香花之水**」，揚之水因此認為前述塔基出土的玻璃紙槌瓶即是盛薔薇水的
奉佛之物。[17]相對於蘇軾（1037－1101）〈獨酌試藥玉滑盞，有懷諸君子。明日望夜，月
庭佳景不可失，作詩招之〉云：「**鎔鉛煮白石，作玉真自欺，琢削為酒杯，規摹定州瓷**」，
提到北宋時以類玉玻璃倣製定窯瓷杯，前引臺灣國立歷史博物館藏定窯白瓷紙槌瓶（同圖
10）則是定窯模倣玻璃器的實例。尤可注意的是，包括定窯紙槌瓶在內的宋代瓷窯常見的
刻劃花裝飾更和伊斯蘭玻璃器的刻紋效果有異曲同工之妙（同圖18、19），其間的關係委
實耐人尋味。無論如何，由伊斯蘭等地進口的細長頸、圓鼓腹式或折肩筒式深腹等廣義紙
槌瓶式[18]確實讓中國人大開眼界，致使不少瓷窯起而倣效。

　　除了前述汝窯、定窯所見折肩式紙槌瓶之外，傳世的南宋官窯或龍泉窯盤口長頸圓腹
瓶（圖23）之原型可見於浙江省瑞安市理納於北宋慶曆三年（1043）慧光塔塔基出土之伊
斯蘭青色玻璃同式瓶（圖24），[19]而近年印尼 *Cirebon* 沉船打撈上岸的淺綠色玻璃長頸瓶，
其長頸加飾凸稜等外觀特徵（圖25）[20]和南宋官窯青瓷八方瓶有共通之處（圖26），[21]後者

顯然也是受到進口玻璃
器的影響。

　　就目前的資料看
來，紙槌瓶式似乎頗受
宋代宮廷的喜愛，除了
曾進奉宋代內苑的北宋
汝窯、定窯或南宋官窯
等瓷窯傳世作品之外，
前引日本舊藏南宋官窯
瓶圈足底甚至有「玉津
園」刻銘（同圖6：b）。
依據清同治六年（1867）
刊之臨安《皇城圖》，則
玉津園係在嘉會門外鄰
近車輅院，是南宋高宗
（1127－1187在位）興建
於紹興十七年（1147）
的皇家林園，抗金名將
韓侂冑（1151－1202）
即被設計誘殺於此。[22]其
次，宋人周密（1232－
1298）《武林舊事》載張
俊（1086－1154）向宋
高宗進獻的供物清單中
亦見「玻璃花瓶」。儘管
後者之形制、產地不
明，但從現今傳世的陶
瓷紙槌瓶明顯集中見於
官方有關的瓷窯，不難

（左）圖23　南宋宮窯或龍泉窯瓶
　　　　　　日本アルカンシェール美術財團藏
（右）圖24　伊斯蘭玻璃瓶　中國浙江省慧光塔塔基出土

（左）圖25　伊斯蘭玻璃瓶　印尼Cirebon Cargo打撈品
（右）圖26　官窯瓶　南宋　日本私人藏

得知此一原型來自外國玻璃器的紙槌瓶深受宮中喜愛，所以
我認為此一器式或可納入所謂的「官樣」。

三

圖27 官窯瓶 南宋
日本紀州家傳世

一般認為，所謂紙槌瓶的稱法可能是由於與造紙打漿時
所用槌具造型相似之故，而造紙過程中的打漿技術可能亦來
自漂絮時以砧杵擊絮的方法。另一方面，宋代詩文中也有一
些涉及擣練風情的記載，如陸游〈秋思〉：「**砧杵敲殘深巷
月，井桐搖落故園秋**」；嚴羽也曾作〈聞砧〉詩一首：「**欲寄
玉關衣未成，閨中應覺曉霜清，旅情不耐秋砧苦，擣月千聲又
萬聲。**」值得留意的是，日本的古文獻中，經常以「砧（碪）
青磁」一名，作為南宋龍泉窯青瓷的稱呼。關於其語源，山
科道安於享保十二年（1727）所撰日記《槐記》中提到，日
本著名茶人千利休（1522－1591）曾將一件銘為「千聲」的業已開裂的龍泉青瓷花瓶嵌以
銅釘修補，由於砧杵的擣練聲與陶瓷器開裂聲相通，因此將同類青瓷命名為「砧青磁」。[23]
此外，也有人主張砧青瓷的語源是來自過去東山慈照院所藏一件造型與擊絹槌具相似的青
瓷瓶，或認為乃是來自千利休所持紀州德川家傳世的一件砧杵形青瓷長頸瓶。[24]從實物看

圖28 日本《萬寶全書》（1694）所見「碪」

來，後者紀州家傳世青瓷瓶造型即所謂的紙槌瓶
（圖27），成書於元祿七年（1694）的《萬寶全書》
中所載的砧（碪）青瓷花瓶插圖，也具有盤口、長
頸、折肩、筒式腹等紙槌瓶的造型特徵，但頸部添
飾雙耳（圖28）。安永時期（1772－1781）的《稽古
百道》一書中更提到：「**砧青磁，無耳，……世稱為
『砧』者，飾古銅耳者亦多，以其形似槌而名之**」，由
此可知，東北亞日本不僅以「砧」作為南宋龍泉青
瓷或同類青瓷作品的別稱，做為「砧青磁」語源之
一的紀州家傳世作品，亦屬帶稜口的紙槌瓶造型。

　　臺灣故宮藏的一件南宋龍泉窯盤口瓶也是探討紙槌瓶造型的有趣線索之一。該盤口瓶長頸、折肩、筒式深腹，造型高大，除圈足著地外，整體施罩粉青釉，釉色精純極似所謂的南宋官窯，口鑲金屬釦（圖29：a）。圈足底刻乾隆御題詩云：「邵局由來勝處州，官窯臣庶敢輕留，即今廟市貨一二，宋制更誰遵守不，釉色全消火氣鮮，碌青卯白潤成璷，若論紙硾傳官式，應與澄心時並傳」（圖29：b），這就明確地表明，至少在乾隆的眼中，所謂的紙槌瓶是帶有盤口的。乾隆二年（1737）唐英（1682－1756）接旨燒造各式瓷瓶中有「玉環天然口紙錘瓶」、「天盤口紙錘瓶」、「填白二環紙錘瓶」和「哥釉太極紙槌瓶」等各式紙槌瓶式。[25]儘管本文尚未將此一檔案記事與傳世作品進行比對，不過所謂的玉環天然口瓶式或有可能是指同〈圖4〉般的長頸瓶，至於所記的天盤口紙槌瓶可能即指前述帶盤口的作品。臺灣故宮的兩件汝窯紙槌瓶即屬後者，可能是因盤口損傷才磨去該部位並裝鑲金屬釦以掩飾其缺陷。

圖29
龍泉窯瓶
a 外觀　b 乾隆御製詩
臺灣國立故宮博物院藏

小結

　　由於瘞藏於晚唐咸通十五年（874）陝西扶風法門寺地宮出土的越窯青瓷八稜瓶（圖30）和伊斯蘭同式玻璃瓶（圖31）器式頗為相近，因此儘管後者瓶式的相對年代約在九至十一世紀，但考慮到中國晚唐以前未見此類瓶式，故我傾向認為法門寺出土之越窯八稜瓶之瓶式有可能受到年代更早，但尚待確認之伊斯蘭玻璃多稜瓶的影響。宋遼時期，伊斯蘭長頸玻璃瓶式不僅是和朝廷陶瓷消費有關之瓷窯所嚮往的器形，也是朝鮮半島高麗青瓷常見的器式（同圖15），並成為明清兩代手工藝所追求模倣的器式之一（圖32）。從仇英繪於嘉靖十九年（1540）的《漢宮春曉圖卷》於案上青銅尊旁置紙槌瓶（圖33）看來，紙槌瓶式儼然成為一種和三代銅器媲美的古典器式了。

（左）圖30　越窯八稜瓶　中國陝西省扶風法門寺地宮出土　　　　圖32　雲鳳紋瓶　明代　宣德九年（1434）刻銘
（右）圖31　伊斯蘭玻璃瓶　九至十一世紀　日本私人藏　　　　　　　　　中國北京海淀區董四墓出土

圖33
仇英《漢宮春曉圖卷》（1540）所見紙槌瓶
臺灣國立故宮博物院藏

圖34　龍泉窯瓶　明代　中國浙江省溫州博物館藏

圖35　青花瓷　明末　日本北村美術館藏

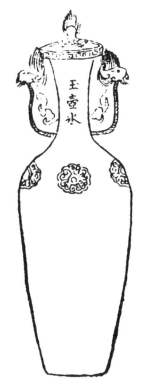

圖36　《方氏墨譜》所見「玉壺冰」瓶形墨錠

另一方面，宋元時期龍泉窯等窯場則流行在長頸瓶頸部貼塑鳳鳥（同圖8）或摩羯魚等雙耳，致使此一原型來自外國玻璃器的長頸瓶完全漢化。中國式的「紙槌瓶」於明清兩代工藝品中亦屢可見到，有的還在頸部動物形耳下置銜環（圖34），甚至可見青花製品（圖35）。另外，明萬曆十六年（1588）方于魯著《方氏墨譜》所見名爲「玉壺冰」的瓶形墨錠（圖36）雖帶蓋，但從器頸之雙鳳耳構思看來，其祖型也有可能來自宋元時期龍泉窯同式瓶（同圖8），而後者也是以紙槌瓶爲原型。這樣看來，做爲宋代「官樣」器形之一，同時又是宋代以降各代所追求模倣之做爲典範器式、可與三代古物並列的紙槌瓶，其原型卻是來自伊斯蘭的玻璃器。尤可注意的是，宋代定窯或耀州窯等

瓷窯所見以刀具斜刻意圖營造出立體圖紋效果的刻劃花裝飾，其也和伊斯蘭玻璃器的刻花技法有共通之處。我們甚至可以大膽地推測：宋代瓷窯作品當中的若干色釉，如追求天青效果的汝窯青釉或被認為是模倣青白玉的景德鎮青白瓷，就是宋代時髦舶來青色調玻璃器影響下的產物。從前述印尼海域發現的所謂 *Intan Wreck* 或 *Cirebon Cargo* 亦見有伊斯蘭玻璃紙槌瓶和中國浙江省越窯等製品看來，輸入中國的伊斯蘭紙槌瓶有的是經由海路運達的。就此而言，著名的共伴出土有越窯青瓷的遼代陳國公主墓所見伊斯蘭玻璃紙槌瓶，很有可能就是由海路自浙江明州、杭州等港口北上山東輾轉送達的。

〔改寫自〈記院藏兩件汝窯紙槌瓶〉，《故宮文物月刊》58（1988）〕

1-2　唾壺雜記

　　一般呈敞口、束頸、鼓腹或扁圓腹造型的今日所謂的唾壺，是漢代以來常見的器形之一。古文獻中也有不少有關它的記載，如宋李昉（925－996）等奉敕撰的《太平御覽》或清初編纂的《古今圖書集成》等類書，都曾設「唾壺」一節，收錄了若干歷來有關唾壺的記事。雖然明萬曆年間（1573－1620）刊行的《三才圖會》認爲唾壺與唾盂兩者不同，不過當今的人往往又稱唾壺爲唾盂或渣斗。由於唾壺缺乏自銘實例，因此考古發掘出土或傳世的漢、六朝時期的今日所謂唾壺，是否確屬唾壺？或同一時期文獻所記述的唾壺？值得略加探討。

　　截至目前，時代最早並伴隨有文字記載可確認屬唾壺無疑的作品，是日本正倉院所藏的紺瑠璃唾壺。作品以鈷藍色玻璃吹製而成，通高九公分，口徑十一公分，底徑四點五公分，整體造型呈大盤口、束頸、球圓腹，平底內凹（圖1）。依據《東大寺別當次第》六十代傳燈大法師「朝晴」條：「（治安元年）十月一日前左衛門尉平致經施入紺瑠璃唾壺有由緣印藏納之」的記載得知，該唾壺係後一條天皇治安元年（1021），即北宋眞宗天禧五年喜捨入東大寺。[1]儘管學者們對於該作品的產地見解不

圖1　紺瑠璃唾壺　日本正倉院藏

一，有中國宋代說[2]和中亞製品說等兩種不同看法，[3]不過其確爲唾壺一事則無庸置疑。另一方面，具有類似造型的作品於唐宋墓葬中亦經常可見。因此，本文擬依據正倉院所藏紺瑠璃唾壺，結合墓葬出土的相似造型作品，首先確認唐宋時期唾壺的基本造型特徵，而後再逆時代循序追溯相當於它們祖型的作品，這樣至少可以大致釐清缺乏自銘實例的漢、六朝、隋、唐時期唾壺的基本樣式，並使我們習慣地稱呼上述各時期具有類似造型作品爲

唾壺的做法予以正當化。在這個基礎之上，本文另參照文獻記載，嘗試談談唾壺的材質種類、使用情況及其可能的用途，文末並擬介紹一、二則有關唾壺的靈異傳說。

一、唐宋時期的唾壺

有關唾壺的造型變遷，已有學者進行討論，其中又以前引由水常雄和深井晉司兩人的論文因論及漢代迄宋代唾壺的造型演變，以及伊朗高原和日本出土唾壺的源流問題，[4]最具參考價值。以下本文擬以紀年墓所出作品為主，對中國歷代唾壺的變遷作一初步考察。就紀年墓出土的作品而言，造型呈漏斗形大盤口、束頸、圓鼓腹與正倉院紺瑠璃唾壺相似的作品流傳於唐宋之間。其年代最早的作品見於陝西西安貞觀十三年（639）段元哲墓之青釉製品（圖2），[5]其次則是四川成都貞元二年（786）爨子華墓的青黃釉唾壺（圖3）。[6]不過，由於前者段元哲墓青釉唾壺之造型特徵酷似會昌五年（845）李存墓所出白釉製品（圖4），同時類似造型的唾壺又見於偃師元和九年（814）鄭紹方墓、太和八年（834）李歸厚墓、大中元年（847）穆悰墓、[7]三門峽市元和四年（809）墓[8]以及內蒙古巴彥淖爾盟烏拉特前旗長慶三年（823）王逆修墓[9]或印尼海域發現的寶曆二年（826）*Batu Hitam*（黑石號）沉船（圖5）。[10]

圖2　青釉唾壺
中國陝西省西安段元哲墓
（639）出土

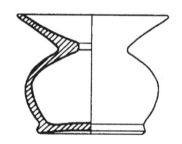

圖3　青黃釉唾壺線繪圖
中國四川省成都爨子華墓
（786）出土

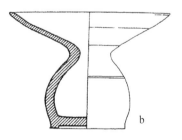

圖4　白釉唾壺　a 外觀　b 線繪圖
中國河南省李存墓（845）出土

圖5　越窯青瓷唾壺
印尼 *Batu Hitam* 沉船打撈品

因此，就唾壺的器式變遷而言，1960年代報導的段元哲墓唾壺不太可能屬七世紀前期製品，而是要晚至九世紀，故不排除段墓已遭擾亂而混入若干晚期遺物的可能性。如果此一推測無誤，則除了前引四川貞元二年（786）墓之外，呈漏斗形大盤口造型的唾壺均集中出土於晚唐九世紀及以後墓葬或遺跡。

相對於晚唐時期唾壺口緣與壺身相接處的頸部一般較細窄，十世紀五代至北宋初的浙江紹興市禹陵或韓國京畿道開城地方出土的越窯唾壺頸部已明顯趨寬（圖6），[11]與同屬越窯、晚唐 *Batu Hitam* 沉船打撈上岸的唐代青瓷細頸唾壺有別（圖7）。這一種情形持續至十一世紀前半遼寧省義縣清河蕭愼微墓的白瓷唾壺，[12]晚迄山西忻縣北宋政和四年（1114）田子茂墓[13]或江蘇江浦北宋慶元五年（1199）張同之妻章氏墓，[14]乃至於湖北武昌南宋嘉定六年（1213）成氏墓[15]等分別出土的銅、銀質唾壺上依然可見。另外，日本收藏的一件青銅塗漆沉金鳥紋唾壺也是北宋時期的佳作（圖8）。[16]

就紀年墓出土作品看來，前述口緣大於腹徑的細頸唾壺雖早自四川地區八世紀後半爨氏墓已經出現，不過卻集中出土於晚唐期墓葬。反觀隋墓所出唾壺一般呈淺盤，口緣斜直外敞，且口緣寬幅均小於器身最大徑，細弧頸下置扁圓腹器身，有的還帶蓋，蓋鈕呈柱狀寶珠鈕（圖9）。[17]與後者造型類似

圖6　越窯青瓷唾壺
中國浙江省紹興市禹陵出土

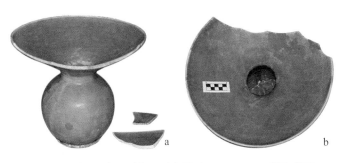

圖7　越窯青瓷唾壺　a 外觀　b 俯視圖　印尼 *Batu Hitam* 沉船打撈品

圖8　青銅塗漆沉金鳥紋唾壺
日本私人藏

圖9　白釉唾壺　中國陝西省
西安呂武墓（592）出土

的作品，於初唐至盛唐墓中頗為流行，紀年墓之外，盛唐時期的許多唐三彩唾壺即呈此一造型，不同的只是後者盤口加高，口緣口徑趨窄並向外翻捲（圖10）。[18]就目前的資料看來，與正倉院唾壺造型屬相同譜系的呈漏斗形大口的唾壺之中國個別實例雖早自八世紀後半已經出現，而隋代以來的盤口形唾壺亦約於八世紀中期逐漸銷聲匿跡，故兩式作品雖有互換取代的跡象，然其於造型上則無繼承、演進的關係。換言之，始見於八世紀後半，集中流行於晚唐九世紀及其以後的漏斗形大口唾壺是突然出現的新器式，而非盤口式唾壺器式演進的結果。雖然還缺乏確鑿的證據，不過我們應該留意中亞西土耳其斯坦（West Turkistan）撒馬爾幹（Samarkand）一帶即曾出土九世紀至十一世紀的玻璃大口唾壺，伊朗北部亦見相對年代約於七至九世紀的大口唾壺（圖11）。[19]另外，相對於西土耳其斯坦發現玻璃作坊遺址，伊朗似未尋覓類似遺跡，故後者出土的玻璃製品係當地所產？抑或是埃及、敘利亞的製品？至今不明。無論如何，中國約於八世紀後期突然出現的漏斗式大口唾壺之祖型，有較大可能是來自中亞等地區之器式。

圖10　三彩唾壺　唐代
中國河南省鞏義芝田唐墓出土

圖11　玻璃唾壺形器線繪圖　七至九世紀　伊朗出土

二、三國吳至隋代的唾壺

　　相對於漏斗式大口唾壺之祖型可能來自中亞等地，盤口式唾壺則為中國的傳統器形，若從隋代逆向循序推溯，其造型繼承關係亦較為明顯。就目前考古出土資料看來，三國東吳以迄南北朝墓葬所出唾壺，儘管由於其產地或質材的不同而出現若干造型上的差異，個別墓葬也曾經發現一種以上不同造型的唾壺，不過可視為洛陽老城岳家村唐武德元年（618）墓出土帶蓋白玉唾壺（圖12）[20]之先行樣式的西安隋開皇十二年（592）呂武墓白

瓷唾壺（同圖9）之祖型還見於1970年代河南安陽北齊墓出土的青瓷製品（圖13），[21]而後者之器式還可上溯山東東魏興和三年（541）房悅墓出土的褐釉唾壺[22]或山西北魏太和八年（484）司馬金龍墓的青釉唾壺（圖14）。[23]

相對於北朝出土唾壺，江西清江陳至德二年（584）墓[24]或浙江台州東晉永和三年（347）墓亦見青瓷唾壺（圖15）。[25]從南京富貴山四號東晉墓出土青釉唾壺帶有倒斗笠形帶孔壺蓋（圖16），[26]可知此時的唾壺原應帶蓋。陶瓷之外，亦見不少銅唾壺（圖17），[27]其器式構思與瓷質唾壺一致。其中，湖北鄂城三國吳墓（M1002）出土的銀唾壺（圖18），[28]高僅七點五公分，造型呈盤口、束頸、扁圓腹，下置假圈足，其肩腹部位飾錯金勾雲紋和弧線三角紋，壺底中部有一長方形凹槽，裝飾華麗。

圖12
白玉唾壺
中國河南省洛陽墓（618）出土

圖13
青釉唾壺
中國河南省安陽北齊墓出土

圖14
青釉唾壺
中國山西省司馬金龍墓（484）出土

圖15
青瓷唾壺
中國浙江省台州市東晉墓（347）出土

圖16
青瓷唾壺
中國江蘇省南京富貴山東晉墓（M4）出土

圖17
銅唾壺
中國南京市博物館藏

由於墓葬考古資料豐富，因此東晉至三國東吳時期唾壺的造型變遷頗為清晰，就出土數量最多、紀年墓資料也相對完整的越窯系青瓷唾壺而言，三國至西晉時期之造型多呈敞口或盤口，球圓腹下置高足，口沿較大，以後多呈盤口、扁圓腹下置假圈足或平底，並且盤口加高，口緣趨窄。就此而言，清宮傳世的現藏臺灣國立故宮博物院的一件銅唾壺（圖

圖18
錯金銀唾壺
a 外觀　b 線繪圖
中國湖北省鄂城三國墓
（M1002）出土

19）[29]之相對年代應在六世紀至七世紀前期之間。可以說，從三國東吳至隋唐時期唾壺一脈相承，唐代的盤口式唾壺就是在這個基礎上逐漸演變而來的。

三、漢代的唾壺

從目前的資料看來，時代最早的考古發掘出土的唾壺實例，是朝鮮樂浪郡彩篋塚漢墓出土的金銅釦彩繪漆壺（圖20），[30]以及平壤府石巖里第九號漢墓所出金銅流雲紋壺（圖21）。[31]兩者造型均呈盤口、束頸，扁圓腹下置圈足或假圈足。前者已由深井晉司指出應屬唾壺，後者則由梅原末治將之歸入古銅器之第二類壺，即狹義的尊類。類似造型的青銅作品，還見於臺灣國立故宮博物院藏鎏金鳥獸雲紋壺（圖22），[32]該

圖19
清宮傳世銅唾壺
臺灣國立故宮博物院藏

圖20　金銅釦彩繪漆唾壺　a 外觀　b 俯視圖　朝鮮樂浪郡彩篋塚出土

圖21　金銅流雲紋壺
　　　平壤府石巖里漢墓（M9）出土

圖22　清宮傳世鎏金鳥獸雲紋壺
　　　臺灣國立故宮博物院藏

器曾收錄於《西清續鑑》中，當時稱爲「漢夔紋尊」，現已更名爲唾壺，其器形和前引鄂城三國墓作品相近（同圖18），不同的只是後者壺口相對趨小。

　　另一方面，1970年代發掘安徽阜陽雙古堆漢汝陰侯墓時，曾出土一件底有「**女陰侯唾器六年女陰庫訢工延造**」銘文的漆唾器。[33]作品造型呈斂口，淺缽形，圈足，帶蓋（圖23），有人據此主張唾壺也叫「唾器」，[34]認爲六朝的唾壺即由此演變而來。[35]不過女陰侯的「唾器」與前述帶頸、鼓腹唾壺造型差別甚大，兩者並無明顯的演變承襲關係。因此，我雖不排除該「唾器」或有可能爲與唾壺用途相近的器皿，不過其與目前所見唾壺在造型上顯然分屬不同系統。與此相對地，1950年代發掘湖南長沙五里牌新莽墓所出素面銅壺，

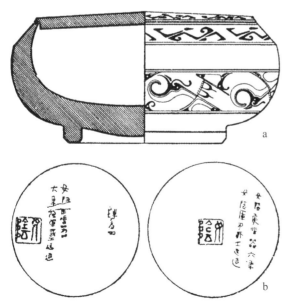

圖23　漆「唾器」a 線繪圖　b 底部銘文
　　　中國安徽省漢汝陰侯墓出土

呈盤口、束頸、圓鼓腹造型，器高約十一公分，[36]其既與前述朝鮮半島出土或臺灣國立故宮博物院藏漢代作品造型尺寸基本一致，也和六朝時期唾壺造型有共通之處。雖然目前還缺乏可銜接漢至六朝唾壺的東漢紀年墓資料，不過若將前引漢代銅或漆壺與江蘇金壇吳永安三年（260）墓所出青瓷唾壺[37]或湖北鄂城吳墓出土的銀唾壺（同圖18）進行比較，可以同意六朝時期唾壺的祖型應可上溯漢代。也就是說，漢代的盤口、束頸、扁圓腹壺應爲六朝唾壺的前身。

四、唾壺的使用情形

　　唾壺的使用情況及其可能的用途，除可依據其本身的造型特徵，結合考古發現或傳世的石刻線畫、壁畫、絹畫等圖像資料進行間接的釐測，歷來的文獻記載更是直接地說明了它的具體用途。如《魏書》載：出身遼西的日六眷，因亂被賣爲漁陽烏丸太庫辱官家奴，一日，庫辱官與諸大人集會，衆人皆持有唾壺，「唯庫辱官獨無，乃唾日六眷口中」。又《拾遺記》載吳主潘夫人嘗與帝遊昭宣之台，因恣意縱酒而「唾於玉壺中」，可見唾壺的用途之一，是盛唾穢物的器皿。往昔朝廷還設有掌唾壺的人，如《初學記》就記載：「漢侍中掌乘輿服物，下至褻器虎子之屬，孔安國爲侍中，以其儒者，特聽掌御唾壺。」所謂的虎子即夜壺，孔安國以其爲儒者而掌唾壺，竟然還引起朝廷人士的稱羨。陸游（1125－1210）《南唐書·王會傳》也記載

圖26
唐代捧唾壺陶俑
英國巴洛氏
（The Barlow Collection,
University of Sussex）藏

圖24　中國河北省宣化遼墓（M6）壁畫

圖25　中國河北省宣化張世卿墓（1116）壁畫

了王會本名安，少事無武王，「王嘗臨戰升高蒙望敵，安捧唾壺侍側左右」，因其臨危不亂，護主有功，結果官至袁州刺史。類似的侍奉主子捧唾壺侍者的情景，於考古發現的唐、宋、遼各代的壁畫（圖24、25）、[38]石刻線畫[39]以及隋唐的陶俑（圖26）[40]上均具體而微地保存了下來。特別是河南

圖27　中國河南省白沙墓（1099）壁畫

白沙第一號宋元符二年（1099）墓，前室西壁壁畫所繪男女主人飲酒圖，畫面上就清晰可見於端坐的墓主人身後，有一捧唾壺的侍從（圖27）。[41]

　　就漢代以迄宋、遼時期的唾壺構造而言，雖以可盛穢物的大口者居多，但亦有孔徑極小，約僅一公分的唾壺，故不排除後者有可能是裝盛漱口剩水之用。講究的唾壺不僅帶蓋，有的還配備活動的帶孔淺盤，其既便於清洗，設若揭移淺盤，則又可將原來做承受剩水的容器轉變成為可裝盛穢物的唾器了。

　　由於唾壺是日常生活中不可或缺的用器，因此也成了死後葬儀必要的陪葬物。如《通典》引晉人賀循《葬經》就明確地提到入壙的藏物中有「瓦唾壺」。晚至明代，帝后死後隨葬明器均依生時所用鹵簿器物，其中即有「金唾壺」和「金唾盂」（《明會典》）。考古發掘墓葬出土資料也表明：以唾壺陪葬是六朝以來常見的現象之一，而以東晉時期最為流行，如截至1989年止，經正式報導的江蘇省東晉墓計一百三十五座，其中出土有唾壺的墓葬達三十六座。[42]此外，於福建南朝迄唐代墓中，還可見到純屬明器、尺寸極小不堪使用的象徵用青瓷唾壺，[43]此亦說明唾壺是不分地區葬儀常見的用器。

　　唾壺除了作為裝盛唾穢物的器皿或陪葬的用器之外，《世說新語‧豪爽》載王處仲「每酒後，輒詠老驥伏櫪，志在千里，烈士暮年，壯心不已，以如意打唾壺，壺口盡缺。」其醉後哀歌，擊唾壺以為節拍，雖非一般使用情況，不過若結合前述白沙宋墓壁畫飲酒圖等看來，唾壺或亦可做為飲酒進食時裝盛骨刺什物的器具。其次，北京中國國家博物館收藏有一組傳河北唐縣出土的五代時期的白瓷茶具，包括風爐、茶鍑、茶臼、茶瓶、瓷人像以及一件唾壺（圖28），孫機認為所謂的唾盂或渣斗，亦可廁於茶具之間，可用以盛茶

圖28 白瓷唾壺
傳中國河北省唐縣出土

滓。[44]這就讓我聯想到日本茶道席中裝盛洗濯茶碗、茶筅或補給茶釜用水的水指，以及洗濯茶碗廢水的所謂建水或水飜。此外，歐陽修（1007－1072）《歸田錄》曾記載，宋仁宗（1022－1063在位）由於生性儉樸，病時僅使用「**素漆唾壺孟子素磁盞進藥**」，以致兩府大臣深爲感動，可惜目前已難得知其具體的使用方式了。考古發掘亦曾出土宋代漆器唾壺（圖29），而江蘇宜興縣和橋宋墓則又出土了外髹紫褐色，裡髹黑色的素漆唾壺。[45]其次，以唾壺的質材或裝飾內容做爲個人生活恭儉之象徵的例子，於文獻上也有若干記載。如馬融遺令，墓壙中不得用銅唾壺；《宋史・韋賢妃》也記載韋妃生性節儉，「**有司進金唾壺，易令用塗金。**」由於唐代朝廷屢頒令規定一般官吏和庶民不得使用純金器皿，文宗太和時期（827－835）社會風氣奢靡，左衛副使張元昌則因使用金唾壺而被誅。[46]相形之下，宋文潞公（文彥博〔1006－1097〕）則頗爲幸運，《曲洧舊聞》說他旅途隨身攜帶金唾壺而遭竊，地方官因善用線民隨即擒獲竊賊，金唾壺也就物歸原主了。金銀唾壺於考古發掘中亦可見到，如西安市新築棗園村出土的唐代並蒂團花紋銀唾壺，花紋繁縟，貴氣十足（圖30）。[47]

在唾壺的可能用途之中，值得特別留意的是，其有時又與佛教四天王奉缽譚中的特殊「佛缽」相提並論。如智猛於後秦弘始六年（404）從長安出發，抵達奇沙國時，親眼見到佛的文石唾壺；[48]晉《法顯傳》「竭叉國」條也有「**其國中有佛唾壺，以石作，色似佛缽**」的記載；《梁書・諸夷傳》「中天竺國」條載：「**其王屈多遣長史竺羅達……奉獻瑠璃唾壺雜香吉貝等物。**」有趣的是，河北省定州北宋太平興國二年（977）靜志寺塔基地宮也出土了壺口呈綻開蓮花

圖29 漆唾壺 宋代

圖30 鎏金銀唾壺 中國陝西西安市出土

的白瓷唾壺形高足承盤（圖31），[49]過去上海博物館張東推測河北宣化遼墓（M6）壁畫手捧唾壺、另一手作彈指狀的女子（同圖24）可能和文獻記載向尊者灑淨水的佛教儀禮有關。[50]靜志寺塔基蓮飾唾壺形高足盤是否亦具此類功能目前已不得而知，但其和前述正倉院藏紺瑠璃唾壺均是供入寺院的寶物則無疑義。此外，日本於平安時期（794－1192）曾模倣唐代越窯青瓷生產綠釉唾壺（圖32），[51]而這類綠釉陶

圖31　白瓷唾壺　中國河北省靜志寺塔地宮出土

的出土地點亦集中於與寺院有關的遺址，推測可能具有特殊的用途。另外，日本十世紀整理宇多天皇（931歿）遺物之《仁和寺御室御物實錄》亦見「**白茶垸唾壺**」，所謂「白茶垸」即白瓷。[52]

　　裝飾講究的唾壺往往還是上層階級注重排場的道具之一。如晉張敞《東宮舊事》載太子納妃時，有「**銀帶唾壺**」，其材質和裝飾也因使用者的身分而有所不同。如曹操（155－220）《上雜物疏》所載御用雜物中有「**純金唾壺**」、「**漆圖油唾壺**」，貴人則有「**純銀參帶唾壺**」。據王世襄的說法，所謂的銀參鏤帶，應是鑲銀釦和嵌銀箔花紋的漆器；[53]樂浪彩篋塚漢墓出土的漆唾壺口緣即裝飾金銅釦，並於器身彩飾花紋，頗為華麗（同圖20）。其次，《太平御覽》引《交州雜記事》說太康四年（283）林邑王獻紫水精唾壺和青白水精唾壺，實物雖然已不存，想來應是精緻美麗的作品。此外，唾壺也經常被做為賞賜的器物之一，唐范攄《雲溪友議》：「雲陽公主降都尉劉氏，朝士舉（陸暢）為儐相……例外別賜（暢）宮錦十段，並楞枷瓶、唾壺以賞之」，即是其中的一例。另外，《馬可波羅遊記》則記載：「各領袖及貴人在朝，皆帶有一美麗的小盂以備吐痰。……蓋無人敢於地上吐之者……既吐完，（入器中）則蓋之，放在一邊。」

圖32　日本綠釉唾壺
　　　日本平安京西市遺址出土

五、玉女、青雀、唾壺

晉王嘉（？－390）《拾遺記》載咸熙年間（264－265），常山美女雲藝因家甚貧，遂被千金賂聘以獻文帝，「雲藝聞別父母，獻欷累日，淚下霑衣，至升車就路之時，以玉唾壺承淚，壺則紅色，既發常山及至京師，壺中淚凝如血」，是美女與唾壺的一則感人的傳說。《玉方指要》說赤松子所謂玉漿即舌液，嚥之如藥可止渴；《玄女經》：「**女之大息而咽唾者肺氣來至，鳴而吮人者心氣來至**」，明石貞吉據此認為中國古代在記述玉膚的神女時常增設唾壺。[54]

偽託漢代郭憲所撰《漢武洞冥記》載：「唯有一女人，愛悅於帝，名曰巨靈，帝傍有青珉唾壺，巨靈乍出入其中，或戲笑帝前，東方朔望見巨靈，乃目之，巨靈因而飛去，望見化成青雀，因其飛去，帝乃起青雀台，時見青雀來，則不見巨靈也。」化為青鳥飛去的情節，是六朝志怪小說中經常可見的題材；青鳥往往又做為居住於崑崙山西王母的使者而出現。如晉郭璞（276－324）注《山海經》即持此說；司馬遷（西元前135－90）《史記》中也提到西王母的使者有三足烏。依據中野美代子的說法，由太陽黑子自然現象產生的視幻覺，並被作為太陽之象徵的三足烏其實就是青鳥，而被東方朔望見化為青雀飛去的巨靈，實際上是西王母的眷屬之一，即做為西王母的使者，因其被宿敵望見而頓失安身之地才化為青雀回歸崑崙。[55]值得一提的是，受到武帝寵愛的女子巨靈，經常出入於帝傍的「青　唾壺」。如同東海三神山又稱三壺山，神仙世界與壺的關係似頗為密切，成書於魏晉時期《神仙傳》所收壺公與費長房的故事提到：「公語房曰，見我跳下壺中時，卿便可效我跳，自當得入，長房依言，果不覺已入，入後不復是壺，唯見仙宮世界」，這段壺中天的故事，說明了費長房是通過仙人壺公的指引並經由壺的媒介而得以到達神仙世界。[56]做為西王母使者的女子巨靈，與其將之視為一短小侏儒而乍出入於唾壺，其是否還有可能與中國古代壺中天地的宇宙思想有關？委實耐人尋味。

小結

總結以上敘述，一般所謂唾壺的祖型可上溯漢代。儘管目前筆者所能掌握的唾壺資料難謂完備，不過大體仍能看出自漢代迄宋代唾壺的基本造型變遷。就唾壺造型變遷而言，中國中唐以後出現的漏斗式大口唾壺（同圖4），很有可能是受到西亞地區類似形制玻璃器

圖33　明代《三才圖會》
　　　所載唾壺

圖34　銅唾壺　明代
　　　中國萬曆皇帝定陵出土

之影響而出現的器式。前述正倉院藏同式紺瑠璃唾壺（同圖1）雖是於十一世紀前半奉納入東大寺，然而其造型特徵則更近於九至十世紀即晚唐北宋初期作品。值得一提的是，近年於印尼Cirebon（井里汶）打撈上岸的十世紀中期沉船遺物當中發現有玻璃料，齊東方因此結合南宋蔡條《鐵圍山叢談》所載傳由大食入貢的「玻璨母」，推測以伊斯蘭鈉鈣玻璃料製成的正倉院紺瑠璃唾壺亦有可能是在中國製造的。[57]此一有趣提問雖難確證，但可備一說。

　　宋代以後，元代亦使用唾壺。成書於明萬曆年間的《三才圖會》載：「元唾壺、唾盂，皆以銀爲之，有蓋，塗以金。」從同書揭示的唾壺線繪圖看來，其造型頗似今日習稱的蓋罐（圖33）。值得留意的是，《三才圖會》的作者王圻（1529－1612）認爲唾壺和唾盂是有區別的，彼此造型也不相同。另外，1990年正式公佈的萬曆皇帝定陵第七號隨葬箱，箱中出土器物均貼有墨書標籤明記其品名。其中計有「錫唾壺」九件、「銅唾壺」二件；「錫唾盂」七件、「銅唾盂」二件。唾壺均呈直口、短頸、深腹造型（圖34），形似當今所謂蓋罐。反觀唾盂則均於筒形或缽形下置淺盤，其下並設喇叭形高圈足，形似一般所謂盞托，但帶蓋（圖35），[58]其形制與明徐一夔等撰《明集禮》圖示的「唾壺」、「唾盂」完全一致（圖36）[59]這就明確地說明了至少在明代，唾壺與唾盂的造型各異，其用途可能也有所不同。元人筆記有「宋季大族設席，几案間必用筯瓶、渣斗」的記載。[60]明代之

圖35　銅唾盂　明代　中國萬曆皇帝定陵出土

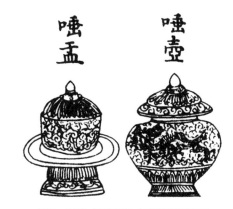

圖36　明代《明集禮》所載唾盂與唾壺

前所謂的唾壺、唾盂和渣斗，於造型或
用途上是否有明確的區分？特別是對於
一部分的帶蓋罐，或現今一般將之歸類
於承托器皿的托子類，其中是否可能包
括若干的唾壺或唾盂在內？值得日後加
以留意。至於清代唾壺的種類更趨豐
富，其造型和裝飾也頗具巧思，如
〈圖37〉所示作品，是收錄於1980年代
刊行的《清代宮廷生活》一書中的宮中
唾壺實例。[61]依據臺灣國立故宮博物院
藏《文淵閣陳設圖》的說明得知，這類
作品在當時又稱做「痰盆」。有趣的
是，與前述隋唐時期造型類似的作品，
於清代亦可見到，不過其用途已有重大
的變化，成為插花陳設的所謂多孔花器
了。臺灣國立故宮博物院藏的乾隆官窯
青瓷中有不少該類作品（圖38）。

　　中國之外，曾經倣燒越窯青瓷的日
本平安時期綠釉陶或韓國高麗青瓷也生
產有唾壺（圖39）。其次，中東地區燒
製的錫白釉作品（圖40）[62]或伊朗高原

圖37　銅胎畫琺瑯唾壺　中國北京故宮博物院藏

圖38　清乾隆官窯青瓷三孔花插
臺灣國立故宮博物院藏

圖39
高麗青瓷唾壺　十二世紀中期
日本大阪市立東洋陶磁美術館藏

圖40
伊斯蘭錫白釉唾壺　九至十世紀
埃及伊斯蘭藝術博物館
（Museum of Islamic Art）藏

出土的伊斯蘭時代玻璃器皿中亦見有唾壺。甚至於波斯征服印度的蒙兀兒王朝（Mughal Empire，1526－1858）細密畫中亦可見到唾壺的形像（圖41）。雖然有學者認為中近東地區的該類作品造型是模倣自中國的唾壺，[63]不過本文從唾壺造型變遷的角度而較傾向中唐始見的漏斗式唾壺是受到伊斯蘭工藝器式的影響。至於伊斯蘭地區唾壺的具體使用方式，還有待日後進一步的調查來解決。

〔改寫自《故宮文物月刊》110（1992）所載相同篇名拙文〕

圖41　蒙兀兒王朝細密畫中的唾壺

1-3 關於玉壺春瓶

　　以往對於造型呈侈口、細弧頸、溜肩以下置圓鼓腹所謂玉壺春瓶的功能、名稱或器形來源，並存著幾種不同的見解。擇要言之，大致上可以歸納成以下幾點：（一）器形是由漢代的鍾演變而來的；（二）其祖型可上溯北朝的鎏金細頸銅瓶；（三）是宋代的創新瓶式；（四）可能是花器；（五）可能是酒器。

　　其中，主張是花器者的依據是1980年代江西宋墓壁畫中見有一對玉壺春瓶置於供桌上，內插折枝牡丹。[1]至於酒器論者則是援引《水滸傳》三十八回：「酒保取過兩樽玉壺春酒，此是江州有名的上色好酒」的記載，從而認為「玉壺春瓶之名始自宋之美酒『玉壺春』明矣。」[2]

　　其實，蘇東坡（1037－1101）已經說過唐人多以春稱酒。晚唐李肇《國史補》注所列舉的天下名酒有「滎陽之土窰春，富平之石凍春，劍南之燒春」以及「烏程之箬下」。參酌劉夢得（772－842）詩「鸚鵡杯中箬下春」可知，若下名酒也稱若下春。其次，晚唐長沙窰執壺亦見「奇絕好美春」、「進餘美春酒」等釉下褐彩題記。[3]所以說，以春名酒，或在春後再加酒字，是唐代人們慣用的稱謂方式。按照這樣的理解，玉壺春即玉壺酒或玉壺春酒，所謂的玉壺春瓶應該就是裝盛玉壺春酒的容器。

　　玉壺春酒於唐代以迄清代文人的詩詞中屢見不鮮。問題是，我們根本無從得知各個時代用來裝盛玉壺春酒的瓶式，是否即今日所謂的玉壺春瓶。也因此儘管比《水滸傳》的年代更早，唐代著名詩人岑參（715－770）〈首春渭西郊行呈藍田張二主簿〉：「聞道輞川多勝事，玉壺春酒正堪攜」，已明確提及玉壺春酒，我們仍舊不宜穿鑿附會地與今日所謂玉壺春瓶相提並論。同樣的道理，元馮子振（1257－1348）與釋明本唱和詩〈梅花百詠〉：「插花貯水養天真，瀟灑風標席上珍，清曉呼童換新汲，只愁凍合玉壺春」，是少數的以玉壺春瓶插梅之例，但其瓶式如何，雖已無從得知，然誠如揚之水所指出，馮氏原唱云「旋汲澄泉滿膽瓶」，明本則和詩稱「只愁凍合玉壺春」，可知玉壺春和膽瓶是可以互換的同類。[4]至於前述玉壺春瓶為花器論者所引江西宋墓壁畫用例，因原發掘報告書未

揭載圖版，詳情不明。不過，就目前的圖像資料看來，以玉壺春式瓶插花之例，至少可上溯北魏時期，詳情將於後文敘及。

一、「玉壺春瓶」的造型和名稱

清末寂園叟著《匋雅》說：「狀似美人肩而頸短、腹大、口頗侈者，曰玉壺春」；民國初年許之衡著《飲流齋說瓷》也說：「玉壺春，口頗侈，項短，腹大，足稍肥，亦雅制也。天青、積紅者尤居多數，此式大半官窯，甚少客貨，而官窯又大半純色釉也。」從清末民初針對於玉壺春瓶的器形描述看來，確實和今日所理解的玉壺春瓶之造型特徵一致。然而，就目前的資料看來，將此一瓶式稱呼為玉壺春瓶似乎是入清以來的事例。康熙五十六年（1717）編纂的《萬壽盛典初集》已記載有名為「萬壽玉壺春」的明代宣德官窯和一件「宋凍青玉壺春」；雍正、乾隆造辦處檔案更不乏「青花白地玉壺春」等官窯製品的記事。雖然，可與文獻史料相對照的傳世實例較為少見，不過，

圖1 乾隆朝官窯釉裏紅玉壺春瓶
中國國家博物館藏

從造辦處乾隆二年（1737）有「燒造得畫紅龍玉壺春」的記載，[5]對照中國國家博物館所收藏的乾隆官窯釉裏紅龍紋侈口、細頸、溜肩、大腹的瓶式（圖1），[6]可知此一器形和今日所謂玉壺春瓶大體一致的瓶式，於清宮中也是被稱為「玉壺春」。另外，乾隆四年（1739）由內大臣海望所呈覽的銅器當中，因受到乾隆皇帝青睞而留用的一件「青綠三箍玉壺春」，[7]從文字所表現的裝飾特徵而言，不排除其有可能即是被收錄於《西清古鑑》的瓶口內側裝飾三道弦紋（三箍？）的所謂「漢素瓶」（圖2）。無論如何，就留存有圖像資料並可與文獻記載相對照的現存實例而言，將於圓腹或洋梨形身腹上置細弧頸的瓶式稱呼為玉壺春瓶，目前似乎只能上溯清代初期。

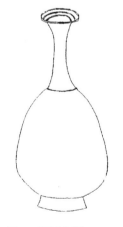

圖2 《西清古鑑》
所見「漢素瓶」

另一方面，北京昌平縣明神宗萬曆皇帝（1572－1620在位）定陵第六器物箱內亦見有一對造型呈喇叭式口、細長頸，鼓腹下置圈足的金質玉壺春式瓶，瓶另附寶珠鈕平頂圓蓋，蓋鈕並飾金鏈與瓶頸部位加裝的圓片穿孔相接，做工頗爲講究（圖3：a）。應予留意的是其底部刻銘爲：「**大明萬曆庚申年銀作局製金壺瓶一把蓋攀索全重三十兩**」（圖3：b）。[8]毫無疑問，由銀作局製造於神宗駕崩年（1620）的三十兩重帶蓋之清代人所謂玉壺春瓶，於明代晚期則是稱爲「壺瓶」。

其實，「壺瓶」一名也見於乾隆三十一年（1766）登丙戌科進士朱琰所著《陶說》，如卷六〈說器〉就提及明代「**壺瓶**」或

圖3　金壺瓶　明代　a 外觀　b 銘文拓本
中國萬曆皇帝定陵出土

圖4　金襴手仙盞瓶　嘉靖窯

「**五彩水藻金魚壺瓶**」。有趣的是，尾崎洵盛在爲《陶說》做註解時，認爲「壺瓶」，也寫作「胡瓶」，乃同音轉訛，即日本俗稱的「盛盞瓶」。[9]衆所周知，「盛盞瓶」也稱「洗盞瓶」或「仙盞瓶」，其造型正是於玉壺春瓶一側置把，對側設流，其中又以明代嘉、萬年間（1522－1620）加飾金彩的所謂金襴手仙盞瓶最爲藏家所珍重（圖4）。雖然我無法確認尾崎視「壺瓶」爲「盛盞瓶」的依據是否來自日本代代相傳收貯文物箱盒上的「箱書」？但就結果而言，做爲「盛盞瓶」主體的瓶身造型的確符合定陵「金壺瓶」的外觀特徵。明代後期「壺瓶」似乎頗爲流行，如王宗沐（1524－1592）

《江西大志‧陶書》就記載嘉靖三十六年（1557）景德鎮官窯燒造有「看瓶、牡丹瓶、壺瓶七百八十」件。

二、玉壺春瓶的消費情況

如果依據傳世遺物、考古發掘出土品或壁畫等圖像資料來觀察玉壺春瓶的存在情況，雖亦有助於理解此一瓶式和其他器物之間的共伴關係，卻難以掌握其相對具體的使用脈絡及其在各個場域所可能扮演的角色。基於定陵自銘「金壺瓶」的確認，使得我們有理由依恃歷代文獻有關「壺瓶」之記事，進而結合考古發掘資料，勉力復原所謂玉壺春瓶的使用脈絡及其消費情況。

圖5　中國山西省廣勝寺水神廟元代壁畫

早在1990年代何翠媚已經利用山西廣勝寺水神廟元代壁畫所見玉壺春瓶等資料（圖5），[10]指出玉壺春瓶為酒器。[11]不過，我們從龍門石窟蓮花洞第四十一號龕南壁中央龕內「菩薩

圖6
「菩薩思惟與供養使者」拓本
中國河南省龍門石窟蓮花洞
（北魏晚期）

思惟像與供養使者」浮雕場景所見瓶花（圖6），[12]可知玉壺春瓶式至少可上溯北魏晚期，並且直到唐代昭陵貞觀十七年（643）長樂公主墓壁畫均是做為花器來使用（圖7）。[13]另一方面，如果結合考古發掘出土的墓葬壁畫所見玉壺春瓶和畫面

圖7　唐代昭陵長樂公主墓（643）壁畫摹本

（左）圖8
（上）圖9
中國陝西省浦城元代墓葬
（1269）壁畫

上其他器物略做觀察，則不難發現一般稱為「備酒圖」的壁畫畫面所見器物，其實有其固定的展出格式。比如說，前引廣勝寺水神廟壁畫或山西文水北峪口、[14]陝西西安韓森寨[15]等元墓壁畫所見玉壺春瓶，都是和梅瓶、帶杓酒海、帶托盃等盛酒、飲酒具共同出現在同一畫面，顯然是當時成套的酒具之一。其次，陝西浦城元代至元六年（1269）墓壁畫之玉壺春瓶，則又是和帶托盞及匜共伴出現在桌面上（圖8、9）。[16]顯而易見地，相對於宋遼墓葬壁畫描繪墓主飲宴的「開芳宴」，是以梅瓶、帶溫碗的注壺、帶托盞等做為酒宴的組合道具（圖10），[17]元代講究的飲宴場景，雖亦見梅瓶，但玉壺春瓶似乎更受歡迎，以至於浦城元墓壁畫或《事林廣記》所見備酒場景，只見玉壺春瓶和帶托子的盃盞。特別是浦城元墓壁畫並無梅瓶，但出現玉壺春瓶和匜的組合，反映出一種成組的時尚飲酒道具的誕生。明初洪武（1368－1398）年間曹昭《格古要論》說：「古人用湯瓶、酒注，不用胡瓶及有嘴折盂、茶鍾、壺盤，此皆胡人所用者，中國始於元朝，沽（古）定官窯俱無此器」，若不論其對於個別器物出現年代考證之誤，此一評論幾乎可說是對上述考古資料所見器物消長情況的總結。我認為曹昭所謂的「胡瓶」應即「壺瓶」，也就是「玉壺春瓶」，而「有嘴折盂」可能即帶流的「匜」？無論如何，入元以來，玉壺春瓶和匜已是被廣泛使

用或者說爲世俗飲酒時必備之道具組合，也因此出土有銀玉壺春瓶的江蘇延祐七年（1320）錢裕墓亦伴出有銀匜。[18]另外，不僅著名的四川遂寧窖藏伴出有銅玉壺春瓶和銅匜，[19]安徽合肥窖藏亦見銀玉壺春瓶和銀匜，[20]後者從伴出的刻銘得知，其相對年代約在元代元統癸酉（1333）之後不久。但應說明的是，梅瓶並未因玉壺春瓶的大量出現而銷聲匿跡。事實上，從河北保定、江西高安等出土有元代至正型青花的窖藏資料看來，梅瓶是和玉

圖10　中國河南省白沙宋墓壁畫

壺春瓶、匜共伴出現的。至於器身紋飾和同時代繪畫相近母題的元代景德鎮青花玉壺春瓶等作品是否如施靜菲所指出般，其除了具有盛裝功能，還兼具展演的裝飾價值？[21]還有待觀察。

　　歷代文獻有關「壺瓶」的記事委實不少，其時代早自唐代，晚迄明清，所涉及的壺瓶質材計有金、銀、錫、鐵、水晶、琉璃和陶製品。其用於各種的場域，包括：葬儀（如《元史》卷七十七載元代帝王「殉以金壺瓶二」）、賞賜（《朝野僉載》載唐太宗〔626－649在位〕以「金壺瓶酒」賜任環妻）、賀禮（如《明會典》卷六十六回門儀注禮）、遊戲（如宋耐得翁《都城紀勝》卷一，以「壺瓶」爲投壺）、或收藏（如《南宋館閣錄》卷三「古銅壺瓶」）等。其次，儘管明末高濂《遵生八牋》（1591年刊）曾經建議時人使用於古代原是注酒用的「壺瓶」來插花（卷十四），甚至以「瓦壺瓶」做爲養生調理處方的沖泡容器（卷十一），然而壺瓶最主要也最常見的用途無疑是注酒的容器，而此一酒器性質也可說明「壺瓶」爲何會經常出現在葬儀、賞賜、賀禮、飲宴等多種場域。另外，壺瓶的質材也涉及禮制或市場價值。比如說，《明史》載洪武二年（1369）敕葬開平王常遇春的明器壺瓶是「錫造金裏之」；相對於元代帝王以「金壺瓶」入壙殉葬，《元史》則明令庶人酒器可使用「銀壺瓶」（卷七十八）。

三、玉壺春瓶的原型和祖型

　　設若以定陵出土的自銘「金壺瓶」的器式爲基點，順序向上追溯中國玉壺春瓶的早期樣式，於方法上應屬可行。近年謝玉珍在其學位論文中已經依據定陵壺瓶自銘器指出，明初王侯墓的玉壺春瓶即「壺瓶」，並援引孫機的論考，將壺瓶瓶式追溯至北齊庫狄迴洛墓等出土的細頸銅瓶。[22]但我認爲孫機該一見解[23]未必可靠。至少在我看來，孫機將之視爲宋元時期玉壺春瓶之原型的北齊庫狄迴洛墓（圖11）、臨潼慶山寺唐代地宮等出土的細頸銅瓶，其和玉壺春瓶是分別屬於不同的器式系統，因此其間並不存在繼承、演變的關係。

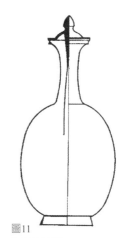

圖11
銅瓶線繪圖
中國山西省北齊庫狄迴洛墓
（562）出土

　　就我個人的理解，大體具有細長頸、圓腹造型的南北朝時期的銅質或陶瓷瓶，其實可區分成幾個瓶式，各個瓶式各有其祖型和獨自的演變、發展脈絡。如果先不論一部份不易明確歸類的中間型作品，則似乎可以將南北朝時期的細長頸瓶的瓶身區分爲卵形（A式）、柿形（B式）、蘋果形（C式）和洋梨形（D式）。其中，屬於A式的卵形瓶見於河北曲陽北魏正光五年（524）高氏墓銅瓶（圖12）[24]或湖南長沙爛泥沖南朝墓（M3）青瓷瓶、[25]山西北齊太寧二年（562）庫狄迴洛夫婦合葬墓、[26]河北北齊天統二年（566）崔昂墓，[27]以及晚迄八世紀前半的陝西臨潼慶山寺地宮所見銅瓶亦屬同一型式。[28]於柿形腹下置喇叭式高圈足的B式長頸瓶最早見於江西清江宋元嘉二十七年（450）墓的青瓷瓶，[29]而河北景縣北魏正光二年（521）封魔奴墓（圖13）、[30]湖北當陽長坂坡等南北朝時期墓銅瓶，[31]以及湖北鄖縣唐嗣聖元年（684）李徽墓的三彩瓶可能亦屬同一系統。[32]雖然B式和C式有時不易明確地區分，但C式蘋

圖12　銅瓶
中國河北省北魏高氏墓
（524）出土

圖13　銅瓶
中國河北省北魏封魔奴墓
（521）出土

果形腹的作品可以著名的河
南北齊武平六年（575）范
粹墓出土的白釉綠彩瓶為例
（圖14），[33]後來的山西唐代
文明元年（684）樂道仁墓
陶瓶[34]或前引臨潼慶山寺加
彩陶瓶可能都是繼承了該一
型式。至於做為本文主要論
旨的D式洋梨形瓶的早期實
例，目前見於河北景縣北齊
河清四年（565）封子繪墓
的醬釉瓶（圖15），[35]近年
日本常盤山文庫入藏的北齊
鉛釉三彩（圖16）[36]或河南

圖14　白釉綠彩瓶
　　　中國河南省北齊范粹墓
　　　（575）出土

圖15　醬釉瓶
　　　中國河北省北齊封子繪墓
　　　（565）出土

安陽隋開皇十五年（595）張盛墓青瓷瓶[37]亦屬同一型式。應予一提的是，D式洋梨形瓶到
了唐代出現一些變形，如陝西省西安高樓村唐墓（M14）即出土了於同式瓶身一側加置注
流，另一側設把的唐代白瓷注壺。[38]類似的作品也見於日本、歐洲私人收藏（圖17）。[39]這

圖16　鉛釉三彩　北齊
　　　日本常盤山文庫藏

圖17　注壺　唐代　瑞士卡爾・肯普氏
　　　（Carl Kempe）藏

類帶把注壺還見於九世
紀湖南長沙窯製品，後
者更於瓶身飾瓜稜（即
所謂瓜稜形帶把注壺）
（圖18），[40]但仍可輕易
識別出其原型是來自D
式洋梨形瓶，文獻所載
「壺瓶」，即今日習稱的
玉壺春瓶即是繼承了此
一器式。

　　如果以上的器式分
類基本無誤，那麼孫機

圖18　長沙窯注壺
　　　九世紀　中國私人藏

圖19　中國河北省
　　　邢窯窯址出土瓶

將北齊庫狄迴洛墓（同圖11）或臨潼慶山寺塔地宮出土的A式瓶，做為原型理應來自北朝D式瓶的宋元時期玉壺春瓶之前身，顯然並不恰當。從考古出土資料可知，A、B、C、D四式瓶曾經並存於同一時代，河北邢窯隋代窯址亦曾出土A、B、D等三式標本，甚至燒造洋梨形器身但頸上另置盂形口的作品（圖19），[41]後者於陝西西安隋大業四年（608）李靜訓墓[42]或河南鞏義市北窯灣唐墓（M13）等隋唐墓葬出土陶瓷亦可見到，[43]其原型甚至可上溯山西大同北魏墓（M112）石棺床的瓶花圖（圖20），[44]後者很可能又和印度做為生命泉源之貯水插蓮漢譯所謂「滿瓶」、「賢瓶」之圖像有關。[45]就此而言，呈洋梨形身腹的D式瓶之瓶口造型還可區分為盤口、盂形口以及略呈喇叭形的外翻敞口等三式，前述河北北齊封子繪墓（同圖15）、隋代張盛墓出土品屬盤口式，李靜訓墓則呈盂形口，長沙窯瓜稜式壺則屬外翻的敞口（同圖18）。值得一提的是，除了盂形口瓶目前多見於隋唐時期作品，盤口和敞口兩式作品則是宋代以來玉壺春瓶並存的兩種器式，如洛陽道北元墓（M1056）即共伴出土了上述兩式玉壺春瓶。[46]

　　有關宋元時期以來玉壺春瓶的造型或裝飾變遷擬留待稍後再予介紹，在此應予留意的是，初見於北朝晚期的玉壺春瓶外觀雖予人洗練、明快的作風，但北朝以前似乎又無可做為其前身的類似瓶式，這不免會讓人懷疑所謂的玉壺春瓶是否可能屬外來的器式？就此而言，我們很容易會想起前述出土有A式卵形帶蓋鎏金銅瓶的北齊庫狄迴洛墓，因其同時出土了器形類似D式洋梨形的鉛黃釉貼花壺（圖21）。[47]從後者壺身滿飾模印貼花裝飾之特徵看來，其可能

圖20
石棺床局部拓本
中國山西省大同北魏墓
（M112）

圖21
鉛黃釉貼花壺
中國山西省北齊庫狄迴洛墓
（562）出土

圖22
波斯薩珊王朝鍍金銀壺
六至七世紀　英國大英博物館
（The British Museum）藏

圖23
敍利亞玻璃瓶
八至九世紀
中國陝西省扶風法門寺出土

和金屬工藝品有較大的關連，如大英博物館（The British Museum）藏傳阿富汗或巴基斯坦出土的波斯薩珊（Sasan）王朝鍍金銀壺（六至七世紀）即見類似作風（圖22）。[48]寧夏固原北周天和四年（569）李賢夫婦墓出土的薩珊朝鎏金執壺之壺身亦與D式洋梨形瓶有類似之處。[49]至於伴隨出土有唐咸通十五年（874）監送眞使「衣物帳」的陝西扶風法門寺地宮出土的敍利亞製八世紀中期至九世紀中期玻璃玉壺春瓶（圖23），[50]則是此類瓶式輸入中國的具體實例。應予一提的是，越南呦勞佔（Cu Lao Cham）遺址也出土與法門寺地宮玻璃玉壺春瓶完全一致的標本。[51]眞道洋子因此認爲兩者均是於八世紀後半至九世紀前半經由海路所攜至。[52]

　　一旦提及中國進口外國玻璃及其對中國工藝品的影響，不免讓人想起大英博物館收藏的一件十世紀的白瓷玉壺春瓶（圖24），[53]因爲其頸肩部位所見數道凸稜裝飾，其實又和二至三世紀敍利亞等地玉壺春式玻璃瓶瓶頸之凸稜頗有類似之處（圖25）。[54]無獨有偶，法門寺地宮出土的著名越窯青瓷八稜瓶之頸肩部位亦見數道凸弦紋，其祖型應該也是來自外國的玻璃器。上述諸例表明，北朝至唐代的工藝品對於外來金屬器或玻璃器的借鑑和模倣，所以我認爲所謂的玉壺春瓶也應該在此一脈絡中予以掌握。

圖24
白瓷瓶　十世紀
英國大英博物館
（The British Museum）藏

圖25
玻璃瓶　二至三世紀

雖然我必須承認，本文無法確鑿地指出做為中國玉壺春瓶祖型之外國工藝品具體的時代、產地或質材，遑論其由西向東的傳播路徑。但是我們卻也不宜低估隨著亞歷山大大帝東征（西元前334－323）而正式萌動的所謂希臘化時代可能給予中國工藝美術品的影響。或許會招致作文有如天馬行空之譏評，我仍想指出，做為古希臘至希臘化時期著名金工市鎮的今義大利塔蘭托（Taranto）市區已經製作出精美的金箔飾銀質玉壺春瓶（圖26）。[55]不僅如此，隨著西元前五世紀中期之後阿提卡（Attic）陶器的衰退，興起於義大利南部

的阿普利（Apulian）紅像式陶器亦經常出現玉壺春式瓶。例如塔蘭托四號墓出土陶器即為一例（圖27）。[56]應予留意的是塔蘭托墓葬有不少是既出玉壺春式瓶，同時伴出稱為Dinochone的帶把酒壺（圖28），[57]而這種呈尖嘴三瓣式的注壺也是隋唐時期常見的器式，[58]陝西富平縣上元二年（675）李鳳夫婦墓即出土有類似造型的白瓷帶把壺（圖29），[59]中亞

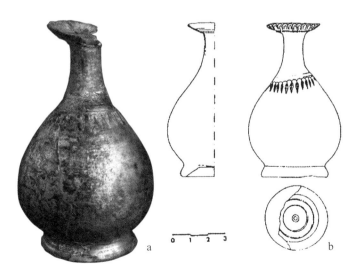

圖26　金箔飾銀瓶　a 外觀　b 線繪圖　義大利塔蘭托出土

圖27　紅像式陶瓶
義大利塔蘭托出土

烏茲別克（Uzbek）亦見
此類瓶式（圖30）。[60]眾所
周知，烏茲別克南部至阿
富汗北部之烏滸（Oxus）
河（又稱阿姆河，Amu
Darya）中游古屬大夏
（Bactria），是亞歷山大大
帝東征後所謂泛希臘世界
最東的希臘殖民都市，故
遺址出土標本之受希臘文
化影響一事自不待言。如
前所述，今日俗稱玉壺春
瓶之瓶式於明代以前文獻
稱爲「壺瓶」，而有關「壺

圖28
注壺
義大利塔蘭托出土

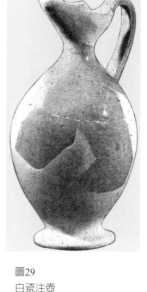

圖29
白瓷注壺
中國陝西省富平李鳳夫婦墓
（675）出土

瓶」的最早且最著名的記事則是《貞觀政要》卷二等所記載
的太宗賜李大亮「金壺瓶」的軼事。不過，同一記事於《新
唐書‧李大亮傳》卷九十九則做太宗賜亮「胡瓶」。宋鄭瑗
《井觀瑣言》評論這兩種稱謂的緣由時說：「今人呼酌酒器
爲壺瓶，按唐書太宗賜李大亮胡缾，史炤通鑑釋文以爲
汲水器，胡三省辨誤曰：胡缾蓋酒器，非汲水器也。
缾、瓶字通，今北人酌酒以相勸酬者，亦曰胡缾，然壺
字正當作胡耳。」此外，唐張鷟（658？－730）《朝野僉載》
卷三所載唐太宗令上官齎「金壺瓶」於宋《太平廣記》卷二
百七十二也是作「胡瓶」。看來「壺瓶」確實即「胡瓶」。從
唐姚汝能《安祿山事跡》載玄宗（712－756在位）多次賞賜
安祿山（703－757）「金鈒花大銀胡缾」、「金窯細胡瓶」等
用例看來，唐代「胡瓶」經常是指由外國輸入中國的進口瓶
式。[61]唐太宗顯然對於呈細頸、洋梨形腹造型即今日所謂玉
壺春瓶之來路了然於心，才會逕稱它爲「胡瓶」。

圖30　紅陶帶把注壺
烏茲別克出土

小結

　　今日俗稱的「玉壺春瓶」於清代以前文獻稱作「壺瓶」。「壺瓶」雖說廣泛使用於許多不同的場域，但其主要的功能則是酒器。做為盛酒容器的「壺瓶」可以裝盛各種酒類，但絕不限於玉壺春酒。同樣地，江州上色玉壺春酒也可以裝盛在形制各異的酒器中，其當然也包括元代以來飲宴場合流行的「壺瓶」。「壺瓶」和玉壺春酒的關係，僅止於此。或許是由於玉壺春酒自唐代以來即備受文人青睞，甚至漸成吟詩作賦時美酒的風雅代稱，以致於入清以後，頗有將盛酒的「壺瓶」之器式逕呼爲「玉壺春瓶」而沿用至今。

　　玉壺春瓶之瓶式並非中國的創意，然而其做爲宋代以來一種時尚的酒器而廣爲人們所使用，甚至成了東亞其他國家模倣的對象。如日本愛知縣猿投窯址出土的十世紀白瓷帶把注壺（圖31）[62] 之原型，可追溯至於玉壺春瓶加置注流和壺把的九世紀湖南長沙窯製品（同圖18），而韓半島高麗青瓷玉壺春瓶之器形特徵（圖32）[63] 也和北宋汝窯同式瓶頗有共通之處（圖33），[64] 從前者瓶身「何處難忘酒」等象嵌詩句內容得知高麗青瓷玉壺春瓶亦屬酒瓶。

　　酒器之外，也有以玉壺春瓶插花的例子。除了前述

圖31　注壺　十世紀
日本愛知縣猿投窯址出土

圖32
高麗象嵌青瓷瓶
韓國國立中央博物館藏

圖33
汝窯瓶　英國大英博物館
（The British Museum）藏

圖34　日本元亨四年（1324）石板碑刻所見玉壺春瓶

圖35
日本《祭禮草紙》
（複製品）所見玉
壺春瓶（約1400）

尚待證實的江西宋墓壁畫之外，日本相對保留了較多的以玉壺春瓶插花的圖像資料。其中包括元亨四年（1324）石板碑刻的供養蓮花（圖34）。[65]其次，製作於1400年前後的《祭禮草紙》所見玉壺春瓶則內插仙翁花置於大和繪前所懸掛三對幅的前方（圖35）。[66]此外，滋賀縣弘法寺藏鎌倉時代（1185－1333）天台寺密教灌頂用的所謂「布薩形水瓶」則是在介於本文所分類之卵形（A式）和洋梨式（D式）即玉壺春瓶瓶身一處設注流（圖36）。[67]以玉壺春瓶為主體基本形其實蘊含著豐富的創作空間，匠人們只需在局部略予變動即可獲得具有特色、適應各不同場域的瓶式。在此，我們可以韓國新安元代至治三年（1323）沉船打撈上岸的中國陶瓷為例做一觀察，因為這是一樁遺物製作於同一時段且發現於同一考古遺址的難得案例。除了無加飾的玉壺春瓶之外（圖37），其既可在瓶頸肩部位飾泥條形耳（圖38）、獸形啣環（圖39），或在獸形啣環上方加置雲耳（圖40），也可以安裝注流和把手做為注壺使用（圖41）。後者因多附蓋，故其口沿多作可承載子蓋的盤口式。[68]可以附帶一提的是，法國國家圖書館（Bibliothèque Nationale de France）典藏有於玉壺春瓶身加裝金屬製把手和流的圖繪（圖42），[69]從圖上方徽章可知這件被稱

圖36
日本密教灌頂用水瓶　鎌倉時期
日本滋賀縣弘法寺藏

（左）圖37　龍泉窯玉壺春瓶　元代　（右）圖38　青白瓷雙耳瓶　元代
韓國新安沉船（1323）打撈品

（左）圖39　龍泉窯獸首啣環貼花瓶　元代　（中）圖40　青白瓷雙耳瓶　元代　（右）圖41　青白瓷注壺　元代
韓國新安沉船（1323）打撈品

為Fonthill Vase之原作現藏於愛爾蘭國家博物館（National Museum of Ireland）的元代景德鎮青白瓷瓶原是匈牙利路易王（1342－1382）的收藏，是十四世紀歐洲收藏中國陶瓷並予以改裝的珍貴實例。其次，將玉壺春瓶改裝成注壺一事既反映了當時歐洲的裝飾時尚和器式需求，同時也透露出中國元明時期大量燒造此一瓶式外銷的原始契機。我們可以輕易地設想到：當中東或歐洲的人們接觸到造型酷似其所熟悉的希臘、羅馬瓶式但卻是以高溫燒成的中國施釉玉壺春瓶或同式注壺時，其內心的奇妙感受。

　　由於舖首啣環裝飾乃是汲取了中國古代銅器的裝飾構思，因此該一瓶式往往又成了儀禮場域的用器。前引文獻所見玉壺春瓶曾被使用

圖42　法國國家圖書館
　　　（Bibliothèque Nationale de France）
　　　典藏圖繪　（1382以前）

圖43　備前燒　日本桃山時期　　　圖44　粉青鐵繪瓶　朝鮮王朝　　　圖45　越南青花瓶　十五世紀

於葬儀、慶典等正式場合即爲一例。換言之，初見於北朝、宋代以後廣爲流行的玉壺春瓶之瓶式雖非中國自身的創意，卻在中國得到高度的發展，以致滲入做爲中國文化核心的禮儀殿堂，成爲宋代以來具有代表性的古典瓶式之一，甚至逆銷外國。元代王大淵著《島夷志略》提到由中國赴「戎」（今馬來半島克拉地峽，Isthmus of Kra）附近之春蓬（Chumphon）的「貿易之貨，用銅、漆器、青白花碗、磁壺瓶」，[70]所謂的「磁壺瓶」，用今天的話來說，很可能就是「瓷玉壺春瓶」。無論如何，就陶瓷史的領域而言，宋代以來廣爲流傳的具有特色的玉壺春瓶，也是亞洲各國競相製作的時髦瓶式，進而形成各地匠人於此共通瓶式上各盡其妙的熱鬧局面，並且持續數百年而不衰。這些各具風味的作品表現各有千秋，如十六世紀日本桃山時期（1573－1603）備前燒「鶴首德利」（圖43）、[71]韓半島十六世紀朝鮮王朝粉青鐵繪瓶（圖44）[72]或越南青花八稜瓶（圖45）。[73]另從中東地區細密畫畫面的

場景可知（圖46），[74]玉壺春瓶於中東地區亦屬酒器，1396年於巴格達（Baghdad）製作的伊兒汗朝「庭園饗宴圖」（圖47），[75]不由得又會讓人聯想到前述元墓壁畫的「備酒圖」（同圖8、9）。

　　總結以上敘述，我想再次強調的是，不少精煉、結晶於宋代的古典器式之祖型，其實是來自進口的舶來品。以往對於輸入中

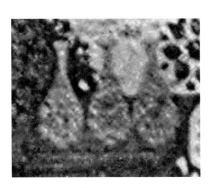

圖46　中東地區細密畫

圖47　伊兒汗王朝「庭園饗宴圖」（1396）

國之工藝品的考察多偏重於隋唐時期進口之金銀
器及其對於中國其他工藝品的影響。不過，就目
前的資料看來，輸入中國的玻璃器之器形和裝飾
構思也對中國的工藝品影響至鉅，甚至於如梅
瓶、紙槌瓶或以上所討論的玉壺春瓶等具有典範
意涵、精煉完成於宋代之瓶式的祖型，也多可追
溯至外國的玻璃器（圖48）。此一課題，值得深入
探究。

〔改寫自《故宮文物月刊》291（2007）所載相同
篇名拙文〕

圖48　玻璃瓶　二至四世紀
　　　東地中海沿岸出土

1-4 關於唐代雙龍柄壺

　　於窄深帶唇的盤口、細長頸、豐肩、修腹、平底的盤口壺之口沿兩側至肩部位加置雙獸首弧形把的所謂雙龍柄壺，是唐代陶瓷常見的器形。從以往有關唐代文物的收藏或展覽、研究圖錄，不乏將這類作品圖像做為圖冊封面甚至宣傳海報上的主角，不難想像雙龍柄壺似乎也成了足以代表唐代文物造型裝飾的典型器式之一。然而，關於該一器式的淵源出自其實仍有若干疑難，至今未能完全解決。過去雖並存有兩種截然不同的看法，即：其是由六朝以來雞頭壺演變而來的（A說），以及其可能是受到外來影響而成立的（B說），但相對於B說始終只是停留在雙龍柄壺造型與西方安弗拉（Amphora）瓶式有相近之處的單純指摘，未有論證，A說則隨著中華人民共和國考古學的進展似已有較為明確的系譜可循，再加上近年來歐美的中國陶瓷史研究低迷，故原來出自半個世紀之前歐美學界倡議的B說就漸為人所遺忘，以致於今日學界在談及唐代雙龍柄壺造型淵源時，幾乎已絕口不談外來影響的B說，而一致主張其係來自六朝以來的雞頭壺傳統。本文的目的，是擬先梳理雙龍柄壺的造型和裝飾特徵，而後以個人的理解和想像，結合現今的考古或傳世遺物，試著鋪陳A、B兩種論調，並談談與之有關的幾個問題。

一、唐代雙龍柄壺的種類

　　為了便於追蹤唐代雙龍柄壺的祖型以及行文上的方便，以下擬先針對其器式特徵做一簡要的歸類，即擬以平底或帶圈足者大致將之區分為A型和B型。我很清楚像是這樣的形式分類著實粗糙，比如說龜井明德所著，也是目前唯一的一篇資料蒐集齊備的討論唐代雙龍柄壺的專論，已將本文的A型細分為三型四式，並予以年代排序，讀者可以參照。[1]然而，本文更關心的是祖型的追索，因此分類不宜過細，以便囊括此一類型的大多數作品。

　　事實上，目前所見唐代雙龍柄壺絕大多數均屬平底的A型。作品均施釉，釉的種類有於白胎上施罩高溫透明釉的白瓷，以及低溫鉛釉。前者因胎釉的成分或燒成氣氛，表釉有

時偏青或呈牙黃色調，後者鉛釉可區分為單色釉和三彩釉，至於以鉛為助溶劑的單色釉則除了綠釉和褐釉之外，偶可見到鈷藍色釉或於絞胎上施罩單色釉的作品。

　　A型作品口沿兩側至肩部的弧形把多數均是以雙股泥條平行拼合而成，把背常間隔貼飾數量不等的乳丁飾，有的還於把上壓印圈紋或陰刻短線以表現軀體的鱗片或紋理。就此而言，目前所見唐代雙龍柄壺當中，雖有部份作品確如龜井明德所指出，其柄端獸首特徵不夠明確，有的形似鳳首或屬性不明的獸頭（圖1），然而考慮到把身造型以及暗示龍體鱗片的壓印圈紋，同時又有不少作品龍首帶角，特徵明顯，而其整體器形因和龍首特徵不夠明確的獸首帶柄壺完全一致，因此本文遂將少數龍首特徵不夠鮮明的獸首柄壺也納入龍首柄壺的範疇。其次，雙龍柄壺之外，亦可見到帶三只龍把的作品（圖2）。另外，目前所見A型作品之龍首柄均只表現龍首和身軀上半部位，但少數作品龍身係蟠結於拉長的帶凸弦紋飾的長頸，並飾有龍的前肢、後足和尾，較為特殊（圖3）。至於個別作品，如中華人民共和國保利集團購藏的響銅製雙龍柄壺，雖然壺把龍體雕琢精細，龍鬚、角、翼、足、尾樣樣俱全（圖4），但整體予人感覺並不自然，故其是否有可能為近年倣製的贗品？還有待求證。

　　B型作品極少見到，但河南鶴壁開元二十六年（738）

圖1
白釉雙龍柄壺　高60.8公分
a 外觀　b 局部
日本出光美術館藏

圖2
三龍柄壺　高37.5公分
英國艾許莫林博物館
（The Ashmolean Museum）藏

王仁波墓曾經出土，係於上豐下斂的盤口下置喇叭式細長頸，頸中央部位飾凸稜，豐肩，肩以下弧度內收，器底置外敞的圈足。龍口唧咬盤口，除了前肢攀附盤口，後足亦搭於壺肩，整體形似蜥蜴，其長尾則黏貼在器身腹，通高四十六點五公分，整體施罩黑釉（圖5）。

二、出土情況和流行年代

　　儘管流傳於世的唐代雙龍柄壺的數量龐大，於各地的公私收藏單位都可輕易看到，但經正式考古發

圖3　白釉雙龍柄壺
中國香港私人藏

圖4　響銅雙龍柄壺　高44.5公分
中國保利集團藏

掘出土的實例卻不多，並且只見於陝西和河南兩省分，這意味著經常被視為大唐盛世文物典型作例的雙龍柄壺，其實只是特定區域之間流行的器物。就我所能掌握到的唐代雙龍柄壺出土例，因有數例伴出墓誌，故墓主身分明確並有絕對的卒葬年代可考。依年代先後順序，計有：陝西富平縣上元二年（675）李鳳夫婦墓（李鳳為高祖李淵〔566－635〕第十五子，揚州大都督，虢王）、河南偃師垂拱三年（687）恭陵哀

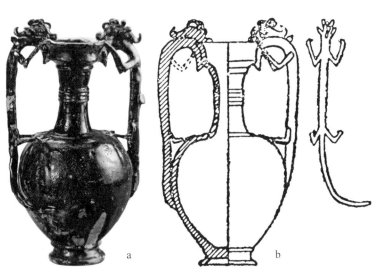

圖5　黑釉雙龍柄壺　a 外觀　b 線繪圖　中國河南省鶴壁王仁波墓（738）出土

皇后〔高宗〔649－683在位〕五子李弘〔652－675〕后〕墓（圖6）、偃師聖曆元年（698）盛才墓、偃師長安三年（703）張思忠（張良後代，終世無官）夫婦墓、偃師神龍二年（706）宋禎（延州刺史、授正議大夫，官四品）夫婦墓、偃師神龍二年（706）宋祐墓（圖7）、陝西乾陵神龍二年（706）章懷太子（654－684）墓、洛陽關林唐景雲三年（712）張夫人墓以及前述河南鶴壁開元二十六年（738）王仁波墓

圖6
鈷藍釉雙龍柄壺
中國河南省恭陵哀皇后墓
（687）出土

圖7
三彩雙龍柄壺
中國河南省偃師宋祐墓
（706）出土

（表一參照）。除了王仁波墓出土帶圈足的B型，其餘各墓所見均屬平底的A型。雖然，在目前所知少數考古發掘例子當中，出土有雙龍柄壺的墓葬墓主身分似乎不低，包括皇后、王以及由巴州遷葬乾陵的章懷太子墓等皇族，但亦包括終身無任何官銜的張思忠夫婦墓。西安西郊一座墓室長不及三公尺的單室土洞墓也出土一件三彩雙龍柄壺，這就說明了雙龍柄壺未必是被皇室貴族所壟斷的器式。其次，目前也看不出這類通高約在三十至五十公分之間的雙龍柄壺有隨著尺寸大小或色釉種類而出現的不同等級意涵。話雖如此，現藏德國科隆美術館（Museum für Ostasiatische Kunst, Köln）的一件三彩雙龍柄壺之華麗裝飾和精緻度，委實令人印象深刻（圖8）。

就目前的資料看來，雖有少數幾件A型壺的年代據稱可上溯隋代，[2] 然既未見正式的考古發掘報導，同時其器形特徵與唐墓出土作品雷同，故其可靠性還有待證實。因

圖8
三彩雙龍柄壺　高68公分
德國科隆美術館（Museum
für Ostasiatische Kunst, Köln）藏

此，就正式的考古發掘資料而言，A型壺主要流行於七世紀至八世紀前期的初唐至盛唐期，其中唐三彩鉛釉系作品則集中於七世紀後半至八世紀初期。[3]可惜目前還缺乏足夠的資料得以進行精密的編年排序。雖然如此，二十世紀初霍明志保祿提到唐會昌元年（841）墓曾出土所謂「虵虎瓶」[4]（即本文A型壺），不過從今天的資料看來，此一紀年資料恐怕難以盡信。另外，過去有人僅僅依恃少數幾件出土資料即武斷地主張雙龍柄壺的「演進規律」是龍柄由高直而矮拱弧等論點，[5]則是完全不合乎事實的任意猜想。其次，近年由中國鄭州市文物考古研究所編寫的《鞏義芝田晉唐墓葬》因將出土有白瓷雙龍柄壺的93HGS一號墓和伴出有白瓷和三彩雙龍柄壺之92HGS一號墓的年代分別設定於680至690年和690至700年，[6]乍看之下編年精細，故而被視為今後唐三彩鉛釉陶編年的里程碑而大加褒揚。[7]然而，只需稍事檢驗該發掘報告書的編年依據，不難發現其論證拙劣且頗有強行附會之嫌。本文無暇在此對該報告書多做評論，不過就和本文直接相關的議題而言，鞏義92HGS一號墓的雙龍柄壺之造型和裝飾特徵（圖9）其實和同省偃師神龍二年（706）宋祐墓所出三彩作品大體一致（同圖7）。

　　此外，在觀察雙龍柄壺出土例時還有一個值得留意的現象，即其經常是兩兩成雙地陪殉入壙。如李鳳墓、張思忠墓或鞏義93HGS一號墓均分別出土一對白瓷或黃釉雙龍柄壺，饒富趣味的是河南伊川墓和鞏義92HGS一號墓不僅各出現一對該類壺，並且均是以高溫白釉瓷搭配低溫三彩釉陶的形式共伴出土（同圖9），至於現藏臺灣國立歷史博物館的原中國河南省博物館藏的兩件器形壯碩的淡黃釉雙龍柄壺，亦可從其尺寸大小和壺身貼花裝飾等推測，其應是出自同一墓葬的成對作品。另一方面，由於雙龍柄壺口徑較窄，而壺口龍首又往往被誇張地強調，

圖9　a 三彩雙龍柄壺 b 白釉雙龍柄壺
中國河南省鞏義唐墓（92HGSM1）出土

致使部份作品龍首幾乎塡滿整個口部，不利於使用（圖
10）。這不由得會讓人疑心這類帶柄獸首壺是否確屬生活
實用器具？抑或有其他的用途？除了前述令人側目的墓
葬成對配套的出土情況之外，西安新西北火車站墓這座
未經盜掘的土洞墓是以一件三彩雙龍柄壺暨二十餘件陶
俑的形式共存於墓葬；偃師山化鄉四號墓所出三十餘件
陶瓷當中，雙龍柄壺是唯一施罩有三彩色釉的作品，顯
得鶴立雞群、極爲突出。無論如何，就目前的考古發掘
資料看來，存續於七世紀初唐至八世紀前半盛唐時期的
雙龍柄壺於安史之亂（755－763）後似已音訊杳然，迅
速地消失，這也是一個應予留意的現象。

圖10 白釉雙龍柄壺 高51公分
中國河南省鞏義北窯灣唐墓
（M6）出土

三、從雞頭壺到雙龍柄壺

　　如前所述，唐代雙龍柄壺是於造型呈盤口、細長頸、豐肩、修腹的一般所謂盤口壺的
口沿至肩部加置雙把，而雞頭壺則是於盤口壺口肩部位一側置把，對側壺肩飾雞頭，單把
把端亦多飾龍首。以上兩種壺式均是以盤口壺爲基本器形，其不同之處僅僅在於一爲雙
把，另一爲單把雞首。因此，追索盤口壺和雞頭壺的形式變遷，無疑有利於評估雙龍柄壺
器形的淵源出自。事實上，龜井明德已曾有過類似的考察，但相對於龜井氏是以北朝雞頭
壺爲例進行溯源，本文則擬追溯至雞頭壺成立之初的三國西晉時期。我之所以不厭其煩地
往上追索，其原因非常簡單，即帶把雞頭壺的出現模式，其實和雙龍柄壺的成立模式極爲
類似，所以很有參考的價値。

　　有關六朝雞頭壺的考古發掘資料數量較多，爲免繁瑣，本文主要將以刊載有清楚圖版
的紀年墓葬出土標本爲例進行觀察。就目前的資料看來，於盤口壺壺肩飾雞頭的實例可上
溯至西晉時期，除了浙江平陽元康元年（291）墓、[8]杭州太康八年（287）等西晉紀年墓
之外，[9]近年報導的山東臨沂洗硯池西晉墓也出土了越窯青瓷雞頭壺（圖11）。後者係於口
徑相對較大的淺盤口下方置粗直頸，頸下接球圓腹，於壺肩兩側置縱向半環繫耳，其餘兩
側分別飾雞頭和雞尾椎，雞頭無頸，無把。[10]從江蘇南京象坊村東晉太興二年（319）吳氏
墓[11]或同省鎮江丹徒東晉咸康元年（335）等紀年墓亦見類似作品，[12]可知此型式的雞頭壺

於四世紀前期仍然持續生產。不過，至遲在四世紀中期開始出現於盤口壺壺肩一側飾雞頭，另一側口沿至肩部位安裝把手的作品，如溫州市雙岑東晉咸康七年（341）墓出土作品（圖12），[13]即為一例。屬於該一類型的帶把雞頭壺雖亦有多種亞型，如鎮江東晉墓[14]或四川彭明常山村崖墓曾出現於壺肩一側飾雙雞頭，對側置泥條形雙把的作品，[15]釉色除了青瓷之外，如杭州興寧二年（364）褚府君墓可見黑釉作品。[16]但整體而言，其盤口壺的造型均已較西晉初期作品修長，不僅盤口加深，頸部拉長，壺肩所飾雞頭亦多伸長頸部，同時壺肩所飾繫耳亦多屬橋形橫繫，其既和前述西晉至東晉初期作品有明顯的區別，卻又和三國西晉以來的同式盤口壺一脈相承，應屬同一器式不同時段的產品。就是因為這一緣故，歷來的研究者一致認為帶把雞頭壺是由前期的僅飾有雞頭和雞尾椎的無把雞頭壺演變而來的。[17]雖然，誰也未能清楚交待雞頭壺為何會於四世紀中期前後，突如其來地由原本可能是表現雞尾椎的小貼飾，蛻變成連接於壺口和肩部位的把手，並且又於四世紀中後期出現了於把端加飾龍首的條形單把以及由雙股泥條平行併合而成的龍首飾雙股把。後者龍首飾雙股把之造型構思則和唐代雙龍柄壺之壺把完全一致。

　　南朝時期的帶把雞頭壺愈趨修長，並曾銷售至北方地區，致使北方瓷窯起而倣製，因此出現了許多青瓷或施罩北方傳統鉛釉的低溫釉陶雞頭壺。除了山西北魏神龜三年（520）辛祥墓[18]或山東臨朐北齊天保二年（551）[19]的青瓷雞頭壺之外，山西北齊武平元年（570）婁睿墓[20]或武平二年（571）徐顯秀墓等均出土鉛釉雞頭壺，尤以後者徐顯秀墓出土一式七件通高五十公分的大型雞頭壺（圖13）[21]最引人留意。著名的西安隋代大業四年（608）李靜訓墓的白瓷雞頭壺（圖14）[22]即是繼承此一北朝造型而來的。

圖11
青釉雞頭壺
中國山東省臨沂洗硯池西晉墓出土

圖12
青釉雞頭壺
中國浙江省溫州東晉墓
（341）出土

圖13 青釉雞頭壺 高50公分
中國山西省北齊徐顯秀墓
（571）出土

圖14 白瓷雞頭壺 高26.5公分
中國陝西省隋代李靜訓墓
（608）出土

圖15 青釉盤口壺 高20公分
中國陝西省隋代李靜訓墓
（608）出土

圖16
白釉雙身雙龍柄壺 高18.6公分
中國陝西省隋代李靜訓墓（608）出土

　對於本文來說，李靜訓墓委實有趣。這不僅是因
為該墓是出土文物豐富的皇室成員紀年墓葬，也由於
李靜訓墓同時伴出了盤口壺（圖15），以及於盤口壺加
飾雞頭和龍把的雞頭壺（同圖14），和於雙身盤口壺的
兩側置龍首把的所謂雙身雙龍柄壺（圖16）。後者是於
瓶罐器身兩側加飾龍首弧形把之中國最早紀年實例。
如果說，南方帶柄雞頭壺的成立是因東晉時期出現了
將原本可能是表現雞尾椎的貼飾轉換成了連接壺口和
肩部的把柄，那麼七世紀的李靜訓墓則似重演了此一
變化模式，將帶柄雞頭壺的原本已經誇張拉長至可見
到雞胸的雞頭飾，蛻變成了龍首柄。從瑞士玫茵堂
（The Meiyintang Collection）收藏有一件於盤口兩側
置龍首把，器肩置四只泥條雙股半環形縱繫，其中二

繫之間另飾一業已傷缺的貼飾痕跡（雞頭？）的隋代青瓷（圖17）；山西汾陽隋開皇十五年（595）梅淵墓則只見單把三繫青瓷壺（圖18），[23]可知上述兩式壺是和雙身雙龍柄壺均並存於隋代。換言之，隋代國祚雖短，卻是盤口龍柄壺造型、裝飾幾經試驗更新而後漸趨定型的關鍵時刻。初唐以來已成定制的單身龍柄壺，即是在隋代該一器式的基礎上發展而來的，至少目前學者們似乎都同意唐代的雙龍柄

圖17
雙龍柄四繫青釉壺 瑞士玫茵堂
（The Meiyintang Collection）藏
（筆者攝）

圖18
單龍柄三繫青釉壺
中國山西省隋代梅淵墓
（595）出土

壺乃是由北朝的雞頭壺演變而成，而北朝的雞頭壺則又是來自南朝的傳統。這也就是說，做為唐代典型器式之一的雙龍柄壺的造型構思可上溯六朝時期。

四、從阿契美尼德朝到唐朝─安弗拉式來通和雙龍柄壺的聯想

　　如前所述，唐代雙龍柄壺可依據圈足的有無而區分成A型和B型等兩大類。帶圈足的B型作品較少，但曾出土於河南開元二十六年（738）王仁波墓，作品所見龍形把是於蜥蜴般細長軀體上加飾四足和尾（同圖5），類似造型的龍把亦見於河北滄州出土的飾滿連珠或蓮瓣等紋飾的單把青瓷壺。[24]其次，傳河南汲縣出土的帶鳳頭形蓋的青瓷壺（圖19）[25]壺把亦屬同一類型。就目前的資料看來，以上兩件青瓷貼花執壺可能都來自隋至初唐時期河南地區瓷窯所燒製，其造型和裝飾則明顯倣自薩珊朝（Sasan，三至七世紀）波斯的金屬器，另從寧夏固原北周天和四年（569）李靜訓的曾祖李賢夫婦墓出土的薩珊朝鎏金銀執壺（圖20），可知該類中國史書所謂「胡瓶」於北朝時期似仍頻繁地輸入中國。其次，與

圖19
青釉鳳首壺
傳中國河南省汲縣出土

圖20
薩珊朝鎏金壺
中國寧夏省北周李賢夫婦墓
（569）出土

圖21
薩珊朝青銅壺　高48.5公分
美國大都會博物館
（The Metropolitan Museum of Art）藏

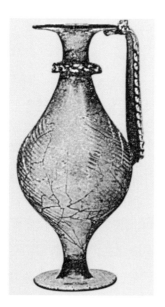

圖22
羅馬玻璃壺
西元前四世紀

圖23　羅馬玻璃壺　四至五世紀
朝鮮半島慶州皇南洞
第九十八號南墳出土

圖24
伊朗法斯省波斯波利斯
「亞美尼亞人朝貢圖」

滄州等地出土青瓷龍柄盤口壺造型構思相近的作品，於薩珊朝晚期青銅製品亦可見到，後者也是在長頸壺壺口和器腹之間加飾表現出四足和尾的獸形把（圖21）。其實，這類帶喇叭式高足的把壺之器式可上溯帕提亞朝（Parthian，西元前247－西元後224）或阿契美尼德朝（Achaemenidae，西元前600－400），以及西元前四世紀的羅馬玻璃器（圖22），可以說是當時羅馬、東方流行的器式之一。[26]雖然中國廣州、揚州漢墓或洛陽出土的羅馬玻璃器當中未見類似器形的作品，不過朝鮮半島慶州皇南洞第九十八號南墳則出土了同樣帶喇叭式高足的羅馬玻璃把壺（圖23），[27]後者產地推測是在地中海東岸敘利亞，其年代約於東、西羅馬分裂（395）至西羅馬帝國滅亡（476），即所謂後期羅馬玻璃。

另一方面，做為本文主要論旨，數量龐大的唐代A型雙龍柄壺的可能淵源出自，亦頗耐人尋味，因為著名的伊朗法斯省（Pars Province）波斯波利斯（Persepolis）之「亞美尼亞人朝貢圖」（Tribute of the Armenians，西元前600－500）已見類似造型的安弗拉式來通（Amphora-rhyton）（圖24）。其次，於阿契美尼德朝統治下的色雷斯（Thracian），即今保加利亞的Douranli Koukora古墳也出土了年代在西元前六至四世紀的金屬製品（圖25）。後者獸把中空與器身相通，並於一側加置可傾注液體的流。值得留意的是，做為把柄的聖獸前肢至肩部位裝飾有表示鬣毛的渦形鬃飾（圖25：b），而此一起源自美索不達米亞（Mesopotamia），經亞述（Assyria）（圖26）而傳至阿契美尼德朝的紋飾，不僅為薩珊朝波斯所繼承，也經由泛希臘文化傳至中亞，故希臘系今巴基斯坦的犍陀羅（Gandhāra）

a

b

圖25
安弗拉式來通
a 外觀
b 注流部位線繪圖
保加利亞
Douranli Koukora
古墳出土

圖26　亞述Nimorud北西殿「國王狩獵圖」（西元前875－860）
　　　英國大英博物館（The British Museum）藏

西元二至三世紀的「童子騎獅」的
獅子前後肢近身軀關節處亦見渦形
鬣髮，其後並影響到中國，如雲岡
石窟第十六洞北魏五世紀的交腳彌
勒菩薩像，兩側的獅子身軀即見多
處渦形鬣髮飾（圖27）；[28]山西省隋
開皇十七年（597）斛律徹墓所見鎮
墓獸亦見類似渦形鬣髮（圖28）。[29]
設若上述的推論可信，則從獅子圖
像上的渦形鬣髮飾似乎說明了阿契
美尼德朝，甚至於集美索不達米亞
文化之大成的亞述帝國的文化要素
曾經由中亞傳入中國。然而唐代Ａ
型雙龍柄壺是否亦可據此脈絡尋覓
其祖型？眾所周知，與隋唐物質文
明息息相關的薩珊朝波斯，其既和
阿契美尼德王朝均發祥於波斯，同

圖27　北魏交腳彌勒菩薩像線繪圖　五世紀
　　　中國山西省雲岡石窟第十六洞

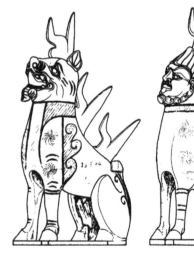

圖28　陶鎮墓獸線繪圖
　　　中國山西省隋代斛律徹墓（597）出土

時也是阿契美尼德文化的
傳統繼承者。有趣的是，
現藏伊朗德黑蘭考古博物
館（Iran Bastan Museum,
Tehran）的一件於壺身錘
鍱出豐饒女神阿娜希塔
（Anahita）的鎏金銀壺，
目前雖僅存源自羅馬的梨
形，即中國所謂「玉壺春」
壺身，但深井晉司從壺口
兩側有穿孔，穿孔正下方

圖29
薩珊朝鎏金銀壺
a 外觀　b 器底所見獸面注口
伊朗德黑蘭考古博物館
（Iran Bastan Museum, Tehran）藏

圖30
阿契美尼德朝彩陶安弗拉式來通
日本東京國立博物館藏

圖31
白釉雙龍柄壺　高44.5公分
中國河南省洛陽陽凹村出土

之器肩部位遺留有焊接
痕等推測，此一薩珊朝
波斯五世紀時期的銀壺
原應配置有安弗拉式的
雙把，結合器底兩側所
設置的獸面注口（圖
29），可知其器式正是
淵源自阿契美尼德朝的
安弗拉式來通。[30]問題
是，唐代A型雙龍柄壺
之祖型果真來自薩珊朝
波斯甚或阿契美尼德朝
的安弗拉式來通？我們
應該留意，阿契美尼德
朝的安弗拉式來通之獸
把裝飾不只一式，其還
包括於壺把頂端加飾禽

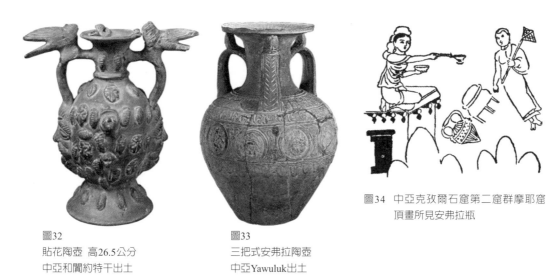

圖32
貼花陶壺　高26.5公分
中亞和闐約特干出土

圖33
三把式安弗拉陶壺
中亞Yawuluk出土

圖34　中亞克孜爾石窟第二窟群摩耶窟
頂畫所見安弗拉瓶

鳥的作品（圖30）。無獨有偶，1980年代洛陽陽凹村即出土了柄端另飾禽鳥的唐代雙龍柄白瓷壺（圖31）。不僅如此，中亞和闐約特干（Yotkan）也曾出土時代仍難確定但可能在一至三世紀、至遲不晚於五世紀的柄端飾鳥（圖32）或獸首的各式貼花陶壺。[31]不僅如此，東土耳其斯坦（East Turkistan，今新疆維吾爾自治區）喀什（Kashi）地區Yawuluk還曾出土被定年於六世紀的三把式安弗拉式壺（圖33），[32]而英國牛津大學艾許莫林博物館（The Ashmolean Museum）亦收藏有唐代三龍柄壺一事，已如前所述（同圖2）。其次，從克孜爾第二窟群摩耶窟拱頂所見須摩提譬喻故事中亦見有安弗拉瓶（圖34），[33]德國探險隊

圖35　唐代《文選》抄本背面圖繪所見安弗拉瓶　新疆吐魯番出土

於吐魯番地區發現的貼附於盛唐時期《文選》抄本背面，推測是描繪毘沙門天建國傳說的場景中亦見頭戴三圓盤冠的主角身旁置安弗拉瓶（圖35），[34]可知安弗拉瓶也是古代中亞地區常見的瓶式，法國吉美博物館（Musée Guimet）藏西元二至三世紀犍陀羅石灰岩「饗宴圖」浮雕所見安弗拉瓶亦為一例

（圖36）。[35]巴基斯坦拉瓦爾品第（Rawalpindi）東南之古印度西北部古城塔克西拉（Taxila）的希臘化城市遺址亦見安弗拉式紅陶瓶。[36]

圖36　犍陀羅「饗宴圖」浮雕　二至三世紀

　　這樣看來，儘管以中國雞頭壺的器式編年可以得出唐代雙龍柄壺乃是承襲六朝以來雞頭壺造型的推論，我們仍舊沒有理由忽視甚至可以積極主張唐代雙龍柄壺的器形乃是受到西方，特別是薩珊朝波斯同式壺的影響，而其祖型則可溯自阿契美尼德朝的安弗拉式來通，只不過中國將柄端的獸首置換成該國傳統的龍首或鳳首形像罷了。

五、隋代雙身龍柄壺的聯想

　　在談及唐代的雙龍柄壺時，首先碰到的難題，即是其和隋代的雙身龍柄壺是否有演變、繼承的關係？截至目前，可確認的雙身雙柄壺近十件，但有確實出土地點可考者，只有西安隋大業四年（608）李靜訓墓的白瓷（同圖16）、洛陽城的鉛綠釉（圖37）以及安徽壽州窯系的青瓷作品（表二參照）。雖然當中只有李靜訓墓帶有明確紀年，但因考慮到目前所見雙身雙龍柄壺造型大體相近，所以學界習慣上都將該類瓶式的時代訂定於隋代。龜井明德在仔細比對現存所有的雙身雙龍柄壺後，曾經提示目前所見雙身雙龍柄壺多是通

圖37
綠釉雙身雙龍柄壺
中國河南省洛陽城遺址出土

高在二十公分以下的小型作品，其和單身雙龍柄壺有的
高逾五十公分有顯著的區別，因此認為此一從雞頭壺發
展而來且僅只存在於隋代後期的雙身雙柄壺，未必和單
身雙龍柄壺有直接的繼承發展關係。這也就是說，雙身
雙龍柄壺是隋代這一短暫時期突如其來的創作，並且有
如曇花一現、倏忽音信杳然而至消逝無蹤。

　　但我認為上述龜井氏的良心建議仍有商榷的餘地。
比如說現藏於芝加哥美術館（The Art Institute of
Chicago）的一件青釉雙身雙把瓶之口頸部位造型特徵
（圖38），就和山西天統三年（567）韓裔墓（圖39）[37]
或同省太原金勝村北齊壁畫墓[38]出土的雞頭壺大體一
致。與此同時，其器身腹造型裝飾則又與前引隋墓出土
的雙身雙柄壺有些許相近之處，故有理由將其年代定於
北齊至隋代，這從以李靜訓墓為代表的雙身雙柄壺之盤
口相對變窄，頸部趨於修長一事亦可檢證芝加哥壺的年
代應較早。如果此一定年方案之推測無誤，那麼我們就
可以經由其與李靜訓墓等隋代雙身雙柄壺之造型進行比
較和排序，並可得出結論認為：相對於芝加哥美術館北
齊至隋作品壺身因中軸部位劇烈弧度內凹，而形成連底
的雙身壺式，李靜訓墓等隋代作品雖有模製和轆轤等兩
種不同的成形技法，然外觀上均是由兩件豐肩修腹瓶接
合成器底不相連接的典型雙身壺式。我不敢肯定前述連
底雙身瓶的器式，有無可能是由河南省武平六年（575）
范粹墓[39]亦見出土的印花扁壺再加置雙龍柄演變而成？
抑或竟也是來自西方？在此應予一提的是，前引傳河南
汲縣出土的帶鳳首形蓋的青瓷單把壺，其器身連珠餅形
飾所見人物其實並非以往許多人所推測的所謂舞蹈力
士。從人物下顎蓄鬍，手持葡萄，近足處有傾倒的壺瓶
看來，其表現的應是希臘的著名酒神戴奧尼索斯

圖38
青釉雙龍柄壺
美國芝加哥美術館
（The Art Institute of Chicago）藏

圖39　黃釉雞頭壺
中國山西省北齊韓裔墓
（567）出土

（Dionysus）（同圖19）。[40]另從義大利塔克尼亞（Tarquinia）出土的西元前六世紀黑像式安弗拉陶壺，壺身繪飾葡萄藤蔓和戴奧尼索斯顏面（圖40），故不排除前述北齊至隋雙身連底壺壺肩葡萄紋飾下方，雙壺壺肩正中所飾人面亦為酒神戴奧

圖40
希臘黑像式安弗拉陶壺
西元前六世紀　義大利塔克尼亞出土

圖41
綠釉貼花壺　隋代
中國香港徐氏藝術館藏

尼索斯。因為做為釀酒原料的葡萄和人物或人面之組合，正是戴奧尼索斯習見的登場方式。就此而言，分別收藏於紐約大都會博物館（The Metropolitan Museum of Art）[41]和香港徐氏藝術館的成對隋代綠釉陶壺，[42]壺身所見我以前冒然地將之與希臘神話女妖美杜莎

圖42
希臘彩繪安弗拉陶壺壺身所見護衛聖樹的雙蛇
西元前五世紀

（Medusa）相提並論的鬚鬣人面貼飾（圖41），有較大可能也是酒神戴奧尼索斯。值得留意的是，戴奧尼索斯雖是希臘、羅馬的酒神，然其原本係阿契美尼德朝治下色雷斯等地的豐饒神。可以附帶一提的是，西元前五世紀於義大利所燒製的希臘安弗拉陶壺壺身繪有守護金蘋果聖樹的雙蛇（圖42），其蛇（龍）身蟠樹的造型頗容易讓人聯想到前引國外私人藏雙龍柄壺（同圖3）。不僅在聖經或希臘神話中龍和蛇具互換性；希臘文dorakon也同時意味著龍和蛇。[43]護衛功能之

外，龍有時還和死者再生的通過禮儀有關。[44]因此，龍亦非中國的專利圖像。

　　無論如何，我們應該留意阿契美尼德朝樣式的安弗拉式來通其實有多種造型，其器底兩側雖多鑴孔，但於外觀上卻有不同的造型，其中有的作品是將器底雙孔表現成兩個略近袋足的乳房狀（圖43）。至於中國北朝至隋代工匠們是否可能將此類下腹略呈雙身的安弗拉式來通，詮釋、改變成具有特色的雙身雙柄壺？目前不得而知。

　　設若本文以上有關北齊至隋代雙身雙柄壺的造型變遷推論無誤，則對於唐代雙龍柄壺為何經常會以兩件成對的組合方式出土於墓葬，即可得到相應的解釋。那就是北齊至隋代由連底雙身雙柄壺發展至隋代後期出現了分底雙身雙柄壺，而後雙身一分為二，獨立成了一對陪葬入壙的器物。就目前出土

圖43　黑陶安弗拉式來通
西元前十至八世紀
日本私人藏

有兩件雙龍柄壺的五座唐代墓葬而言，有兩座墓伴出有墓誌，其分別是上元二年（675）李鳳及其妻劉氏墓和長安三年（703）張思忠及其妻趙氏墓，夫婦合葬墓出土成雙的雙龍柄壺一事確實耐人尋味。過去深井晉司曾經推測這類年代上溯西元前1000年，下限不晚於薩珊朝，且出土分布限於伊朗高原北部西亞地區的安弗拉式來通，有兩種可能的用途。其一是義兄弟結盟時，兩人同時自壺底注口吸飲聖酒，再則是男女結婚時，雙方同時自注口飲用聖水。唐代夫婦合葬墓出土成對的雙龍柄壺是否亦具夫婦合卺之象徵意涵？抑或另有其他功能？另外，據說中華人民共和國北京故宮博物院收藏的一件唐代白瓷雙龍柄壺，器腹有「…□三保客□龍一虎一鳳凰龍虎在家待對母…」等銘文，[45]然而文意難解，因此有關唐代雙龍柄壺的確實功能，還有待日後進一步的考古發掘資料來解決。

小結

　　就目前可確認的考古發掘實例看來，雙龍柄壺最早出現在六世紀後期的北方，其時多

安裝於雙身瓶的兩側。主要流行於隋代（581－618）的雙柄雙身瓶的出土地包括陝西、河南和安徽等三省分，而唐代的雙龍柄壺則分布於陝西和河南兩個省分，此說明了隋唐時期的雙龍柄壺明顯流行於關中和中原地區。由於雙身雙龍柄壺和單身雙龍柄壺的出土分布又頗有重疊，此一現象也反映了兩者之間是有繼承發展的親緣關係。

從隋代李靜訓墓出土例，可以確認雙身雙龍柄壺和雞頭壺是當時並存的兩種器類，而當雙身雙龍柄壺過渡發展至盛行於唐代的單身雙龍柄壺，分布於南北兩地的雞頭壺仍然與之平行共存，但兩者於北方地區八世紀中期卻戲劇性地同時消逝無蹤。由於唐代的雙龍柄壺壺口常被碩大的龍首蟠踞而至不利實用，故或可將之歸入祭器或明器之列。無論如何，雙龍柄壺其實只是唐帝國的一個特定區域的產品，其與南方地區完全無緣。儘管目前還不能確認雙龍柄壺的確實用途，但今後若將之納入唐代「明器文化圈」的角度予以省思，或許可以相對清楚地追蹤其來龍去脈並釐清其可能的用途。最後，應該一提的是，明萬曆十六年（1588）刊行的方于魯《方氏墨譜》亦見雙龍柄壺式，但題名曰「浮提金壺」（圖

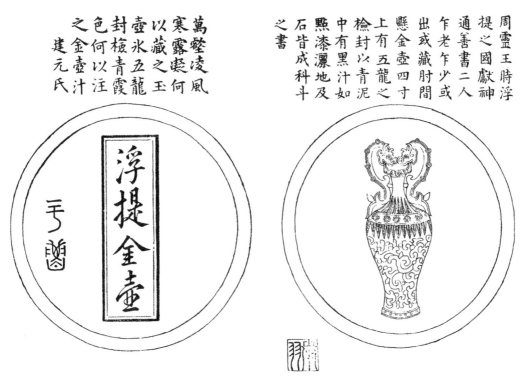

圖44　《方氏墨譜》（1588）所見雙龍柄壺

44）。從方氏題記得知，其義
爲周靈王時（西元前572－545）
浮提國獻善書者二人，肘懸金
壺，壺中墨汁灑池皆成篆、隸
或蝌蚪文字，[46]其故事顯然抄
錄自宋釋適之《金壺記》之相
關記事，[47]晉人王嘉（？－390）
《拾遺記》也有浮提國獻書生
佐老子撰《道德經》的記載。
至此可知，在明代人的心目
中，安弗拉瓶式乃是舶來的器
式，並且已然成了文人清玩、
書齋中的墨汁瓶。臺灣國立故
宮博物院亦收藏有清宮傳世至
今的唐代雙龍柄壺（圖45），

圖45
清宮傳世唐代雙龍柄壺
臺灣國立故宮博物院藏

圖46
青花雙龍柄壺
英國維多利亞與亞伯特美術館
（Victoria & Albert Museum）藏

清代雍正、乾隆景德鎮官窯廠還燒造不少此一造型的單色釉、青花（圖46）和釉上五彩。

〔改寫自《故宮文物月刊》278（2006）所載相同篇名拙文〕

表一　唐代雙龍柄壺出土一覽表

編號	出　土　地	墓　　　主	紀　　　年	件數	盜掘	文　獻　出　處　及　備　註
1	陝西省富平縣	李鳳及其妻劉氏	上元二年（675）	2	◎	《考古》1977年5期
2	陝西省乾縣	章懷太子	神龍二年（706）	1	◎	轉引自《文物資料叢刊》6（1982）
3	陝西省西安郊區			1		《文物》1990年7期
4	陝西省西安			1（？）	？	《中國出土瓷器全集》15（2008）
5	河南省洛陽（M4）			1（？）	？	《洛陽唐三彩》（1980）
6	河南省洛陽			1（？）	？	《大三彩》（1989）
7	河南省洛陽			1（？）	？	《古都洛陽》
8	河南省洛陽（C7M2668）			1		《考古》2007年12期
9	河南省洛陽（M1288）	張夫人	景雲三年（712）	1		《考古學報》2008年4期
10	河南省洛陽（M1283）			1		《考古學報》2008年4期
11	河南省伊川縣			2	擾亂	《考古》1985年5期
12	河南省偃師縣	宋禎夫婦	神龍二年（706）	1		《考古》1986年5期
13	河南省偃師縣	盛才	聖曆元年（698）	1	◎	《華夏考古》1995年1期
14	河南省偃師縣（M4）			1		《華夏考古》1995年1期
15	河南省偃師市	哀皇后	垂拱三年（687）	1（？）	◎	《中原文物》2000年3期
16	河南省偃師縣	張思忠夫婦	長安三年（703）	2	擾亂	《考古》1986年11期
17	河南省鶴壁市	王仁波	開元二十六年（738）	1		《中原文物》1988年2期
18	河南省鞏義市（GS92M1）			2	◎	《文物》1998年11期
19	河南省鞏義市（M6）			1	◎	《考古學報》1996年3期
20	河南省鞏義市（93HGSM1）			2		《中原文物》2003年4期

21	河南省鞏義市	宋祐	神龍二年（706）	1	？	《偃師杏園唐墓》（2001）
22	河南省孟津（M2）			1（？）	？	《古都洛陽》（1999）
23	河南省孟津（M71）			1	◎	《考古》2007年4期
24	河北省隆堯			1（？）	？	《中國古代白瓷國際學術研討會論文集》（2005）・報告稱出土於隋代墓葬
25	河北省曹演莊			1（？）	？	同上・報告稱出土於隋代大業六年（610）墓葬

※ 未註明盜掘的墓葬當中，包括幾座無法確認是否遭盜的墓葬

表二　中華人民共和國出土、收藏的雙身雙龍柄壺一覽表

編號	出土或收藏地	紀　年	種　類	文　獻　出　處
1	陝西西安李靜訓墓出土	隋大業四年（608）	白瓷	《唐長安城郊隋唐墓》（1980）
2	河南洛陽城出土		鉛綠釉	《遣唐使ガ見た中國文化》（1995）
3	安徽省博物館藏		黃釉	《考古》1988年8期
4	天津市博物館藏		白瓷	《文物》1977年1期
5	連雲港市博物館藏		白瓷	《中國陶瓷全集》5（2000）

1-5 關於魚形壺──
從揚州唐城遺址出土例談起

　　1975年由南京博物院等單位所組成的工作隊，發掘了今揚州師範學院和江蘇農學院工程工地的唐代遺址，試掘範圍均位於揚州市西門外雙橋附近的「掃垢山」，經與過去的探勘和文獻相對照，證實該遺址即為唐「羅城」之西隅。[1]遺址中除了發現手工業作坊遺跡和生產工具等之外，另出土了各類陶瓷標本萬餘片，以及若干器形完整的陶瓷器皿。其中，包括一件三彩魚形穿帶壺。該壺壺身略呈橢圓，兩面各飾直立雙魚，昂首張唇形成壺口，壺身之下置喇叭形高圈足，足外壁刻飾劃花斜直線表示魚尾。器身兩側加飾橫繫及背鰭，其正下方圈足部位亦各穿鑿一孔，這樣繫繩就可經由繫耳和背鰭中的凹槽，以及圈足上方兩側穿孔來加以固定，設計堪稱巧妙。壺通高二十三公分，口徑四點五公分，整體除了於鰭、尾處施陰刻斜直劃紋，並於魚身貼飾魚鰭和像是表現魚鱗的波狀劃花紋。器表施罩淺色調的綠、褐、黃、白等色釉，魚眼處則點施黑褐釉。釉帶細碎紋片，露胎處呈淡粉紅色調，屬鉛釉低溫釉陶（圖1）。

　　與揚州唐城遺址三彩魚形壺的造型、尺寸、裝飾，甚至於三彩釉的施罩作風等方面均極為類似的作品，還可見於臺灣國立故宮博物院（圖2）、英國維多利亞與亞伯特博物館（Victoria & Albert Museum）（圖3）、瑞士玫茵堂（The Meiyintang Collection）以及現藏山東省博物館於同省益都縣出土的作品（圖4）。不過相較之下，

圖1
三彩魚形壺 晚唐（九世紀）
中國江蘇省揚州唐城遺址出土

圖2
三彩魚形壺 晚唐（九世紀）
臺灣國立故宮博物院藏

揚州唐城作品造型顯得瘦長，並於繫耳兩側和雙魚合腹處加飾釘鈕形及腹鰭貼飾。其次，益都縣出土的壺附帶有蓋，蓋上設一圓穿孔方形鈕，從而得知該類魚形壺原應有蓋。壺蓋並可繫繩予以固定，既便於攜帶，又合乎衛生。

圖3
三彩魚形壺　晚唐（九世紀）
英國維多利亞與亞伯特博物館
（Victoria & Albert Museum）藏

圖4
三彩魚形壺　晚唐（九世紀）
中國山東省益都出土

　　儘管前述收藏單位均將該類三彩魚形壺籠統地比定為唐三彩，不過將唐三彩做為有唐一代所燒製的多彩陶瓷之泛稱，雖說於字義而言並非錯誤，然而就目前所累積的大量考古發掘資料或傳世遺物看來，所謂的唐三彩約出現於七世紀中期高宗時期，並流行於八世紀前半開元、天寶盛世。八世紀後半期之後，雖仍存在若干與盛唐時期燒製技法相似的三彩鉛釉陶器，但是兩者於造型種類、裝飾以至於用途等各方面均有相當大的差異，因此我同意長谷部樂爾所提出的建議，即有必要將流行於盛唐時期的唐三彩，與八世紀後半期之後生產的中、晚唐唐三彩作品區分開來、分別討論。[2]就此而言，唐三彩這一稱呼，其本身往往即已表明了一個特定的年代概念。與此相關的是，揚州唐城遺址出土的魚形壺，到底是否確屬盛唐或之前的遺物？抑或只能是晚唐時期所燒造的三彩器？值得略加探討。

一、三彩魚形壺的年代

　　從作品本身的造型、裝飾以及施釉特徵等各方面，可確認屬唐三彩的魚形壺，可見於中國陝西省南里王莊出土品（圖5）[3]或日本出光美術館等國外收藏（圖6）。其一律於壺肩

圖5　三彩魚形壺　盛唐（八世紀）　　圖6　三彩魚形壺　盛唐（八世紀）
　　　中國陝西省南里王莊出土　　　　　　日本出光美術館藏

設二豎繫，身下置外敞的高足，頸、肩區別明顯，既承襲了北朝、隋代以來的穿帶扁壺形式，也與江蘇連雲港[4]或蘇州市郊婁葑鄉出土的唐三彩扁壺造型頗爲類似，[5]呈現出盛唐時期扁壺的共通造型特徵；然而卻與揚州唐城遺址出土的魚形壺有較大的不同。

其實，有關揚州唐城遺址出土三彩魚形壺的年代問題，過去已有研究者主張其應爲晚唐或晚唐、五代時期作品，其中又以矢部良明的考察最爲詳盡。同氏認爲無論從魚形壺的造型、穿帶形式、施釉特徵或劃花裝飾等方面看來，其與出光美術館（圖7）等私人藏品均屬晚唐、五代的三彩器。[6]不過，與揚州三彩魚形壺造型相近的作品還見於1990年代印尼海域打撈上岸的 *Batu Hitam*（黑石號）沉船之越窯青瓷（圖8），由於沉船伴出有「寶曆

圖7　三彩魚形壺　五代至北宋　　　　圖8　越窯青瓷魚形壺　晚唐（九世紀）a 正面 b 側面
　　　日本出光美術館藏　　　　　　　　　印尼 *Batu Hitam* 沉船打撈品

圖9
越窯青瓷魚形壺 晚唐（九世紀）
英國大衛德基金會
（Parcival David Foundation
of Chinese Art）藏

圖10
中國浙江省上林湖窯址採集
標本線繪圖
晚唐（九世紀）

圖11
三彩魚形壺 五代至北宋
印尼雅加達國立博物館
（Museum National, Jakarta）藏

二年」（826）紀年遺物，可知其相對年代約於九世紀前期。[7]這樣看來，揚州三彩魚形壺的年代應約在九世紀而不會晚迄五代。不僅如此，英國大衛德基金會（Percival David Foundation of Chinese Art）所藏越窯青瓷劃花魚形壺（圖9）或1930年代陳萬里得自上林湖窯址的同類青瓷標本（圖10）[8]之年代亦約於九世紀。另一方面，除了矢部良明之外，長谷部樂爾也曾主張出光美術館三彩魚形壺（同圖7）的時代，可能在十世紀後半五代北宋初期，並且暗示蘇門答臘（Sumatra）出土的現藏於雅加達國立博物館（Museum National, Jakarta）的同類壺（圖11）可能亦屬這一時期。[9]就相對年代約在九世紀的揚州唐城三彩魚形壺的造型而言，其若與推測屬十世紀的出光美術館、雅加達國立博物館或臺灣私人收藏的同類壺（圖12）進行比較，則不難看出後者諸例明顯趨於形式化，以至於必須在直口橢圓的罐身施加劃花魚紋來暗示魚的屬性。目前雖無法確認前述三彩魚形壺的產地，不過若就造型裝飾變遷予以推測，則揚州唐城魚形壺的時代無疑相對較早。這從其施釉作風及釉的呈色仍保留有較多的盛唐三彩特徵一事，亦可間接窺測得知。

圖12
三彩魚形壺 五代至北宋 臺灣私人藏

圖13
褐釉魚形壺　晚唐（九世紀）
中國湖南省長沙窯址出土

雖然揚州唐城發掘報告書的內容，還不足以幫助我們確認三彩魚形壺的出土情況及其伴隨遺物，不過仍明示了整體出土陶瓷除了若干推測屬五代或北宋作品，絕大多數標本以唐代為主。就報告書所刊載的完整器的圖版看來，有不少是屬於長沙窯彩繪或褐斑加彩，若對照長沙窯址發掘資料，可以認為其相對時代約在中晚唐時期。值得一提的是，長沙窯亦曾生產褐釉魚形壺（圖13）。[10]該壺壺口有缺補，壺體肥碩，其造型和裝飾作風均與遼寧昭盟喀喇沁旗窖藏出土的鎏金銀壺類似（圖14）。[11]後者從同窖藏伴出的一件銀盤盤底楷書銘文得知，窖藏的銀器是卒於唐貞元十二年（796）宣州刺史劉

圖14
銀鎏金魚形壺　中晚唐
中國遼寧省昭盟喀喇沁旗出土

贊所進奉的物品。因此該鎏金銀壺可做為八世紀末期魚形壺樣式的重要指標。而前述長沙窯窯址出土的褐釉魚形壺的造型和裝飾特徵既與劉贊鎏金銀壺頗為接近，很有可能是模倣自當時流行的金銀器，故其相對年代可能相當於這一時期或稍晚。另從器形仍保留了較多金銀器遺風，以及壺身兩側所設雙繫尚未完成穿帶壺的成熟形式等推測，其年代或許稍早於揚州唐城魚形壺。這樣看來，揚州唐城三彩魚形壺的原型雖見於盛唐三彩，但後者造型也有可能來自金銀器的同類壺，這從連雲港出土的與魚形壺作風頗為類似之盛唐三彩穿帶扁壺，壺身所飾倣自金銀器鏨花的裝飾技法一事亦不難窺知。

二、唐宋時期魚形壺的流行與產地

就我粗略檢索資料所得，屬於唐、宋或遼代魚形壺的出土地區，至少包括河北、內

圖15
青釉魚形注壺　北宋
馬來西亞出土

圖16
青釉魚形注壺　北宋
中國廣東省潮州筆架山窯址出土

蒙、遼寧、江蘇、浙江、山東、湖南、廣東和陝西等許多省分。其中，內蒙古赤峰和遼寧昭盟喀喇沁旗等兩處窖藏出土的為鎏金銀器，其餘均屬陶瓷。釉色種類計有黃釉、褐釉、青釉、白釉、青白釉、黑釉和三彩等。此外，蘇門答臘曾出土推測屬十世紀的三彩魚形壺（同圖11）；[12]

馬來西亞不僅出土了唐代越窯魚形壺，[13]還見有於壺身兩側加設把手和流的北宋時期作品（圖15）。[14]後者帶把魚形壺與廣東潮州筆架山窯址所採集到的標本特徵完全一致（圖16），[15]可知是來自該窯的外銷品。

　　應予一提的是，1990年代於印尼海域雅加達（Jakarta）以北，距邦加島（Bangka Island）半途約一百五十公里處發現的*Intan Wreck*（印坦）沉船遺物中亦見青瓷魚形壺（圖17）。[16]雖然Michael Flecker和Denis Twitchett等人依據沉船伴出的南漢「乾亨重寶」鉛幣（始鑄於乾亨二年〔918〕）等線索，主張*Intan Wreck*的年代應在五代南漢時期。[17]不過，就我觀察沉船陶瓷的整體印象，則是傾向於將沉船年代定在十世紀後期至十一世紀初。無論如何，就樣式而言，*Intan Wreck*的青

圖17　青瓷魚形壺　北宋　印尼*Intan Wreck*沉船打撈品

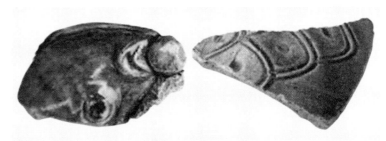

圖18
黃釉魚形壺殘片　晚唐
中國陝西省耀州窯窯址出土

圖19　鉛釉魚形壺殘片　晚唐（九世紀）中國河南省鞏縣窯窯址出土

瓷魚形壺可做爲北宋早期浙江窯系該式壺的例證之一。

　　經確認的唐、五代瓷窯窯址中亦曾出土魚形壺標本。除了前述浙江上林湖窯址的青瓷標本（同圖10）、湖南長沙窯址的褐釉作品（同圖13）、河北邢窯窯址，陝西省耀州窯窯址也出土了黃釉、黑釉以及採集自三彩作坊內的魚形陶範等標本（圖18）。另外，做爲盛唐三彩器皿類重要產地之一的河南鞏縣窯亦燒造施加鉛釉的魚形壺。其器身兩側刻魚鱗，下置喇叭形表刻魚尾的高足，肩兩側之鰭上置一繫，與背鰭中凹槽相對的圈足上亦鐫孔，可以穿帶（圖19）。[18]

　　值得一提的是，廣東梅縣唐墓曾出土一類青瓷帶流穿帶壺，壺肩貼飾四只相對稱的形似魚眼的小泥團，其作風與所謂的魚形壺有類似之處，或可視爲魚形壺的另一種區域樣式；據當地的研究者言，該作品係來自梅縣水車窯的產品（圖20）。[19]廣東地區的魚形壺極具地方色彩，宋代除燒造有帶把和流的魚形壺，另有一式推測亦屬該地所生產，形似水盂但於器肩貼飾與梅縣水車窯作品類似的瓷泥團（圖21）。[20]該類

圖20　青瓷帶流穿帶壺
晚唐（九世紀）
中國廣東窯系

圖21　青瓷魚形帶繫罐　北宋
日本東京國立博物館藏

作品多出土於東南亞國家，屬於中國外
銷陶瓷，前述印尼*Intan Wreck*亦見類似
的貼飾的帶繫蓋罐（圖22），但罐身的魚鱗
刻劃更趨形式化。

　　另外，河北省邢窯亦燒造有白瓷魚
形壺，[21]其中有的還於眼和背鰭等部位點
飾褐斑，由於黑白對比鮮明，具有戲劇
性的裝飾效果（圖23），[22]其和同省井陘
縣出土作品（圖24）[23]均屬白瓷魚形壺的
優秀實例，後者從其穿帶的形式可推測
應屬十世紀時期作例。[24]

最有趣的晚唐時期魚形
壺或許要屬一件通高不
足十公分之綠釉作品了
（圖25）。該綠釉印花魚
形壺係前後合模成型，
壺口正中設管狀小注
口，器外底內心鐫一
孔，從構造而言，屬所
謂的「倒流壺」。

　　雖然揚州唐城遺址
所出土三彩魚形壺的產
地，論者眾說紛紜，但
至今未有一致的結論。
以江蘇省為主的研究者

圖22　青瓷魚形帶繫罐　北宋
　　　印尼*Intan Wreck*沉船打撈品

圖23
邢窯白瓷魚形壺　晚唐（九世紀）
瑞士玫茵堂
（The Meiyintang　Collection）藏

圖24
白瓷魚形壺　五代（十世紀）
中國河北省井陘出土

認為，揚州三彩魚形壺應是在北方三彩器的影響之下，融合當地地方特色而燒製的江蘇三
彩陶器。[25]姚遷也指出，揚州地區出土三彩器中，包括一部分胎體已完全燒結，胎質精良
且異於北方三彩器的作品。[26]相對地，日本方面的研究者則推測該三彩魚形壺可能來自湖
南長沙窯或岳州窯系作品。[27]

圖25
綠釉魚形壺
a 外觀
b 注口部
c 底部
晚唐（九世紀）
臺灣私人藏

　　如前所述，燒造有盛唐時期唐三彩器皿類的河南鞏縣窯於九世紀晚唐時期仍持續燒製三彩魚形壺。就已公佈的少數圖版看來，鞏縣窯晚唐魚形壺壺身魚鱗之裝飾特徵以及刻劃花技法（同圖19）均酷似揚州唐城（同圖1）或臺灣國立故宮博物院藏三彩魚形壺（同圖2）。由於揚州唐城不止一次地出土晚唐期鞏縣窯所燒造的白瓷或所謂的唐青花，因此不排除揚州出土之三彩魚形壺亦來自鞏縣窯。

三、關於唐代魚形飾

　　就目前的資料而言，儘管偶可見到漢代的青銅魚形壺（圖26），[28]然而其無疑要晚至唐代才漸趨流行。由於缺乏六朝時期的實物資料，因此不易斷言漢唐兩代的魚形壺是否有傳承的關係。另一方面，從唐代陶瓷魚形壺的造型裝飾特徵與唐金銀器中的同類壺進行比較，則不難發現兩者

圖26　青銅魚形壺　漢代　中國上海博物館藏

有著較大的關聯，而其雙魚合腹、合口為流的造型意匠，正是唐代魚形壺具有特色的器式之一，且均以《神農經》中號稱為魚王的鯉魚圖紋佔絕大多數。雖然漢、六朝的文物中亦有不少裝飾雙魚紋的作品，所以魚紋可說是一種歷久不衰且普遍的吉祥紋樣，不過造成唐代魚形意匠再度流行的原因，仍然值得一提。

　　唐代不僅流行雙魚意匠，並且以魚形為符契，名為魚符，又因盛之以袋，故又稱魚袋。魚符分左右兩片，如《宋史‧輿服志》：「左者進內，右者隨身，刻官姓名，出入合之」，其本是做為朝廷百官出入宮廷防止詐偽事端而設的符契，但至武則天垂拱二年（686）之後，又允許地方都督、刺史佩魚，至此魚符已成朝廷官吏的褒飾；[29]並且依官秩的尊卑而有不同的材質及相異顏色的魚袋。過去臺裔作家陳舜臣氏曾經提到，唐代人嘗以魚做為富貴的象徵，並舉杜甫（712－770）詩「且食雙魚美」為例，認為當時又以雙魚來表現美味的魚；同氏還從揚州唐城遺址出土的前述三彩雙魚形壺，聯想到左右合之的魚符。[30]有關魚袋的形制，可從與日本正倉院文物的比較而得知其應呈長方形，頂面或有連續拱狀突起物的小囊匣。[31]魚袋雖非魚形，不過從文獻記載可知，其上經常裝飾魚紋。如唐《朝野僉載》說：「上元年（674－676）中，令九品以上佩刀、礪等袋，彩悅為魚形，結帛作之，取魚之像。」宋程大昌（1123－1195）《演繁露》也提到：「魚袋之上設為魚形者，唐謂以玉、金、銀為飾者也；魚飾之下有黑韋渾裏方木。」則唐時魚袋有於方木包裹黑皮革，黑皮革帶上並飾有魚形，[32]日本《古事類苑》所載魚袋形式也是以白鮫包裹方木並於其上飾魚形（圖27）。[33]用來裝盛液體可以攜提的魚形穿帶壺，正與收藏魚符可資佩掛的魚袋，不約而同

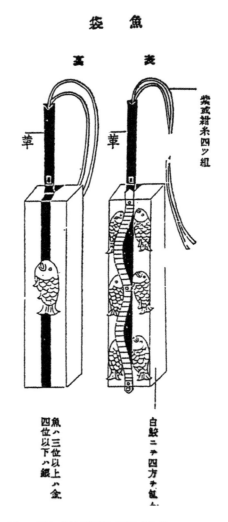

圖27　日本《古事類苑》所見「魚袋」

地透露出唐人對於魚形裝飾意匠的趣味。此外，唐代還沿襲漢代以來的風俗，製作鯉魚形的信封，如《琅嬛記》提到，貞觀年間（627－649）有人「以朝鮮厚繭紙作鯉魚函，兩面俱畫鱗甲，腹下令可藏書」；唐女道士李治〈結素魚貽友人〉詩曰：「尺素如殘雪，結爲雙鯉魚，欲知心裡事，看取腹中書」，聞一多認爲書函之所以要刻成魚形，是象徵愛情。[34]

唐代除了以魚做爲美味、富貴或愛情等象徵之外，唐張鷟（658？－730）《耳目記》還提到唐代「以鯉爲符瑞，爲銅魚符以佩之」；宋吳仁杰《兩漢刊誤補遺》一書更提到符契用魚是唐代的制度，「蓋鯉、李一音，爲國氏也。」宋岳珂（1183－1243？）《愧郯錄》也說：「予閱《朝野僉載》，有曰唐高宗上元年中，令九品以上佩刀、礪、算袋、粉帨爲魚形，結帛作之，取魚之眾，鯉強之兆也，至天后朝乃絕。景云之後又准前結帛魚爲飾。竊疑魚袋之始意或出此。武后既廢帛魚，亦改龜配，正一意度耳」，則唐代的魚符以鯉魚爲形，魚袋以帛爲之，取意於魚之眾，又取意於鯉、李二字同意，所謂鯉疆（強），正是李強；[35]而《舊唐書》所載玄宗（712－756在位）兩度禁捕鯉魚一事也說明了鯉魚和李氏王朝的關連。從另一個角度而言，具鯉魚造型特徵的唐代魚形壺，或者亦可視爲是當時以鯉爲祥瑞的社會風氣之下的產物。此外，過去發掘浙江寧波小洞嶴唐代瓷窯址時，曾出土碗心印陰紋雙魚作品，紋中並印一「王」字，論者雖然指出其與宋代龍泉窯印紋雙魚洗的淵源關係，[36]可惜並未涉及該雙魚紋飾的具體意涵。宋代陶穀《清異錄》曾記載：「鯉魚多是龍化，額上有眞書王字者，名王字鯉，此尤通神」，則小洞嶴唐代作品中的魚紋，應可正名爲「王字鯉」。宋邵博（？－1158）《聞見後錄》更記載，以魚枕骨作器皿，不僅色澤瑩澈，令人喜愛，其「遇蠱毒必爆裂」，可以避毒。就因爲魚所具有的神異功能，所以時人嘗將之加工成爲器皿來使用，如《清異錄》就記錄了劉鋹（958－971在位）僞宮中收藏有用魚腦骨熁治而成的「魚英鏤椰子立壺」。

值得留意的是，唐代詩人白居易（772－846）〈家園三絕〉律詩（作於開成元年〔836〕）有「何如家醞雙魚榼，雪夜花時長在前」句。按《說文》：「榼，酒器也」；《漢書・張騫傳》顏師古注：「椑榼即今之偏榼，所以盛酒也」，則榼是爲酒器之通稱。因此，白氏詩中所謂的「雙魚榼」，若非是指飾有雙魚的盛酒器，即應是指呈雙魚合腹造型的酒器。若屬後者，則揚州唐城等地出土的魚形壺，亦可正名爲「雙魚榼」。不過，如果考慮到三彩魚形壺本身的材質，則除了推測其可能是用以盛酒的酒器之外，似亦不能排除其爲實用雙魚榼酒器的模倣。無論如何，它對解決長期以來懸而未決的對於該類魚形壺作

品的命名、用途以及中晚唐三彩器的用途等課題提供了重要的線索。最後，應該一提的是自唐代流行「雙魚榼」迄明清各代均見類似壺式，如大英博物館（The British Museum）藏明代法花三彩魚形壺（圖28），[37]其原型即來自八世紀的盛唐三彩雙魚榼（同圖5、6）。

〔改寫自〈從揚州唐城遺址出土的三彩魚形壺談起〉，《故宮文物月刊》118（1993）〕

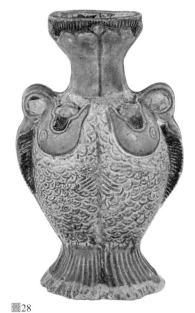

圖28
法花魚形壺　明代
英國大英博物館（The British Museum）藏

1-6 記皮囊式壺

談起皮囊式壺，很容易讓人聯想到遼代的以陶瓷甚至銀器、木料等各種質材來做製皮革囊外形特徵的作品。近數十年來的考古發掘和研究也表明，所謂的皮囊式壺不僅流行於遼代，其在唐代的手工藝品中亦經常可見。本文的目的，是想就筆者手邊擁有的零星資料，簡單地介紹這類做皮囊壺的大體面貌，同時對照、回顧以往學者之於該類壺的一些看法。

一、從遼代的皮囊式壺談起

遼代的皮囊式壺以陶瓷製品的數量最多，其造型亦相對多樣。如果依據1950年代李文信的分類，至少可以區分成五種基本類型（圖1）。[1]從研究史看來，李氏的分類或曾參照黑田源次的四類型說法。[2]但由於李氏的分類很能簡潔地概括現今所知的同類遺物，故幾乎成為數十年來中國學界區分遼代皮囊式壺造型特徵時的基本分類模式。李氏和黑田氏兩人分類的最大不同之處在於前者尚包括有所謂的「矮身橫梁式」這一器式（圖1之5），[3]而從李氏文章的結構安排看來，似有暗示該式壺是屬於時代最晚者的意圖。正是這一點，引起了學界的質疑。

早在1970年代已有學者指出「矮身橫梁式」應是遼代早期的器式。這一方面是因為傳世的幾件推測屬五代定窯系白瓷提梁壺之造型即呈此一樣式，[4]其次，考慮到陝西西安南郊何家村窖藏

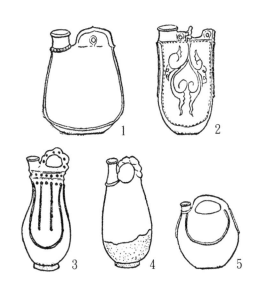

圖1 李文信「遼代皮囊式壺類型圖」

圖2　唐代 I 類壺 銀鎏金
中國陝西省西安出土

出土的著名「舞馬銜杯紋倣皮囊銀壺」之造型，多少亦會予人這樣的聯想（圖2）。[5]何家村窖藏中的金銀器雖然不是同一時期的作品，但一般以爲此皮囊式銀壺是唐玄宗（712－756在位）時物，[6]甚或可早到七世紀後期。[7]也就是說，遼代呈上窄下豐造型的皮囊式提梁壺之原形或可上溯盛唐時期。因此，「矮身橫梁式」應屬遼代早期樣式一事，可說已是目前學界共識。1980年代，李宇峰亦曾經由遼墓的分析排比，再次論證「矮身橫梁式」是遼皮囊式壺中最早的形式，並主張其年代甚至要略早於赤峰市應曆九年（959）遼駙馬墓出土的「單孔扁身式」作品（圖1之1），[8]可惜缺乏足以確認的紀年遺物。就此而言，近年發掘報導的內蒙古赤峰遼會同五年（942）耶律羽之墓所出作品，對於這個問題的解決頗具啓示作用。按耶律羽之爲遼太祖耶律阿保機（872－925）的堂弟，墓中除隨葬大量且精美的金銀器等作品之外，另伴出有屬於「矮身橫梁式」的白瓷和褐釉瓷各一件（圖3、4）。[9]從報告書揭示的圖版看來，當中的褐釉皮囊式壺之造型特徵，與東京出光美術館藏的一件底刻「官」字款的定窯系白瓷皮囊式壺頗爲接近（圖5）。[10]其次，耶律墓中的白瓷盤口穿帶壺[11]也和1970年代河北曲陽縣出土的定窯同式壺之造型極其相似。[12]因此，我雖未能見到實物，卻也懷疑耶律墓中的褐釉或白瓷皮囊式壺恐非遼窯所產。無論如何，耶律羽之墓皮囊式提梁壺無疑提供我們正確識別十世紀中期該式壺在造型和裝飾等各方面的確切依據，故前引出光美術館等之原定爲北宋期的定窯系

（左）圖3　褐釉壺 五代　（右）圖4　白釉壺 五代
中國內蒙古耶律羽之墓（942）出土

圖5
白釉壺（口部修補）五代
日本出光美術館藏

皮囊壺亦應修正定年於五代時期。關於這點，近年蓑豐亦已依據耶律羽之墓資料做了這樣的訂正。[13]

以耶律墓紀年作品做為基點座標，我們還可觀察到遼寧凌源[14]或赤峰大營子（M3）[15]等推測屬於遼代中期墓葬所出皮囊式提梁壺的造型變遷。換言之，十一世紀前半遼中期墓同式壺之注口既較耶律墓壺加高，壺身亦趨修長，以至於壺身所飾做皮頁綴縫剪邊的凸稜亦移至下腹部，赤峰大營子墓作品甚至出現圈足裝置（圖6）。其次，遼寧阜新海力板村遼墓出土的同式壺（圖7）[16]則可說是介於十世紀前期耶律墓和遼中期墓之間的過渡樣式。至於耶律羽之墓般之在上窄下豐壺身上方一端置管狀短直注口，注口旁至另一端設弧形提梁的壺式，則又可能和前述盛唐時期銀壺造型有關。

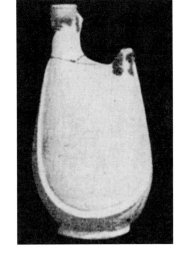

圖6　白釉壺　遼代
中國內蒙古赤峰三號遼墓出土

二、唐代的皮囊式提梁壺

為了敘述上的方便，同時明確唐代皮囊式提梁壺的造型種類，器式分類是值得採行的方案。綜合已知的唐代皮囊式提梁壺，我認為似可依據壺身上方提梁和注口等形制特徵，將之區分為三類五式。

Ⅰ類是如前述鎏金銀壺般，於壺身上方一端設注口，另一側置提梁。此一壺式目前不見陶瓷製品。

Ⅱ類可細分三式。其中Ⅱa式壺最顯著的例子，恐怕要算是歐美、日本收藏的唐三彩作品了（圖8、9）。[17]過

圖7
白釉壺　遼代
中國遼寧省阜新海力板村遼墓出土

去雖有學者保守地將這類低溫鉛釉壺視為遼代的作品,[18]但從施釉特徵等各方面看來,其無疑應屬唐代遺物。就今日的考古發掘資料而言,施罩類似彩釉的典型三彩器集中出現於七世紀末至八世紀中期,從而可知 II a 式三彩皮囊式壺的相對年代是在盛唐時期。儘管目前所

圖8　唐代 II 類 a 式壺　三彩釉
日本東京國立博物館藏

圖9　唐代 II 類 a 式壺　三彩釉
日本出光美術館藏

知該式彩釉壺之尺寸大小不盡相同,通高在十餘公分至二十餘公分不等,但彼此造型則極為一致,均是於壺身上方兩側分別設置注口和尾翼狀飾,弧形提梁搭設在注身和尾翼上,提梁頂端略高於尾翼,但略低於注口或與注口沿齊平。

　　II b 式壺壺身均飾倣皮頁縫合痕的凸稜,此可以臺灣國立故宮博物院藏的白瓷壺為例。壺通高近十五公分,呈上扁下豐造型,圜底。上設圓條拱形提梁,提梁前後兩端分別安置短直之帶唇注口和尾翼狀飾,注和翼羽正下方飾條狀凸稜與壺身兩側面的弧形凸稜相接,宛如縫製皮頁時的剪邊縫合線。其次,注口下方部位另有箍狀圈,其上滿飾陰刻垂直短線;尾翼亦飾象徵毛羽的細線劃紋,壺上部兩側則飾可能是要表現幛泥的劃花花卉和垂帶流蘇。除了壺底著地處外,整體施罩白釉,釉質瑩潤,微閃青色調,露胎處呈緻密的灰白胎(圖10)。[19]

　　與臺灣國立故宮博物院藏的 II b 式壺在造型和裝飾方面均極類似的作品,曾見於1950年代中國西安市郊區出土品,[20]不同的只是後者身上部兩側表現幛泥的內邊框似採用印花的技法,框內花卉亦見錐點飾,集印花、錐花、刻劃花和貼花於一身(圖11)。值得一提的是,被陸羽(約733-804)形容成類銀似雪,又被晚唐人士視為雅俗共賞、天下無貴賤通用之的著名邢窯也燒製有這類白瓷皮囊式壺。如河北臨城邢窯窯址即出土有 II b 式細白瓷壺的殘件,並且同樣是在壺身飾倣革囊皮頁縫合痕的凸起線紋,壺上方兩側陰刻兩層倣幛泥邊框的三角形雙勾紋飾和花葉。[21]1980年代初期,馮先銘的論文中亦曾圖示臨城祁村

圖10　唐代Ⅱ類b式壺　白釉　　　圖11　唐代Ⅱ類b式壺　白釉　　　圖12　唐代Ⅱ類b式壺　白釉
　　　臺灣國立故宮博物院藏　　　　　　中國陝西省西安市郊出土　　　　　中國河北省邢窯窯址出土

邢窯窯址的皮囊式壺殘件，[22]其後李知宴等人則又針對窯址出土的殘件進行了復原（圖12）。[23]從邢窯窯址出土標本及復原作品看來，其與臺灣故宮藏品均屬Ⅱb式壺。由於邢窯白瓷是以柴為燃料並於還原氣氛中高溫燒成，白釉常微泛青色調，[24]故臺灣故宮收藏的這件釉質瑩潤、白中閃青之細白胎Ⅱb式壺極有可能是來自邢窯所產。其次，前述西安郊區同式壺壺身之表現幛泥邊框的印花裝飾，也和邢窯窯址採集得到的戳印標本頗為類似，[25]推測其亦屬邢窯製品。

　　此外，中國北京故宮博物院至少亦收藏有兩件Ⅱb白瓷壺。其中一件已正式發表，通高僅十二公分餘，但提梁和尾翼狀飾則誇張地向上揚起，平底無釉，並於燒造前陰刻「徐六師記」銘文（圖13）；李輝柄等人認為其應屬唐代邢窯製品。[26]從圖版所見釉色和釉質看來，我同意這個看法。北京故宮的另一件Ⅱb式壺（圖14）曾在1970年代初期陳設於故宮承乾宮前部的陳列櫃中，當時標示為遼代白瓷，[27]但從器形和釉色等推測，我認為其亦屬唐代北方窯系作品。該皮囊式壺的束腰式注口造型較特殊，宛如將一喇叭式管倒置於覆缽之上，整體成反向的高足杯形。壺身上部飾陰刻綬帶紋，類似的

圖13　唐代Ⅱ類b式壺　白釉
　　　a 外觀　b 底部
　　　中國北京故宮博物院藏

綬帶紋飾曾見於陝西藍田楊家溝出土的唐代銀碗內壁。[28]
目前所見唐代Ⅱb式白瓷壺底足多呈平底或圓底，不過英
國維多利亞與亞伯特博物館（Victoria & Albert Museum）
藏的一件原定爲遼代、[29]後經馮先銘改定爲唐代邢窯的作
品則置有足，可惜足的詳細形制不明（圖15）。[30]後者提
梁係直接安放於注身和尾翼狀飾上，與Ⅱa式壺一致。其
裝飾華麗，壺身做皮頁縫合痕的泥條，以及注口正下方
象徵皮穗的泥條貼紋上均加飾連續刻紋，同時壺身還點
飾晚唐時期流行的褐斑裝飾。如果該一年代判斷無誤，
那麼這件提梁安放位置近於Ⅱa式壺，但又在壺身飾皮頁
縫合痕具Ⅱb式壺特徵的作品，就可說明兩式壺間個別樣
式的器形變遷：即隨著時代推移，壺身有加高的傾向。

圖14　唐代Ⅱ類b式壺　白釉
中國北京故宮博物院藏

　　Ⅱc式壺的主要造型特徵是於上窄下豐的壺身上方一側設短直注口，提梁一端緊接注
口，但另一端與壺身另側接續處則以做皮帶扣固定於壺身，致使提梁尾部向上反折起翹形
成尾翼。該式壺曾見於1990年代初期江蘇揚州市唐代文化宮建築基址中的第四層，即唐代
文化層中（90YTF4a）。壺身以陶模成形，壺身上方模印出陽紋做幛泥巾絡，底置假圈
足，胎色灰白，開片釉呈牙白色調（圖16）；報告者認爲該作品屬唐代河南鞏縣窯。[31]從

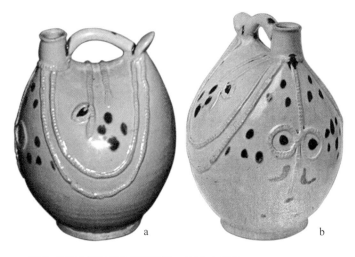

圖15　唐代Ⅱ類b式壺　白釉鐵斑　a 正面　b 側面
英國維多利亞與亞伯特美術館（Victoria & Albert Museum）藏

圖16　唐代Ⅱ類c式壺　白釉
中國江蘇省揚州市出土

同一層位伴出有典型的晚唐時期長沙窯，以及流行於九世紀的越窯敞口斜腹玉璧足碗看來，[32]該IIc式白瓷壺的年代也應在晚唐時期。臺灣國立故宮博物院亦收藏一件同式白瓷壺（圖17），[33]壺身以模製成形，上飾鏟泥和皮頁縫合痕，提梁明顯高出注口，注口下方部位圍飾一圈倣皮條帶飾且垂搭在壺身一側，底置較矮的假圈足，於灰白胎上施罩透明光亮的白釉，釉帶開片，偏黃色調。不過，後者有可能亦屬唐代鞏縣窯製品，但仍待證實。

圖17　唐代II類c式壺　白釉
臺灣國立故宮博物院藏

　　除了白釉之外，IIc式壺亦見低溫釉陶製作品。最著名的作品恐怕是美國舊金山亞洲藝術博物館布倫德治舊藏（Asian Art Museum of San Francisco, The Avery Brundage Collection）的一件綠釉壺（圖18）了。其係於陶胎上施加化妝土而後施罩綠釉，提梁下方壺身上部兩側陰刻花卉紋飾，壺下置略往外翻的平底假圈足。以往對於該綠釉IIc式壺的時代雖有十世紀、十一世紀等不同的意見，但卻一致地被認為是屬於遼代早期的製品。[34]然而，儘管已知的遼代皮囊式壺數量龐大，考古發掘卻未曾見到這類壺式。相對地，我們則可在揚州唐代遺址尋覓到作風相近的白瓷製品（同圖16）。此外，其掛釉到底的施釉技法，也和一般所見遼代彩釉皮囊壺壺身下方露胎的施釉方式有所不同。事實上，考古發掘已表明，晚唐北方瓷窯在燒造高溫瓷器的同時亦兼燒低溫釉陶，如1990年代於洛陽東都外城廓發掘的著名晚唐詩人白居易（772－846）晚年故居宅邸一帶，即出土有通體施罩綠釉的印花盤。[35]不僅如此，同遺址出土的一件白釉綠彩印花四方盤，盤面外沿近盤壁處所飾陽紋朵花，[36]也和布倫德治舊藏II c式綠釉壺身上方的陰刻花卉狀飾有類似之處。因此，從作品的造型裝飾特點可以同意過去莫家良所指出其為唐代製品的看法，[37]結合作品的胎、釉特徵，我推測其應為九世紀北方窯場所生產。

　　III類壺是於壺身上方置拱形提梁，提梁一側設

圖18
唐代II類c式壺　綠釉
美國舊金山亞洲藝術博物館
（Asian Art Museum of San Francisco）藏

一短直流，另一側有的飾
獸首（圖19），[38]有的則立
形似算珠的平頂柱栓（圖
20）。[39]從近年公布的一件
邢窯白瓷III類壺可知，提
梁一側的短直流還安置有
活動的鳳首插栓（圖21），[40]
提梁和注口或柱栓相接處
皆套有做皮環帶箍扣。目
前所知該類壺的裝飾均較
繁縟，既於提梁和壺身飾
皮頁縫合凸稜，壺身上方

圖19　唐代III類壺　白釉
原韓國國立中央博物館
或興安西省省公署藏

圖20
唐代III類壺　白釉
中國陝西省西安市文物庫房藏

的幛泥飾上押印圈紋等圖案，壺身窄側面另施花卉狀貼紋。其中，西安市文物庫房的藏品
是貼以四瓣花，花蕊和葉梢處有餅形小貼飾，類似的貼飾亦散見於注口下方皮環和幛泥邊
側，可能是表示釘卸；壺身下置略外敞的餅形實足，白釉微閃青綠色調，有細碎開片。

三、青瓷皮囊式提梁壺

　　除了前述唐、五代和遼代的低溫鉛釉陶或
高溫白瓷等皮囊式壺之外，另有幾件施罩高溫
青瓷釉的皮囊式壺存世。其中一件是1970年代
初期江蘇南通的出土品（圖22），壺通高約二十
公分，壺身上安橢圓形橫梁，梁兩端與壺身相
接處呈獸首狀，提梁一側設向前傾斜的短筒式
注口，注下方飾做皮帶箍扣；另一側飾尾翼，
尾下方有一小孔。提梁上方正中和壺身頂部中
央另有餅形小貼飾，做皮頁縫合凸稜飾於壺腹
最大徑處，向上與注口和尾翼相接，壺下部弧
腹內收，下置圈足，器身施罩淡青瓷釉。報告

圖21　唐代III類壺　白釉　中國河北省故城縣出土

圖22　青釉壺　五代至北宋
中國江蘇省南通出土

麗青瓷。由於同氏在1930年代調查內蒙古巴林左旗遼聖宗（982－1031）奉陵殿址時亦曾採集到同類的青瓷注口殘件（現藏日本京都大學），進而結合同遺址伴出的其他陶瓷標本，推定這類青瓷皮囊式壺的相對年代約於十一世紀初期，是高麗為向遼進貢而特別製作的器式。[44]在1980年代之前，齋藤氏的高麗青瓷說可代表日方陶瓷史界的主流意見。[45]另一方面，對於韓國的陶瓷史學者而言，雖亦期待能夠從高麗青瓷窯址中尋覓到可資證實該一說法的考古標本，可惜直到1980年代中期仍未能確認該類青瓷作品到底是屬高麗時期作品？抑或是來自中國南方越窯所產？[46]然而，一度

書認為該青瓷皮囊式壺屬遼代製品，進而提示該壺可做為北方遼國與南唐等國頻繁往來之證。[41]

另一方面，現藏東京國立博物館的小倉武之助捐贈品中亦包括一件同式青瓷壺（圖23），[42]提梁已殘，後經補金修復。壺身做皮頁凸稜位於器身正中偏上方處，凸稜以下壺腹亦呈弧度內收狀，此外，1930年代小山富士夫曾於當時京城的李王家美術館（現韓國國立中央博物館）見到一件同氏推測係高麗青瓷之整體造型略呈扁長圓形的青瓷皮囊式壺（圖24）。[43]

有關這類青瓷皮囊式壺的產地和時代，以往有過許多的推測。如齋藤菊太郎就數次撰文主張其應屬高

圖23
青釉壺
五代至北宋
日本東京國立博物館藏

圖24
青釉壺
五代至北宋
韓國國立中央博物館藏

承襲高麗青瓷說法的長谷部樂爾，[47]則於一次偶然的機會間接地證實此類青瓷皮囊式壺應是越窯產品。長谷部氏認為，若就遼代皮囊式壺的形式編年而言，則該類青瓷壺的年代無疑應置於十世紀末至十一世紀初期，而此時的高麗青瓷作風則與之扞格不合。更重要的是，菲律賓北部浦端（Butuan）遺跡所見同類青瓷壺是與越窯青瓷共伴出土，該一出土情況說明其絕非高麗青瓷，無疑是越窯產品。[48]長谷部氏的說法提出之後，隨即被日方其他學者所繼承。[49]至於先前主張南通出品係遼代青瓷的中國方面學者近年亦改弦易轍，認為是唐代越窯製品，[50]似乎頗有將該青瓷皮囊式壺與晚唐秘色瓷相提並論的意圖。

　　就本文的分類觀點而言，長谷部樂爾將此類青瓷皮囊式壺的形制與遼代作品進行比較，從而推測其相對年代的做法並不適當，然而在欠缺可資比較的同類考古遺物之現實情況下，這樣的類比或亦無可厚非。從南通出土青瓷皮囊式壺的釉色與越窯青瓷頗為類似這一主觀的認知出發，我也贊成其是越窯青瓷的看法。值得一提的是，2004年由印尼井里汶（Cirebon）海域沉船打撈上岸的數十萬件標本當中也包括有越窯青瓷皮囊式提梁壺（圖25），從伴出的大量陶瓷文物以及一件底刻「*戊辰徐記燒*」的越窯青瓷蓮瓣碗等線索，親見實物的學者多傾向以為*Cirebon*沉船的年代應在北宋早期。[51]不過，上述三例當中，韓國國立中央博物館青瓷壺壺身相對修長，圈足著地處亦較寬，而*Cirebon*沉船青瓷壺身表現皮頁縫合的凸稜部位也較東京國立博物館藏品低矮，故彼此的年代是否一致？還難遽下結論。無論如何，該類青瓷皮囊式壺的造型其實和遼代製品無甚關聯，而應與唐代的 II 類壺有關。

圖25
印尼井里汶海域沉船（五代至北宋）
打撈品

小結

　　綜合以上敘述，我認為唐代的皮囊式壺以 I 類和 II 類a式壺的年代最早，可上溯七世紀末至八世紀前半的盛唐時期，前者目前僅見銀製品，後者亦僅有三彩釉陶存世。II b式和 II c式壺以白瓷的數量佔絕大多數，其精密的年代雖不易確認，但經由部分作品的裝飾作風和釉的呈色，以及個別作品所伴隨出土的遺物等推測，有較大可能屬晚唐時期北方製

品。其無論是在形制特徵、可能的燒造地點或相對年代都顯示其與代表華北盛唐器式之一的唐三彩Ⅱa式壺有著間接繼承的關係。如果將維多利亞與亞伯特美術館藏的一件晚唐邢窯系白瓷褐斑Ⅱb式壺（同圖15），逕與唐三彩Ⅱa式壺做一比較，則又不難觀察出隨著時代的變遷，壺身有加高的趨勢。其次，Ⅱa式壺和Ⅱb、Ⅱc式壺在外觀的裝飾構思方面也大異其趣。也就是說，Ⅱa式壺雖具皮革囊的外形特徵，卻均未見倣皮頁縫合痕的突起稜紋，日本出光美術館收藏的作品（同圖9）反倒是呈現出明顯倣自金銀器鏨金效果的裝飾。

　　Ⅱb式和Ⅱc式壺的差別，一來是後者提梁一端以倣皮環扣固定於壺身，提梁尾部向上反折形成尾翼狀飾，再則是Ⅱc式壺壺身下方多置底足；臺灣國立故宮博物院和中國揚州出土品以模製成形的方式也是目前所知Ⅱb式壺未能看到的技法。不過，這並非意味兩式作品之間有絕對的時代差距或繼承變遷，從目前有限的資料看來，部分Ⅱb式壺的年代或可能相對稍早，但兩式作品似乎並存於晚唐時期。就此而言，兩式作品的上述外觀、成形上的差異，應可視爲是由於不同窯場所造成的區域樣式。從作品的造型特徵看來，屬於Ⅱc式的布倫德治舊藏綠釉壺（同圖18）之年代亦應在晚唐時期。

　　Ⅲ類壺也是難以訂定確鑿年代的一群棘手作品。我未曾親眼實見該類壺，但直觀地認爲其相對壯碩的壺身和遒勁有力的貼飾所呈現之相對年代，恐怕要早於晚唐時期。有趣的是，美國芝加哥收藏的一件被定爲是遼代的低溫鉛釉提梁壺（圖26）[52]亦具備Ⅲ類壺的形制特徵，特別是和前引陝西西安市文物庫房藏品（同圖20）有類似之處。因此，與其將之視爲遼代模倣唐代的產物，或可認爲是施罩鉛釉的唐代Ⅲ類壺。目前所知屬於遼代早期的陶瓷皮囊式壺有所謂的「扁身單孔式」和「扁身提梁式」兩種類型（同圖1），後者於上窄下豐的壺身上方一端設注口，注口之後安提梁的造型，基本與唐代的Ⅰ類壺相近。其次，五代定窯系白瓷亦可見到同

圖26　唐代Ⅲ類壺
　　　美國芝加哥Concordia House藏

類壺式。就遼代紀年墓資料而言，這類扁身提梁式壺有可能是遼領域皮囊式壺中最早的壺式之一，如內蒙古赤峰遼會同五年耶律羽之墓即出土有該類壺。尤可注意的是，耶律墓中的白瓷皮囊式壺胎質細白，釉色瑩潤，據說極似邢窯白瓷，而非遼窯所生產，這也就是近年有人懷疑遼代的這一形制的皮囊式壺，極有可能是受到邢窯或定窯同類壺式影響的主要

原因所在。[53]換言之，華北的邢、定系陶工是在原先
存在的皮囊式壺燒製傳承的基礎之上，生產同時又符
合契丹人品味好尚的器式輸往遼地，進而成為遼代瓷
窯模倣的對象。另一方面，遼寧省博物館收藏的一件
注口呈雞頭造型之異形白釉鐵斑飾提梁壺（圖27）[54]
的構造特徵亦值得留意。按該壺的構思頗具特色，其
雖以鳴啼狀的雞喙為流口，但流內口徑極小，故雖能
向外傾倒液體，卻難順暢地將液體灌注入壺，因此便
於圈足內中央鐫一圓孔，連以一柱狀管通入壺體，以
為注灌入壺之用。而具有類似注灌構思的所謂倒流提
梁壺見於陝西耀州窯五代至北宋早期製品。[55]儘管遼
墓經常出土耀州窯青瓷，所以容易令人聯想上述雞形
提梁壺之注灌設計是否可能是受到耀瓷等華北瓷窯作
品的影響，而其造型裝飾構思則是由晚唐III類壺（同
圖21）進一步演進而來的。

　　事實上，遼領域的人們不僅喜愛耀州窯青瓷或定
窯系白瓷，對於南方的青白瓷或浙江越窯青瓷也顯得
興趣盎然。其中，越窯青瓷不僅見於前述耶律羽之或
內蒙古開泰七年（1018）陳國公主等契丹貴族墓，[56]
同時出土於北京遼統和十三年（995）漢人官僚韓佚墓
中。[57]另一方面，1930年代齋藤氏於內蒙古慶陵遼聖
宗奉陵殿址採集到越窯青瓷皮囊式壺殘片，陵內所出
「文武大孝宣皇帝哀冊文」載聖宗於遼太平十一年
（1031）六月崩於大福河之行宮，同年八月（六月十五
日改元景福）殯於慶州攢塗殿，[58]此一年代觀是否可
做為青瓷皮囊式壺年代的有效依據，進而提供*Cirebon*
沉船所見類似作品年代的參考？還有待日後的檢證來
證實。無論如何，其原型則可上溯至唐代的IIb式壺。

　　最後，應該說明的是，本文所謂的皮囊式壺只是

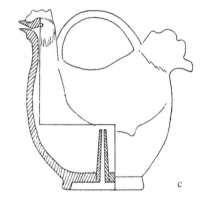

圖27　遼代白釉褐彩提梁壺
　　　a 修復前
　　　b 修復後
　　　c 線繪圖
　　　中國遼寧省博物館藏

就作品的主要造型特徵給予的籠統稱呼，並非當時的名稱。過去也有學者習慣將遼代的這類壺稱做雞冠壺或馬鐙壺；甚至認為其即宋人呂大臨（1044－1091）《考古圖》中所載錄的「攜瓶」，[59]或遼代文獻記載的「馬盂」。[60]考慮到形制區分的必要性，本文對於上述種種稱謂均不予採用。

〔改寫自《故宮文物月刊》205（2000）所載相同篇名拙文〕

1-7 唐代黑陶缽雜識

頃讀安家瑤新作〈唐代黑陶缽考〉。文中指出，紐約大都會博物館（The Metropolitan Museum of Art）亞洲藝術部收藏的一件原定為河南龍山文化的黑陶缽，其實是唐代的作品，並列舉長安西明寺和青龍寺遺址出土的同類標本結合佛教經籍的記載，認為該類黑陶缽應與佛教僧尼用缽有關。[1]我以為這是很有見地的看法，但同時感覺到安氏文所強調指出的「**對於唐代的黑陶，此前沒有正式的報導和研究**」，恐與事實略有出入，有失公允。鑑於此種黑陶缽極有可能是和佛教僧徒密切相關的重要文物之一，故在此試做補充。

一

就個人見聞所及，這類黑陶缽早在1920年代由國立中央研究院進行的安陽考古發掘中已曾出土。[2]中華人民共和國成立之後，類似的黑陶缽於考古發掘中亦屢有發現。除了安氏文提及的長安西明寺（圖1）、[3]青龍寺[4]等兩處遺址之外，著名的陝西臨潼慶山寺舍利塔基精室（圖2），[5]以及在禪宗史上佔有關鍵地位的南宗七祖神會（684－758）身塔塔基也都

圖1
黑陶缽
中國陝西省西安西明寺遺址出土

圖2
黑陶缽 中國陝西省臨潼慶山寺舍塔塔基出土（謝振發攝）

圖3 黑陶缽 中國河南省洛陽神會身塔塔基出土

出土了黑陶缽（圖3）。[6]其中，安陽墓（YM226）出土二件，神會身塔塔基三件重疊置放，其和近年河南登封法王寺二號塔地宮出土的五件大小相套的黑陶缽（圖4）[7]形成對照。從慶山寺伴隨出土有屬於八世紀前半時期的唐三彩，結合豎立於精室甬道的「上方舍利塔記碑」紀年銘文可知，慶山寺舍利塔基黑陶缽的年代應在開元二十九年（741）之前不久。另據

圖4 a、b
黑陶缽
中國河南省
登封法王寺
二號塔地宮
出土

神會身塔塔基下石室東壁石板內側所刻塔銘，載荷澤大師神會在乾元元年（758）奄然坐化，並於永泰元年（765）入塔。姑且不論身塔塔基中包括黑陶缽在內的法器是否確為神會生前傳道所用，[8]然其為八世紀中期前後遺物，固無疑問。

慶山寺、法王寺和神會身塔的黑陶缽造型均呈斂口、深腹，圜底無足。在發掘報告書出刊之前數年，神會身塔黑陶缽曾赴日本展出，當時以為器表髹亮漆，故光可鑑人。[9]但此後的正式報告書則認為器表的光澤是經打磨拋光所形成。至於慶山寺的黑陶缽，報告書認為是施罩一層光亮的黑釉。我雖未能目睹實物，但僅就圖片觀察而言，上釉的可能性並不

圖5 「阿難」刻銘黑陶殘片
中國陝西省西安西明寺遺址出土

大。如果將神會身塔黑陶缽（同圖3）與長安西明寺黑陶缽（同圖1）或青龍寺唐代層位出土的同類作品進行比較，[10]其不僅造型雷同，並均於器表施加磨光工藝。因此，我同意具有相同造型及類似製作工藝的大都會博物館藏品應屬唐代作品。不僅如此，近年出現市肆被定為龍山文化的黑陶缽，[11]也應屬唐代遺物。從可判明墓主身分或遺址性質的出土例看來，黑陶缽確實是與佛教有關的文物；建造於顯慶元年（656），毀於唐末戰亂的長安西明寺遺址出土的上刻「阿難」二字的同類黑陶殘缽

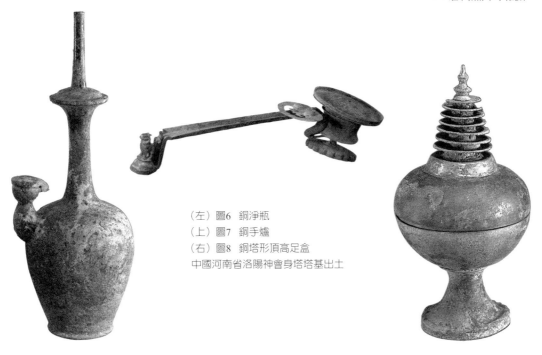

（左）圖6　銅淨瓶
（上）圖7　銅手爐
（右）圖8　銅塔形頂高足盒
中國河南省洛陽神會身塔塔基出土

片（圖5）也說明了這一點。神會身塔塔基除了出土黑陶缽之外，另發現有銅淨瓶（圖6）、長柄手爐（圖7）和塔形頂高足盒（圖8）等法器。無獨有偶，1980年代於河北晉縣發掘的一座唐代中期墓葬，既出土了銅淨瓶，更伴隨發現一件器表亦經磨光的黑陶缽（圖9）。後者造型和神會身塔所出者完全一致，據稱出土時缽內尚遺留有「草藥」痕跡。[12] 依照前述黑陶缽出土遺址性質來推測，我們有理由相信，晉縣唐墓的墓主很有可能就是僧侶，至少是與佛教頗有淵源的教徒。其次，由於同墓伴出之報告書所謂「石藥碾」之形制和西明寺遺址出土「石茶碾」自銘碾器一致，[13] 可知「石藥碾」其實是茶碾，其和同墓所見之瓷注和瓷碗應屬一組茶器，而唐代僧侶亦有飲茶之風。[14] 設若上述推論可以成立，就可爲出土有類似遺物組合的佚名墓葬提供判斷墓主身分的參考依據。事實上，學界亦曾進行類似的嘗試，如江西省瑞昌所謂「唐代僧人墓」即是因其出土了青銅塔式盒、手爐、缽和三彩枕形器。[15] 瑞昌墓雖無黑陶缽，僅見銅缽，但從神會身塔塔基亦見造型相近的盒、手爐等器物組合，可以認爲「僧人墓」應屬可信的推論。如前所述，1920年代由中央研究院著手進行的安陽發掘亦見兩座出土黑陶缽的墓葬。兩墓出土器物內容雷同，即均以黑陶缽、陶瓷長頸瓶和鐵製帶柄手爐爲基本組合。值得一提的是，參與當時發掘工作的人員一致認爲黑陶缽爲「僧侶用品」，並且依據人骨鑑定

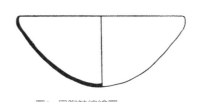

圖9　黑陶缽線繪圖
中國河北省晉縣唐墓出土

圖10　黑陶缽
　　　中國河南省安陽隋墓
　　　（YM226）出土

圖12　「應量器」銘紫砂陶缽

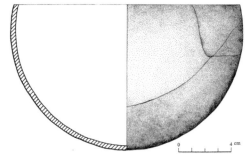

圖11　黑陶缽　中國河南省隋墓（YM344）出土

推論出土兩件黑陶缽（圖10）的YM226墓爲女墓，即尼墓，僅出一件黑陶缽（圖11）的YM344爲男墓，即僧墓。[16]事隔多年，在今日看來，除了感佩老一輩的考古學家們心思之敏銳，也不得不對其鉅細靡遺的考古發掘記錄以及編者石彰如先生不掠人之美、如實陳述之胸懷致上敬意。從YM226灰陶長頸瓶和YM344白瓷長頸瓶之瓶式和1990年代發掘的安陽隋墓器形相近，[17]特別是白瓷長頸瓶和河北邢窯隋代製品器形一致，[18]推測YM226、YM344兩墓的相對年代應在隋代。這也就是說，僧尼以黑陶缽入墓之葬俗的年代可上溯隋代。另一方面，雖然還缺乏具體的論證，不過慶山寺發掘報告書曾經指出，同塔基所出黑陶缽或是毗舍離城上的貴重瓦器，爲諸比丘得之，比丘不敢受用，而爲佛所受畜物。此外，白化文則介紹了一件赤城縣文管所收藏的上刻「應量器」的紫砂陶缽（圖12），認爲是按佛法規定所製的僧人食缽，持用者應受人天供養，因而也譯爲「應器」，又因是應腹分量而食或應佛法之色、體、量，故也譯作「應量器」。[19]總之，以往學界雖尚未將出土的黑陶缽結合佛教經典進行必要的考證，但已初步付出關心。我對佛教經籍雖是個門外漢，在此則擬在觀察該類陶缽出土情況的基礎之上，嘗試提出一點外行人的看法。

二

　　眾所周知，缽是梵語Pâtra缽多羅的音譯簡稱。明張自烈（1597－1673）撰《正字通》曾對此做出提綱挈領的記敘，載云：「缽，食器，梵語缽多羅，此云應量器，謂體色量三俱應法，故體用鐵瓦二物，色以藥煙熏治，量則分上中下，釋氏皆用鐵，形圓，上有蓋，或用瓦，形亦如此。」言簡意賅地指明缽的語源、用途、材質、尺寸以及呈色工序和大體的造型。其中，以藥煙熏製呈色的著色工藝，亦見於安氏文也引用的《摩訶僧祇律》所載：「世尊示土處，汝知示土，如是和，如是打，如是埏，如是熏。作缽熏作缽，成就已作三種色，一者如孔雀咽色，二者如毗陵伽鳥色，三者如鴿色。佛言，熏時當伺候使作如是色。」安氏認為上三種瓦缽的呈色應是綠、紅（？）和黑色。前述唐代遺址出土的煙熏磨光黑陶缽即為較常見的一種，赤城縣文管所藏「應量器」銘紫砂陶缽是否呈紅色調？仍有待求證。不過，流傳於世的文物中曾見於釉下陰刻「敕建拈花禪寺」銘文的和唐代佛門有關的絳紅釉陶缽（圖13）。從而可之，唐代僧尼用缽也包括部分施釉作品。其次，《正字通》或《十誦律》等都提到，應量區分有大中小等三種不同尺寸的缽形。有趣的是，南宗七祖神會和尚身塔塔基出土黑陶缽亦為三件。其形制、胎質均相同，僅大小尺寸各異，出土時重疊相套置於一處。雖然神會身塔塔基出土的黑陶缽似乎可證實文獻的記載，可惜我們仍舊無法理解登封法王寺二號塔地宮出土五件黑陶缽的正確意涵。

圖13 「敕建拈花禪寺」褐釉陶缽

　　另一方面，慶山寺塔基除了出土一件黑陶缽之外，另出土四件裡施白釉，外罩黑釉的斂口深腹平底瓷缽（圖14）。這很容易使人聯想到四天王的奉缽譚（圖15）。《大唐西域記》載：世尊在受二商人麨蜜時，四天王從四方來，各持金缽以奉上，世尊以為出家不宜此器而不納受，並再三拒絕四天王奉呈的銀、琉璃、瑪瑙、珍珠等缽，最後總算受納了紺青石缽，但卻將其「重疊按為一缽，其外則有四際焉」（卷八）。這一樣式的缽，

圖14 內白釉、外黑釉陶瓷缽
　　　中國陝西省臨潼慶山寺塔基出土

圖15
「四天王奉缽」浮雕
日本平山郁夫
シルクロード美術館藏

圖16
「佛缽禮拜」浮雕
日本私人藏

是否曾對唐代工藝品中的四稜裝飾產生影響？不在本文的討論範圍。不過，佛缽的傳說或變遷，或許不失為是理解中國瘞埋陶缽的可能線索之一。

　　桑山正進〈罽賓と佛缽〉一文，雖然主要是討論中國南北朝時期罽賓國的地理位置，兼及《蓮華面經》的成立問題，但所引經籍中有關佛缽的記事，卻頗發人省思，足資借用。[20]世尊遺留之佛缽，自來是各國夢寐以求的聖物。〈馬鳴菩薩傳〉載：北天竺小月氏國王圍攻中天竺時，即要求以佛缽和馬鳴來替代欲索求的二億金（《大正藏》五十冊，頁一八三）。佛缽作為佛法興隆之象徵，著實也吸引不少中國僧人前往參拜（圖16、17）。自東晉法顯（？－418至423）以降，如後秦（384－417）智猛於奇沙國「見佛缽，光色紫紺四際盡然」（《大正藏》五十冊，頁三四三）；南朝慧覽也「曾遊西域頂戴佛缽」（《大正

藏》五十冊，頁三九九）。桑山氏考證佛缽應是犍陀羅（Gandhāra）印度邊地創造出的聖物信仰，但於五世紀後半至唐玄奘（602－664）之間，由於社會局勢的混亂，佛缽也隨之消失於布路沙布邏城中，以至於玄奘前去時只看到昔日安置佛缽的寶臺。傳爲那連提耶舍（517－589）譯之大乘經典《蓮華面經》卷下記述了佛教樂土罽賓國之象徵佛法興盛的佛缽，因遭受寐吱曷羅俱邏王（502－542）的破壞，故佛法滅亡。

圖17 「佛缽禮拜」浮雕
巴基斯坦喀拉蚩博物館
（Karachi Museum）藏

　　《蓮華面經》卷下提到罽賓國和寐吱曷羅俱邏破缽，以及將缽與碎身舍利託付彌勒，立四寶塔，重新光輝斯道（《大正藏》十二冊，頁一〇七七）。近代的學者多懷疑《蓮華面經》卷下的以上記述，應該是中國方面有鑑於寐吱曷羅俱邏在印度的種種暴虐行徑和犍陀羅的佛事停廢，在憂懼佛法隕滅的情況之下所創造虛構而成的。[21]川勝義雄也指出中國最早區分正法、像法、末法的人是天臺宗集大成者智顗（538－596）之師南岳慧思（515－577），而慧思末法思想的形成，可能還與《大集經》的譯者，即傳《蓮華面經》的譯者那連提耶舍有關。[22]無論如何，末法思想在當時慧思等人中已經萌芽。做爲末法思想的產物之一，曾具體地反映在日本平安朝（794－1185）中期以來的「經塚」。所謂經塚是基於末法之世，經典滅絕，爲免五十六億七千萬年後，彌勒再世於龍華樹下說法時無經可用，故未雨綢繆，預先寫經埋藏。[23]歷來的學者一致主張，日本末法思想雖源自中國，但埋藏寫經營建經塚卻是日方的創舉。不過，前引推測譯出於隋開皇年間（581－600）的《蓮華面經》卷下由中國方面添加虛構之將缽與碎身舍利託付彌勒的記事，似乎意味著要以佛缽等世尊所遺聖物做爲佛法東山再起的根本依據。如前所述，以黑陶缽入墓正巧始於隋代。如果說在末法思想已然成形的唐代，僧尼們以此瘞埋方式來確保象徵性的佛缽，也非不可思議之事。至於在《蓮華面經》中與佛缽相提並論的佛骨舍利，更自然地會讓人憶起陝西扶風法門寺瘞藏的佛指舍利。據說釋迦牟尼（西元前565－485）八十歲於拘尸那迦（Kushinagara）涅槃，遺骨火化後分

與鄰近數國建塔供養，但佛指舍利於何時傳入中國？已不可考。值得留意的是，法門寺地宮也出土了四件金或銀缽。器形均呈斂口、深腹、小平底，當中一件口沿外壁鏨「文思院准咸通十四年三月廿日勅令造迎眞身金缽盂……」等字銘（圖18），[24]說明

圖18　金缽盂　中國陝西省扶風法門寺地宮出土

是咸通十四年（873）所製造。考慮到法門寺地宮寶物主要是咸通十五年（874）懿、僖二宗及惠安皇太后、昭儀、晉國夫人或諸頭供奉的供養物，故四件紋飾不盡相同的金銀缽原本恐非一組。不過其大體造型則與開元二十九年（741）臨潼慶山寺出土的四件施釉瓷缽相近，後者四件作品作風如出一轍，應爲同組器。兩處地宮均出土造型、數量一致的缽盂，應該只是單純的巧合，但法門寺「勅令造迎眞身金缽盂」銘文，卻也容易使人腦海再度浮現前述四天王奉缽譚的情景。既然唐代黑陶缽多出土於與佛教有關的遺址，並有瘞埋在寺塔地宮或身塔塔基的考古實例，因此，我們是否可以這樣大膽地設想，即：唐代瘞埋陶缽之制，除了有做爲僧徒身分象徵、不忘僧尼沿門托缽爲渡化眾生的涵義之外，或許還兼具對世尊佛缽的聖物信仰，而後者可能又和末法的思潮有關。

三

　　綜合考古發掘遺物和流傳於世的作品，大體上可以將埋葬入墓的隋唐時期黑陶缽區分爲兩種樣式。Ｉ式造型呈斂口、弧身、尖圓底，從開元二十九年（741）慶山寺、永泰元年（765）神會身塔塔基等紀年資料看來，其似乎較流行於八世紀中期前後。長安青龍寺唐代地層Ｉ式缽雖乏紀年資料，但同一層位（第三層）出土有屬於八世紀前半的唐三彩；[25]河南登封法王寺第二號塔基亦可從伴隨出土墨塊上之「天寶二年」（743）印銘得知，其相對年代約在八世紀中期之後不久。就目前的資料看來，其主要見於河南地區，但河北省亦見個別出土例。Ｉ式見於安陽隋墓，直口微斂、深腹、圓底。上述兩式缽缽體均較薄，個別Ｉ式缽缽底較尖，有的據說還髹黑漆。[26]無論如何，相對於中國Ｉ式缽器形幾乎只見於陪葬入墓的黑陶缽，在日本奈良時期（710–794）鉛釉陶中，不僅可見到和Ｉ式缽造型完

全一致的三彩或二彩陶缽（圖19），亦存在有底部圓弧的綠釉圜底缽（圖20）。

（上）圖19　奈良白釉綠彩陶缽
（下）圖20　綠釉陶缽
日本正倉院藏

所謂奈良三彩是在唐三彩的影響下日本國產的釉陶器。從奈良縣日本神龜六年（729）小治田安萬侶墓已出土奈良三彩器可知，日本至遲在八世紀二〇年代已經燒造多彩鉛釉陶，其借鑑唐三彩的技法生產彩釉陶器的速度之快，令人驚訝。截至近年，日本國內自宮城縣以迄福岡縣計約三百餘處遺跡出土了奈良三彩和二彩器，其中又以奈良縣最爲集中。[27]以遺址性質而言，包括宮殿、官衙、墓葬、聚落、祭祀址和寺院。其中近半數屬寺院和祭祀遺跡，明顯是和以寺院爲主的佛事、祭儀相關的文物，並且依儀式的不同而使用相異的器種。[28]日方學者早已指出，宮殿、官衙、寺院出土的奈良三彩器是於各祭儀中使用的。[29]這從奈良、平安朝文獻《造佛所作物帳》記載的「造瓷」既與天平六年（734）營建的興福寺金堂有關；《西宮記》或《江家次第》等平安朝文獻記錄宮中正月舉行的「御齒固式」乃是使用「尾張青瓷」等事亦不難窺知。[30]此外，又被稱爲正倉院三彩的奈良彩釉陶，是因日本天平勝寶四年（752）東大寺所舉行的大佛開眼會等一系列佛事而生產的，後入藏正倉院。正倉院三彩器當中，還有在器底墨書「戒聖院聖僧供養盤天平勝寶七歲（755）七月十九日東大寺」的帶銘大平缽，可知是聖武天皇（701－756）生母於宮中齋會所使用的用器。[31]因此，不僅奈良三彩有不少是與佛教儀式有關的器具，從部分彩釉缽墨書銘文亦不難得知該類彩釉缽應是於聖僧供養等儀式中所使用的。

長久以來，日方學者雖然一致同意奈良三彩曾受唐三彩的影響，然而同時又主張，前者僅是模倣後者外觀上的繽紛施釉作風，其在造型方面則是借用了當時流行的響銅等金屬器。[32]這點亦可從奈良三彩器的淨瓶或帶蓋壺等器形，比較正倉院或法隆寺傳世的流行於

奈良時期之中國金屬器，或從須惠器中做自金屬器的作品也見有類似造型等跡象不難窺測得知。如前所述，雖然中國本土極少見到與Ⅰ式黑陶缽造型完全一致的其他工藝品，而陝西法門寺出土的金銀缽器形雖與Ⅰ式黑陶缽有共通之處，但兩者之底部造型、特徵則不相同。因此，這就不能排除奈良彩釉陶中與Ⅰ式缽器形特徵極為近似的缽類，可能與Ⅰ式黑陶缽有關。另從日本岐阜護國寺藏、於器式上屬Ⅰ式的奈良時代金銅獅子唐草紋缽看來（圖21），[33]中國可能原本亦存在有Ⅰ式金屬缽。無論如何，日中兩國所見Ⅰ、Ⅱ式缽均屬三衣一缽的僧具，其中外觀華麗的金缽可能為佛前的供養器，而黑陶缽則又可用來陪葬。歷來有不少學者主張，日本出土的唐三彩是由遣唐使所攜回，[34]而奈良大安寺講堂遺址出土的大量唐三彩標本也被認為是由隨遣唐使入唐的道慈律師所帶回。[35]姑且不論日本出土的唐三彩是否確由遣唐使節所攜回，這裡應該留意的是，隨粟田真人等遣唐使入唐求法的僧人道慈，於養老二年（718）歸國後，隨即在天平元年（729）做長安西明寺遷造大安寺於平城京，故負責營建大安寺的道慈必然對西明寺的諸多情事知之甚熟，而西明寺既是玄奘講法、譯經的主要場所之一，也出土了陰刻「阿難」的黑陶缽。事實上，我們從許多學問僧如永忠、空海、圓珍、圓載、真如、宗叡等均曾居住西明寺一事可知西明寺在日中文化交流史上所扮演的重要角色，其同時也是日方汲取唐文化的主要媒介之一。此外，做為佛教密宗大道場的長安青龍寺也在密宗對日傳播中起了重大的作用，著名僧侶空海、圓仁、圓珍、宗叡等均曾受法於青龍寺。有趣的是，青龍寺也出土了黑陶缽。這樣看來，奈良時期的彩釉陶缽不僅在造型上與Ⅰ式黑陶缽一致，其多用於佛事祭儀的功能也和唐代黑陶缽有共通之處，而出土有唐代黑陶缽的長安寺院，又是日本僧人經常往返滯留之處。看來，做為奈良彩釉陶器主要器種之一的三彩、二彩或綠釉缽之燒製，極有可能是受到唐代黑陶缽或促使唐代製作黑陶缽之佛教思想的啟示。

圖21　金銅獅子唐草紋缽　奈良時代　日本岐阜護國寺藏

小結

綜合以上敘述，唐代黑陶缽無疑與佛教儀器有關。唐長安西明寺或青龍寺出土的作

品，透露出黑陶缽曾被實用或陳設，但臨潼慶山寺、登封法王寺塔基或神會身塔塔基、晉縣唐墓等瘞埋例則不排除又與末法思想有涉。西明寺出土的上刻「阿難」字銘的黑陶缽殘標本，是目前唯一的帶銘作品。阿難是釋迦的大弟子之一，這位在釋迦歿後與弟子撰諸經傳世的佛教長老，曾多次出現在由中國僞托的《蓮華面經》卷下世尊談及缽破法滅的情節當中。如「身爲國王名寐吱曷羅俱邏，而滅我法，此大癡人破碎我缽。……阿難，以破缽故，我諸弟子漸污淨戒」（《大正藏》十二冊，頁一〇七五）；「（佛告阿難）爾時我缽及我舍利，從金剛際出，至閻浮提彌勒佛所」；「（佛告阿難）爲我此缽及我舍起四寶塔，以舍利缽置此塔中，爾時彌勒佛及諸天人，阿修羅迦樓羅乾闥婆緊那羅摩睺羅伽等，大設供養恭敬禮拜缽舍利塔等」（《大正藏》十二冊，頁一〇七七）。於塔基、墓葬瘞埋陶缽，或許與世尊聖物崇拜或末法之埋藏習俗有關。

　　從中國出土黑陶缽的器形、性質、年代，結合西明寺、青龍寺在佛法東傳時所扮演的角色，可以推測奈良時期所燒製的同式釉陶缽，很可能是在同一思潮概念下的產物。不過奈良時期陶器似乎少見同式黑陶缽，多屬褐、綠、白三彩或白釉綠彩以及單色綠釉陶。最後，我想說明的是本文若干觀點均止於臆測的階段，其中如有牽強附會、誤讀佛教經籍之處，皆應歸咎本人缺乏這一方面的素養。拋磚引玉，僅以本文做爲問題的提出。

〔改寫自《故宮文物月刊》153（1995）所載相同篇名拙文〕

1-8 略談夾耳罐

1950年代清理位於廣州市區東北大嶺田鄉石馬村（當時屬番禺縣）的一座磚室墓，在出土的一百餘件陶瓷器當中，包括有一式四件造型特殊的青瓷蓋罐（圖1）。[1]這類罐裡外施罩透明的光亮開片青釉，通高近二十公分。造型呈直口、豐肩，肩以下弧度內收，底略內凹。器肩左右分別設一組方板形穿孔夾耳，前後另安置一帶孔板耳。蓋附橫梁般的雙翼，翼上鏤孔與夾耳穿孔相對應，若將蓋翼置於夾耳之間，既可貫以栓或繩予以固定，也可僅栓繫一側，由另一側自由開闔罐蓋；至於罐肩前後兩端的板耳則可穿繩提挈，設計可稱巧妙。

圖1　廣東窯系青瓷罐
中國廣東省五代墓出土

　　由於該式被命名為夾耳罐的蓋罐構造特殊，故自發表以來就引起學者的注目。陳萬里認為，石馬村磚墓的夾耳罐是在浙江越窯影響下，於五代時期廣州或其鄰近地區燒造的；[2]後出的發掘報告書也同意石馬村磚墓是南漢時期墓葬。[3]麥英豪進一步地經由1970年代徵集的一方據說原出自同一墓葬之刻有「乾和十六年四……」、「興寧軍節……」字樣的墓磚，結合墓葬的地望等考訂該墓乃是卒於乾和十六年（958）南漢中宗劉晟（943－958在位）的昭陵，故同墓出土的青瓷夾耳罐等陶瓷，應是南漢官窯製品。[4]雖然南漢轄地亦曾燒製「官」款青瓷，[5]然而南漢是否存在官窯？史籍未載，詳情不明。但從該墓伴出有等身的石人俑，墓上塋域立石象等葬儀設施看來，麥氏的劉晟昭陵說法或屬可信的推測。目前，學界已普遍接受石馬村墓青瓷夾耳罐是五代南漢轄境內某窯場所生產的作品，但對其造型來源和可能涉及的問題點則多語焉未詳。本文的目的，是擬整理、分類中國境內所出具有類似構造的所謂夾耳罐，兼談與之有關的幾個問題。

一、越窯系青瓷夾耳罐

經正式報導的中國境內出土越窯青瓷夾耳罐，曾見於
1970年代浙江海鹽縣澉浦長山湖遺址（圖2）。[6]姑且不論
器形和夾耳的細部特徵，其夾耳構造基本上與石馬村南漢
墓出土作品一致（以下稱Ⅰ式）。報告者朱伯謙認為，海
鹽縣Ⅰ式罐屬五代越窯作品。關於這點，我們可從1980年
代初期發表的蘇州七子山五代墓所出器形相對較大，但造
型基本相近，且同屬Ⅰ式的越窯青瓷夾耳罐（圖3）[7]初步
判斷海鹽縣Ⅰ式罐的定年大體可信。其次，報告書推定蘇
州七子山五代墓墓主或為吳越錢氏家族成員，而該墓伴出

圖2　越窯青瓷罐
　　　中國浙江省海鹽縣出土

的上述越窯Ⅰ式罐，無論在器形、尺寸等各方面，都和近年發掘的內蒙古赤峰遼會同五年
（942）耶律羽之墓出土的青瓷同式罐一致（圖4）；但後者的發掘報告書則是將耶律墓的
青瓷Ⅰ式罐訂定為遼窯作品。[8]我雖未能目睹實物，但若考慮到十世紀中期遼代瓷窯並無類
似的作品，同時參酌作品的胎、釉特徵以及吳越與契丹的貿易交往史實，我認為耶律墓出
土的與蘇州七子山墓所見造型一致的青瓷Ⅰ式罐，乃至於耶律墓伴出的五花口青瓷碗等作
品，無疑應是來自南方的越窯。如果該一判斷無誤，則蘇州七子山墓越窯夾耳罐之相對年
代就應和耶律墓的年代相近，前者的時代很可能是在吳越天福（936－944）年間。

a

b

圖3
越窯青瓷罐
a 外觀
b 底部
中國江蘇省七子山五代墓出土

圖4
越窯青瓷罐
中國內蒙古遼代耶律羽之墓（942）出土

　　相對於上述越窯夾耳罐均屬無紋飾的素面青瓷，1970年代末期印尼東爪哇（East Java）發現的一件同是Ⅰ式的青瓷夾耳罐（圖5），[9]既於繫耳模印異獸，並在罐身飾開光。開光外側陰刻細線紋，開光內刻劃狀似神仙的人物等紋飾，罐身下方近足處浮雕一周蓮瓣紋。從胎、釉和刻劃花技法等推測，我同意報告者已指出的其應是越窯的說法。這點還可從陳萬里得自上林湖瓷窯的標本[10]或繭山順吉購自上海、據說原亦採集自浙江餘姚上林湖（現屬慈溪市）越窯窯址的同類標本（圖6）[11]得以推測得知。不僅如此，後者窯址出土同類標本也可經由與東爪哇Ⅰ式罐之比較，得以復原得知其為夾耳罐殘片，為越窯夾耳罐增添了實例。

圖5　越窯青瓷罐　傳印尼東爪哇出土

圖6　越窯窯址採集標本　日本繭山龍泉堂藏

　　東爪哇出土、現藏於亞當馬立克博物館（Adam Malik Museum）的越窯青瓷夾耳罐被報告者視為唐至五代時期的作品。不過，其開光內所飾仙人般的母題既見於北京八寶山遼統和十三年（995）韓佚墓出土的越窯青瓷注壺，[12]且罐下方的浮雕蓮瓣紋也和北宋建隆二年（961）竣工的蘇州虎丘雲岩寺塔出土的越窯青瓷托杯，[13]或出光美術館近年入藏的帶有北宋雍熙四年（987）紀年銘文的越窯青瓷四耳壺等作品上的浮雕蓮瓣紋有共通之處。[14]因此，東爪哇越窯夾耳罐的年代應該是在十世紀後半的北宋早期。就目前有限的資料看來，越窯夾耳罐上的夾耳及穿孔繫耳之造型似有隨時代產生變化的趨勢，即五代作品上的泥條環形夾耳至北宋早期已呈長方板狀，並於方板形繫耳上方進行切割裝飾。就此而言，前述浙江海鹽縣所出呈長方板形夾耳和切削成連山形繫耳的罐式年代（同圖2），極有可能要略晚於耶律羽之墓出土作品（同圖4）。其次，從五代至北宋時期夾耳罐罐蓋的形式變遷亦可推測得知，如耶律墓般呈圓鼓造型的夾耳罐罐蓋之時代應要早於海鹽縣夾耳罐上的扁平形蓋。另外，現藏於大阪市立東洋陶磁美術館之被定年為晚唐至五代時期的越窯青瓷Ⅰ式罐（圖7），[15]其整體造型乃至夾耳細部特徵均與蘇州七子山墓所出作品一致，從而可知其相對

年代約於五代。不過從寺龍口
越窯窯址晚唐地層（九世紀中
期至907年）亦見同式夾耳罐標
本（圖8），[16]可知越窯青瓷夾耳
罐的燒製可上溯晚唐期。無論
如何，如果暫不論夾耳的細部
造型或裝飾特徵，就基本構思
而言，上述越窯夾耳罐與石馬村
南漢墓所出者均屬Ⅰ式罐。

圖7
越窯青瓷罐
日本大阪市立東洋陶磁美術館藏

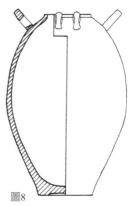

圖8
越窯寺龍口窯採集標本
線繪圖

二、其他瓷窯所見夾耳罐

過去，湖南長沙五代墓也
曾發現Ⅰ式青瓷夾耳罐（圖
9）。罐胎色呈淺灰色調，施罩
豆青釉，周世榮認為其應是湖
南地區窯場所生產。[17]可惜報導
中只揭示線繪圖，故只知其整
體造型與蘇州七子山五代墓Ⅰ
式罐相似，其餘不得而知。值
得留意的是，湖南地區夾耳罐
還見於著名的長沙窯窯址，後

圖9
青瓷罐線繪圖
中國湖南省長沙五代墓出土

圖10
青瓷罐
中國湖南省長沙窯窯址出土

者所見夾耳罐（圖10）[18]的夾耳構造與前述Ⅰ式罐不同。即相對於石馬村磚室墓等Ⅰ式罐
是在肩兩側設夾耳，長沙窯製品既只在肩的一側置夾耳，另一側則置與罐肩前後繫耳造型
一致的帶孔板形飾。長沙窯的這類夾耳罐見於窯址藍岸嘴（T2）和潭家山（T2），前者口
沿還陰刻「十六」編號。[19]從1998年印尼海域*Batu Hitam*（黑石號）沉船發現的保存有原
蓋但罐肩另二側繫耳已殘的長沙窯夾耳罐（圖11）[20]得知，其夾耳相對處的板形帶孔部
件，乃是為安放蓋的插栓而設的。也就是說，該形制夾耳罐罐蓋，是於一側置穿孔翼，對
側則設角形梢，使用時先將梢插入方板孔中，另一端翼的穿孔是以栓或繩固定在罐肩夾耳

之間（以下稱II式）。日本出光美術館藏推測可
能是來自廣東地區窯場所燒製的北宋時期白瓷
夾耳罐（圖12），[21]也屬此類罐式。

依據發掘報告書的記述，長沙窯窯址II式
罐的年代屬標本的第三期，即唐咸通以後至五
代（860－960）之間的作品，而前引*Batu
Hitam*沉船因伴出有「寶曆二年」（826）紀年
陶瓷，可知其相對年代應於九世紀前期，此略
早於寺龍口越窯窯址出土I式罐標本。這樣看
來，長沙窯是目前中國最早燒製有夾耳罐的窯
場，而罐肩兩側分別設插孔和夾耳的II式罐，
就有可能是中國夾耳罐的原型。雖然II式罐和
I式罐之間是否有直接的承襲發展關係，於目

圖11　長沙窯青瓷罐 印尼 *Batu Hitam* 沉船打撈品

前仍難遽下斷言，但前引日本藏北宋白瓷II式罐（同圖12）罐肩前後不見帶孔繫耳，應可
視為是如長沙窯II式罐般罐式的簡化形式。

除了I、II式罐之外，廣州西村窯窯址曾出土一件當地研究者推測是來自越窯且可能
亦具夾耳構造的青瓷帶流罐（圖13）。[22]該罐罐肩繫耳均已殘缺，復原後推定是在罐肩一側
設夾耳，對側置流，前後兩側各安一造型與夾耳相似的板形帶孔繫。該式帶流夾耳罐極為
少見，但從我數年前於香港的古董舖目睹的一件具有類似造型意匠之五代至北宋早期青瓷

圖12　白瓷罐 北宋 日本出光美術館藏

圖13　青瓷罐
a 外觀 b 線繪復原圖
中國廣東省廣州西村窯窯址出土

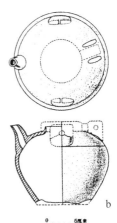

帶流夾耳罐（圖14）看來，西村窯址帶流夾耳罐的復原方案應該說是正確的（以下稱III式）。香港私人藏夾耳罐除罐內壁和圈足著地處之外，餘施滿釉，釉色青中偏紅褐，釉表有明顯的藍色淚痕，疑非越窯製品。不過，紐約大都會博物館（The Metropolitan Museum of Art）藏一件曾被定年爲唐末至五代的著名越窯青瓷帶流罐（圖15），[23]注流上方及對側相同部位留有明顯的傷痕，無疑是III式夾耳罐殘器。這從近年印尼*Cirebon*（井里汶）沉船發現的越窯同式青瓷罐亦可得到證實。[24]另從後者作品上之陰線刻紋與北京遼統和十三年（995）韓佚墓越窯青瓷碗所見鸚鵡紋飾頗爲類似，[25]可以推測其相對年代也約在十世紀後半的北宋早期。雖然目前尚未見北方瓷窯所燒製的夾耳罐，但相對年代約在晚唐至五代的邢窯類型白瓷帶把注壺亦見夾耳構造，其不同的只是近把處壺肩設一組帶孔板，與可插梢連接壺蓋之帶

圖14
青瓷罐
a 外觀　b 底部
中國香港私人藏

圖15
越窯青瓷罐
美國大都會博物館
（The Metropolitan Museum of Art）藏

圖16 a、b　邢窯系白瓷執壺　臺灣私人藏

圖17　鉛綠釉注壺
加拿大安大略博物館
（Royal Ontario Museum）藏

孔翼（圖16）：加拿大安大略博物館（Royal Ontario Museum）收藏的一件約略同時期的北方鉛綠釉注壺也呈類似作風（圖17），[26]我雖未目睹實物，但從作品的器形構思推想其原亦應有把？雖然盛唐時期金銀器蓋壺等亦見於器肩一側設夾耳鉸鏈之例，故上引二例注壺之構思有較大可能來自唐代金銀器，非典型的夾耳罐式，不過，從今日的資料看來，五代至北宋早期夾耳罐之罐式已趨多樣，至少包括 I 至 III 式等三種罐式，其產地均集中在中國南方地區，特別是廣東省除前述廣州石馬村墓之外（同圖1），近年廣州北京路千年古道遺址（圖18）、[27]惠州市五代墓或韓江上游梅縣等地亦見出土。[28]

圖18
廣東窯系青瓷罐
中國廣東省廣州北京路出土

三、夾耳罐與東西窯業交流

所謂的夾耳罐於伊斯蘭地區陶瓷器上亦可見到。就釉彩種類而言，常見的有因繪飾有色澤光鮮金屬彩，俗稱「虹彩」（lustre）的彩飾器（圖19），和美索不達米亞或埃及的錫白釉綠彩器（圖20）[29]等作品。目前所見伊斯蘭夾耳罐罐肩繫耳雖多呈半環形，與中國夾耳罐上的板形帶孔繫有別，不過造型呈板形的穿孔夾耳，乃至整體構思均與長沙窯 II 式罐一致。因此，很自然地會讓人聯想到兩地之間夾耳罐應該存在有模倣、借鑑的關係。

圖19
伊斯蘭虹彩罐
埃及伊斯蘭藝術博物館
（Museum of Islamic Art）藏

三上次男很早就注意到該一課題，並數度撰文主張伊斯蘭夾耳罐是受到中國的影響而產生的。[30]不過，我們首先應當留意到伊斯蘭地區夾耳罐構造均屬本文所歸類的 II 式，其相對年代亦約在九至十世紀之間。換言之，伊斯蘭夾耳罐是和中國所見年代可能最早的 II 式罐屬於同一形制。其次，兩地 II 式罐的年代上限亦約在九世紀。若綜合

圖20
伊斯蘭錫釉白釉綠彩罐
美國芝加哥美術館
（The Art Institute of Chicago）藏

三上氏以往發表的相關論述，可知其所徵引之做爲中國影響伊斯蘭夾耳罐的中國出土例
證，計包括本文前已提及的長沙窯址、蘇州七子山墓、廣州石馬村墓和浙江海鹽縣遺址性
質不明之遺跡等出土的夾耳罐。然而如前所述，三上氏上引諸例當中除了長沙窯Ⅱ式罐的
形制構思與伊斯蘭夾耳罐一致，且兩者年代上限大體相當之外，其餘作品之相對年代均是
在十世紀五代時期，並且全屬Ⅰ式罐，故其燒造年代並無法早於伊朗產之lustre彩飾器，
或埃及福斯塔特城（Fustat）發現的錫白釉綠彩等夾耳罐。當然，更無任何理由可以將出
現年代較晚的中國製Ⅰ式罐，視爲年代或應更早的伊斯蘭地區Ⅱ式罐的前身。

　　這樣看來，伊斯蘭地區夾耳罐和具有相同形制特徵的長沙窯Ⅱ式罐的確鑿年代就顯得
至爲重要。遺憾的是，我們除了能從帶寶曆二年（826）紀年的*Batu Hitam*沉船得知長沙
窯夾耳罐存在於九世紀前期之外，其餘資料闕如。同樣地，伊斯蘭夾耳罐亦缺乏明確的紀
年資料，而只能就其樣式作風進行大致的年代釐測，故後者的精確年代亦不得而知。就以
往學界所累積的研究成果而言，唐宋時期陶瓷做爲一種強勢的外貿商品，經常帶給輸入地
窯業刺激，造成後者起而做效，故若推測伊斯蘭夾耳罐是中國同式罐影響下的產物，似亦
無可厚非。然而，以目前的資料看來，似乎仍未具備充分的條件足以闡明兩地夾耳罐的年
代先後問題。不過，就貿易陶瓷史的課題而言，長沙窯窯址出土有和伊斯蘭地區夾耳罐年
代相近、形制雷同之罐式一事本身，已足發人省思。

　　眾所周知，中國遺址的長沙窯以江蘇揚州出土數量最多，[31]其他除了兩廣地區有較多
的長沙窯出土報導之外，[32]其餘遺址出土數量似乎屈指可數。相對地，長沙窯製品於東北
亞（日本、韓半島）、東南亞（菲律賓、印尼、馬來西亞、泰國）、南亞（斯里蘭卡）、西
亞（巴基斯坦、伊朗、伊拉克）等許多國家和地區的遺址均可見到，當中又以波斯灣北之
尸拉夫（Siraf）港都遺址長沙窯出土例最爲人們所熟知。[33]基於長沙窯標本的出土分布，
學者一般都相信長沙窯作品有相當一部分是專門用來外銷的。至於揚州發現的大量長沙
窯，一則可從揚州是當時外貿物資轉運據點一事得到合理的解釋，或許還和唐代揚州曾居
住大批的阿拉伯人，長沙窯作品的樣式作風頗能迎合這些外來商賈的品味愛好有關。

　　事實上，長沙窯的工匠們或許是爲了迎合海外販售市場的需求，曾努力學習、汲取外
國工藝品的器形、紋飾等，以豐富自身產品的多樣性。在器形方面，誠如孫機所指出，長
沙窯的帶流瓷燈採用盞唇搭柱的燃燈方式，無疑是受到外來燈具造型的影響。[34]至於圖紋
方面，揚州東風磚瓦廠，[35]或泰國猜耶林文波（Laem Pho, Chaiya）出土以阿拉伯文書寫
伊斯蘭教眞神「安拉」字樣的長沙窯釉下彩瓷，[36]或可理解成是爲因應海外穆斯林消費市

場的需要而燒製的。此外，湖南省博物館藏於釉下彩繪男女像的長沙窯青瓷標本（圖21），[37]其人物造型和伊斯蘭彩繪陶器等工藝品上的人像頗有相近之處。從人物面容表情逼眞等情形看來，標本所見男女圖像恐非長沙窯畫工的憑空想像，而應該是依據某種樣例甚或畫稿進行臨摹的。因此，我雖無能力細究長沙窯和伊斯蘭夾耳罐何者才是被模倣的祖型，但想指出中國製夾耳罐最早出現於長沙窯這一與外國工藝要素頗有淵源的窯場，這或許是值得愼重考慮的現象。

圖21　釉下褐綠彩人物圖殘片
　　　中國湖南省長沙窯窯址出土

　　與此並無直接相關但同樣有趣的是，長沙窯作品當中還可見到釉下銅紅彩繪或施罩銅紅色釉的製品，其外觀特徵很容易使人聯想到所謂lustre彩飾作品。值得留意的是，過去曾在埃及福斯塔特[38]和西班牙南部遺址發現幾件於北宋時期白瓷上施加lustre銅彩飾的極爲特殊的標本（圖22、23）。[39]對於該類標本，目前有埃及陶工後加彩說，[40]以及中國陶工在中國本地窯場繪製等兩種不同的見解。[41]前一說法如實地反映了伊斯蘭地區對中國陶瓷的高度興趣；後一說法顯示中國陶瓷作坊模倣伊斯蘭陶瓷上的流行裝飾技法，並用以外銷。考慮到lustre彩的加工技術，個人傾向贊成前說。

圖22　加飾虹彩的中國北宋白瓷
　　　埃及福斯塔特出土

四、有關中國出土夾耳罐的幾點聯想

　　就中國出土夾耳罐的產地而言，計有浙江省越窯、湖南省長沙窯，以及廣州石馬村磚墓、千年古道遺址和惠州市五代墓等所見廣東瓷窯燒製的青瓷；而長沙五代墓出土的夾耳罐則又被推測可能是來自當地的窯場。其次，東南亞出土的中國製夾耳罐當中，除了前述東爪哇北宋早期越窯系作品之外，菲律賓浦端（Butuan）遺址

圖23　加飾虹彩的中國北宋白瓷
　　　西班牙阿爾梅利亞（Almeria）
　　　宮殿遺址出土

之I式夾耳罐的年代雖有九至十世紀、[42]十至十一世紀[43]等不同的見解，然從其造型、釉色特徵並參照蘇州七子山等大致判明墓葬相對年代的出土例，我同意其應是十世紀越窯系青瓷（圖24）[44]的看法。此外，日本出光美術館藏兩件北宋白瓷II式夾耳罐（圖25）的出土地點不明，但從其胎釉特點看來無疑是南方地區窯場所生產，其中一件罐身所飾浮雕蓮瓣紋的作風與廣東瓷窯作品（同圖12）極爲類似，有可能來自廣東地區但也不排除是景德鎮窯場所燒造。[45]因此，就目前所知之中國製陶瓷夾耳罐的可能產區而言，至少包括浙江、湖南和廣東等諸省分，其間的關係如何？頗耐人尋味。從以往的考古發掘資料可知，廣東唐代青瓷窯作品曾受到越窯的影響，[46]特別是廣東梅縣水車窯璧足青瓷碗和越窯同式碗頗爲相近一事，[47]也說明了兩窯間的可能關聯。在此

一認知的基礎之上，如果說廣州石馬村磚墓確爲南漢中宗劉晟昭陵，而劉晟卒葬於乾和十六年（958），故同墓伴出的廣東地區燒製的I式夾耳罐之年代，顯然要晚於內蒙古遼會同五年（942）耶律羽之墓出土的越窯青瓷I式罐，從而可推測前者的罐式可能是受到後者，即越窯的影響。持這樣的看法，既可用新的出土資料來支持、贊同前述1950年代陳萬里的推測，對於理解廣州西村窯窯址爲何會出現被當地學者判定是越窯青瓷III式夾耳罐標本亦有所助益。也就是說，西村窯的陶工是爲了倣製才刻意攜入越窯夾耳罐以爲參考之用；雖則西村窯窯址所出III式夾耳罐其實有可能是當地所產。

圖24　越窯系青瓷罐　菲律賓浦端出土

另一方面，做爲廣東地區夾耳罐可能來源之一的越窯夾耳罐，也有可能是受到長沙窯的影響。誠然，要具體證明該一推測的正確性並不容易，不過長沙窯和越窯之間的交流，可從兩窯晚唐時期作品彼此間之相近造型和裝飾要素而得以推測得知。其次，馮先銘於1980年代初期提出的認爲浙江臨安五代墓出土的越窯褐彩青瓷之彩繪技法，乃是受到長沙窯釉下彩繪影響的看法，[48]我至今仍記憶猶新。就今日的資料看來，長沙窯和越窯似乎同時於晚唐時期出現了夾耳罐，但前者屬II式，後

圖25　白瓷罐　北宋　日本出光美術館藏

者爲 I 式，至北宋初出現了III式，而推測屬廣東地區瓷窯的夾耳罐的年代雖較晚，但包括
I 至III式夾耳罐。另一方面，我們恐怕還應留意到兩廣地區長沙窯的出土頻率似是僅次於
江蘇揚州這樣的一種現象。有關廣東出土較多長沙窯之事，學者多認爲其正是長沙窯作品
曾經由廣州出港外銷的最佳考古例證。[49]不過，我們不應忽略廣東的長沙窯作品有不少是
出土於墓葬而非港灣遺跡，[50]這至少表明具有外國裝飾要素的長沙窯作品，同樣是受到當
地居民的喜愛。雖然長沙窯作品目前只見 II 式夾耳罐，但因統轄今湖南和貴州東部、廣西
東北和廣東連縣部分地區的楚國（896－951）都城長沙墓葬因出土有被推測是當地燒造的
I 式夾耳罐，故不能排除廣東地區燒製的夾耳罐也有可能曾受到長沙窯等湖南地區瓷窯作
品的啓示。

　　就包括廣東在內的東南沿海瓷窯的性質而言，其產品主要是用來外銷的，故不排除部
分夾耳罐可能是爲因應海外市場而燒製的。與此同時，被比定爲南漢第三位皇帝陵墓的石
馬村磚室墓出土的一式四件 I 式夾耳罐，則似乎反映了墓主對該一構思特殊的罐式有著濃
厚的興趣。值得一提的是，藤田豐八早就對文獻所載南漢劉氏家系語焉不詳一事有所狐
疑，進而撰文考證南漢劉氏其實是阿拉伯人的後裔。[51]《五代史記・南漢世家》載南漢後
主劉鋹（958－971在位）說：「鋹乃與宮婢波斯女等淫戲後宮，不復出省事」，是劉鋹
頗屬意非漢族之波斯女。而若就考古出土資料而言，則因出土有伊斯蘭翡翠藍釉陶器而爲
世人所矚目的福建福州五代劉華墓墓主劉華，乃南漢第二代高祖劉岩（917－942在位）之
女，封燕國明惠夫人，後嫁予閩王王審知（909－965在位）次子、閩國第三主王延鈞
（926－935在位），卒於後唐長興元年（930）。[52]這樣看來，設若藤田氏的考釋無誤，那麼
對於我們今後如何來看待諸如廣東地區墓葬不止一次地出現長沙窯器、劉華墓爲何會以伊
斯蘭陶器陪葬入壙，以及劉晟昭陵之所以會出土青瓷夾耳罐等一連相關問題，將會有莫大
的裨益。換言之，做爲阿拉伯人後裔，本身又從事海外貿易的劉氏統治下的嶺南一帶，很
可能瀰漫著一股濃郁的阿拉伯氣息，而劉氏家族心儀這些與伊斯蘭地區人們品味相契合的
中國工藝品，毋寧是極爲自然的事。

　　暫且不論廣州地區夾耳罐式的淵源出自，也暫時不理會夾耳罐其實有可能是同時出現
於長沙窯和越窯等複數窯場，內蒙古耶律羽之墓所出越窯夾耳罐無疑是同樣值得重視的。
墓誌載耶律羽之葬於遼會同五年（942），故同墓出土的越窯青瓷可提供今後五代越窯編年
極爲重要之參考依據一事自不待言。其次，耶律羽之的曾祖勤德即遼懿祖，祖父葛魯則是
耶律阿保機（907－926在位）祖父遼玄祖的兄長，因此羽之爲遼太祖阿保機的堂弟，此亦

可爲理解五代越窯青瓷於中國北方地區的使用階層提供線索。另一方面，有關吳越和契丹兩方藉由使臣交聘所進行的經濟往來和貿易品內容是以往史學界所關心的課題之一。但過去的研究者雖可經由文獻記載吳越進奉中原王朝的物資中包括有瓷器，進而推定吳越輸往契丹的貿易品中亦應有越窯青瓷，可惜終究止於推測，而羽之墓越窯青瓷的出土正可彌補文獻記載上的不足。早在半世紀前，日野開三郎已曾徵引《遼史》卷三十七〈地理志〉序所載「吳越、南唐航海輸貢，嘻其盛矣」，考察吳越與契丹的交往多循赴山東的海路，而契丹方面的海港極可能就是位於遼河口的鎮東關。然因契丹遊牧民族原本不諳海事，故又多借重熟稔航海的東丹國人之力來達成與中國沿海諸國的貿易交往。[53]東丹國人本是渤海國遺民，天顯元年（926）遼太祖滅渤海，改渤海國爲東丹國，立長子耶律倍（926－937在位）爲人皇王（東丹王），同時任命耶律羽之爲右次相（後遷左大相）。《遼史》載天顯五年（930）人皇王不自安，飄海奔後唐。見於《舊五代史‧後唐明宗紀》的後唐方面的記載也說：「契丹阿保機男東丹王突欲越海來歸國」，耶律倍出走以後的東丹國實際上就是由耶律羽之主政。[54]這樣看來，耶律羽之墓會出土越窯青瓷恐非偶然，至少就羽之本人而言，對於由其轄下的東丹國內渤海人商舶貿易得來包括越窯青瓷在內的商品應知之甚熟。耶律羽之於會同四年（941）薨於官，翌年歸葬故鄉。《遼史‧本紀》載會同三年（940）正月、九月，另會同四年（941）八月、十月有「吳越王遣使來貢」、「吳越王遣使奉臘丸書」；而其間的會同三年（940）十月遼亦曾遣剋朗使吳越，[55]故可推測耶律羽之墓夾耳罐等越窯青瓷極有可能就是來自上述某次朝貢的貿易品。

〔改寫自《故宮文物月刊》184（1998）所載相同篇名拙文〕

II 紋飾技法篇

2-1　略談對蝶紋

　　中國古籍當中有不少關於蝴蝶的記事。除了唐代李淳風（604－672）《占怪書》將蝴蝶入人宅舍帳幕做爲得子之兆等吉祥的象徵之外，蝴蝶同時又有輕薄的意涵，如《北史》所載魏收（506－572）其人輕薄尤甚，被稱爲「**魏收驚蛺蝶**」；我們今日也戲稱某種場合常見的長袖善舞、穿梭於眾賓客之間的人是「花蝴蝶」。《嶺南異物志》甚至記載南海有重達八十斤的蝴蝶，「**噉之極肥美**」；李時珍（1518－1593）《本草綱目》則又說蝶陰乾磨成粉末，可以治小兒脫肛。但是，蝴蝶最爲神奇、也最令人印象深刻的恐怕是它由卵變成蚴，形成蛹而後再變成蝶的全變態過程，也因此蝶也成了再生、復甦的象徵，考古所見死者以金或玉質的蠶陪葬入墓也是取其破繭而出、蛻變再生之意。當然，蝶也常成爲亡魂的化身，比如說宋人周密（1232－1298）《癸辛雜識》記載的亡者楊昊因未能割戀於少妻稚子，「**故化蝶以歸**」。

　　其實，清雍正年（1723－1735）編纂的《古今圖書集成》之〈博物彙編‧禽蟲典‧蝶部〉還收錄許多這類包括莊周夢爲蝴蝶以及圍繞於蝴蝶主題的藝文創作。其中，梁代簡文帝（549－551在位）「**雙雙花上飛，寄語相知者**」，宋代黃庭堅（1045－1105）「**蝴蝶雙飛得意**」，詠蝴蝶成雙，寓意同心，是文藝創作的浪漫題材，以至於《山堂肆考》指名道姓地說：「**俗傳大蝶必成雙，乃梁山伯、祝英台之魂。**」另一方面，傳世的不少工藝美術品或近年考古發掘遺物，也經常以蝶做爲器物的裝飾母題，並出現多種形式的雙蝶構圖，而呈頭部相向展翅造型的所謂對蝶紋，無疑是蝶紋裝飾當中突出的一例，值得予以介紹。

一、宋瓷所見對蝶紋

　　就布局安排而言，宋代陶瓷對蝶紋有雙蝶、三蝶和四蝶等多種形式。四蝶類型又分二式，一式如陳萬里自浙江越窯上林湖窯址採集的標本，於盤內心飾寶相華紋，寶相華四邊各伸展出折枝花蔓，花蔓之間置四隻揚翅的側面像蝴蝶（圖1：a）。[1]另一式可以河南新密

法海寺塔地宮出土的帶北宋咸平元年（998）紀年的著名三彩舍利匣爲例，其於匣蓋盝形蓋面四個對角處各飾一隻頭部朝內、尾部向外的蝴蝶，整體畫面有如兩兩相對的兩組對蝶（圖2：b）；[2]1970年代江西省新淦縣界阜公社南宋墓出土的吉州窯奔鹿紋罐蓋面上的鐵繪蝶紋也屬同一類型。[3]不同的只是前者對蝶安排於盝頂四方邊的對角，後者則是在圓形畫面四等分中，各繪一隻頭朝蓋鈕的蝴蝶。這種由四隻蝶所構成的兩組對蝶之布局方式，是繼承唐代以來的裝飾意念，如西安唐墓出土的亞字形銅鏡鏡背即裝飾著頭向外、尾朝鏡鈕的四隻兩對蝶紋（圖1：b）。[4]

相對於三蝶和四蝶，由雙蝶構成的對蝶紋才是宋瓷對蝶紋裝飾的主流，也是本文所擬介紹的重點。此一類型的對蝶紋同樣可上溯唐代，如江蘇揚州教育學院出土的三彩異獸枕，枕面即陰刻對蝶（圖3）；[5]同

圖1a　越窯青瓷線繪圖　北宋
　　　中國浙江省上林湖窯址出土

圖1b　銅鏡鏡背拓本
　　　中國陝西省西安唐墓出土

圖1c　越窯青瓷線繪圖
　　　中國北京遼代韓佚夫婦墓
　　　（995）出土

圖2　三彩舍利匣　宋代　a 外觀　b 蓋面
　　中國河南省法海寺塔地宮出土

圖3　三彩對蝶紋枕 唐代 中國江蘇省揚州出土

揚州出土的黃釉枕枕面對蝶則為模印，[6]而河南新鄭唐墓（M10）白瓷盒蓋面對蝶頭部和尾翅則又加飾褐斑（圖4）。[7]陶瓷之外，唐元和七年（812）惠昭太子陵石盒蓋面（圖5）[8]或甘肅省武威市、陝西省鳳翔縣（M228）出土之唐代銅梳

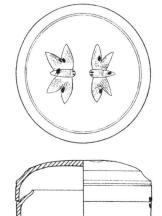

圖4　白瓷盒線繪圖
中國河南省新鄭唐墓出土

（圖6）[9]亦見對蝶裝飾。其次，陝西法門寺地宮發現的名為「鎏金雙蜂團花紋鏤空銀香囊」的利用與現代陀螺儀原理相同、可使香囊內盂永保水平狀態的著名作品，其連接囊蓋和囊身的折頁上下以蝴蝶為形，形成對蝶造型（圖7）。[10]就目前的資料看來，蝶形折頁於唐代已經頗為流行，例如河北邢台太和五年（831）鎏金銅折頁即呈蝶形，表面鏨刻翎紋。[11]不過，入宋之後呈頭部相向的對蝶造型不僅更為普及並趨於定型，其中又以河北靜志寺塔塔基出土的帶太平興國二年（977）紀年墨書的定窯白瓷六花口盤（圖8：a），[12]以及近年公布的浙江古銀錠湖窯址發現的陰刻「太平戊寅」〔即北宋太平興國三年〔978〕〕的越窯青瓷最具代表性（圖8：b）。[13]如前所述，這一類型的對蝶紋可上溯唐代，陝西省耀州窯窯址五代北宋初標本亦見對蝶紋飾（圖8：c），[14]河北曲陽澗磁村五代墓出土白瓷枕枕面也飾有頭尾相向對錯開來並夾雜花卉的另一形式對蝶紋。[15]因此，過去馮先銘所主張並為當今不少人所繼

圖5　石盒
中國陝西省唐代惠昭太子陵（812）出土

圖6　鎏金銅梳 唐代 中國甘肅省出土

圖7　鏤空銀香囊線繪圖　唐代
　　　中國陝西省法門寺地宮出土

承，認為前引靜志寺塔基太平興國二年款定窯對蝶紋花口盤的對蝶刻紋乃是受到南方越器影響之觀點，[16]恐怕是有修正的必要。這是因為無論是定窯、越窯還是耀州窯上的對蝶紋之構思，均來自唐代工藝品上的同類圖紋，而且有可能是做自唐代金銀器上的刻劃花裝飾母題。

宋代陶瓷所見對蝶紋有趨於定型的強烈傾向，雖然於越窯上林湖、寺龍口等窯址標本，偶可見到展翅的側面像對蝶紋（圖8：e），[17]然而絕大多數對蝶紋則幾乎千篇一律地採取兩頭相向、平展雙翅的構圖形式，並且多以陰刻線的技法將此一形式的對蝶紋裝飾在碗、盤等圓形器的內底。不過，少數四方盤

圖8a
定窯白瓷盤盤心紋飾線繪圖　北宋
太平興國二年（977）墨書紀年
中國河北省靜志寺塔基出土

亦可見到對蝶裝飾，後者方盤本身多以陶模押印成形，由於對蝶紋係陰刻於陶模之上，因此盤內對蝶紋飾屬陽紋印花。這類裝飾對蝶的印花方盤以往見於湖南長沙墓葬[18]以及遼寧朝陽北塔天宮發現的白瓷（圖9：a）。[19]後者是從對角線將盤內底區分成兩個三角形區塊，再分別置入頭部相向的蝴蝶。依據伴出的石匣物帳可知，朝陽北塔重修於遼代重熙年間（1032－1055），其中寺塔地宮出土一件看來頭像蜻蜓的蝶紋白瓷方盤（圖9：b），但寺塔天宮則出土了六件花紋、形制一致的白瓷對蝶紋方盤以及一件白玉對蝶（圖10）。無獨有偶，據說河北靜志寺的定窯對蝶紋白瓷盤（同圖8：a），也是六件一群發現於寺塔地宮，[20]可惜靜志寺塔只見簡報，詳情不得而知。無論

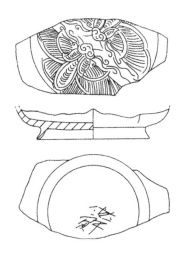

圖8b　越窯青瓷盤線繪圖
　　　北宋太平戊寅（978）刻銘
　　　中國浙江省越窯窯址出土

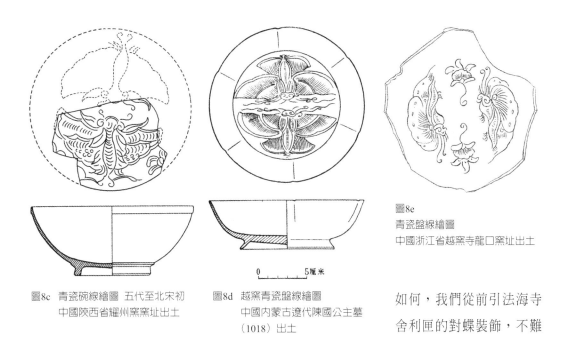

圖8c　青瓷碗線繪圖　五代至北宋初
中國陝西省耀州窯窯址出土

圖8d　越窯青瓷盤線繪圖
中國內蒙古遼代陳國公主墓
（1018）出土

圖8e
青瓷盤線繪圖
中國浙江省越窯寺龍口窯址出土

如何，我們從前引法海寺舍利匣的對蝶裝飾，不難窺知蝶紋與佛教的因緣。

除了天台宗大師智顗（538－597）撰《摩訶止觀》等佛籍曾提及莊周蝴蝶之夢，做為林邑八樂之一的舞樂「迦陵頻」的答舞即是蝴蝶，也就是以蝴蝶和居於極樂淨土的妙音鳥迦陵頻伽配對演出的所謂「蝶鳥」。[21]而約完成於十世紀初的「胡蝶」舞樂，至十世紀後半已是日本京城內外各大寺院法會時，不可或缺的與迦陵頻伽成組的佛前「供養舞」。[22]傳說是日本年代最早的紀年蒔繪、製作於延喜十九年（919）的「迦陵頻伽蒔繪壎冊子箱」日本漆盒，乃是醍醐天皇（897－930在位）下賜之收納由空海（774－835）自唐朝所攜回日本的密教典籍「三十帖冊子」，盒蓋表面左右各置迦陵頻伽鳥，上下則以一對頭部相向的蝴蝶做為裝飾的主題（圖11）。[23]

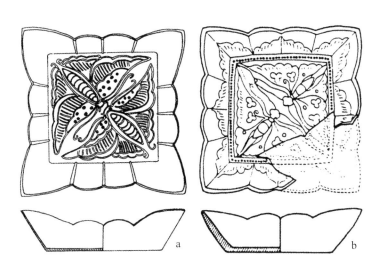

圖9a、b　白瓷盤線繪圖　中國遼寧省朝陽北塔天宮出土

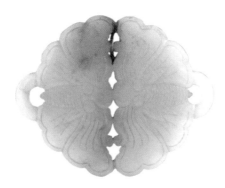

圖10 玉對蝶 中國遼寧省朝陽北塔天宮出土

圖11
漆盒
日本延喜十九年
（919）製

另一方面，就器物造型和蝶紋的布局方式而言，我們可以輕易地發覺朝陽北塔方盤的俯視造型，在視覺上其實和法海寺舍利匣蓋有相近之處（同圖2：b），而若將舍利匣蓋盝頂對角一對蝶紋放大，同時又省去另一對角的對蝶紋，則其構圖就和朝陽北塔白瓷方盤對蝶布局安排基本一致。如果讀者還有興趣的話，不妨可再將朝陽北塔方盤由與蝶頭部平行的對角線剖開，使方盤一分為二，此時就成了外形酷似蝴蝶並於內底裝飾單一蝶紋的三角形盤。瑞典卡爾‧肯普（Carl Kempe）就收藏有器物外觀有如蝴蝶造型且於內底裝飾蝶紋的三角花口形盤（圖12），[24] 類似的蝶形白瓷蝶紋盤於湖南長沙五代墓亦曾出土。[25] 由於這類印紋方盤胎釉精良、做工精緻，於北方遼墓或湖南長沙均有出土，因此出現了定窯、遼窯或長沙某窯等幾種產地推論，至今未有定論。將器物外觀設計成蝶形，並以蝶紋等紋飾做為裝飾的其他材質的作品也屢可見到，四川成都五代王建永陵就出土了飾鴛鴦寶相華紋的所謂蝶形銀盒（圖13）。[26] 另外，蔡絛《鐵圍山叢談》卷六載：「伯父君謨

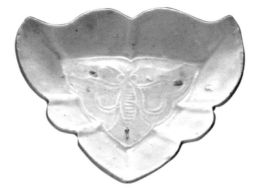

圖12 蝶紋白瓷盤 瑞典卡爾‧肯普（Carl Kempe）舊藏

（蔡襄〔1012－1067〕）」常得茶甌十，兔毫四散，其中凝照作灾蝶狀，熟視若生動，每實惜之」，雖然這件蝶紋隱隱若現的茶盞不復可見，但從流傳於世的宋瓷似可推敲，其既有可能是如江西吉州窯茶盞般以剪紙漏釉技法做出的蝶紋裝飾，也有可能是於釉上貼飾金箔，現藏韓國國立中央博物館的定窯黑釉金彩茶盞（圖14）即為一例。[27]

圖13　蝶形銀盒　中國四川省王建永陵出土

圖14　定窯黑釉金彩盞　韓國國立中央博物館藏

二、對蝶紋和孟家蟬

　　在處理宋瓷對蝶紋，特別是面對遺存數量最多的越窯青瓷對蝶紋時，恐怕是誰都必須面對一個棘手的問題，那就是前引越窯古銀錠湖區出土的外底陰刻「太平戊寅」的對蝶紋（同圖8：b），其和內蒙古遼開泰七年（1018）陳國公主暨駙馬墓出土的越窯對蝶紋（同圖8：d），[28]兩者之間紋樣並無明顯的不同。造成此一現象的原因只有兩種可能，其一是陳國公主墓的越窯青瓷是一度傳世而後才入壙陪葬的古物，再則是越窯青瓷的這類劃花對蝶紋幾乎一成不變地延續了約四十年。由於目前仍缺乏足夠的紀年資料得以從樣式變遷的角度進行考察，並釐定出此一樣式圖紋的年代上下限，因此，陶瓷史界對此一議題多避而不談。我雖無具體的解決方案，但總覺得與其將之束之高閣，倒不如試著觀察年代稍晚的相關資料，算是做為今後有幸得以接近議題核心時的前置作業。這也就是說，我們或許可以先觀察對蝶紋由寫實到抽象的過程，進而伺機逆向上溯寫實型對蝶紋的可能相對年代。假設「太平戊寅」銘盤所見規整的對蝶紋為宋瓷同類紋飾的

原型之一，那麼浙江臨海許市窯窯址標本所見對蝶紋（圖15）[29]已有簡化趨勢。若再參照臺灣私人藏品中的更趨簡化、但仍可隱約辨識出對蝶紋圖紋的宋代青白瓷碟（圖16），那麼我們或許可以思考福建南平店口南宋早期墓所見發掘報告書所稱的裝飾「雲氣紋」的青白瓷盤（圖17），[30]也有可能就是對蝶紋的抽象簡化了的圖紋。不過，由於對蝶是宋代流行的裝飾題材之一，不少瓷窯均可見到此類母題，除前述越窯、定窯或耀州窯等作品之

圖16　青白瓷碟　宋代　臺灣私人藏

外，近年於廣州宋代河堤遺址亦見廣東窯系對蝶紋青白瓷碗（圖18），[31]因此上述由繁而簡的單線推論是否得當？還有待日後仔細斟酌各瓷窯製品的檔次及圖紋變遷予以檢證。

　　相對於陶瓷器上對蝶紋可能存在的由繁至簡的變遷過程，做為器物配件或獨立飾品的金屬對蝶，則始終呈現寫實的面貌。如四川德陽宋代窖藏[32]或福建福州市南宋黃昇墓[33]出土的銀質對蝶就纖毫畢露頗為寫實，後者黃昇墓銀蝶（圖19）出土於漆奩內，應屬於婦人穿戴的配飾；而1980年代浙江大學基建工地宋墓出土的銀製折頁式對蝶也是置於白瓷粉盒

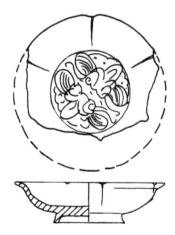

圖15　瓷盤標本線繪圖
　　　中國浙江省臨海許市窯址出土

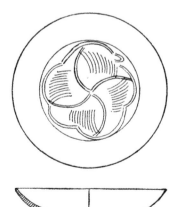

圖17　青白瓷碟線繪圖
　　　中國福建省南宋墓出土

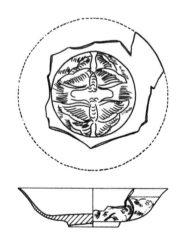

圖18　對蝶紋青白瓷碗線繪圖
　　　中國廣東窯系

之內（圖20）。[34]唐代段公路《北戶錄》載：
「嶺表有鶴子草，蔓上春生雙蟲，食葉……老
則蛻化爲蝶，赤黃色，女子佩之，令人媚悅，
號爲媚蝶」，可知唐代女子已有配戴雙蝶。安徽
合肥西郊南唐墓不僅可見雙蝶花鈿簪，還伴出了
四蝶銀步搖（圖21）。[35]其次，我們也應留意黃
昇墓銀蝶的造型其實和蜂或者蟬不易區別，特別
是頭部比例較大，眼部突出的體態特點與蟬有類
似之處。值得留意的是，宋代熊克《中興小記》曾援引

圖19　銀對蝶　中國福建省南宋黃昇墓出土

南宋朱勝非《閒居錄》所記載北宋
哲宗紹聖年間（1094－1098）「宮掖造
禁纈，有匠者姓孟，獻新樣兩大蝴蝶
相對，緣以結帶曰『孟家蟬』，民間
競服之。」[36]從而可知，宋人是將本文
所謂的對蝶紋稱之爲「孟家蟬」。另
外，從南宋姜夔（約1155－1221）〈觀
燈〉：「遊人總戴孟家蟬，爭託星毬
萬眼圓」（《白石道人詩集》），可以推測
前引宋代窖藏或宋墓出土的銀對蝶，可
能就是當時流行的配飾，也就是所謂的
「孟家蟬」。雖然，就目前的考古資料看
來，傳說由孟氏匠人所創作的對蝶「新
樣」，似乎不見得有多新穎，因爲對蝶
的構思至少可上溯唐代。

圖20　白瓷盒及折頁式銀對蝶　中國浙江省宋墓出土

宋代以後，對蝶意匠依然是許多手
工藝製品採用的題材。其中，山西靈丘
縣曲回寺遺址出土的元代金對蝶，以金
箔襯底，全身以掐絲盤結各種花紋，並
鑲飾松石，展開後呈相向對蝶，有如書
畫冊頁將畫心居中對折，成爲左右開合

圖21　雙蝶簪和四蝶步搖　中國安徽省南唐墓出土

的所謂「蝴蝶裝」（圖22）。[37]南京鄧府山明代永樂十五年（1417）福清公主墓出土的報告書所謂「蜂形金鈿」、[38]四川劍閣明萬曆年間（1573－1620）兵部尚書趙炳然妻墓出土的金蝴蝶「衣鈕花」，[39]可說是歷久不衰明墓常見的飾品。另從明神宗萬曆「定陵」亦出土此類對蝶金鈿（圖23、24），可知是包括帝王在內喜愛的飾件。[40]其次，南京太平門外明洪武年間（1368－1398）靖海侯吳忠墓[41]或南京中華門外明初西寧侯宋晟墓[42]也都出土了成對的金蝴蝶。從吳忠墓一對金蝴蝶是置於後室死者頭部，可知是明代富貴人家的頭飾。不僅如此，就連書齋文房具也常以對蝶為裝飾的主題，現藏日本德川美術館的明末程君房墨箱（圖25）[43]即為一例。

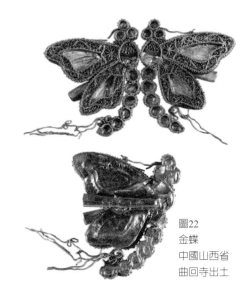

圖22
金蝶
中國山西省
曲回寺出土

三、日本工藝品所見對蝶紋

　　相對於蝶，日本古籍以蛾的記載較多，如《日本書記》所載持統天皇六年（692）有「越前國司獻白蛾」，視白蛾為吉祥的徵兆。著名的日本抒情歌謠《萬葉集》也不見詠蝶

（上）圖23　（下）圖24　對蝶鈕 中國明神宗定陵出土　　　　圖25　程君房墨箱 明代 日本德川美術館藏

歌篇，反倒是漢詩集《懷風藻》出現了詠蝶詩。因此，日方學者多傾向認為：日本列島有關蝶的詩詞歌賦，可能都是受到中國的影響，至於日本工藝品上對蝶紋的基本構思同樣也可於中國找到源頭。不過，日本從模倣而創新，其工藝品上所見令人眼花撩亂、賞心悅目、構圖形式極為豐富的對蝶紋飾（圖26），則又是中國所望塵莫及。

　　日本早期工藝品上的蝶紋構圖或蝶本身的造型表現都頗具唐風，特別是大阪藤田美術館藏「花蝶蒔繪挾軾」（圖27），整體木製，髹黑漆，其於甲板側面及支腳四面飾金銀寶相

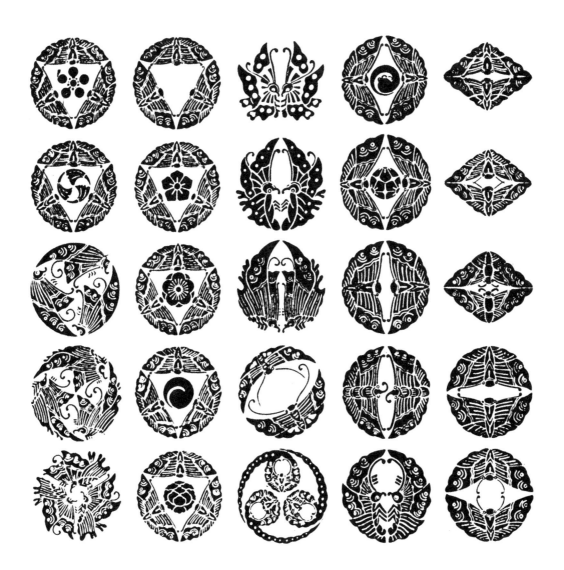

圖26　日本對蝶圖案舉例

花和對蝶，是八世紀奈良時期（710－794）漆憑几之重要作例。[44]另外，京都高雄神護寺傳世的平安時期（794－1192）「金地一切經經帙」的金屬蝶形釦（圖28）亦為一例。其次，鎌倉時代（1185－1333）「春日廚子」之做為廚扇開合鉸具的對蝶意匠，也讓人聯想到前述法門寺地宮出土的鏤孔銀香囊的對蝶折頁（同圖7）。有趣的是，今日臺灣五金業者仍將裝置於門扇的折頁稱為「蝴蝶」或「后扣」。京都冷然院出土的九世紀日本國產綠釉蝶紋碗（圖29），[45]碗內壁陰刻四隻蝶，可能也是做自唐代的金銀器或陶瓷器。[46]

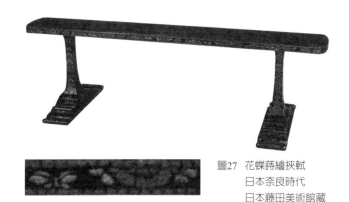

圖27　花蝶蒔繪挾軾
日本奈良時代
日本藤田美術館藏

圖28　《金地一切經經帙》上的金屬蝶形釦
日本平安時代

日本的對蝶紋形式極為豐富，依動作有所謂飛蝶、止蝶、揚羽蝶，並有多種組合，本能寺藏室町時期（1336－1573）銅鏡鏡背三組六方形開光對蝶紋是與龜、鶴等吉祥動物共同組成一個畫面，而平安時期佛寺用銅磬所見對蝶之中夾飾寶相蓮花之構思，和前述中國明初福清公主墓的金釦花可說是異曲同工。

以四葉紋、菊花紋或各種變形花卉為中心，周邊飾雙蝶、三蝶或四蝶等對蝶紋飾可說是日本匠人擅長的布局手法，也是日本織物常見的裝飾題材（同圖26、30），其雖然可於中國找到類似的裝飾源頭，但整體仍呈現出強烈的

圖29　綠釉碗 日本平安時代

和風，如江戶時期（1603－1867）漆馬鐙上蝶紋（圖31）雖也可能讓人聯想及程君房墨箱上的對蝶紋（同圖25），然而蝶的造型表現及賦彩技法則又和中國迥然不同，九州佐賀鍋島藩窯的青花五彩蝶紋盤（圖32）或初期伊萬里釉彩對蝶紋盤（圖33）可說是十七世紀和樣蝶紋的優秀實例，其和逸翁美術館藏清初五彩蝶紋盤（圖34）相互輝映，形成有趣的對比。一個值得留意的現象是，日本經常將蝶紋裝飾於戰爭用的武具上，一說認爲前述武士馬鐙上的蝶紋或者又有靈魂再生、死者復甦的巫術功能。[47]如前所述，中國古代以金、玉蠶陪葬入墓是取其蛻變再生之意，而古希臘亦視蝴蝶爲復活的象徵及搬運死體往天的使者，[48]看來東西方對於蝴蝶均存在著類似的想像。另一方面，類從本《伊勢圖系》記載平貞盛因討伐天慶（938－947）之亂有功，朝廷遂賜他不動明王鎧甲，鎧甲上有「對蝶」紋，此後對蝶即成了平氏的家

圖30　雪持柳揚羽蝶紋縫箔　日本桃山時代　日本春日神社藏

圖31　漆馬鐙　日本江戶時代

徽，即所謂的「平家蝶紋」。儘管也有學者質疑家徽的觀念是否可上溯天慶年間？但可確定的是晚迄江戶時期的大名、旗本以蝶做爲家徽的已達三百家之譜，其中約有三十家自稱是平家後人。[49]

圖32　鍋島燒　日本江戶時代

圖33　伊萬里燒　日本江戶時代

後記

　　以上，本文約略地介紹了日本和中國部份工藝品所見對蝶紋。這類兩蝶相向的圖紋，在中國宋代一度被稱爲「孟家蟬」，而日本《伊勢圖系》則以「對蝶」稱呼之。雖然日本古籍如《日本書記》「持統天皇」條或《古事記》「仁德天皇」條均只有蛾，而未見到蝶的記載，但是古人對於蛾、蝶恐怕並未刻意地區分。明人李時珍雖然提到：「蝶美於鬚，蛾美於眉」，以鬚眉來區別蛾和蝶，但就今日的認識而言，蛾和蝶的習性縱有不同，即蛾活動於夜間，休止時兩翅如屋頂般水平開啟，蝶則是晝飛，揚翅停佇，然而兩者均屬鱗翅

圖34　五彩盤　清代初期　日本逸翁美術館藏

目。在造型上除了可以觸角略做區別，即蛾觸角多呈線形、羽毛形、魚骨形；蝶觸角多呈端部略圓的火柴棒狀，但是若以世界爲範圍則未必全然可以此劃分。[50]就工藝品所見對蝶紋而言，當然無法區別蝶或蛾這種人爲的劃分，不過若結合文獻的記載，以上所介紹的日

中兩國工藝品諸例，絕大多數應該都屬蝴蝶。日本之外，東南亞越南被定年於十五至十六世紀的青花瓷枕（圖35）[51]造型既成蝶狀，其兩翅亦各畫一蝶，形成遙相對面的雙蝶，實在很容易讓人聯想到莊周夢爲蝶的典故。而從清宮造辦處檔雍正七年（1729）十一月初三日條載「郎中海望奉王諭：著將頂花葉子改西番草葉子，添喜相逢蝴蝶」，[52]可知對蝶於清代又稱「喜相逢」。另外，十九世紀風靡一時於英國等地燒造的銅版轉印瓷盤所見做爲「中國趣味」之「柳樹圖」（Willow Pattern），[53]盤沿亦常見對蝶裝飾（圖36）。自唐代以來流行不輟的對蝶紋到了清代仍經常可見，比如說近年於臺灣南部科學工業園區道爺遺址出土的一件青花瓷碗（圖37）[54]即飾已抽象化的雙蝶。最後，我想說明的是，文中未註明出處的日本工藝品蝶紋例以及有關蝶或蛾的文獻記載，主要只是參考引用自《日本の文様》7‧蝶（京都：光琳出版社，1984，第五版）；不過，日本與中國類似例的比較和判斷則是本文作者自身的看法。

〔改寫自《故宮文物月刊》260（2004）所載相同篇名拙文〕

圖35　越南青花蝶紋枕

圖36　英國銅版轉印青花盤所見蝶紋

圖37　青花蝶紋碗　臺灣南科道爺遺址出土

2-2 「定州花瓷琢紅玉」非定窯紅瓷辨

一

　　定窯是宋代北方著名的窯場之一，窯址在今河北省曲陽縣澗磁村及東西燕山村。定窯在宋代除了燒造大量精美的白瓷聞名於世（圖1），窯址發掘資料和傳世作品也表明它還生產有部分綠釉、黑釉、柿釉、鐵繪以及磁州窯類型的白釉剔花瓷器等作品。[1]古文獻中也有一些有關定窯燒瓷種類的記載，如明曹昭《格古要論》就提到定窯有「紫定」、「墨定」和「白定」（「夷門廣牘」本，卷下〈古窯器論〉）。要如何將文獻記載和流傳於世的定窯作品進行比定？是數十年來學界所致力的課題之一。其中，不少研究者在論及定窯的燒瓷種類時，經常引用宋代周煇《清波雜志》（「知不足齋」本，卷五）、邵伯溫《聞見錄》（「紹興二年」本，卷二）或蔣祈《陶記》（收入康熙二十一年《浮梁縣志》）中所載的「定州紅瓷器」、「真定紅瓷」，以及蘇軾（1037－1101）〈試院煎茶詩〉中的「定州花瓷琢紅玉」（《蘇東坡集》二，詩），主張定窯於宋代燒造有紅瓷。特別是上引蘇軾這句話幾乎已成為形容定窯紅釉的專門用語。關於蘇軾所謂「定州花瓷」的確實面貌，歷來也有過許多的爭論：有的大致地推測它是指定窯紅瓷，[2]有的主張它應是加飾金彩的定窯紅瓷，亦即俗稱的「金花紅定」（圖2），[3]有的則推測它可能是如宋代釉上紅綠彩或是以銅呈色的釉裏紅之類；[4]近來多數研究者則認為它應是以鐵為呈色的柿釉作品（圖3）。[5]儘管學界對於其釉彩的化學成分或技法的見解不盡相同，然而認為其係紅瓷或紅色釉彩的看法則是一致的。事實上，「定州花瓷

圖1　定窯劃花雙鳧碗 北宋至金 臺灣國立故宮博物院藏

圖2　定窯柿釉金銀彩牡丹紋碗　北宋至金
日本東京國立博物館藏

圖3　定窯系柿釉碗　北宋至金　a 外觀　b 底部
日本私人藏

琢紅玉」一句是否指定窯紅瓷或紅彩？幾年來筆者始終心存疑慮，現將疑點記述於下，希望能夠得到批評與指正。

二

爲了避免斷章取義，有必要將〈試院煎茶詩〉的全文首先引錄如下：

蟹眼已過魚眼生，颼颼欲作松風鳴。

蒙茸出磨細珠落，眩轉遶甌飛雪輕。

銀瓶瀉湯誇第二，未識古人煎茶意。

君不見昔時李生好客手自煎，貴從活火發新泉。

又不見今時潞公煎茶學西蜀，定州花瓷琢紅玉。

我今貧病常苦飢，分無玉盌捧蛾眉。

且學公家作茗飲，塼爐石銚行相隨。

不用撐腸拄腹文字五千卷，但願一甌常及睡足日高時。

（《蘇東坡集》二，詩）

我在1980年代發表本文初稿時認為：從與「定州花瓷琢紅玉」相對仗的「貴從活火發新泉」一句，不難看出「琢紅玉」的「琢」字或「發新泉」的「發」字理應作動詞解，並援引《說文》：「琢，治玉也，從王豖聲」；《釋文》：「治玉曰琢」；宋賈似道《群經音辨》也稱：「琢，刻也」（「定嘉文庫」本，卷一）。當時堅信所謂「定州花瓷琢紅玉」用現代白話語體來說，也就是「用定州花瓷來刻紅玉」；無論從詩文結構或琢字用法，都無法得出許多研究者所稱的「如紅玉般的定窯花瓷」的解釋。然而，為什麼要以定州花瓷來刻玉呢？蘇軾在其《東坡志林》中曾經說過：「今世真玉至少，雖金鐵不可近，須沙碾而後成者，以為真玉矣，然猶未也，特珉之精者，真玉須定州磁芒所不能傷者乃是，嘗問後苑老玉工，亦莫知信否」（「學津討原」本，卷四）。文中提到的定州「磁芒」即是指定窯由於其特有的覆燒技法而造成的口沿一圈無釉的澀胎；宋人葉寘《坦齋筆衡》等筆記所說的「定州白瓷有芒不堪用」也是針對定窯白瓷口沿露出澀胎的弊病而提出的批評。所以我當時就順理成章地依據蘇軾的說法，認為真正上好的玉器是連定窯瓷器口沿露出的一圈堅緻的澀胎（芒口）也無法予以損傷的硬度極高的玉石，而這正和賈祐說定州瓷峰可以試玉真偽是同樣的意思。[6]換言之，〈試院煎茶詩〉中的「定州花瓷琢紅玉」與定窯紅瓷並無關連。說來實在很巧，自拙文將「定州花瓷琢紅玉」理解成「用定窯花瓷來刻紅玉」之後數年，中國的劉毅、[7]申獻友[8]等人亦援引《東坡志林》以定州瓷峰試玉之真偽等記載，提出和拙論幾乎完全一致的說法。不過，今日回想起來，這樣的看法實在很有問題。

從蘇軾〈獨酌試藥玉滑盞，有懷諸君子。明日望夜，月庭佳景不可失，作詩招之〉云：「鎔鉛煮白石，作玉真自欺，琢削為酒杯，規摹定州瓷」（《蘇軾詩集》卷三十四）可知宋代製作的形制倣自定窯瓷器的鉛玻璃器，因其質感可媲美玉器，蘇軾即是對此一幾可亂人耳目的玻璃器所發出的慨嘆。其次，蘇軾〈二月三日點燈會客〉亦云：「試開雲夢羔兒酒，快瀉錢塘藥玉船」（子仁注：藥玉船蓋以藥煮石而似玉者也，可做酒杯）；晉郭璞（276－324）注《穆天子傳》亦載：「今外國人所鑄器者，亦皆石類也，按此所言，殆今藥玉、藥琉璃之類」，故蘇詩所謂藥玉盞，應即玻璃盞（圖4）。[9]宋程大昌（1123－1195）《演繁錄》提到：中國自製玻璃雖然顏色光鮮但質地輕脆，故「沃以熱酒，隨手破裂」，而由外國海舶輸入中國的玻璃器皿「雖百沸湯注之，與磁銀無異，了不損動」，看來玻璃盞亦可用來熱飲。就此而言，「定州花瓷琢紅玉」之「紅玉」也可能是指紅色調的玻璃茶盞。此說雖難確證，但比起將「定州花瓷琢紅玉」逕自解讀成和〈試

院煎茶詩〉情境扞格不合之「以定窯花瓷來刻紅玉」，顯然較合乎蘇詩的文意。關於這點，《山谷集》所收〈和陳君儀讀太眞外傳五首〉之四：「高麗絛脫琱紅玉」（注：一作「一雙絛脫玻璃玉」），亦可證「紅玉」即「玻璃玉」。

圖4　玻璃碗　北宋　中國河北省定縣靜志寺塔基出土

其次，將「琢紅玉」的「琢」做動詞「刻」解之說法，甚至可上溯乾隆三十八年（1773）乾隆御製詩〈詠定窯盤子〉，即：「東坡詩云：定州花瓷琢紅玉……，和闐玉易琢（原註：反東坡詩意）」。另外，明代高濂《遵生八牋》（1591年刊）云：「高子曰：定窯者，乃北宋定州造也，其色白，間有紫，有黑，然俱白骨，加以泑水，有如淚痕者爲最，故蘇長公詩云：定州花瓷琢如玉」（「尙雅齋」本，卷十四「論定窯」）。有人據此認爲「琢紅玉」的「紅」乃「如」之訛，主張蘇軾詩原應是「定州花瓷琢如玉」。[10]不過，收錄有蘇軾〈試院煎茶詩〉的晚明《珊瑚網》（約1643刊）等多種刊本以及明天順三年（1459）由王佐增補的《格古要論》（《古定窯》）均作「琢紅玉」，看來高濂「琢如玉」的說法才是「琢紅玉」之訛。

三

其實，蘇軾不止一次提到定州花瓷，《東坡志林》云：「柳公權論研，甚貴青州石末，云墨易冷，世莫曉其語，此研青州甚易得，凡物兩，無足珍者，蓋出陶竈中，無潤澤理，唐人以此作羯鼓鞚，與定州花瓷作對，豈研材乎」（「稗海」本，卷一）。[11]文中提及的與定窯花瓷作對的青州石末羯鼓鞚，據唐人南卓撰《羯鼓錄》云：「始承恩顧與上論鼓事，曰不是青州石末即是魯山花瓷，撚小碧上掌下須有朋肯之聲，據此乃是漢震第二鼓也，且用石末花瓷固是腰鼓，掌下朋肯聲是以手拍」（「守山閣」本），則當時最爲南卓所推崇的腰鼓，除了是以青州石末燒成的之外，要以魯山花瓷最爲著名。1970年代北京故宮博物院赴河南魯山縣瓷窯遺址進行調查，果然在段店唐代遺址中發現了黑釉藍

斑腰鼓殘片，揭開了魯山花瓷的廬山真面目。[12]此外，河南省禹縣下白峪、山西省交城等唐代窯址也都燒造有類似的花瓷腰鼓。就其特色而言，均於黑色或黑褐色釉飾以月白或灰白色彩斑（圖5）。[13]儘管所謂的青州石末羯鼓鞚有可能也飾有紋飾或彩斑，然而其確實面貌目前不明。

另一方面，英國大衛德基金會（Percival David Foundation of Chinese Art）也收藏有一件推測屬定窯類型的白瓷腰鼓，其整體飾以流利波形線紋。[14]從金代劉祁著《歸潛志》載：「坐中有定磁酒甌，因爲聯句，先子首唱曰：定州花磁甌，顏色天下白，諸公稱之」（「知不足齋」本，卷八），以及宋周紫芝（1082-1155）《太倉稊米集》卷十四：「深

圖5　花瓷腰鼓　唐代　中國北京故宮博物院藏

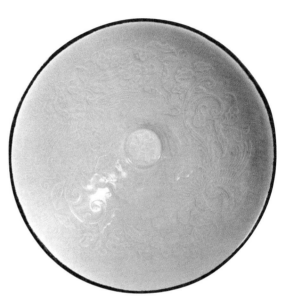

圖6　定窯印花雙鳳紋碗　北宋至金　英國大衛德基金會（Percival David Foundation of Chinese Art）藏

圖7　定窯褐釉剔花吐魯瓶　北宋　日本大阪市立東洋陶磁美術館藏

注花瓷不勝白」，可見所謂的定州花瓷並不一定狹義地意指帶有顏色彩斑或彩釉的瓷器，而有較大可能只是指器上刻劃、壓印或彩繪有美麗紋飾的定窯白瓷（圖6、7）。因此，大衛德基金會所藏定窯類型白瓷刻紋腰鼓，很可能即是與青州石末羯鼓鞚相作對的定窯花瓷一類的作品。宋范成大（1126-1193）《桂海虞衡志》：「花腔腰鼓，出臨桂職田鄉，其土特宜鼓腔，村人專作窯燒之，腔上油畫紅花紋

圖8 永福窯青釉褐彩腰鼓 宋代
中國廣西省永福縣方家寨窯田嶺窯址出土

以爲飾」（「筆記小說大觀」六篇二冊），1970年代在與臨桂縣相鄰的廣西永福縣窯田嶺宋代瓷窯址發現了大量瓷質灰胎釉下彩繪褐彩的腰鼓（圖8），報告書推測該窯可能即范成大所說村人專燒腰鼓之窯，而作爲其裝飾的「紅花」也有可能即窯田嶺窯腰鼓的褐色彩繪。[15]

其次，喬治・克羅夫茲（George Crofts）所藏宋代磁州窯腰鼓，則屬黑釉剔花作品。[16]因此，所謂的花瓷應是廣義地指以各種方式施以各類裝飾圖案的陶瓷器皿而言，這從上海博物館收藏的一件枕面爲三組團花，枕底刻「杜家花枕」（圖9），或另一件現藏於中國的絞胎枕底刻「裴家花枕」等作品[17]也不難想像得知。雖然「花瓷」往往只是意味著帶有裝飾圖紋的陶瓷器，但宋人在吟詩作賦時也熱衷使用此一詞彙，並且做爲茶碗之代稱頻頻出現在飲茶的場域。如宋陳淵（1075－1154）《默堂集》卷三〈和向和卿嘗茶〉：「花瓷烹月團」；宋祝穆《古今事文類聚》續集卷十二：「花瓷啜罷甘潮舌」；就連朝鮮半島李相國〈雲峰住老珪禪師得早芽茶示之予目爲孺茶師爲賦之〉亦云：「手點花瓷誇色味」（《東國李相國全集》卷十三）。另外，和蘇軾過從甚密的秦觀（1049－1100）在其〈秋日三首〉也提到「月團新碾淪花瓷」（《淮海集》卷十）。如前所述，蘇軾〈試院煎茶詩〉的「定州花瓷琢紅玉」既和以定瓷試玉無關，也和以鐵爲釉呈色劑的定窯紅瓷無涉，故和「定窯花瓷」相對仗的「紅玉」恐怕不是指紅色的玉器。行文至此，終於讓我想起1930年代中尾萬三所指出：「定州花瓷琢紅玉」上聯「今時潞公煎茶學西蜀」之西蜀茶法即陸羽（約733－804）的舊法，而陸羽於其《茶經》提

圖9 紋胎花瓷枕 北宋 a 外觀 b「杜家花枕」字銘
中國上海博物館藏

到：「邢瓷白而茶色丹」、「茶作白紅之色，邢州瓷白，茶色紅」，若以定窯白瓷裝盛西蜀茶法之茶湯，則茶色紅，故觀之有如紅玉。[18]我認為這是極有見地的看法。雖然宋人文集中亦見以「紅玉」來譬喻「米」的用例，如：「茗泛綠雲收北苑，稻炊紅玉取西山」（《全宋詩》卷一七〇）即將貴州西山貢米稱為「紅玉」。不過，唐大中（847－860）進士崔玨〈美人嘗茶行〉云：「朱唇啜破綠雲時，咽入青喉爽紅玉」（《全唐詩》卷五九一），此處紅玉指的則是茶或茶色。看來「定州花瓷琢紅玉」之「紅玉」若非指茶或茶色，則應是指紅色玻璃茶盞。從蘇軾屢次賦詩吟詠玻璃酒杯並曾將之和定窯瓷器相提並論等看來，尤以後者即紅玻璃盞的可能性居大。

〔改寫自《大陸雜誌》74卷6期（1987）所載相同篇名拙文〕

2-3 宋吉州窯剪紙漏花碗雜識

　　明天順三年（1459），王佐增補曹昭《格古要論》（明洪武二十年〔1387〕刊）卷七「吉州窯」條載：「吉州窯出今吉安府廬陵縣永和鎮，其色與紫定器相類，體厚而質粗，不甚直錢」；同書卷八「螺鈿」條：「螺鈿器皿出江西吉安府廬陵縣，宋朝內府中物及舊做者，俱是堅漆，或有嵌銅線者甚佳。」[1]吉州窯窯址在今江西省吉安東南永和鎮一帶，調查發掘表明：窯址總面積達八萬餘平方公尺，廢窯遺跡二十餘處，始燒於唐末，經五代、北宋鼎盛於南宋，至元末停燒。明抄本《東昌志》也說吉安永和於五代時「民聚其地，耕且陶焉」，宋景德年間（1004－1007）「置監鎮司掌磁窯煙火事，辟坊巷六街三市，時海宇清寧，附而居者數千家」，元豐年間（1078－1085）隸屬廬陵。[2]

　　吉州窯於南宋時期曾燒造大量的黑釉茶盞，裝飾技法豐富，除了有彩繪、剔花、貼木葉等之外，還利用剪紙漏花（剪紙貼花）的手法燒製具有特色的作品（圖1）。後者一般是在陶瓷坯上施黑釉或醬色底釉，貼上剪紙後，再上一道白釉，取下剪紙則圖案呈醬黑色調，其與底層黑釉和頂層白釉因燒造後釉化合形成的呈黃綠、藍白等不規則色調的所謂蛋斑釉，相互襯映，頗富裝飾效果；絕大多數的剪紙花樣，是將畫面的空白處刻剪掉，成為線線相連的效果。但亦有少數作品將紙上花紋鏤空做為漏版，然後將釉料漏印在碗上，花紋雖成斷裂，但可使用多次。[3]

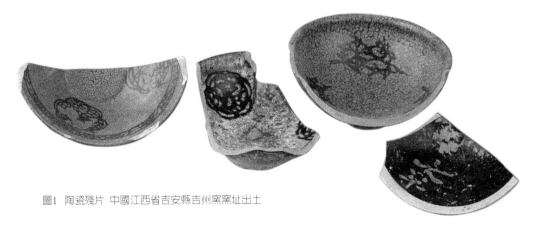

圖1　陶瓷殘片　中國江西省吉安縣吉州窯窯址出土

一

　　吉安府廬陵不僅在南宋時燒製剪紙漏花陶瓷，也是元明之際螺鈿漆器的著名產地之一，前引《格古要論》的兩則記事均為明代天順年間王佐所增補，而王佐正是吉安人。日本出光美術館藏樓閣人物螺鈿稜花盒、岡山美術館藏廣寒宮螺鈿八方盒等十四世紀作品，分別有「**吉永統明功夫**」、「**永陽劉弼筆**」銘文；「吉永」和「永陽」即在江西吉安府。[4]雖然元代螺鈿紋樣表現細緻，並經常出現故事性題材具繪畫性傾向，與宋代吉州窯剪紙漏花圖案不同，不過現存的「梅螺鈿重硯箱」之箱蓋，[5]或英國倫敦私人藏蓋盒[6]所飾梅月紋，雖是宋元時期許多工藝品所愛用的紋飾，但從目前的資料看來，似乎相對流行於江西地區，除了吉州窯之外，同省南豐白舍窯青白瓷或景德鎮元代青花瓷上亦經常可見。[7]而以薄貝片拼接組成紋樣鑲嵌於器物上的螺鈿漆器之裝飾概念，則與吉州窯的剪紙漏花相近，其紋飾與地的對比裝飾效果，兩者間也有共通之處。就目前的資料看來，洛陽北魏大市遺址出土可能是模倣西方玻璃器作風的黑釉碗和缽，[8]是中國陶瓷以刮釉露胎方式來營造呈色不同的胎和釉之對比效果的早期實例，迄唐代陝西耀州窯作品仍可見到強調胎、釉色差的裝飾手法。[9]做為唐代陸羽（約733－804）《茶經》所載名窯之一的安徽壽州窯的所謂漏花印紋，據報告書的描述，是以薄獸皮預製各式圖案，將漏花印版貼在胎坯上，施白瓷衣取下印版，胎上即漏成陰刻花，再施黃釉入窯燒造便可呈現濃厚色彩的漏花印紋；至於黑釉器則是待施白瓷衣後，將漏花印版貼上，施黑釉後取下印版入窯煅燒即為黑釉白色的漏花印紋（圖2）。[10]事實上，印貼的圖案花紋是否以獸皮為之？或者如西田宏子等所主張係貼附天然樹葉？[11]恐怕不易確認，以剪刻油紙的手法，應該也能達到上述的漏花效果。

　　宋伯胤曾經談及揚州唐城遺址出土的壽州窯茶葉末釉瓷枕（圖3）[12]的工序是：貼上剪紙牡丹

圖2　壽州窯黑釉漏花葉紋枕　唐代
日本出光美術館藏

圖3　壽州窯枕　中國江蘇省揚州唐城遺址出土

圖4　注壺　唐代　中國河北省滄縣出土

並於其上施淡黃色釉，然後以褐釉沿著花瓣鉤出邊線，再於花朵內飾花蕊，除花朵外整體施罩茶葉末釉。[13]由於類似的剪花漏釉技法又見於湖南省長沙窯枕[14]或河北省滄縣出土的唐代注壺（圖4），可知是不分南北許多瓷窯共通的裝飾技法之一。[15]

　　唐代陶瓷以剪花漏釉技法所營造出的胎釉對比視覺效果，時代既早於宋代磁州窯系剔花作品，也容易使人聯想到唐代的鎏金銀器、金銀平脫器、象牙撥鏤或夾纈等工藝，後者夾纈也是利用漏版防染印花法，部分吉州窯剪紙漏花作品亦是由花版漏印而成。此外，有不少研究者都相信唐三彩的工匠曾經使用以臘防染的施釉技法，其詳細的考察不在本文的討論範圍，然而若說唐代是中國陶瓷釉彩裝飾取得蓬勃發展的時期，絕非誇大之詞，而其採用不同色釉所營造出的對比、襯映效果即為其時陶瓷釉彩追求的內容之一。唐宋時期陶瓷與金銀器或漆器的關聯早已有學者論及，於漆器方面，如磁州窯系的深刻花作品與剔漆效果頗為接近；而宋代北方以鐵為呈色劑的柿釉釉色與當時的紫褐素漆器極為類似，應是模倣漆器的作品。不僅如此，傳世的定窯柿釉貼飾金箔紋樣作品（圖5）也可能與貼金漆器有所關聯。值得一提的是，著名的陝西扶風法門寺出土的唐代秘色青瓷當中，也包括兩件「鎏金銀稜平脫雀鳥團花紋秘色瓷碗」（圖6）。[16]其係於內壁施青黃色開片釉，外壁則是在器胎半乾時切削出台階梯狀的同心圓便於髹漆。從公佈的圖版看來，應是於外壁塗一層黑漆，再用銀片刻成五朵花叢雙燕團花薄片，並在雙燕上鎏金，貼上之後又施加磨光，使銀薄片與漆地齊平，然後再罩以透明的罩漆。[17]廣義而言，螺鈿漆器亦屬平脫一類，它們應是在鏤金剪紙等

圖5　定窯柿釉金彩碗　韓國國立中央博物館藏

傳統工藝基礎之上，進一
步提昇完成的工藝品。
1950年代新疆吐魯番阿
斯塔那北區出土的剪紙，
證實了中國於南北朝時期
已經流行該一工藝，其源
流可能又與「鏤金作
勝」、「剪綵爲人」等傳統

圖6　鎏金銀稜平脫秘色瓷碗　中國陝西省法門寺出土

民俗有關。[18]由王佐增補的《格古要論》雖提及宋代內府收藏有吉安螺鈿器，可惜實物無
存，詳情不得而知。但無論是裝飾概念，或是從當時陶瓷與漆器之間的關係背景等間接的
線索看來，目前所知宋代流行燒製剪紙漏花陶瓷的吉安地區，於同時期或稍後的元代又是
螺鈿漆器的著名產地，兩者之間的關係無疑是值得加以留意的。

二

　　就發掘出土或傳世的吉州窯剪紙漏花作品的裝飾內容而言，既有剪漏成龍（圖7）、鳳
（圖8）、鹿、蝶等動物紋樣，也有剪飾成滿地花（圖9）或各種花卉組合圖案（圖10），以

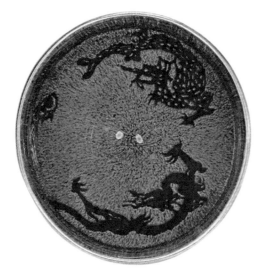

圖7　吉州窯龍紋碗　日本私人藏　　　　　　圖8　吉州窯鳳紋碗　日本私人藏

及於開光中加飾折枝花（圖11）或「福壽康寧」、「長命富貴」等吉祥詞句，裝飾部位一般是在茶碗內壁。以往雖已有若干針對吉州窯剪紙漏花作品進行考察的論述，然而均偏重於題材內容的討論或裝飾技法以及其和民間剪紙工藝的比較，對於吉州窯該一裝飾手法爲何多施加於飲茶用的茶碗一事，幾未涉及。關於此點，北宋初陶穀《清異錄》的以下幾則記事頗耐人尋味：

圖9　吉州窯花卉紋碗　日本萬野美術館藏

　　饌茶而幻出物象于湯面者，茶匠通神之藝也，沙門福全，生於金鄉，長於茶海，能注湯幻茶成一句詩，竝點四甌，共一絕句，泛乎湯表小小物類，唾手辨耳。檀越日造門求觀湯戲，全自咏曰，生成盞裡水丹青，巧畫功夫學不成，卻笑當時陸鴻漸，煎茶贏得好名聲。（卷四「生成盞」條）

　　茶至唐始盛，近世有下湯運匕，別施妙訣，使湯紋水脈成物象者，禽獸蟲魚，花草之

圖10　吉州窯花卉鸞紋碗　日本京都國立博物館藏

圖11　吉州窯開光花卉動物紋碗　日本德川美術館藏

屬，纖巧如畫，但須臾即就散滅，此茶之變也，時人謂之茶百戲。（卷四「茶百戲」條）

漏影春法，用鏤紙貼盞，糝茶而去紙，偽爲花身，別以荔肉爲葉，松實鴨腳之類，珍物爲蕊，沸湯點攪。（卷四「漏影春」條）

　　從「生成盞」、「茶百戲」的記事，不難窺知當時有過以茶湯能幻出種種物象的茶戲，甚至出現了以剪紙貼於碗內壁偽爲花身的「漏影春法」，這不禁讓人聯想到吉州窯剪紙漏花茶碗所加飾的各種紋樣（同圖9）。其實，早在1930年代中尾萬三已經注意到《清異錄》的上述記事與茶碗紋飾，並徵引慶元五年（1199）日本不可棄和尚登五臺山獻茶於五百羅漢時「每盞茶花瑞」的記載，認爲此或與茶百戲有關。[19]可惜時逾半個世紀，至今仍未見贊同或批判該一看法的任何回應。茶湯出幻象似乎也經常出現在佛寺禪院供茶於佛的神通感應，如日本《本朝高僧傳》載入宋禪僧榮西（1141－1215）「登天臺山見青龍於石橋，拜羅漢於餅峰，供茶湯而感現異花於盞中」，故其是否能與現實生活中的茶戲相提並論，仍有討論的餘地。儘管我目前無從得知做爲民間窯場的吉州窯陶工們，是否意圖以剪紙漏花的手法來營造茶戲的種種幻象，從而使得茶湯丹青不致「須臾即就散滅」。然而若說吉州窯剪紙漏花茶碗是《清異錄》「茶百戲」條「漏影春法」的另一表現形式亦不爲過。它們既爲販售時投世人所好的賣點之一，或許也是飲茶風尚給予瓷窯生產影響的一例。從北宋歐陽修（1007－1072）〈龍茶錄後序〉（1064）：「惟南郊大禮致齋之夕，中書樞密院各四人共賜一餅，宮人剪金爲龍鳳花草貼其上，兩府八家分割以歸，不敢碾試」；黃庭堅（1045－1105）〈奉謝劉景文送團茶〉：「劉侯惠我大玄璧，上有雌雄雙鳳跡」等記事亦可窺知，宋代團茶經常貼飾龍鳳等紋飾，而龍鳳紋樣也正是吉州窯剪紙漏花經常採用的題材之一（同圖7、8）。

三

　　眾所周知，前述榮西禪僧是將宋代抹茶法傳入日本的著名人物，其所撰述的呈獻三代將軍源實朝（1192－1219）之《喫茶養生記》（即《所譽茶德之書》）更是日本茶道史上重要的文獻。隨著抹茶法的東傳，日本亦流行以黑釉茶碗飲茶，其中最受歡迎的無疑是福建建陽窯的黑釉盞，但亦包括部分吉州窯茶盞。考古發掘也證實日本九州博多遺跡群或鎌倉

市居住址等都曾出土吉州窯剪紙漏花碗（圖
12），特別是博多祇園町工區（地下鐵）G區
遺構外出土的黑釉碗（圖13），[20]剪紙紋樣斷
裂不連接，呈黃褐色調，應是用花版漏印而成
的較爲少見的作品，這也證實了1950年代於吉
州窯窯址出土的一件「黑地黃花碗」標本（圖
14）[21]並非孤例。室町時代（1336－1573）的
文獻亦不乏「鼈盞」、「能皮盞」等推測是吉
州窯茶盞的記載，而記載中所描述的胎、釉或
紋飾特徵亦大致符合吉州窯茶盞的外觀。如
1970年代公開的尾張德川家之《小河御所并東
山殿御餝圖》「鼈盞」條，形容其盞胎白，施
飴釉或其他色釉；「能皮盞」的胎質亦較白，
施飴釉，間有鳥花等各種紋樣。[22]相傳是八代
將軍足利義政（1436－1490）門下的能阿彌
於文明八年（1476）所撰的《君臺觀左右帳記》

圖12　吉州窯花卉紋碗
　　　日本鎌倉北條時房顯時邸址出土

圖13　吉州窯碗　日本博多出土

（孫相阿彌補）記載鼈盞胎質與天目相近，有花鳥等紋飾，價格千匹；所謂能皮盞胎質亦
類似天目，價廉。[23]千匹相當於十貫文，雖不能說是廉價，但若比起同書所載「曜變」茶
碗值錢萬匹，「油滴」茶碗值錢五千匹，「建盞」三千匹，顯然是相對低價位的茶碗。王
佐增補《格古要論》說吉州窯「**其色與紫定器相類，體厚而質粗，不甚直錢**」，其釉色
觀正與日本古文獻
所形容的黃褐略帶
紅色調的飴釉大體
一致，而「不甚直
錢」的論斷也與室
町時代日人的品評
相同。雖然室町時
代對於中國舶來工
藝品的品味選擇及

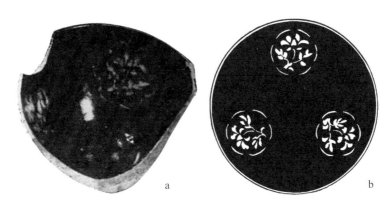

　　　　　　　　　　　　　　　　　　　　a　　　　　　　　　　　　　　　　b

圖14　吉州窯黑地黃花碗　a 實物殘件 b 復原圖　中國江西省吉州窯窯址出土

評價，經常與當時中國不同，但至少在吉州窯茶碗的市場價格方面，兩國還頗有共通之處。從新增《格古要論》卷八「剔紅」條所載元代嘉興地區著名漆匠張成剔紅作品「**日本國琉球國獨愛此物**」，對照《君臺觀左右帳記》在品評香盒優劣時，亦以張成剔紅堆紅爲第一，其中被命名爲「大荔枝」的張成作香盒價值萬匹等看來，王佐本人對於日本之中國工藝品鑑賞確實是有相當程度的理解。王佐新增《格古要論》刊於1459年，《君臺觀左右帳記》約成書於1476年，[24]時代也相當接近。

中國陶瓷剪紙漏花施釉賦彩技法初見於唐代，入宋以後則以吉州窯茶盞最爲流行。相對於吉州窯陶工略嫌形而下地採用剪紙漏花技法來營造釉面的圖案趣味，著名的建窯黑釉盞則致力於兔毫、油滴或鷓鴣斑等變化詭譎的釉

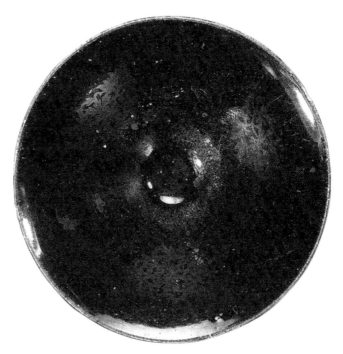

圖15　定窯黑釉金彩碗　日本私人藏

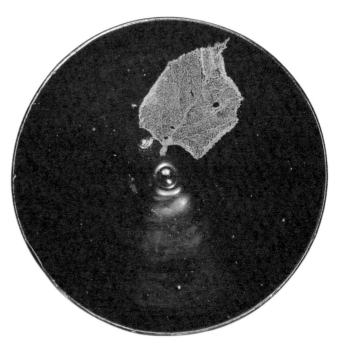

圖16　吉州窯黑釉葉紋碗　日本大阪市立東洋陶磁美術館藏

調，技法似乎更勝一籌。我認為，瓷釉變化趣味是宋代南北各地陶工努力追求的目標之一，而包括北方定窯黑釉斑紋碗或建窯黑釉鷓鴣斑在內的製品均應置於此一憧憬「造作的自然」，即以人工的手法來重現包括禽鳥毛羽等在內之理念予以理解。雖然貼飾金箔的定窯黑釉盞（圖15）貴氣十足且具雅氣，讓人聯想到唐代法門寺出土的平脫鎏金銀秘色瓷（同圖6）。相對而言，吉州窯陶工以枯朽樹葉沾黃釉貼附於黑釉燒製出的葉紋碗（圖16），則可做為宋代陶工融合人工和自然、追求瓷釉變幻的典型案例之一。

〔改寫自《故宮文物月刊》141（1994）所載相同篇名拙文〕

2-4 金銀釦陶瓷及其有關問題

　　所謂金銀釦陶瓷，是指口沿或圈足等部位裝鑲有金、銀、銅、錫等廣義金屬邊圈的陶瓷器而言。從出土文物或傳世作品看來，宋代瓷窯有不少作品都裝鑲有金屬釦，而且絕大多數是裝鑲於器的口沿部位。古文獻中也記載相當數量裝鑲著金銀釦的越窯瓷器。歷來的研究者對於金屬釦陶瓷器亦曾有過許多的討論，有的主張定窯瓷器裝鑲金屬釦主要是為了彌補由於覆燒而帶來的口沿一圈無釉（即芒口）的缺陷；有的則著重強調金屬釦的裝飾性。本文則擬從文獻記載、出土文物談談與之有關的幾個問題，文末另介紹日本文獻所見鑲釦陶瓷。

一、文獻記載

　　古文獻中記載著不少裝飾「金稜」、「銀稜」、「金釦」或所謂「金裝」的瓷器。這些文獻記錄，曾經由陳萬里蒐集羅列，[1]其後又由小山富士夫、[2]小林太市郎等修訂增補，[3]至今已成學界常識性資料。其中，以越窯瓷器的記載佔絕大多數，屬於定窯瓷器的僅有一項。現將之抄錄於下：

金稜含寶椀之光，秘色抱青瓷之響。（《蜀王建報朱梁信物》）

後唐莊宗同光二年（吳越武肅王寶大元年〔924〕）九月，兩浙錢鏐遣使貢方物……金稜秘色瓷器，銀裝花欄木廚子，金排方盤。（《冊府元龜》卷一六九）

後唐末帝清泰二年（吳越文穆王清泰二年〔935〕）九月，杭州錢玄瓘進銀稜絹各千兩匹，錦綺五百連，金花食器二千兩、金稜秘色瓷器兩百事。（《冊府元龜》卷一六九）

宋太祖開寶六年（973）二月十二日，錢俶進長春節……金稜七寶裝鳥紋木椅子踏床子，金銀稜寶裝床子十，銀裝椅子十，金稜秘色瓷器百五十事、銀稜盤子十，銀裝籠子十。（《宋會要稿》「蕃夷‧歷代朝貢」）

開寶九年（976）六月四日，明州節度使惟治進……寶裝合盤二十隻，瓷器萬一千事，內千事銀稜。（《宋會要稿》「蕃夷‧歷代朝貢」）

太平興國三年（978）四月二日，俶進……瓷器五萬事……金釦瓷器百五十事。（《宋會要稿》「蕃夷‧歷代朝貢」）

太平興國五年（980）九月十一日，王進朝謝于崇敬殿，復上金裝定器二千事、水晶瑪瑙寶裝器皿二十事，珊瑚樹一株。（《吳越備史》卷六）

除了上述「金稜秘色瓷器」、「金釦瓷器」、「銀稜」或「金裝定器」之外，《吳越備史補遺》還記載吳越王曾於太平興國八年（983）命世子惟濬進貢，其中有「金銀陶器五百事」；《宋兩朝貢奉錄》所記太祖及太宗朝入貢的「金銀飾陶器」數量更達十四萬件之多。儘管所謂的「金稜」、「銀稜」、「金銀飾陶器」是否均指金銀釦陶瓷？學者的看法並不一致，如陳萬里就注意到文獻所見秘色瓷器有「金稜」，但越器則「金釦」，從未見金稜越器或金釦秘色瓷器般的用語，因此主張金稜與金釦恐怕有些區別。[4]關於這點，陝西扶風法門寺地宮所出唐咸通十五年（874）《衣物帳》載：「瓷秘色椀（碗）七口，內二口銀稜」，結合地宮出土秘色瓷可知兩件銀稜秘色瓷碗正是一對口沿和圈足裝鑲銀邊，並於碗外壁貼飾鎏金薄片而後髹漆磨平的平脫青瓷碗（圖1）。[5]這樣看來，1950年代揚州西湖鄉出土的口沿和圈足鑲裝銀釦的五代越窯青瓷盞托（圖2），[6]應是和前引《宋會要稿》所載「銀稜」越器之同類作例。另從唐代段成式（約834–862時人）《酉陽雜俎》前集卷十五「諾皋記」下，也記載元和年間（806–820）有公主見百姓汲井，故「令從婢以銀稜碗就井承水」，[7]可知銀稜是晚唐貴人用具常見的裝置。伊斯蘭塔百里（Tabari，839？–923）《年代記》「回曆134年（751/752）」條甚至記載運往撒馬爾幹（Samarkand）的中國物資當中，包括有加彩且用金被覆的中國器物，這款金飾作品雖然未必如愛宕松男所主張乃是施加金彩的「唐三彩」，[8]但亦可窺知陶瓷施加金彩或裝鑲金屬釦邊是唐代流行的器飾之一。

圖1　漆平脫秘色青瓷碗　中國陝西省扶風法門寺地宮出土

圖3　金釦青白瓷盞
　　　中國江蘇省章岷墓（1071）出土

圖2　銀稜越器　五代　中國江蘇省揚州西湖鄉出土

圖4
定窯瓶
中國河北省靜眾院塔基（995）出土

另從《續資治通鑑長編》卷一一九景佑三年（1036）八月己酉條禁奢令：「用銀釦者，毋得塗金」，但同令於《宋會要》〈輿服〉四之六則記爲：「其用銀稜者，毋得鍍金」，可知銀稜和銀釦、塗金和鍍金可爲互通。

　　就考古實例而言，裝鑲有金屬邊釦的陶瓷數量不少，其中曾知越州受英宗（1063－1067在位）面賜金紫、神宗（1067－1085在位）特恩遷光祿卿直秘閣，卒於北宋熙寧四年（1071）的章岷，墓中即出土口鑲金釦的青白瓷盞（圖3）；[9]建於北宋至道元年（995）的河北省定縣靜眾院塔基所見定窯白瓷長頸瓶（圖4）[10]則於圈足和口沿部位鑲銀釦並配蓋。其次，前引錢俶（929－988）繼太平興國三年（978）獻國土納降北宋之後，又於太平興國五年（980）獻上「金裝定器二千事」。顧名思義，「金裝定器」有可能是指裝飾有金的定窯陶瓷，果若如此，其義不僅包括金釦製品，現存的施加描金或貼飾金箔的定窯陶瓷

圖5
金飾定窯執壺 北宋
a 外觀 b 局部
瑞士玫茵堂
〔The Meiyintang
Collection〕藏

圖6　金飾定窯碗 北宋 日本東京國立博物館藏

（圖5）[11]或亦可涵蓋其中。宋人周密（1232－1298）《志雅堂雜抄》卷六說：「**金花定椀用大蒜汁調金描繪，然後入窯燒之，永不復脫**」，是有關定窯描金的著名記事，而日本東京國立博物館收藏的一件定窯白瓷碗（圖6）則是於內壁貼飾金雲鶴紋，由於金彩紋樣痕殘留有可能是做為黏著劑的有機物，因此推測其工序是先於碗壁依紋樣置黏著劑，俟貼上金箔後再除去紋樣以外的部份，亦即採用所謂「印金」的技法裝飾而成。[12]另外，北宋宣和五年（1123）徐兢（1091－1153）《宣和奉使高麗圖經》卷三十二提到的「金花烏盞」，小山富士夫認為其或是指飾金彩的定窯黑釉盞。[13]由於定窯金彩碗集中見於朝鮮半島，致使學界一度相信作品上的金彩是當地工匠的後加彩。[14]

二、覆燒工藝和考古出土的金屬釦瓷器

考古發掘所得的資料顯示，陝西省西安唐大明宮遺址、河北省曲陽縣澗磁村五代定窯窯址或江西省唐代豐城窯窯址都發現過採用覆燒工藝生產的「芒口瓷器」。[15]然而截至目前，隋唐瓷窯遺址中均不見裝燒芒口碗盤的專門窯具，因此上述早期芒口碗盤很可能是為了減少器物變形，而覆放在平底匣內單件裝燒或採用對口燒燒成，它們與入宋以後定窯、景德鎮窯採用多級盤、缽式或支圈組合式的專門覆燒窯具（圖7）[16]不可同日而語。以專門覆燒窯具生產芒口瓷器的瓷窯除定窯、景德鎮窯之外，也見於河南省禹縣扒村或浙江省泰順玉塔等地瓷窯。雖然馮先銘從幾次發掘定窯窯址所得的收穫，結合作品本身造型或紋飾

的編年，認為定窯大量
採用覆燒技法燒瓷的時
間約在北宋後期哲宗元
佑元年至欽宗靖康二年
（1086－1127）之間。[17]
不過1970年代浙江省武
義縣北宋元豐六年
（1083）墓出土的青白
瓷洗，則是目前所知景
德鎮窯所生產的最早的
一件以覆燒技法燒製而
成的作品。[18]按照現有
的資料看來，定窯和景

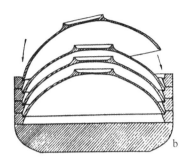
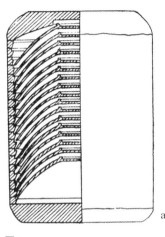
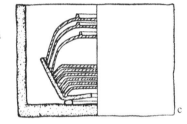

圖7
a 支圈組合式覆燒窯具復原圖
b 支圈組合式覆燒窯具過程示意圖
c 缽式覆燒窯具復原圖

德鎮窯一改過去將瓷坯置於匣缽中「仰燒」或
以支釘「疊燒」的技法，創造了覆燒工藝的時
間約於北宋中期。

　　考古發掘出土的裝鑲有金屬釦邊的陶瓷數
量不少，以金屬的種類區分，除了較易辨識但
數量相對較少的金釦之外，還有銀釦以及鉛
釦、錫釦或銅釦，當中又以鉛或錫釦的數量最
多。金屬釦邊雖說是普遍地施加於各種色釉的
陶瓷之上，但器形顯然集中於碗盤類。尤可注
意的是，施加金屬邊釦的瓷窯製品有不少並非
以覆燒技法燒成，如韓國新安海域元代沉船打
撈上岸的建窯黑釉盞即鑲有青銅釦（圖8），[19]
而建窯盞則是以渣餅墊燒置於匣缽內正燒而
成。浙江省臨安吳越王錢鏐（852－932）父錢
寬妻水丘氏墓（901）（圖9）[20]或遼寧省遼衛國
王駙馬墓（959）等覆燒技法出現之前的紀年墓

圖8　建窯黑釉盞 韓國新安沉船（1323）打撈品

圖9　金釦盞托
　　　中國浙江省臨安水丘氏墓（901）出土

出土之鑲釦白瓷亦爲仰燒燒成，[21]故器口沿均無露胎的芒口；英國大衛德基金會（Percival David Foundation of Chinese Art）藏北宋初「越窯青瓷波濤龍紋碗」也是仰燒陶瓷裝鑲邊釦的著名實例（圖10）。[22]因此，以往一度根據宋人陸游（1125－1210）《老學庵筆記》所載：「故都時定器不入禁中，惟用汝器，以定器有芒也」；或宋人葉寘《坦齋筆衡》：「本朝以定州白瓷有芒不堪用，遂用汝州燒造青窯器」等，過度地強調定窯的金屬釦主要僅是爲了彌補覆燒技術帶來的芒口缺陷之說法，[23]也隨著屢次出土的地下資料而得到必要的修正。

圖10
越窯青瓷波濤龍紋碗 北宋 a 內壁 b 側面
英國大衛德基金會
（Percival David Foundation of Chinese Art）藏

三、有關金屬釦陶瓷的幾個問題

中國至遲於戰國楚漆器上便有以金屬釦裝鑲口沿、耳沿或足沿的風尚。《後漢書》卷十「和熹鄧皇后」條稱：「其蜀漢釦器，九帶配刀不復調」，《鹽鐵論》〈散不足篇〉也說當時的富人於器皿裝鑲銀口黃耳。英人斯坦因（Mark A. Stein）曾於東土耳斯坦（East Turkistan，今新疆維吾爾自治區）樓蘭發現漢漆器，俄人於諾因烏拉（Noiu-ula）掘得漢建平五年（西元前2年）銅釦黃耳漆杯，以及日人發掘樂浪王盱墓出土的銅釦漆器等可知漢代釦器已形成風尚。[24]法門寺之外，陶瓷器上裝鑲金屬釦的早期實例亦見於浙江省臨安城晚唐河南水丘氏墓（901）出土的金釦白瓷注壺（圖11），而西亞一本題爲《印度流浪者》的專寫旅行掌故的集子裡，則記有某猶太商攜很少的資金於

圖11
金釦注壺
中國浙江省臨安水丘氏墓（901）出土

883至884年至東方，912至913年回烏曼城
（Uman）後，變成巨富，擁有大批中國絲和瓷
器。他曾贈送烏曼城統治者「一個頂端鑲金的
深色瓷壺」，[25]這不免又會讓人聯想到1950年代
江蘇省揚州西湖鄉出土的五代越窯青瓷執壺
（圖12）[26]，壺嘴鑲銀釦，並以銀鏈環將把手和
壺蓋連結起來，裝飾講究。無論如何，法國考
古隊已經證實阿曼（Oman）不僅出土有九世紀
中國北方白瓷和湖南長沙窯彩瓷，亦見十世紀
的越窯青瓷標本。[27]

圖12
越窯青瓷注壺　五代
中國江蘇省揚州西湖鄉出土

　　唐宋時期朝廷屢次針對金銀飾品下達奢侈
禁令，其用意既有財政政策的考量，也包括災
變防制以及表現於輿服制般身分秩序的維持。[28]
加藤繁的名著《唐宋時代之金銀研究》輯列有不少相關記事，足資參考引用。除了開元二
十五年（737）令：「諸一品以下食器不得用純金、純玉，六品以下不得用純銀」，禁
純金銀器之外，前亦引用的《續資治通鑑長編》卷一一九景佑三年（1036）八月己酉詔：
「非三品以上及宗室戚里之家毋得金釦（器具），用銀釦者毋得塗金」；[29]《宋慶元儀
制令》亦載：「非四品以上及宗室近戚，器不得用金稜」，[30]可知金釦、銀釦或金裝陶瓷
不僅可為裝飾，其同時也是一種象徵身分地位的裝置。明瞭此點，我們才能更加體會前述
法門寺、靜志寺等唐宋佛門遺跡或吳越王錢鏐生母水丘氏墓、光祿卿直祕閣章岷墓出土金
釦陶瓷的確實涵義。

　　從史料看來，宋代的金銀手工業者大致可區分為主要從事鎚金、雕金等之金銀匠，以
及負責鎏金、箔押金粉等之銷金匠；其生產形態也包括匠人自備金銀耗材或由客戶提供金
銀物料等不同類型。[31]不過就出土實物看來，金銀匠和銷金匠的職司未必涇渭分明，比如
說臺灣私人收藏的一件底刻「供御」的建盞，口沿鑲銀釦，銀釦上方兼有細雕花（圖
13）。宋代官方金銀手工業隸屬文思院管轄，文思院設置於太平興國三年（978），「掌金
銀犀玉工巧之物，金綵繪素裝鈿之飾」（《宋會要・職官》），其下設工坊四十二作，其中
有「稜作」一科，蔡玫芬不但認為此即裝鑲金屬邊釦的作坊，同時還指出《宋會要》曾記
載仁宗天聖元年（1023）朝廷發現兩個內侍偷拆皇家廚房的銀稜器，所竊折合高達三千六

百兩金銀。[32]如前所述，「稜」和「釦」可以互通，所以我同意蔡氏所推測宮廷「稜作」乃鑲釦作坊的看法。另一方面，宋人洪邁（1123－1202）《夷堅志‧丁志》卷十七「瑠璃瓶」條載：「徽宗嘗以北（陸本作「紫」）流離膽瓶十，付小璫，使命匠範金托其裏。璫持示苑匠，皆束手曰：『置金於中，當用鐵篦熨烙之乃妥貼，而是器頸窄不能容，又脆薄不堪手觸，必治之且破碎，寧獲罪不敢為也。』璫知不可強，漫貯篋中。他日行塵間，見錫工釦陶器精甚，試以一授之曰：『為我托裏。』工不復擬議，但約明旦來取。至則已畢」，此為民間釦匠裝鑲玻璃瓶或陶瓷金屬邊釦、托裏之實例。事實上，擁有精湛技藝的民間工匠往往又被召募入文思院打造金銀器（見《宋會要》文思院淳熙九年〔1182〕七月十三日條），[33]也因此除了個別案例之外，官方作坊和民間匠

圖13　建窯黑釉盞　a 外觀　b 口沿部分　臺灣私人藏

戶之釦陶技術或許不至於有太大的差別。不過，就考古出土實例看來，金銀釦陶瓷數量有限，絕大多數出土陶瓷的邊釦均以鉛錫為之（圖14），想來多是如《夷堅志》所載之「錫工」所為。雖然唐宋時期金銀奢侈禁令未必見效，如《東京夢華錄》卷四「會仙酒樓」條：「凡酒店中，不問何人，止兩人對坐飲酒，亦須用注碗一副，盤盞兩副，果菜楪各五片，小菜碗三五隻，即銀近百兩矣」；《武林舊事》「歌館」條也說杭州酒樓酒器冰盆之類「悉以金銀為之」，形成「有司奉行不虔，市肆公

圖14　景德鎮青白瓷碟　北宋　　　國立臺灣大學藝術史研究所藏

然爲之」，政令形同一紙具文的無奈景象。與此同時，也有以金銀釦器替代純金銀的儉約之例，如《續資治通鑑長編》卷一一二：「明道二年（1033）五月癸酉詔曰，……太后稱制，雖政出宮闈，而號令嚴明，恩威加天下，左右近習，亦少所假借，宮掖間未嘗妄改作，內外賜與皆有節。……賜族人御食，必易以鉛〔釦〕器，曰尚方器勿使入吾家也。……」即是章獻劉太后（968－1033）對於御膳下賜娘家，以身作則以金釦器替代金銀器，符合前引《宋慶元儀制令》所載外戚和四品以上官僚可用金稜的規範。[34]

　　其次，從晚唐水丘氏墓等出土的金銀釦陶瓷造型多與當時的金銀器皿相同（同圖9），不難看出金銀釦器在某種程度上確實有代替較難得的純金銀器皿的功能。另一方面，以覆燒技法燒造盤碗等器皿，固然可以節約燃料，減少器物變形，充分利用窯室空間，但在燒窯過程中爲了不使瓷坯與窯具因收縮率不一而致瓷器變形，所使用的支圈組合窯具的原料需與瓷坯用料相同，因此要比仰燒或疊燒方法耗損三至四倍的瓷土。[35]特別是定窯既曾爲入貢的高檔瓷器，是否有必要因節省有限的窯位空間，而導致口沿一圈無釉，以致遭受宮廷的淘汰？就目前的資料看來，北宋以後陶瓷之金屬釦的功用應是多方面的：它既可彌補由於覆燒造成的芒口易藏污垢、不甚美觀的缺陷，又符合唐宋以來人們喜愛金銀器飾的要求，甚至起到代替純金銀器皿彰顯身分地位的作用。尤其重要的是，從唐代越窯青瓷裏釉以支釘具支撐入窯燒造至北宋汝窯只留下芝麻般細小支釘痕，隨著時代的推移支釘具越趨講究等裝燒工藝進程看來，盡可能避免露出無釉之澀胎一事，顯然是唐宋時期高檔瓷窯作坊所追求的理想境界。就此而言，設若在以覆燒技法燒成致使口沿一圈無釉的定窯製品上加鑲不同質材的金屬邊釦，一則可達成外觀滿釉的效果，同時兼具裝飾性並凸顯消費者的財富或社會地位，此比起傳統裏釉支釘燒，其以金屬邊釦掩飾澀胎的考量方案可謂別出心裁，一舉數得。另外，一般所見裝鑲有金屬釦盤碗等陶瓷，器壁均較薄，想來裝鑲金屬釦或許還可減少由於使用時因碰撞而產生的傷璺。

　　另外，如前所述，定窯的覆燒技法約出現於北宋中後期，然而現存實物則表明有不少五代至北宋初期以仰燒燒成的定窯製品口沿無釉。如臺灣國立故宮博物院藏定窯五花口碗之碗式（圖15），因與遼寧硃碌科[36]或北票水泉等遼代早期墓出土作品類似，[37]

圖15　定窯花口碗　臺灣國立故宮博物院藏

可知其相對年代約於十世紀，然其圈足著
地處和口沿一周無釉。另一件浮雕蓮花瓣
「官」款五花口大碗（圖16）器周所飾浮雕
蓮瓣酷似安徽合肥五代保大四年（946）湯
氏縣墓所出白瓷壺，[38]故知其相對年代亦約
在五代，至遲不晚於北宋初期。而這件圈
足著地處無釉，且黏結有燒窯細砂粒以正
燒燒成的定窯「官」款白瓷碗，也是在入
窯燒造前即將口沿瓷釉抹去，露出澀胎，

圖16　定窯浮雕蓮瓣花口碗　五代
臺灣國立故宮博物院藏

形成所謂的「芒口」。這到底應做何解呢？其實，早在1970年代蔡玫芬已經提到粗澀的芒
口因可增加摩擦力及附著力，因此以正燒燒成的早期定窯芒口製品可能是爲了裝鑲金屬邊
釦才刻意抹去口沿的釉料。[39]時至今日，我仍然認爲此爲卓見，這和後來安家瑤觀察到湖
北鄖縣唐墓出土的玻璃瓶瓶口被打磨成毛玻璃狀，故而推測口沿打磨是爲了鑲金屬釦的說
法異曲同工。[40]雖然粗澀的口沿有助於金屬釦黏著得更爲牢靠，但此絕不意味口沿圓滑滿
釉的陶瓷不宜鑲釦。此類實例甚多，如伴出有絹地青綠山水和設色花鳥畫軸，著名的遼寧
法庫葉茂台遼墓出土之定窯「官」款鳳紋洗即於釉上鑲釦（圖17）；1970年代敖漢旗白塔
子伴出「**大康七年**」（1081）經幢遼墓所見青白瓷缽，也是於施釉的口沿鑲銀釦。[41]另外，
學界一般認爲英國大衛德基金會藏底刻「**會稽**」字銘的定窯白瓷碗，極可能是領地屬會稽
的吳越王錢氏定燒之器。[42]由於該碗造型具十世紀中期器式特徵，故不排除此或即錢俶於
太平興國五年（980）獻呈宋帝之原飾有金彩或裝鑲金釦的文獻所載「**金裝定器**」之一。
無論如何，設若前引《宋會要》所載年代早於陶瓷覆燒技法出現之前，天聖元年（1023）
內廷遭竊的數量龐大的銀稜當中確實包括部分原鑲釦於陶瓷器皿的邊釦，則又可再度說明

圖17　定窯鳳紋洗　中國遼寧省法庫葉茂台遼墓出土

口沿滿釉、芒口和鑲釦之間並無絕對
的關係。我甚至妄想，此次失竊的銀
稜有的竟然是原裝鑲於吳越王所進奉
的越窯青瓷之上？

　　另一方面，相對於芒口瓷的粗糙
表面有助於金屬釦邊可黏結得更爲牢
固，浙江省泰順玉塔窯或河南省禹縣

扒村窯等瓷窯則雖是以覆燒窯具燒瓷，然而目前似還未見裝鑲金屬釦者，此或許純粹只是窯戶爲了提高產量、節省燃料所做出的權宜之計。隨著不同地區窯場的不同性質，芒口瓷器與覆燒工藝及其與金屬釦的關係亦各有不同。

四、日本文獻所見鑲釦陶瓷

　　北宋宣和五年（1123）徐兢《宣和奉使高麗圖經》載其於高麗所見到的宴飲器皿「多以塗金或以銀」，《高麗史‧世家》卷三十一也記錄忠烈王二十三年（1297）「遣部將黃瑞如元，獻金畫甕器、野雉、耽羅牛肉」，而同爲忠烈王麾下之出身平壤府祥原郡的趙仁規使元獻呈世祖忽必烈（1260－1294在位）「畫金磁器」之記事（卷一○五），更是陶瓷史界所耳熟能詳。[43]現藏韓國國立中央博物館的「青瓷金彩猿獻桃扁壺」（圖18），即是此一時期以象嵌的技法填飾金彩的重要實例。金彩陶瓷之外，驪州高達寺元宗大師惠眞塔碑（《朝鮮金石總覽》上，六三）載高麗光宗九年（958）圓寂的高僧燦幽仍獻銀瓶、銀香爐以及「金釦瓷缽」，野守健認爲此應即口沿裝鑲金邊的中國陶瓷。[44]

　　日本文獻有關金屬釦陶瓷的記事更多，其中又以鎌倉五山之一，円覺寺的《佛日庵公物目錄》在談及建窯黑釉盞時所記「湯盞一對、窯變并台，花梨木，銀覆輪」最常爲學界所引用。由於該目錄是基於元應二年（1320）的底帳於貞治二年（1363）增補校定而成，從而可知清單之裝鑲銀釦（銀覆輪）的建盞至遲在十四世紀已經入帳。[45]值得一提的是，原本預定航向日本卻不幸於元代至治三年（1323）沉沒於韓國新安海域的著名新安沉船不僅裝載有各式茶盞，其甚至包括鑲釦的建窯黑釉盞（同圖8），此說明輸往日本的中國陶瓷當中有部分作品是於原產地加鑲金屬邊釦而後

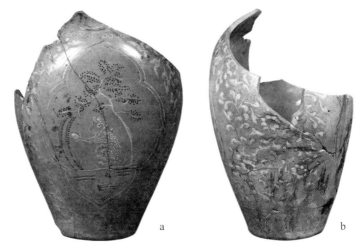

圖18 a、b　高麗青瓷象嵌金彩扁壺　韓國國立中央博物館藏

圖19 黑釉盞 元代 日本鎌倉笹目遺跡出土

才外銷。不過，日本出土中國陶瓷所見金屬邊釦的國籍區分誠非易事，如鎌倉笹目遺址出土中國元代黑釉碗口沿銀釦（圖19），[46]到底出自何方工匠之手？目前仍難確認。

雖然永正九年（1512）相阿彌筆《細川殿御飯》所載可能是指宋代景德鎮青白瓷的「饒州」盃飾有金釦，[47]但日本文獻所載金屬釦陶瓷不僅以喫茶用茶盞數量最多，且集中於所謂的「天目」，亦即中國建窯類型黑釉盞。元弘三年（1333）的金澤貞顯書狀（《金澤文庫古文書》一四一號）已見建盞鑲釦的記事，釦邊的質材亦不盡相同。如《看聞御記》永享七年（1435）十一月三十日條為「銀建盞」；《蔭涼軒日錄》明應二年（1493）七月二十一日條則為「金覆輪建盞」。其次，從《蔭涼軒日錄》延德二年（1490）十一月二十一日：「建盞一個，銀覆輪，代二百五十足」，可知其時鑲銀釦所需價錢。另據同書明應二年（1493）八月十八日「以藤左折吾遣昌子於銀工五藤宅，建盞之金覆輪著付晚來可出來」，和同年八月十九日「建盞金覆輪著之，昌也（逢）銀工五藤宅取之來」，則又表明此建盞金釦乃是出自「銀工五藤」之手，[48]並且是在接受訂單隔日即迅速交貨，其和前引《夷堅志》所載之宋代民間匠師均屬技藝嫻熟的專業工匠。陶瓷邊釦的質材於日本雖不若中國宋代朝廷般三令五申地屢次下詔規範，但金屬邊釦似多見於茶道、花道、書道等之道具，釦邊的質地除了金、銀之外，天文二十三年（1554）《茶具備討集》則記載日本瀨戶茶盞可鑲以銅、錫或鉛釦。[49]

小結

或許是由於宋代陶瓷裝鑲金屬邊釦已蔚然成風，致使不少宋代瓷窯採取更為廉價、簡便的裝飾技法意圖模仿金屬釦的視覺效果。如磁州窯系黑釉碗（圖20）或耀州窯系青瓷碗（圖21），口沿白邊顯然是銀釦陶瓷意識下的產物，前者係將口沿黑釉刮除後施

圖20 磁州窯系黑釉白沿盞 金代 日本藤田美術館藏

加白色化妝土再施以透明釉，後者更爲簡約，只是在青瓷口沿飾一周白釉。另外，江西省南豐白舍窯（圖22）或金溪縣小陂窯甚至廣西嚴關窯宋元時期青白瓷碗口沿描繪寬褐邊，其裝飾效果也可媲美金屬釦器。另一方面，唐宋陶瓷器上的金屬裝置雖說多做爲裝飾出現在器物的口沿或底足部位，但亦見做爲具實用性的修補媒材，如浙江紹興繆家橋宋代水井遺跡出土的口鑲銅釦的青白瓷碗當中就包括一件原已破碎，但用銅皮貼補內外修繕而成的作品（圖23），[50]是以金屬修繕陶瓷的珍貴實例。另一方面，相對於宋元以後考古出土陶瓷鑲釦作品驟然減少，但卻存在許多爲遮掩、彌補陶瓷因修繕需要而出現的磨口鑲釦之傳世明清陶瓷。乾隆十九年（1754），清宮造辦處檔載太監胡世傑將一件口破的哥窯洗呈上御覽，乾隆皇帝批示：「將哥窯洗破口磨些，另鑲銅燒古口」；[51]乾隆三十九年（1774），有關胡世傑所交寶瓶鈷中間無鑲銅口和鈷中間上鑲銅口的定磁象，傳旨曰：「無鑲口定磁象照鑲銅口象一樣鑲口，其寶瓶象照有寶瓶象一樣，交江西配寶瓶一件。」[52]我以爲，所謂「寶瓶象」可能即臺灣國立故宮博物院藏背托銅胎琺瑯瓶的白瓷象（圖24），而同樣是臺灣故宮收藏的象背設短直口，口沿鑲銅釦的白瓷象（圖25）則有可能正是前引造辦處檔之「鑲銅口象」。過去由於缺乏有效的證據，造成學界對於如何判斷傳世宋瓷口沿金屬釦裝置時代之

圖21　耀州窯系青釉白沿盞　五代至北宋
　　　國立臺灣大學藝術史研究所藏

圖22　青白瓷褐沿盞　中國江西省南豐白舍窯

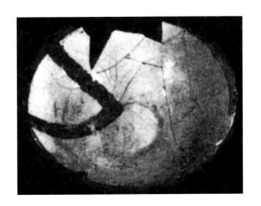

圖23　以銅皮修繕的青白瓷銅釦碗
　　　中國浙江省紹興宋代水井遺跡出土

圖24　托瓶白瓷象　臺灣國立故宮博物院藏

圖25　銅釦白瓷象　臺灣國立故宮博物院藏

圖26　銅釦青瓷大口尊　南宋至元　臺灣國立故宮博物院藏

議題一籌莫展，[53]因此設若上述推論無誤，那麼由於象背短直口所見銅釦邊幅以及外觀呈色等特徵，因和清宮傳世之定窯白瓷等宋瓷銅釦完全一致，故可推測現今臺灣國立故宮博物院等所藏之為數極多的清宮傳世宋瓷銅釦，可能多出自清宮造辦處官匠之手。就此而言，雍正元年（1723）造辦處所做活計還有「哥窯花罇鑲銅掐口」，[54]我懷疑其即現藏臺灣故宮的南宋官窯青瓷大口尊（圖26），果若如此，則這件於雍正年間由造辦處「銅作」官匠所鑲銅釦之外觀特點和前述乾隆白瓷象銅釦亦無明顯的不同。銅釦之外，中華人民共和國北京故宮博物院也收藏一件仿定窯金釦螭紋洗（圖27），[55]器底鐫刻乾隆御題詩云：「爾時曾是厭光芒，不及官窯用廟堂，歲久光芒消以盡，希珍今亦口金鑲。」雖然乾隆皇帝誤將定窯的「芒口」理解成「光芒」，但詩文內容則透露出乾隆皇帝確有將其收藏的古瓷加鑲釦邊，而這件洗其同時也是造辦處工匠於陶瓷鑲金釦的確定案例之一。不過，有關清宮傳世銅釦陶瓷問題，無疑還應待日後從裝鑲工藝本身、金銀釦的成份分析或比較發掘出土的同類作品來解決。

〔改寫自〈金銀釦瓷器及其有關問題〉，《故宮文物月刊》38（1986）〕

圖27
青白瓷洗 元代
a 內壁 b 側面 c 底部所見乾隆御題詩
中國北京故宮博物院藏

2-5 關於鋦釘補瓷術

在中國的古文獻當中，有不少關於陶瓷補強或針對破損陶瓷進行修護的記事。前者如明末方以智（1611－1671）《物理小識》所載為使瓷器「永可不裂」，可以用薑汁塗抹瓷坯而後入火煨燉。[1]至於陶瓷補修方案，除了清宮造辦處檔案屢可見到的補釉、補胎和磨平缺損部位再裝鑲金屬邊釦等幾種維修方式之外，[2]破裂陶瓷殘片若仍存在並可逗合時，一般無非是以黏著劑予以接合，或採取將拆裂的陶瓷兩側對稱穿孔，再以金屬絲串接或植入「⊓」形的金屬鋦釘。後者所謂鋦釘補瓷術雖可將陶瓷補修得極為牢固，深具實用性，但也因此留下明顯的補修釘釦。有趣的是，鋦釘補修痕跡或施以鋦釘的陶瓷甚至成為人們的鑑賞對象，值得略予介紹。

一

著名傳教士利馬竇（Mathew Ricci，1552－1610）在中國的見聞札記早已為人所知，其中也包括一則與金屬絲串接或鋦釘補瓷相關的記事，即：「最細的瓷器是用江西所產黏土製成，人們把它用船不僅運到中國各地，而且還運到歐洲最遙遠的角落，在那裡它們受到那些欣賞宴席上的風雅有甚於誇耀豪華的人們的珍愛。這種瓷器還可以耐受熱食的熱度而不破裂，而尤其令人驚異的是，如果破了，再用銅絲焊起來，就是盛湯水也不會漏。」[3]以金屬絲串接的陶瓷接合技術於中國之外的許多地區亦可見到，如阿拉伯哈伊馬角（Rasal-Khaimah）朱爾法（Julfar）中世古城遺跡出土的元代青花瓷片當中即見有對稱的兩孔一組的穿孔，[4]從同遺址所見一件十四世紀後期的伊朗陶瓶穿孔中仍留有鐵絲（圖1），[5]可知有的即是以鐵絲穿孔緊縛予以接合。著名的埃及福斯塔特（Fustat）遺址所見宋元時期陶瓷也有

圖1 伊朗陶瓷穿孔所留鐵絲 十四世紀

不少帶穿孔補修痕跡的標本，其中一件北宋定窯系白瓷碗片穿孔內尚留有銅絲，而一件南宋龍泉窯青瓷缽推測則是曾以鐵銅釘進行修護。[6]上述諸例有的於穿孔中仍留有金屬絲，從而可判斷係以鐵絲穿孔接合，但若以亞洲範圍的考古標本而言，則穿孔未必均用鐵絲繫合，特別是低溫陶器更是如此。比如說中國西安新石器時代半坡遺址曾見穿孔修復陶器，而日本的繩紋早期後半的印紋陶亦見類似的補修孔，後者穿孔周邊均未見銳利端部，故可推測是穿以植物纖維或樹皮緊繫，[7]傳伊朗德黑蘭（Tehran）近郊出土的鹿紋陶缽亦見對稱的修補穿孔（圖2），該作品屬紀元前4500年遺物，[8]其和臺灣原住民陶壺穿孔修補構思近似，但後者是以鐵絲穿孔繫合（圖3）。[9]於破裂陶器穿孔再以植物纖維或金屬絲緊縛似乎是不分國度先民們經常採行的接合陶器的措施之一，並且直到歷史時期仍經常可見，如中國山西大同北魏（386－534）墓所見長頸壺亦見類似穿孔（圖4），[10]斯里蘭卡曼泰（Mantai）遺跡出土的九至十世紀中國陶瓷標本，亦見穿孔補修痕。[11]

圖2　伊朗鹿紋陶缽所見修補穿孔　西元前4500年

圖3　臺灣原住民陶壺　臺灣屏東佳平社藏

圖4　陶長頸壺　中國山西省北魏墓出土

圖5　青花瓷盤　元代　a 內壁　b 底部　中國內蒙古托克托縣徵集

　　相對於以植物纖維、樹皮或金屬絲穿入孔穴緊縛接合的陶器補修方案，內蒙古托克托縣徵集的一件元代青花花口大盤則是於外盤身和外器底一側穿孔，並以形似釘書針般的「冂」形金屬銅釘釘合（圖5）。[12]這種以兩端屈曲的銅釘來接合陶瓷技法的特色之一是鑽孔不穿透器壁，而是只在器壁一側鑽孔，故以銅釘釘合後再塗上膠，即無滲水之虞。銅釘補瓷技法對於許多年長者應該並不陌生，因為數十年前臺灣臺北街頭仍然可以看到擅長此一「錮碗兒」技藝的匠人，沿路甚或挨家挨戶地詢問是否有待補修的陶瓷？除了陳馨提到過的日本時代佐倉孫三著《台風雜記》載臺灣有所謂「釘陶工」，是「以小錐穿穴其兩端，以金屬補綴之，肅然不動，且有雅致」；[13]《安平縣雜記》也記載了補鍋、補碗、補碇、補甕等匠人，其中「補碗司阜」是「以銅釘兩邊，綰之使不相離，工價每釘十文、五文不等，非用鑽石不能引孔。」[14]日本時代臺灣的陶瓷補修行業，很容易讓人聯想到中國清嘉慶年間（1796－1820）藍浦《景德鎮陶錄》所記載的「磨茅塿店」，後者之業務即是「挨陶戶零估收聚，茅糙者磨之，缺損者補之。」[15]於臺灣施以銅釘補修的陶瓷實例不少，現藏臺北市中山堂書有「江山樓」字銘的日本製釉上彩花口碗即為其中的一例（圖6）。[16]由於江山樓開張於1917年，是日本時代大稻埕著名的飯店之一，而中山堂的前身則是為紀念日皇裕仁登基（1926），於1936年竣工的「臺北公會堂」，因此可以推測該粉彩碗之銅釘補修年代約在1936年之後不久；於貌不出眾的日用陶瓷施以銅釘，正反映了此時臺灣居民生活是相對地儉樸而惜物。

　　另一方面，清乾隆時期（1736－1796）唐秉鈞《文房肆考圖說》載：「（瓷器）有茅路者，聞蘇州虎邱有能修者，名之曰緊。」[17]雖然目前還缺乏資料來理解蘇州工匠的補瓷方式，但從長期居住在景德鎮的著名法國傳教士殷弘緒（d'Entrecolles，1664－1771）的書簡中，可以具體得知清初景德鎮鋦瓷匠人的作業工序，即：「使用金剛鑽將破碎的瓷片予以結合，這在中國甚至成為一種職業，有專門從事瓷片修理復原的工匠。他們使用金剛鑽就像是使用針般，於瓷器上鑽幾個小孔，再於小孔穿入極細的銅絲予以縫合。這樣一來，瓷器就能照常使用，並且幾乎看不出破裂的痕跡。」[18]

　　從現存的文獻或圖像資料看來，鋦釘接合技法一直是中國民間慣用的補瓷手法。與此同時，精於此一修護技法的匠人也是西洋人或中國畫家風俗獵奇的對象之一。如十八世紀末蒲呱（Puqua）繪水粉畫（圖7）[19]或清末鄒壙祖《風俗圖冊》（圖8）[20]均可見到補瓷匠人，而補瓷技藝甚至也成了中國當代電影懷舊的場景。我很感謝臺灣國立故宮博物院余佩瑾女士的教示，他告訴我中國電影導演張藝謀近作《我的父親母親》

圖6　日本釉上彩瓷大碗　a 內壁　b 底部　c 側面　
　　　臺灣臺北中山堂藏

圖7　Puqua繪水粉畫　十八世紀

（The Road Home）當中出現了鋦瓷匠人補瓷時的完整記錄。由於該一技法瀕臨失傳，因此我想援引電影畫面依序介紹如下：先將拆裂的瓷片逗合，並以繩捆牢固定，之後以所謂的「弓錐」打孔。弓錐由金鋼鑽頭和木柄構成，由於弓繩繫於柄身，因此左手持柄，右手引弓，鑽頭即可雙向來往回轉打孔，

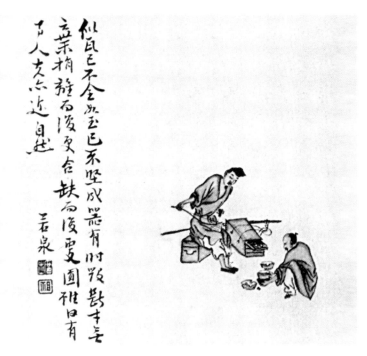

圖8　清末鄒壙祖《風俗圖冊》所見補瓷匠人　日本東京國立博物館藏

完成此一鑽孔工序之後，剪裁適合尺寸的銅絲，並在鐵鉆具上搥打出與瓷胎厚度相應的兩端屈曲的銅釘，再以鐵鎚將銅釘植入對稱的穿孔中便可大功告成（圖9：a～j）。此外，若依據近年簡榮聰訪談臺灣補瓷藝人黃金豹等人的報告，則鑽釘還需塗抹花生油，以利滋潤易鑽並可避免鑽旋時產生高熱。不僅如此，瓷片逗合時或鑽孔施加銅釘後還需塗抹黏著劑。黏著劑的配方因地區而異，一般是以糯米糊為之，但西部平原海口地區因盛產蚵，故採用「蚵涎」（一說「蚵醬之汁」）和糯糊以為黏著。[21]

二

　　一旦提到鋦釘補瓷，許多人恐怕都會馬上聯想到現藏於東京國立博物館的一件被命名為「馬蝗絆」的南宋龍泉窯青瓷花口碗（圖10）；朱舜水（1600－1682）《談綺》說漢文「馬蝗絆」即日文的「鎹」，也就是銅釘（圖11）。[22]依據享保十二年（1727）伊藤東涯《馬蝗絆茶甌記》的記載，平重盛（1138－1178）因喜捨黃金予中國浙江育王山，育王山住持佛照

圖9
電影《我的父親母親》鋦釘補瓷場景
a 鋦釘補瓷匠人　b 逗合瓷片
c 用繩固定　　　d 工具箱
e 帶柄鑽頭　　　f 將弓繩繫於鑽柄
g 引弓鑽孔　　　h 剪裁銅絲
i 捶打銅絲　　　j 完成圖

圖10 「馬蝗絆」龍泉青瓷碗　南宋　a 外觀　b 底面　日本東京國立博物館藏

禪師隨後便以該青瓷碗做為回禮答謝平重盛，作品後歸幕府將軍足利義政（1435－1490）所有。但由於碗心周遭有裂璺，足利義政遂遣人攜往明朝企圖換取同式完好的作品，可惜當時中國已不再生產這類陶瓷，權宜之下，施以鋦釘後再度送回東瀛；日本天文十三年（1544）《茶具備討集》曾記載一件「鋏茶碗」，鋏指鋦釘，故一般都認為其指的也是該件青瓷碗。[23]就如研究者所指出，龍泉窯作品當中類似「馬蝗絆」青瓷碗般的梅子青厚釉之年代不能早過南宋中期，故佛照禪師於日本安元年間（1175－1177）贈予平重盛之該青瓷碗的傳說並非史實。[24]不過，前引《茶具備討集》卻也明示了十六世紀中期的日本茶道界，已將陶瓷修補之鋦釘視為鑑賞的對象，而這件充滿浪漫傳奇色彩的龍泉窯「馬蝗絆」青瓷碗，即是在待修的器身鑽孔，再施加金屬鋦釘。但其是否確為中國鋦瓷匠人所為？目前不明。

　　另一方面，考古資料卻也顯示，日本也有以鋦釘修護陶瓷之例。如十五世紀前半石川縣普正寺遺跡所出元代青花梅瓶，或著名的一乘谷遺跡所見定窯和龍泉窯即見有鋦釘痕。[25]後者一乘谷是戰國大名朝倉孝景（1428－1481）於文明初年（1469）在越前建立的首都，後毀於天正元年（1573）的戰火。值得留意的是，在該遺址出土總數高達一百五十萬片的陶瓷標本當中，只有四件標本留有鋦釘補修痕，其分別是年代在十二世紀的定窯白瓷碗和鉢（圖12），以及十四世紀的龍泉

圖11
江戶中期寺島良安著
《和漢三才圖會》中的鋦釘圖

圖12　帶有穿孔的定窯白瓷　日本福井縣一乘谷遺址出土

窯青瓷瓶和匣（圖13）。[26]前者之定窯白瓷
分別出土於大名所居住的朝倉館和寺院遺
跡，後者龍泉窯標本則是發現於收藏有不
少古董的一位醫生的居宅。小野正敏認
為，當時人們經常以中國古陶瓷做為財富
和威權的象徵，也因此相對於一般陶瓷破
損時是以漆黏合，對於珍貴的古物則刻意
使用醒目的金屬鋦釘來修護以便誇耀其不
菲的價值。[27]

圖13　帶有穿孔的龍泉窯青瓷
　　　日本福井縣一乘谷遺址出土

　　無論如何，日本著名茶師千利休（1522－1591）就是一位擅長以鋦釘補瓷的巧匠。山
科道安於享保十二年（1727）所撰日記《槐記》，曾經提到千利休將一件業已裂損之龍泉
窯青瓷以鋦釘補修。[28]現藏靜嘉堂文庫美術館的一件龍泉窯摩羯魚形耳盤口長頸青瓷瓶
（圖14）[29]相傳即為千利休舊藏品，其器身破損處係以漆接合，並以鋦釘牢固。其次，千利

圖14
龍泉窯青瓷瓶　南宋
日本靜嘉堂文庫美術館藏

休的弟子山上宗二（1544－1590）之《山上宗二記》記載
東山殿（足利義政〔1436－1490〕）舊藏的一件被評為天
下無雙的「三日月」茶壺，在傳至室町幕府執事三好長慶
（1522－1564）一族三好實休手中時，因戰亂而於河內高
屋城破裂成六塊，經千利休補修後歸予三好的家老。該一
經修繕的茶壺一度以三千貫的天價抵押給太子屋，後歸織
田信長（1534－1582）所有。[30]雖然該壺因毀失於本能寺
之變而未能流傳下來，故難以得知其確實的補修方式，但
若參照前引《槐記》的相關記事，不排除千利休或許同樣
是採用鋦釘來進行綴合修護的。此外，千利休舊藏的一件
長次郎作黑茶碗，因故破損為二，經修護後也由千利休次
男少庵之長子千宗旦（1578－1658）命名為「鞐ヒキ」。[31]
上述記事再度說明了陶瓷的修補痕跡已和侘茶茶具的「景
色」賞鑑觀相結合，儼然成為鑑賞的對象了。從目前的資
料看來，日本的鋦釘補瓷術約出現於十六世紀，故不排除
此一技法是由中國所傳入，然而日本方面除了著重其實用

的修補功能之外，更往往賦予其鑑賞的內涵。尤有甚者，現藏京都北野天滿宮的一件鋦釘修繕的元代龍泉窯青瓷長頸瓶（圖15），口沿缺損修理部位另有「永樂」印銘，可知是由活躍於十九世紀中後期京都陶工永樂和全所補修而成。[32] 看來，就連陶工也視鋦釘修補術為展現身手的舞台，意圖借此向世人傳達自身的高明技藝。

三

由於以鋦釘補接陶瓷將無可避免地會在陶瓷上留下數目不等的金屬釘卸，因此，講究作品完美外觀的陶瓷鑑賞家多捨此不為，而採用黏著劑來補修陶瓷。如明代弘治十七年（1504）《宋氏燕閒部》就記載：「**黏窯器墨處，補石藥黏之，又以白蠟融化和定粉加減顏色飾之**」；隆慶五年（1571）重刻的《墨娥小錄》也稱麵筋羼合石灰接合陶瓷，雖然「**不可於水內久浸**」，但還是「**勝如釘釘者**」；[33] 企圖將陶瓷外觀修護得完美無瑕。另一方面，我們應該留意臺灣國立故宮博物院藏王問繪作於明嘉靖三十七年（1558）的《煮茶圖》，[34] 畫面中央部位並列的兩件蓋罐當中右側一件即是施以鋦釘補接，蓋罐下方分別擺置帶座的開片釉瓷三足爐和風字形硯等文房具（圖16）。值得一提的是，風字硯造型和南宋林洪撰

圖15
龍泉窯青瓷長頸瓶 元代
a 外觀
b 帶「永樂」印銘的修繕部位
日本北野天滿宮藏

圖16　王問《煮茶圖卷》（1558）a 全圖　b 局部　臺灣國立故宮博物院藏

《文房圖贊》中名爲「石端明」的硯式完全一致；[35]江蘇江浦南宋慶元元年（1195）張同之墓也出土了同一形制的端硯。[36]據此可知，《煮茶圖》中的硯是屬於宋代硯式，亦即明代人心目中的古物或至少是明代倣古之作。其次，考慮到風字硯上方的開片釉瓷既被明代鑑賞家視爲是一器難求的宋代官窯最重要的外觀特徵之一，文人畫作也經常以開片瓷釉這一物理特徵來寓意古瓷，並借此營造畫中人物的高古情懷，[37]因此佔據畫面顯著位置的施加銅釘補修的瓷蓋罐，顯然也是畫家刻意安排用來象徵古物的道具，與此同時，也將銅釘補修痕跡視爲鑑賞的對象了。王問《煮茶圖》銅釘瓷罐性質的確認，不僅再次表明晚明畫家經常採取各種具有象徵意義的陳設器具來強調畫家所欲表達的情境，更重要的是，此也正意味著前述日本桃山時代（1573－1603）茶人對於銅釘的賞鑑風情，極有可能是受到中國明代文人的啓發。

四

　　以上本文粗略地介紹了銅釘補瓷的文獻記錄和考古遺址出土標本，試圖說明此一陶瓷補接技藝既廣爲一般庶民所採用，也曾被中國明代文人賦予了寓意古物的象徵意涵而進入鑑賞的世界。雖然，中國對於銅釘的賞鑑似乎只存在於明末清初這一特定時段中的少數族群，並未引起廣泛的共鳴，除了前述明代後期王問《煮茶圖》之外，英國大衛德基金會（Percival David Foundation of Chinese Art）收藏的一件清初釉上彩瓷盤，盤內側所繪飲酒人物後方置銅釘補接的瓷甕（圖17），[38]就說明了以銅釘象徵古物於清初仍爲畫工所採用。相對地，日本的銅釘鑑賞因其已和日本的「侘び」理念相結合，從而形成極具特色的審美風情，其影響流傳至今，業已成爲日本文化史中重要的內涵之一。

圖17
釉上彩瓷盤　清初　英國大衛德基金會
（Percival David Foundation of Chinese Art）藏

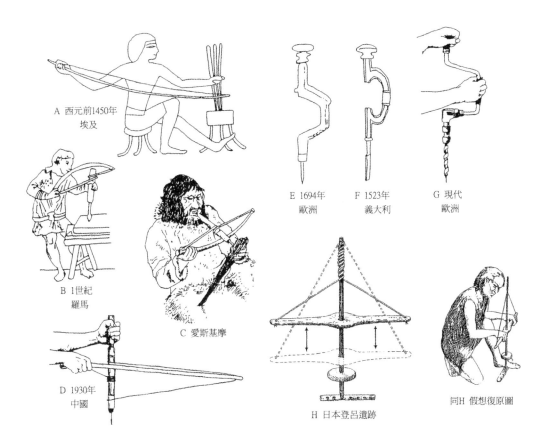

A 西元前1450年
埃及

B 1世紀
羅馬

C 愛斯基摩

D 1930年
中國

E 1694年
歐洲

F 1523年
義大利

G 現代
歐洲

H 日本登呂遺跡

同H 假想復原圖

圖18　世界的錐舉例　A-D：弓錐　E-G：曲柄椎　H：舞錐

　　從佐原眞所蒐集的世界各地利用回轉運動來穿孔或生火的實例看來，鑽孔用弓錐的使用至少可上溯至西元前十五世紀的埃及（圖18），[39]而以金屬鋦釘修繕接合的技法也是由來已久，比如說位於伊朗帕薩加迪（Pasargadae）的阿契美尼德（Achaemenid）王朝居魯士二世（Kyros II，西元前559－530在位）宮殿基壇切石即以金屬鋦釘牢固鄰石（圖19），[40]東北亞朝鮮半島百濟地區三世紀後半至四世紀中期天安新豐里一號墓木棺也是以鋦釘接

圖19　以金屬鋦釘牢固材石
　　　阿契美尼德王朝居魯士二世宮殿基壇遺址

合，日本自五世紀前期以來木
棺亦多使用銅釘。[41]除了棺槨
或木構建物之外，中國南京仙
鶴觀東晉墓（M6）出土的鎏
金異獸銜杯銅硯滴，出土時獸
前腿爪部原殘斷，上有修補後
以銅釘連接的痕跡；[42]遼寧法
庫葉茂台遼墓（M7）出土的

圖20　玻璃方盤　中國遼寧省法庫遼墓出土

著名玻璃方盤，其盤面因有裂璺，故於外緣鑲銀釦，裂處另以銀片釘鉚（圖20）。[43]

　　另一方面，儘管前述斯里蘭卡曼泰遺跡出土的九至十世紀中國陶瓷標本中已見穿孔補
修痕，而埃及福斯塔特遺址所見定窯白瓷碗片穿孔內還留有銅絲，但我則因未見實物而無
法判斷後者標本是否以銅鉚釘接合，抑或只是以銅線打結緊縛？無論如何，於拆裂的陶瓷
穿孔再以金屬絲緊縛或以銅釘接合的技藝並非中國的專利。特別是西元前475年畫家
Harrow所繪紅像式陶壺，出土時壺身即見五只鉛鉚釘，是地中海西西里古希臘以銅釘修繕
陶器的有趣實例（圖21）。[44]另外，羅馬薩米安紅陶（Samian Pottery）亦常見鉛鉚釘，其

a　　　　　　　　　　　　　　　b

圖21 a、b　希臘紅像式陶壺所見補修銅釘　畫家Harrow於西元前475年繪製

工序是將相鄰的破片各穿一孔，孔上下分別墊以鉛片，然後將鉛熔液滴入鋦孔中，冷卻後上下鉛片接合同時封堵鋦孔；[45]可說是極具巧思的陶器補修方案；晚迄十五至十六世紀中東地區陶瓷也經常可見鋦釘補修，如土耳其伊茲尼克（Iznik）青花瓷即爲一例（圖22），[46]不過其和希臘、羅馬的鉛鋦綴合術以及日中兩國的銅、鐵鋦釘補瓷技藝是否有關？還有待日後進一步的調查來解決。

〔改寫自《故宮文物月刊》237（2002）所載相同篇名拙文〕

圖22　土耳其伊茲尼克青花瓷　十五世紀至十六世紀

2-6 記一件漢代青釉壺上的「升天圖」

　　由年喜文教基金會暨國立歷史博物館主辦，國立臺灣大學藝術史研究所協辦的中國古代青瓷特展，在1996年2月於國立歷史博物館展出。在配合展覽所發行的圖錄中，已經針對展出的年喜基金會所藏一百二十組件西周至北宋時期以越窯系為主的陶瓷逐一進行了介紹，因此我在這裡擬僅就參展的一件刻劃有或許與墓主升天題材有關的漢代青釉壺，參照以往相關研究，試做一初步的圖像考察。

　　壺造型呈盤口、長頸、斜肩、鼓腹，腹以下內收成平底。肩左右置縱繫，肩和上腹部位以刷釉方式進行局部施釉，釉泛暗青綠色調，露胎處呈深褐色（圖1：a）。從江蘇盱眙西漢晚期墓出土有相似器形的青釉作品，[1]結合浙江境內寧波等地漢代窯址所見同類標本，[2]推測該青釉雙繫壺應屬浙江地區西漢晚期至東漢初期遺物。如圖所示，長頸壺於口沿外壁和頸部下方各飾一組流行於浙江地區漢代同式壺上的複線波紋，但另於壺左右兩側繫耳之間，即壺前後兩

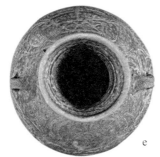

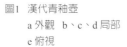

圖1　漢代青釉壺
a 外觀　b、c、d 局部
e 俯視

面以刻劃、戳印的技法滿飾罕見於同時代陶瓷器上的圖紋。其中一面正中刻劃橫置的長方格狀圖，邊框中央部位上下方各飾由三道豎線併合成的直條，與橫長方格狀圖整體略呈「中」字形。框內各格之交接點及各格線與邊框界線相接處以管形物戳印圈紋；而同樣的印圈紋還見於以下將提及的「T」形紋和鳥眼。其次，長方形邊框四角另以複線條紋和展翅飛翔的多首變形鳥紋相連接，中央複線豎直紋與鳥紋之間並夾置「T」形紋（圖1：b）。上述奇妙的圖像組合，是否只是陶工信手拈來之無意義的裝飾圖案？抑或具有特定的意涵或象徵意義呢？

山東鄆城蘇莊發現的西漢石槨墓幫畫像石，於正中刻飾雙闕，雙闕旁置柏樹，餘兩側飾將許多小璧以紐帶綴成呈斜格狀的所謂穿璧紋（圖2）。

圖2　畫像石拓本　中國山東省鄆城西漢石槨墓幫

漢墓畫像闕非宮闕、廟闕、墓闕或墓主生前宅第門前闕，而是「天門」上的金闕，亦即墓主死後入西王母之門一事早有學者論及。[3]曾布川寬也經由鄆城畫像闕與徐州棲山等漢代畫像石的比較得出結論認為，雙闕是表示西王母世界的入口，雙闕兩旁的「長青樹」（柏樹）則象徵西王母棲息的崑崙山，即高誘注《呂氏春秋》時所提及的種植於崑崙山上「**食其實者不死**」的「**壽木**」；至於呈斜方格狀的穿璧紋或許與漢代穿著玉衣、陪葬玉器祈願再生有著類似的功能，故將穿璧披覆於石棺之上。[4]雖然依據劉增貴詳實而綿密的梳理可知，漢墓畫像闕其實頗為複雜，除了西王母之金闕外，還包括對於墓、祠闕的模倣，後者既是墓、祠闕，也是升仙之「天門」。其次，相對於西王母金闕所代表的「天門」是死後世界的共同入口，墓、祠闕所代表的「神門」則是死後世界私宅的入口，因此漢畫像闕的性質既有「天門」，亦有「神門」，前者所標示的是公共空間，後者所標示的是私人空間，此外亦包括以「神門」而兼具「天門」意義的闕畫。[5]不過，類似的於棺上鑲嵌玉璧的例子，可見於著名的中山靖王劉勝妻竇綰墓。後者墓棺前後檔嵌大型玉璧，棺蓋及左右兩幫各嵌八只玉璧。[6]有人認為上述棺上的成組玉璧或璧間有紐帶相連的圖像或與《後漢書·輿服志》記載的運送帝王之輼輬車「**加施組連璧交絡，四角金龍首銜璧**」之連璧裝飾有關。[7]無論如何，山東鄆城蘇莊漢石槨墓幫的穿璧紋即和本文所擬討論的長頸壺上的橫長方

格狀圖有共通之處（同
圖1：b）。

　　湖南長沙馬王堆第
一和第三號西漢墓出土
的「T」形帛畫是人們
耳熟能詳的作品。一般
都同意，帛畫上的種種
內容是墓主死後赴崑崙
山的升天圖情景（圖3：
a），本文在此不擬細說
詳細的情節。但想指
出，帛畫下方縱幅部分
所描繪的地上和地下世
界乃是由雙龍穿璧交蟠
成的壺形所圍繞（圖3：
b），亦即壺中的墓主可

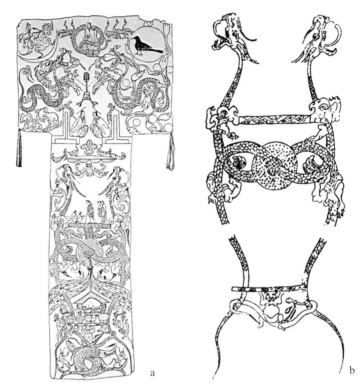

圖3　T形帛畫　a 線繪圖　b 雙龍穿璧線繪圖　中國湖南省馬王堆一號漢墓出土

能是藉由壺的神力經天門而到達天上世界。[8]漢代人相信，相對於天帝居處北極是天的中
心，崑崙山則是大地的中心，其形如柱狀，其氣可與天通（《太平御覽》卷三十六引《河
圖括地象》）；或認為崑崙有銅製的天柱，周圍三千里，高聳入天（《水經注》卷一引《東
方朔神異經》）。[9]這不禁使人想到前述與馬
王堆帛畫由雙龍交蟠成的敞口束頸壺造型
相距不遠的青釉長頸壺及其紋飾。如果說
壺肩部所飾呈橫長方形之「穿璧紋」中央
上下的複線豎紋，是象徵可與天通的高山
或天柱，那麼其下方左右兩側的「T」形
物，就有可能是升天時所必經的天門（同
圖1：b）。事實上，馬王堆帛畫在地上與天
上世界的區隔處左右所置「⊥」形物，可
能即象徵「天門」。[10]

圖4　畫像石拓本　中國四川省簡陽縣出土石棺右幫

圖5　銅牌飾線繪圖　中國四川省巫山縣出土　　　　　　圖6　銅牌飾線繪圖　中國四川省巫山縣出土

　　就漢代圖像資料所見的天門而言，可以從四川地區如簡陽縣鬼頭山三號石棺畫像，[11]
或巫山縣出土的銅牌飾得到進一步的確認。[12]前者於單層雙闕上各立一鳳鳥（圖4）；後者
有多件銅牌也於二層雙闕之間略呈倒「Ｖ」字形的屋頂上佇一鳳鳥或擊鼓人物（圖5、
6），並有「天門」榜題。巫山縣「天門」銅牌雙闕之間做為釘孔的穿孔多呈璧形，甚至飾
有綬帶，璧下方人物或戴籠冠或梳雙環髻，張勛燎以為是亭長之類的守護天門的神吏，[13]
但若依林巳奈夫的說法則應是東王公或西王母，而璧既是生命再生的象徵，同時也是天上
神祇和祖靈憑依的用器，[14]故刻意裝飾於銅牌正中央做為萬物生成泉源的璧，其實和東王
公、西王母同樣均位於雙闕後方的天上世界。[15]如前所述，漢畫像闕性質雖有「天門」、
「神門」之分，但均是象徵墓主死後世界的入口，亦即廣義天門的入口。不過，天門並不
侷限於雙闕造型。如邢義田就指出陝北綏德四十里舖東漢墓門楣畫像中央所見工字形方框
即意指天門（圖7）；[16]前述馬王堆帛畫之「⊥」形物亦象徵天門。問題是青釉長頸壺上的
一對「Ｔ」形飾是否亦為天門？如前所述，「Ｔ」形飾上方正中戳印有一圈紋（同圖1：

圖7　畫像石拓本　中國陝西省綏德漢墓門楣

b），這再度使人聯想到巫山縣銅牌正中雙闕之間的璧，以及璧與雙闕的布局構圖（同圖5、6）。從四川瀘州市郊漢代崖墓出土的畫像石棺（圖8）[17]或山東藤州市出土的同屬天門題材的漢代飾璧畫像石（圖9）[18]等圖像看來，將璧飾於雙闕之間的構圖並非偶然。不過上述諸例之璧形飾均懸浮於雙闕屋頂之間，與青釉壺上圈紋是直接戳印於「T」形物上的作法有別，故既難以圓滿地說明後者的「T」形物即天門，遑論其上的戳圈紋與璧的可能關聯。

圖8　畫像石拓本　中國四川省瀘州漢代崖墓石棺

圖9　畫像石拓本　中國山東省藤州市漢墓

接下來看看山東平邑縣漢墓出土的樓閣圖畫像石（圖10），[19]其上層樓牆正面飾交叉的對角線，中置一環形物。以往有人主張其應是同省肥城縣漢墓所見雙龍穿璧畫像石的

圖10　畫像石拓本
中國山東省平邑縣漢墓

簡化形式（圖11），並認為該類題材均具助死靈升天的功能。[20]若該一推測無誤，則平邑縣畫像石可做為將璧直接飾於門樓上的實例，其與青釉壺上「T」形物上戳圈紋位置相符，說明後者圈紋或是表示璧。無論如何，江蘇連雲港市劉頂發現的漢代畫像石畫面正中飾由五只璧綴成的穿璧紋，兩側置雙

圖11　畫像石拓本　中國山東省肥城縣漢墓

闕，雙闕樓牆面亦飾雙璧紋，闕側另飾鳥佇於長青樹上（圖12）。[21]如前所述，雙闕圖像在漢代經常是表示天上世界的入口，長青樹則是生長於崑崙山上的不死之樹，故劉頂畫像石亦被視爲是升天圖的一種表現

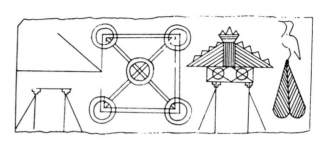

圖12　畫像石線繪圖　中國江蘇省連雲港市漢墓

手法。[22]值得一提的是，雙闕之間飾穿璧紋的布局安排，以及於雙闕樓牆正面飾璧的作法，正與青釉壺上的圖像布局一致（同圖1：b）。結合青釉壺「T」形物兩側所見多首鳥紋，亦可與經確認的漢代天門經常配置有鳳鳥相對照，從而可推測青釉壺上的「T」形物應該就是簡化了的闕形天門，並且不排除其上的戳圈紋或爲璧之可能性。

　　青釉壺的另一面，除飾有呈橫長方形的「穿璧紋」和鳥紋之外，另於「穿璧紋」正上方置四葉花紋，同時在左下方近繫耳處陰刻一束由複線組成的半弧形紋，複線弧形紋上間隔戳印五只圈紋，其中一只圈紋上下另飾二圈紋，從布局排列看來應是由複線和七只圈紋所組成的獨立圖紋（同圖1：c、d）。林巳奈夫認爲漢代的四葉花紋即蓮花，其實爲天的中心，也就是說四葉花紋是天上中央星座群天極星之中心星座太一神的象徵，是做爲天帝最高貴者的天帝。[23]就青釉壺的圖像布局而言，我贊成林氏所主張四葉紋可能即帝的象徵。然而其左下方所飾由七只圈紋和弧複線組成的圖紋到底有何意涵？我們是否可經由這組複線圈紋檢證四葉紋即帝的推測，或者反過來由四葉紋來釐測複線圈紋的可能內涵呢？《史記・天官書》載「南宮朱鳥」含井、鬼、柳、星、張、翼、軫等七宿。《周禮・考工記》也說：「鳥旟七斿，以象鶉火」，鄭玄注：「鶉火朱鳥宿之柳，其屬有星，星七星」，而南宮中位於構成朱鳥形體之柳、星、張、翼北方之太微群星中有五帝座，中央爲黃帝之座，其使爲朱鳥，[24]故似亦可將壺肩腹部位所飾七只圈紋視爲「南宮朱鳥七宿」，或主急事的七宿之一「星宿七星」的象徵。其次，如果考慮到死者靈魂經天門到達朱雀所居南方天上世界之觀念，即死者可能由「南宮」之陽力得以再生的道教信仰，則上述成組的七只戳圈紋也有可能是象徵成立於六朝之《七星移度經》所載主生的「南斗七星」。[25]但上述兩種推測均不易說明其與上方壺肩處所飾做爲帝之象徵的四葉花紋之間的關係。

　　另一方面，北斗七星距天帝居住的北極星紫微宮頗近，並且是做爲天帝的坐車運行中央，故《史記・天官書》說：「斗爲帝車，運於中央」；《晉書・天文志》也載：「（斗）

圖13　畫像石線繪圖 中國山東省嘉祥武氏祠

又爲帝車，取乎運動之義也。」山東嘉祥武氏祠東漢畫像石中的一幅所謂「帝王乘車巡狩圖」（圖13），便是以北斗七星做爲車子的框架，車上人物即天帝太一；[26]另從人物前方置有披髮的斷頭推測，天帝太一有可能還是時代稍晚的道教經典《眞誥》所提到的，考核死者生前功過之北斗君的前身，除了林巳奈夫因此將前引「帝王乘車巡狩圖」正名爲「北斗君」之外，[27]王育成也建議改稱爲「北斗君主四咎鬼圖」。[28]從青釉壺上的七只圈紋與四葉紋的對置排列看來，前者有較大可能爲北斗七星。

　　在以上考察青釉壺個別圖紋可能含義的基礎之上，我們可以回頭試著復原墓主升天的部分情節。即墓主靈魂首先經由壺的神力到達天門。《淮南子・原道訓》載：「經紀山川，蹈騰崑崙，排閶闔淪天門」；高誘注閶闔說：「始升天之門也，上帝所居，紫微宮門也」，又說閶闔乃「崑崙虛門也」。則在空間上位於中國西北崑崙山上空的天門，既是死靈藉以升天的崑崙山的入口，也是其上方天帝太一居住之北極星紫微宮的門戶。[29]早在殷墟卜辭中已有「帝使鳳」的說法，至西元前四至三世紀時也可見到帝命鳥形的神祇使人延年益壽的記載。[30]《楚辭・離騷》說屈原因受佞人讒言遭到放逐而欲化爲鳳鳥，升天到天門向天帝傾訴，看來青釉壺天門兩側的鳳鳥極有可能是做爲帝的使者引導死靈往見天帝。但原本應位於最上方象徵帝的四葉紋，或許是因壺形的畫面限制而被權宜地安排在壺身另側上方。

　　就青釉壺所見圖像而言，雖然仍存在若干有待解決的疑點，不過從圖像的整體配置看來，其有可能是漢代升天圖的一種圖案化的表現方式。如果該一推測無誤，則這件作品不僅可做爲考察漢代升天思想的新的參考資料，更可做爲原本孕育於戰國楚地的升天圖，[31]隨著楚文化的擴張而影響到越地的具體例證。事實上，我們於流傳於世的其他漢代浙江窯系所燒製的青釉作品中，亦可見到部份具有楚系要素的裝飾圖紋。如此次特展展出的於雙

繫壺肩刻飾水鳥啖蛇等圖紋，可見於長沙馬王堆一號漢墓漆棺畫；另一件雙繫大罐罐肩上的菱形刻紋，也和馬王堆一號墓出土的羅綺上之菱形飾一致。就中國古代青瓷的發展史而言，盛極一時越地燒製的高溫灰釉器亦即所謂的原始青瓷，於戰國中期過後已迅速消失。一般以為，造成戰國晚期高溫灰釉器銷聲匿跡的主要原因可能是和楚滅越（西元前306）的兼併戰爭有關。[32]然而，我們卻可以從出土陶瓷的紋飾上輕易地觀察到西漢越地所受楚文化的巨大影響，是值得留意的文化史課題。

〔改寫自《歷史文物》6卷1期（1996）所載相同篇名拙文〕

Ⅲ臺灣出土貿易陶瓷篇

3-1 記熱蘭遮城遺址出土的
馬約利卡錫釉陶

　　熱蘭遮城是1624年荷蘭人在今臺南安平建築的城堡，初稱奧倫治城（Fort Orange），1627年奉荷蘭東印度公司總公司命令改名熱蘭遮城（Fort Zeelandia）。城堡本城於1632年已大體竣工，並以城堡爲中心建立起荷蘭在臺灣的殖民統治，迄1662年鄭成功攻佔熱蘭遮城驅逐荷蘭人之後，鄭氏仍長駐於此，並改地名爲安平。1683年清軍大舉攻臺，鄭克塽戰敗投降，清廷仍以熱蘭遮城爲軍裝局，但熱蘭遮城卻因1860年代英軍砲轟安平火藥庫而毀損部份城牆，不久，1874年二鯤身修築炮臺（億載金城），也從城堡取走不少建材。熱蘭遮城於日本統治臺灣時期曾經加以整建，既在城內構築海關長官宿舍，又於1930年將宿舍改建成具拱廊形式的展覽館。戰後，城堡改稱「安平古堡」，並增建瞭望塔和史蹟公園。

　　2003年，臺南市政府委託國立成功大學進行《第一級古蹟臺灣城殘蹟（原熱蘭遮城）城址初步研究計畫》，同年八月，計畫共同主持人劉益昌在參酌成功大學土木工程系李德河教授利用透地雷達探勘熱蘭遮城遺址所得數據，對遺址進行了考古發掘，試掘三個地點，編號爲第一、二、三號探坑。[1]2005年進行第二期考古探勘時另試掘四個地點，編號爲第四、五、六、七號探坑。七個探坑所出遺物的質材種類頗爲豐富，而以陶瓷的數量最多。[2]初步觀察，陶瓷器的年代早自十七世紀，晚迄近現代，其時代跨幅基本上涵蓋了荷蘭、鄭成功、清朝、日本以及戰後臺灣等各個時期。

　　就兩次熱蘭遮城遺址出土的十七世紀陶瓷的產區而言，無疑是以中國製品的數量居最大多數。除了著名的安平壺標本之外，至少還包括了江西省景德鎮的卡拉克瓷（Kraak Porcelain），以及分別來自福建省漳州、德化、安溪或浙江省溫州等地瓷窯所生產的青瓷、青花瓷和釉上彩瓷等作品。此外，另有來自東北亞日本、東南亞泰國、越南以及歐洲德國、荷蘭等地窯場燒製的產品。相對於眾人耳熟能詳的中國製陶瓷，我國對於歐洲等地陶瓷作品似乎較爲陌生，由於熱蘭遮城是由荷蘭人所構築，因此以下擬先針對城址出土的可能來自荷蘭等地歐洲窯場所生產的所謂馬約利卡（Majolica）錫釉陶器做一介紹。

　　一般而言，馬約利卡是對義大利錫釉陶的泛稱，其語源來自西班牙之馬約利卡島。由

圖1 馬約利卡錫釉陶 a 正面 b 背面 臺灣熱蘭遮城遺址出土

圖2 馬約利卡錫釉陶 a 正面 b 背面 臺灣熱蘭遮城遺址出土

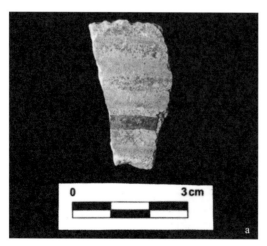

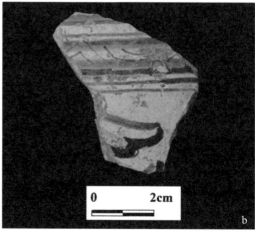

圖3 馬約利卡錫釉陶 臺灣熱蘭遮城遺址出土   圖4 馬約利卡錫釉陶 臺灣熱蘭遮城遺址出土

於十五世紀所謂Hispano-Moreque Ware，即西班牙所燒造的伊斯蘭風格錫釉陶常經由馬約利卡島輸入義大利，因此馬約利卡原是指此類外觀帶特殊虹彩（lustre）的陶器，至於將義大利錫釉陶稱為馬約利卡則要遲至十六世紀後半。十五至十六世紀是義大利錫釉陶的鼎盛期，並影響到尼德蘭地區（the Netherlands），位於該地區的今荷蘭德爾夫特（Delft）瓷場亦約於十六世紀開始燒造此類因傳輸轉運站而命名的錫釉陶器，即所謂的荷蘭馬約利卡陶器。而若依據十六世紀Cipriano Piccolpasso著《陶藝三書》，則可知講究的馬約利馬陶器是於錫釉上施彩，後再施名為Coperta的鉛釉，亦即經素燒、彩燒和鉛釉等三次入窯燒製而成的。[3]

圖5　馬約利卡藥罐　日本私人藏

　　熱蘭遮城遺址出土的馬約利卡陶器計四片，分別出土於第一、二、五號探坑，胎質鬆軟，略呈淡黃色調。其中一件是於外壁胎上施罩白色失透釉，而後在釉上施以鈷藍彩和黃彩，內壁施透明白釉。應予一提的是，鈷藍彩和黃彩上方可見一層薄透明釉，推測其工序是以錫釉為底釉，施加彩繪後再上一層透明鉛釉（圖1）。另三件則均是於外壁白釉上進行鈷藍彩繪和點飾（圖2～4）。後者外觀藍彩雖可媲美青花瓷器，不同的是青花瓷乃是以鈷料繪飾器胎而後施罩透明釉於高溫下一次燒成。

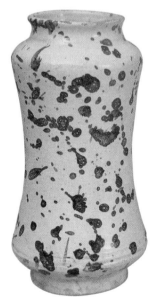

圖6　馬約利卡藥罐　日本私人藏

　　熱蘭遮城遺址出土的四片馬約利卡陶雖均僅存殘片，但仍可觀察出是以拉坯成形，從殘片造型紋飾結合國外傳世遺物的器式特徵，可以推測其很可能是經常做為膏藥容器，亦即所謂Albarello的罐身部位殘件。如五號探坑出土的裝飾數道藍彩弦紋的標本（同圖3），或二號探坑出土的於弦紋中另飾半弧形連續垂幕紋，弦紋下方飾日本茶道界俗謂之煙草葉紋、歐洲人稱之為富麗葉紋（foglie）的標本（同圖4）即是藥罐身部殘片（圖5）。其次，一號坑所見白地鈷藍點彩標本（同圖2），亦有可能屬同類繪罐之罐肩或下腹殘片，其和傳世一件年代較晚，採用「吹墨」技法的罐身部位彩飾有異曲同工之妙（圖6）。[4]最能表現馬約利卡藥罐彩繪特色的標本，無疑是2005年出土於五號探

圖7　馬約利卡陶器殘片
日本大阪城城下町出土

圖8　荷蘭籍*Witte Leeuw*沉船（1613）打撈品

坑的以鈷藍描繪邊廓、內塡黃彩的白地黃藍彩標本（同圖1），日本大阪城城下町即出土了類似彩飾的作品（圖7），後者之相對年代約爲十六世紀末至十七世紀。[5]從熱蘭遮城遺址出土的四件馬約利卡陶的出土地點、層位和殘片本身的裝飾特徵判斷，四件標本雖然分別屬於不同的個體，但似乎均屬藥罐的殘片。就目前的資料看來，這類器高約十餘公分的小罐很可能是隨著荷蘭人勢力的擴張而攜至各地，如1613年沉沒於大西洋聖海倫那島（St. Helena）的荷蘭籍*Witte Leeuw*（白獅號）沉船即見有這類小罐（圖8），[6]而亞洲的重要貿易據點印尼萬丹（Bantam）（圖9），[7]或雅加達沿岸叭沙伊干（Pasar Ikan）荷蘭東印度公司倉庫群亦見出土（圖10）。[8]

圖9　馬約利卡陶器殘片　印尼萬丹出土

至於東北亞日本方面，除了傳世作品之外，至1990年代日本遺址所見荷蘭十七至十八世紀陶瓷標本計約十九件（片），半數以上屬此類所謂藥壺。[9]其次，依據2001年松本啓子的統計，則分別來自日本八處遺址，統計二十九件的馬約利卡陶器當中，所謂藥罐亦佔二十一件之多。[10]其中，年代最早的標本見於長崎縣大村市慶長三年（1598）建成的玖島城址，[11]以及堺環濠都市慶長二十年（1615）地層；[12]不僅如此，在調查增上寺歷代德川將軍墓時也於卒歿於元和九年（1623）的德川秀忠墓發現同類

作品（圖11）。[13]結合出土有該類作品之其他遺址
之性質或地望，則除了將軍墓、城、大名居宅之
外，明顯集中於獲得幕府同意可與外國交易的
「五所商人」（即五處商人）所在地之長崎、堺、大
阪、京都，以及出島荷蘭商館遺址。[14]這樣看
來，做為荷蘭東印度公司連接東南亞印尼諸國或
東北亞日本重要基地的熱蘭遮城遺址出土有十七
世紀馬約利卡陶器似乎也是理所當然之事。此
外，由於日本堺市是因朱印船貿易而繁榮的都
市，而臺灣即是日本朱印船赴東南亞貿易時的據
點，長崎代官末次平藏也於寬永三年（1626）獲
得朱印狀得以派遣船隻至臺灣貿易。值得一提的

圖10　馬約利卡陶器殘件
　　　印尼叭沙伊干荷蘭東印度公司倉庫群
　　　遺址出土

是，在1636年5月30日由巴達維亞（Batavia）總督寄予末次平藏的信函中提到：「陶器和
生絲的樣本或模型，收悉。我等遵循閣下的希望，擬將之送往祖國或其他地方製作。
並且在接獲時隨即送往貴處。」結合1633年5月13日巴達維亞總督捎予松浦肥前守的書
簡也提到：「關於荷蘭陶器，在新年將模型送往荷蘭於同地製作」，[15]均屬日本向荷蘭
訂製陶瓷的珍貴記事。因此，不能排除臺灣據點也參與了此一陶瓷訂製時樣本或成品交付

圖11
馬約利卡陶器
日本德川秀忠將軍墓（1623）出土

等運送事宜。事實上，於1635年荷蘭人就在臺灣製作木製
樣本，指定中國瓷商依樣生產符合歐洲人趣味的各類陶
瓷。[16]這類一般呈大口、束頸、斜弧肩，且往往於筒形身腹
正中略往內收的所謂膏藥罐，是當時裝盛醫療用品的外容
器，法國特華（Troyes）市立醫院附屬藥局即有多件此類膏
藥罐傳世至今（圖12）。[17]現藏巴黎國立圖書館
（Bibliothèque Nationale de France）由日本石崎融思繪作於
寬政十年（1798）出島荷蘭商館失火之前的《蠻館圖》中
亦見患者接受手術診療的場景（圖13），醫生旁有矮几，几
上置一白色束頸罐，罐下方有榜題「膏藥」二字，可知早
在日本江戶時期也是將今日所謂Albarello罐式，視為醫療
用的膏藥罐。[18]另一方面，大橋康二曾引用《巴達維雅城日

圖12 法國特華市立醫院附屬藥局傳世藥罐

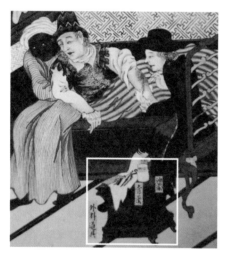

圖13 石崎融思《蠻館圖》（1798）
　　 法國國立圖書館
　　（Bibliothèque Nationale de France）藏

誌》所記載1639年（？）臺灣有「做爲膏藥用給理髮師的Cangan布」，[19]據陳國棟的考證，所謂Cangan布即中國粗棉布，1625年荷蘭人在臺灣向新港社買到的第一塊土地就是用十五疋Cangan布交換得到的。[20]另外當1661年鄭成功攻陷熱蘭遮城時也發現三百名病患正在醫院就診。雖然，當時的醫院概念和今日的情況大不相同，也就是說以當時歐洲而言，外科醫生其實是由理髮師所兼任，然而我們仍可藉由前述《蠻館圖》或一幅十八世紀歐洲繪畫所見置放於外科醫生診療室中的所謂Albarello罐及其他用具（圖14），而得以遙想熱蘭遮城理髮兼外科醫生的工作和醫院的情景。無論如何，對於遠離家鄉的荷蘭東印度公司職員或軍士而言，Albarello罐是不可或缺的生活備用品。

另一方面，國立臺灣博物館也收藏了一件該館於1940年代接收自臺灣總督府博物館，底徑復原超過十公分，尺寸較大足堪作爲水指使用的荷製馬約利卡陶殘片（圖15：a、b、c）。臺灣總督

圖14　十八世紀歐洲畫作所見外科診療

府博物館創立於1908年，至1945年中國國民黨軍
權接收期間積極從事臺灣自然、人文標本的蒐集工
作，因此該殘片雖乏確實的出土或採集紀錄，但從
原收藏單位的性質看來，其極可能是得自臺灣本
島。[21]果若如此，則為臺灣出土馬約利卡陶增加了
一個實例。這類口徑和底徑較大的作品，曾被日本
茶道界轉用來充當茶會時裝盛洗濯茶碗、茶筅廢水
或補給茶釜用水的「水指」（圖16）。依據目前的
資料看來，包括Albarello藥罐在內的所謂馬約利
卡陶器的燒造地點，除了荷蘭北部（Noord-
Nederland）、荷蘭南部（Zuid-Nederland）之外，
如安特衛普（Antwerpen）等歐洲其他地區亦有生
產。尤可注意的是，依據松本啓子對於前引大阪城
城下町出土馬約利卡藥罐（同圖7）的細心比對，
指出標本胎中含鋁較高與義大利翡冷翠近郊窯場生
產的馬約利卡陶器胎質較為接近。因此，包括日本
出土標本在內的亞洲遺址所見一般以荷蘭馬約利卡
予以概括之錫釉陶器的產地其實不只一處，[22]但詳
情還有待日後進一步的資料來補充。可確定的是，

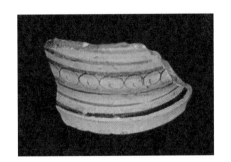
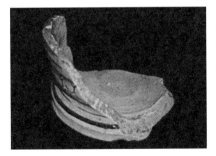
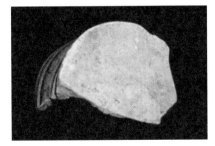

圖15　臺灣總督府原藏馬約利卡陶器
　　　國立臺灣博物館藏

東方臺灣或日本、印尼等地遺址出土的這類作品應該是由荷蘭所攜來的。臺灣出土有十七世紀馬約利卡陶器當然是說明了其時臺灣在歐亞貿易交流中可能扮演的中介角色，而若就陶瓷史的研究而言，則是提供了一處前所未知的出土遺址，是復原歐洲陶瓷輸往亞洲途徑和據點時的重要參考資料，其同時也提示了日本獲取包括歐洲製品在內的「南蠻物」時，臺灣據點所可能扮演的不宜忽視的角色。另外，應予一提的是，日本九州肥前地區於十七世紀亦曾承接荷蘭東印度公司訂

圖16
用馬約利卡藥罐做為茶道「水指」
日本私人藏

圖17
伊萬里燒　十七世紀
荷蘭阿姆斯特丹市（Amsterdam）出土

單燒製Albarello藥罐輸往歐洲（圖17），[23]以及巴達維亞、臺灣等地的商館附屬醫院。[24]而做為歐洲馬約利卡陶先驅的十五世紀伊斯蘭風錫釉陶（Hispano-Moresque Ware）（圖18）則又是受到伊斯蘭陶器的影響（圖19）。因此，十七世紀日本肥前瓷窯所做造的Albarello藥罐之原型甚至可追溯至伊斯蘭陶器。另一方面，就如John Carswell等所指出，中國明朝宣德年間（1426－1435）燒製的於正中微內收的筒形器身上置尺寸約和底徑相當的短直口（圖20），其原型亦來自Albarello。[25]這類也見於明初龍泉窯青瓷、[26]形似燈籠的所謂「獎罐」或「壯罐」後來又受清代帝王喜愛，不僅大量燒製（圖21），又將缺蓋的前朝傳世品配以新蓋。如《造辦處各作成做活計清檔》就記載乾隆十四年（1749）弘曆皇帝令太監胡世傑轉交一件「青花白地壯罐」要江西御窯場配蓋，員外郎

白世秀則於次年將配得瓷蓋的青花壯罐持進轉交太監胡世傑獻呈皇帝過目。因此，現藏臺灣國立故宮博物院的多件清初官窯「壯罐」（如圖21）之原型亦可追溯至伊斯蘭陶瓷。

另外，相對於清初景德鎮官窯所燒造之原型來自伊斯蘭Albarello的「壯罐」，十七世紀的景德鎮民窯則曾接受歐洲人訂製燒造Albarello，如現藏大英博物館的一件青花Albarello（圖22），[27]其原型顯然是來自於歐洲馬約利卡錫釉 Albarello（圖23）。[28]就中國瓷窯模倣Albarello的歷史而言，明初十五世紀前期的製品雖不排除是為因應中東地區人們之嗜好所生產，但更有可能是其時對於中東地區金銀器等異國

圖18
伊斯蘭風錫釉陶
十五世紀
英國維多利亞與亞伯特博物館
（Victoria & Albert Museum）藏

圖19
藍地彩繪金花紋壺
伊朗十三世紀後期至十四世紀
美國大都會博物館
（The Metropolitan Museum of Art）藏

圖20　青花罐　十五世紀前期

圖21
「大清乾隆年製」青花壯罐
臺灣國立故宮博物院藏

圖22　景德鎮青花Albarello
十七世紀　英國大英博物館
（The British Museum）藏

圖23　馬約利卡錫釉Albarello
十七世紀

圖24　明正德年間（1506-1521）
青花壯罐

趣味作用下的產物，並且晚迄正德年間（1506－1521）仍持續生產（圖24），[29]不過十七世紀景德鎮或福建省漳州窯所燒製的Albarello則完全只是照單全收地接受歐洲人的訂製。至於乾隆朝官窯的Albarello無疑應該置於當時倣古風尚中予以掌握。日本江戶後期著名文人陶工青木木米（1767－1833）《古器觀圖帖》中的Albarello畫作（圖25），[30]則說明了木米對於日本茶人將之轉用於茶道水指的南蠻古物的鑑賞和好奇。

〔改寫自《故宮文物月刊》285（2006）所載相同篇名拙文〕

圖25　青木木米（1767-1833）
《古器觀圖帖》中的Albarello

3-2 熱蘭遮城遺址出土的德國鹽釉炻器

　　熱蘭遮城（Fort Zeelandia）遺址出土來自德國萊茵蘭（Rhineland）窯場所燒製的鹽釉陶瓷標本計六十餘件，分別出土於第一至三號及五至七號探坑。從標本的造型或裝飾特徵可知，其器形包括了口沿（五件）、底（五件）（圖1：a、b）、把（五件）（圖2）和器身（四十八件）（圖3：a、b）等部位殘片。後者器身殘片當中計有十件貼飾陽紋印花，其中二號探坑所出兩件貼花標本上方另塗飾鈷藍彩斑。類似的鈷藍彩飾也見於無貼花裝飾的器身殘片，如七號探坑出土的標本即點飾稀疏的鈷藍斑點，而五號探坑出土的口沿殘片亦見不規則的鈷藍彩飾（圖4：a、b）。

　　依據遺址出土鹽釉陶瓷標本的器式和裝飾特徵，可以復原得知其均屬於俗稱鬍鬚男（Bartmannskrug, Bartmann）的帶把酒壺。酒壺以轆轤拉坯成形，壺頸肩部位浮雕落腮鬍人面，同時經常於顏面下方以及壺腹側面裝飾各式紋章，鬍鬚男一名即來自壺頸肩部位裝飾的蓄鬍人面。關於此一腮鬍人物的具體所指以往有諸種說法，除了原始神靈避邪攘魔之孑遺等推測之外，還有認為表現的是酒的守護神或德國十六世紀以來流行的濃毛野人寫真以及揶揄宗教改革期間嚴厲糾舉新教徒的樞機主教羅伯托・貝拉米諾（Roberto Bellarmino，1542－1621）。[1]作品的製作工序是：於拉坯成形的器身飾模印貼花，而後整體施抹一層褐色化妝土，待入窯燒至約攝氏一千兩百度高溫時，投鹽入窯，以氧化焰燒成。如此一來，鹽與自然灰就結晶形成所謂的鹽釉。

　　德國萊茵蘭「鬍鬚男」樣式酒壺延續至近代仍有燒造，但主要燒製於十五世紀至十七世紀，當中又以科隆（Cologne）及其近郊的弗勒亨（Frechen）等兩處窯場製品最為著名。一般而言，科隆類型之浮雕顏面生動，表情誇張，同時又於壺身貼飾華縟的浮雕植物花卉（圖5）；弗勒亨類型的浮雕貼花則顯得簡略，多數作品除了人面下方或壺腹兩側的紋章貼花之外，留白無其他裝飾。此外，同樣位於萊茵蘭的衛斯特維德（Wasterwald）窯場作品則又多加飾鈷藍彩（圖6）。[2]雖然熱蘭遮城遺址亦見數件鹽釉鈷藍彩飾標本，但其胎釉特徵則和弗勒亨窯場作品一致，特別是熱蘭遮城遺址所出於模印貼花上方加飾鈷藍彩的標本，其貼花紋飾簡略平板，與衛斯特維德窯場同類作品有較大的不同，因此可以認為

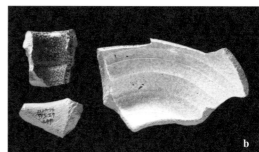

圖1　鹽釉陶瓷殘片　a 外觀　b 內面　臺灣熱蘭遮城遺址出土

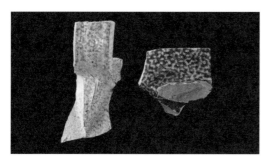

圖2　鹽釉陶瓷殘片
　　　臺灣熱蘭遮城遺址出土

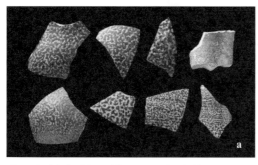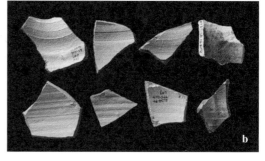

圖3　鹽釉陶瓷殘片　a 外觀　b 內面　臺灣熱蘭遮城遺址出土

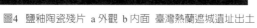

圖4　鹽釉陶瓷殘片　a 外觀　b 內面　臺灣熱蘭遮城遺址出土

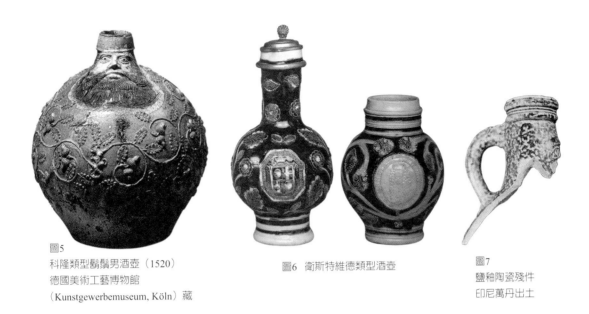

圖5
科隆類型鬍鬚男酒壺（1520）
德國美術工藝博物館
（Kunstgewerbemuseum, Köln）藏

圖6　衛斯特維德類型酒壺

圖7
鹽釉陶瓷殘件
印尼萬丹出土

熱蘭遮城遺址所出萊茵蘭鹽釉炻器標本均屬弗勒亨地區窯場所生產。[3]應予一提的是，印尼萬丹（Bantam）[4]（圖7）或雅加達沿岸叭沙伊干（Pasar Ikan）荷蘭東印度公司倉庫群遺址，[5]以及日本長崎出島荷蘭商館等遺址也都出土有萊茵蘭鬍鬚男酒壺標本（圖8）。[6]特別是日本至西元2002年為止的多處考古遺址所出總數達一百一十五件（片）的標本只見弗勒亨類型。[7]換言之，截至目前可確認之東方遺址所出萊茵蘭鬍鬚男酒壺，似乎限於弗勒亨類型，不久前公佈的台灣外島澎湖風櫃尾表採的殘片，[8]也屬同一類型。另外，依據個別研究者的見聞，1990年代泰國中部阿瑜陀耶（Ayutthaya）一帶河川曾發現包括德國鹽釉酒壺在內的泰國、越南和日本、中國等地十六至十七世紀陶瓷。[9]雖然報導中未揭示圖版，但可想見打撈上岸的德國鹽釉器可能亦屬弗勒亨類型。

就印尼考古遺址出土該類標本的年代而言，萬丹遺址因伴出十七世紀的安平壺、卡拉克瓷（Kraak Porcelain）、漳州窯等中國陶瓷和日本肥前瓷窯殘件，故總數約四十個體的弗勒亨類型標本之相對年代約於十六世紀後半至十七世紀。[10]至於叭沙伊干荷蘭倉庫群遺

圖8　鹽釉陶瓷殘片　日本長崎出島荷蘭商館遺址出土

址出土的貼飾鬍鬚男面的標本，其面部特徵既和弗勒亨陶瓷博物館（Keramik Museum Frechen）藏1600至1650年代的同類作品大體一致，[11]壺口沿的造型特徵也和1613年沉沒於大西洋聖海倫那島（St. Helena）的荷蘭籍*Witte Leeuw*（白獅號）沉船打撈作品相近（圖9），[12]故其相對年代應於十七世紀前半，此一年代觀基本符合荷蘭人在1619年擊敗英方的攻擊，於叭沙伊干遺址所在地雅加達海岸構築城堡，建設新市鎮，並於1621年改雅加達為荷蘭族名「巴達維亞」（Batavia）之史實所反映該地區和歐洲勢力擴張的年代相符。[13]

圖9 荷蘭籍*Witte Leeuw*沉船
（1613）打撈品

另一方面，日本出土有該類標本的考古遺跡則限於長崎縣境內，如伴出有荷蘭馬約利卡（Majolica）膏藥罐的興善町遺跡八尾邸就曾出土弗勒亨類型鬍鬚男酒壺標本（圖10），[14]但是無疑還是以荷蘭商館所在地的出島出土數量最多，長崎市街和平戶市亦見出土例。後者平戶荷蘭商館年代下限1641年，故商館遺跡出土之鬍鬚男酒壺標本的相對年代應在1641年之前。[15]這樣看來，目前東亞考古遺址所見德國萊茵蘭燒製的所謂鬍鬚男酒壺既限於弗勒亨類型，其相對年代亦集中於十七世紀，不僅如此，其考古遺跡也都和荷蘭人的勢力範圍密切相關。

圖10 鹽釉陶瓷殘片
日本興善町遺址出土

如前所述，熱蘭遮城是荷蘭人自毀外島澎湖風櫃尾城堡於1624年拆遷至安平構築的城堡，而上述兩座城堡遺址均發現有弗勒亨類型陶瓷，這很難說是偶然，而應該說臺灣出土例亦如同印尼、日本般，透露出此類德國陶瓷與荷人的緊密關連。關於這點，我們從1609年沉沒於幾內亞灣南部的*Mauritius*（模里西斯號）沉船，[16]或前引1613年*Witte Leeuw*等兩艘荷蘭東印度公司沉船都打撈出弗勒亨類型鬍鬚男酒壺，[17]可以推測印尼、臺灣和日本等國考古遺址所見德國萊茵蘭陶瓷應是由荷蘭人所帶來的。此一推測也符合以往學界推測德國萊茵蘭陶瓷，於十七世紀荷蘭社會所扮演的舉足輕重角色，即荷蘭國內

考古發掘已證實中世紀末期荷蘭陶瓷器用頗多是由萊茵蘭窯場所輸入，並且其中就包括不少弗勒亨類型的鬍鬚男酒壺。[18]

　　如前所示，熱蘭遮城遺址所見萊茵蘭弗勒亨窯場生產的所謂鬍鬚男酒壺標本，計包括口沿、把和壺身部位殘片。以下擬依據器形部位先觀察其外觀細部特徵，而後結合國外現存相關遺物略做考察。

口沿殘片

　　計五件，可分二式。A式是先於厚壁直口上端鏇修一道不甚明顯的弦紋，從而形成上斂下豐的短直口，直口下方再鏇修兩道細凸弦紋，以下與頸部交接處再飾粗稜一周（圖11）。這一型式的口沿，相當於 Marion Merse 所分類的第十式（圖12）。[19]弗勒亨陶瓷博物館即收藏有不少類似口沿造型的鬍鬚男酒壺，其中包括數件約於1600至1650年代燒製的作品（圖13）。

圖11　鹽釉陶瓷殘件
臺灣熱蘭遮城遺址出土

　　B式是於直口上方鏇修出一道粗稜，粗稜下方飾陽紋細弦紋二周，以下和頸相接處再飾粗稜一周（圖14）。這一型式的口沿，相當於 Marion Merse 所分類的一式（同圖12）。[20]除了前引1613年荷蘭 *Witte Leeuw* 沉船之外，弗勒亨陶瓷博物館亦收藏一件具有同式口沿的1610年代作品（KMF A75）。[21]另外，

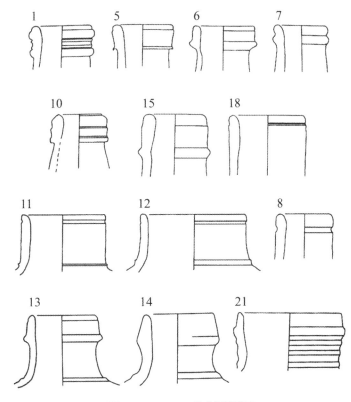

圖12　Marion Merse的分類線繪圖

圖13　鬍鬚男酒壺　德國弗勒亨陶瓷博物館
（Keramik Museum Frechen）藏

（左）圖14
（上）圖15
鹽釉陶瓷殘片
臺灣熱蘭遮城遺址出土

圖16　歐洲所見鬍鬚男酒壺

日本寬永十三年（1636）築造完成的人工島出島荷蘭商館遺址也曾出土同式口沿殘片。[22]

壺身殘片

　　計四十八片，其中十件飾模印貼花，另有兩件點飾鈷藍彩斑。模印貼花內容包括兩件貼飾於壺頸肩部位的鬍鬚男面，由於以上兩件標本乃是分別出土於五號（圖15）和七號探坑，可知是來自不同的個體。由弗勒亨窯場燒製的鹽釉酒壺所見鬍鬚男貼飾，種類極多，細部造型不一而足。雖然如此，和五號探坑出土人面貼飾所見鬍鬚樣式類似的作品以往亦曾見於歐洲收藏品（圖16），[23]也和一件出土於倫敦燒製於1650年代的作品造型特徵大體一致。[24]另外，上引兩件歐洲藏品口沿均屬本文所歸類的B式，可以推測熱蘭遮城五號探坑出土的人面貼飾應屬帶B式口沿的酒壺殘片。另外，五號探坑也伴出了連底的壺身殘件（圖17：a、b、c），可以清楚看出器外底的線切割痕跡。

圖17　鹽釉陶瓷殘件　a 外壁　b 外底　c 內面
　　　臺灣熱蘭遮城遺址出土

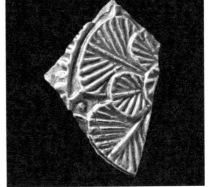

（由上至下）圖18　圖19　圖20　圖21
鹽釉陶瓷殘片　臺灣熱蘭遮城遺址出土

　　由於個人所掌握的資料極為有限，再加上部
份標本貼花紋飾不全，因此目前無法全面地辨識
復原出熱蘭遮城遺址出土模印貼花的具體內容和
確切的涵義。比如說五號探坑出土的兩件帶有繁
縟紋飾的貼花（圖18、19），本文就無法正確地進
行比對和復原。不過，同樣出土於五號探坑的三
件團花貼飾（圖20、21），特徵明顯，可以輕易地

和國外收藏品進行比對（圖22、23）。[25]其次，除了弗勒亨窯址標本之外（KMF A1006）（圖24），[26]英國諾維奇（Norwich）也曾出土同類作品，後者作品據S. Jennings的編年，其相對年代約於1550/60至1650年之間。[27]另外，蘇格蘭北部雪特蘭（Shetland）發現的1653年荷蘭東印度公司沉船 *Lastdrager* 亦見同類標本。[28]

熱蘭遮城遺址出土的弗勒亨鹽釉酒壺壺身貼花標本還包括第二號探坑出土的兩件殘片，其中一片飾鈷藍彩的標本，紋飾難以辨識，另一片則可清晰地識別出紋章主題乃是由「╳」紋所構成（圖25）。由於上述兩件標

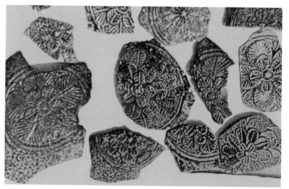

（上）圖22 （下）圖23 飾團花貼飾的弗勒亨窯鹽釉標本

圖24 鬍鬚男酒壺 德國弗勒亨陶瓷博物館（Keramik Museum Frechen）藏

本釉調極為接近，且出於同一探坑，所以不排除是來自同一個體。無論如何，我們應該留意，荷蘭阿姆斯特丹市（Amsterdam）市徽即是由三個垂直排列的「╳」所構成（圖26），分別表示阿姆斯特丹市的三個剋星：水、火和黑死病，是該市十六世紀以來迄今日的市徽；也是阿姆斯特丹市市民自我期許的英勇、果決、慈悲之人格稟賦。若參照國外收藏之具有類似貼花紋飾的作品，可以確認二號探坑出土帶「╳」形貼花標本表現的主題正是阿姆斯特丹市的市徽。

德國鹽釉器上見到荷蘭市徽一事並不足為奇。那是因為首先出現於德國萊茵蘭的鬍鬚男酒

圖25　鹽釉陶瓷殘片　臺灣熱蘭遮城遺址出土　　　　圖26　荷蘭阿姆斯特丹市市徽

壺外觀所呈現出的詼諧裝飾趣味，深受歐洲人們的歡迎，致使比利時或英國等地的窯場起
而仿傚，燒製類似的作品。但另一方面，萊茵蘭的窯場似乎也接受訂製，故傳世的不少鬍
鬚男樣式酒壺上的貼花紋章內容，除見有英國、丹麥或奧地利等國王室家徽，還可見到科
隆甚或荷蘭阿姆斯特丹市的市徽。[29]就我所能掌握的資料而言，這類裝飾有阿姆斯特丹市
市徽的弗勒亨類型鬍鬚男酒壺傳世不只一件，彼此的相對年代也不相同，其既包括十六世
紀中期（圖27）、
十六世紀後期的作
品（圖28），[30]也有
可晚到十七世紀早
中期的例子。不
過，由荷蘭特克賽
爾（Texel）出港
卻在1664年失事沉
沒於蘇格蘭北部雪
特蘭的荷蘭東印度
公司*Kennemerland*
沉船，則見打撈出
裝飾有和熱蘭遮城
遺址標本紋飾幾乎

圖27　鬍鬚男酒壺（1560）　　　　　　　圖28　鹽釉酒壺（1594）
　　　德國弗勒亨陶瓷博物館　　　　　　　　　德國弗勒亨陶瓷博物館
　　　（Keramik Museum Frechen）藏　　　　（Keramik Museum Frechen）藏

完全一致的鬍鬚男鹽釉酒壺（圖29）。[31]從
而可知，熱蘭遮城遺址出土阿姆斯特丹市市
徽殘片上方原應有王冠形飾。另外，現藏日
本神戶市立博物館之飾有阿姆斯特丹市市徽
的作品，其市徽周邊之細部裝飾圖紋亦和
*Kennemerland*沉船以及熱蘭遮城遺址所出同
類標本的紋飾一致（圖30）；從神戶市立博
物館藏品壺口沿部位由歐洲金工師所裝鑲的
具有時代風格的金屬壺蓋看來，學界推測該
鹽釉壺應係1590至1620年間萊茵蘭瓷場售往
荷蘭的典型作例。[32]此一年代觀，亦可做為
訂定熱蘭遮城遺址出土同類標本的年代參考

圖29　荷蘭籍*Kennemerland*沉船（1664）
　　　打撈作品線繪圖

依據。另外，從Jan Miense Molenaer（1610－1668）繪作於1637年的《視覺》（《*Sign*》，
圖31），可以窺見其時荷蘭庶民使用萊茵蘭鬍鬚男酒壺之一斑。

〔改寫自《故宮文物月刊》288（2007）所載相同篇名拙文〕

圖30　德國鬍鬚男鹽釉酒壺
　　　日本神戶市立博物館藏

圖31　Jan Miense Molenaer《視覺》（1637）

3-3 熱蘭遮城遺址出土的歐洲十九世紀炻器

　　做爲臺南市政府委託國立成功大學《第一級古蹟臺灣城殘蹟（原熱蘭遮城）城址初步研究計劃》的一個子計劃，由中央研究院史語所劉益昌研究員所帶領的考古團隊，於2003年和2005年兩次針對熱蘭遮城（Fort Zeelandia）遺址進行了考古試掘。遺址發掘出土的遺物質材頗爲豐富，但以陶瓷器的數量最多，其產地來自日本、中國、泰國、越南和歐洲。歐洲陶瓷標本當中，除了此前我已曾介紹過的馬約利卡（Majolica）錫釉陶、德國萊茵蘭地區鹽釉器等十七世紀作品之外，還包括部份年代可晚至十九世紀的炻器。後者標本的胎、釉或造型、裝飾特徵，乃至於成形和加飾技法，不一而足，明顯可以區分成幾個不同的群組，本文所擬介紹的即爲其中一群施罩鐵釉的瓶罐類炻器。另外，由於這類歐洲鐵釉系標本亦曾見於北臺灣淡水河往南至八里和林口交界處的太平村臺灣海峽海邊，因此一併介紹如下。

一、小口尖嘴瓶

　　小口尖嘴瓶口部殘片分別出土於第一和第七號探坑，前者胎質緻密，呈灰黑色調，後者胎色黃中偏白。依據以上兩件造型明確的標本之胎、釉特徵，與兩次試掘所得陶瓷殘片進行比對，可以得知屬於此類器式的標本散見於第一、三、七號探坑。從胎釉情況可區分爲兩類。

I 類

　　胎色黃中偏白，表施黑褐色亮釉，內壁無釉。小口尖嘴部位出土於三號探坑；七號探坑所見則爲瓶身和器底殘片（圖1：a）。器底已殘，但仍可清楚看出底邊斜削一周做出稜面，而瓶下腹近底處另鑴印一字母已難辨識的橢圓形章（圖1：b）。類似的小口尖嘴瓶見於今東京都新橋停車場舊汐留貨運站等遺跡，其中有的瓶身有「J. BOURNE & …／PAT-ENTEES／DENNBY／NEAR／DERBY／187」印銘（圖2）。[1]無獨有偶，臺北縣林口鄉太

圖1　炻器殘片　臺灣熱蘭遮城遺址出土

圖2　褐釉瓶　日本東京汐留遺址出土

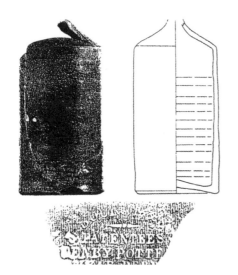

圖3　褐釉瓶底殘件　臺灣臺北縣林口鄉太平村採集

平村張新福先生於太平村臺灣海峽岸邊也採集到一件BOURNE·DENBY印銘的褐釉瓶底（圖3）和注口部位殘件（圖4：a、b）。依據石崎俊哉轉引G. A.Godden有關BOURNE的記述，其應是JOSEPH BOURNE ＆ SON LTD的略稱，該公司雖創業於1809年，但汐留遺跡所見印銘內容則具1850年代以降之特徵。[2]其次，太平村所採集注口標本，口頸交接處之頸部內縮一圈的造型，特徵也和汐留遺跡出土推測是英國產的標本一致（圖5）。後者瓶身下部押印橢圓形印，經釋讀印內字母為「BOURNE／DENVY」。另外，如果依據英國Doulton ＆ Watts陶瓷公司於1873年所公告的炻器價格表（圖6），則太平鄉採集標本應屬「墨水瓶」。[3]看來，熱蘭遮城遺址出土以及林口鄉太平村海邊所採集的此類英國炻器標本之上限不早於十九世紀，下限目前不明，但不排除可晚至二十世紀初期。換言之，標本其年代約相當於據臺政權的清朝中後期以迄日本時代初期。

Ⅱ 類

　　胎質緻密，呈灰黑色調，瓶內外壁施深褐釉（圖7：a）。外底無釉，露胎處有明顯的轆轤鏇修痕跡，底邊亦如Ⅰ類斜削一周做出稜面，瓶下部亦鎸一僅存局部的橢圓形印，字母為「ⒸHAM」或「ⓄHAM」（圖7：b），所見口部、器肩和器底殘片均出土於一號探坑。

　　類似的胎質灰黑緻密的小口尖嘴褐釉瓶亦曾見於東京汐留遺跡。其中，有的於瓶身下部鈐印「LOVATT & LOVATT／NOTTS／LANGLEY MILL」，報告書認為LOVATT & LOVATT為窯名稱，NOTTS有可能是Nottinghamshire（諾丁漢郡）的簡寫，LANGLEY MILL當為Nottinghamshire中的一個地名，其營業年代自1895年迄今。[4]另一方面，日本明治（1868－1912）、大正（1912－1925）以迄昭和初期亦曾燒製類似的尖嘴小口瓶。例如東京都春日町遺跡[5]或郵政省飯倉分館館內遺址（圖8：a、b）均可見到此類遺物，[6]甚至於臺北市植物園遺址範圍內亦曾採集到多件完整器。[7]後者有於瓶身鈐圓形印，當中有一「M」字，瓶身並有MARUZEN'S INK TOKYO字銘，可知是二十世紀昭和初期東京丸善（MARUZEN'S）商店出產的墨水瓶（圖9）。至於熱蘭遮城遺址一號探坑出土的標本到底是十九世紀後期以來的英國製品？抑或是日本昭和時期遺物？關於這點，我請教了九州歷史陶磁資料館大橋康二館長，他告訴我從胎質特徵和內底施釉等情況推測，應屬日本製品。

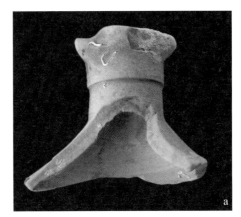
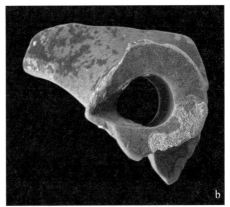

圖4　褐釉瓶注口部位殘件
　　　臺灣臺北縣林口鄉太平村採集

圖5　褐釉瓶　日本東京汐留遺址出土

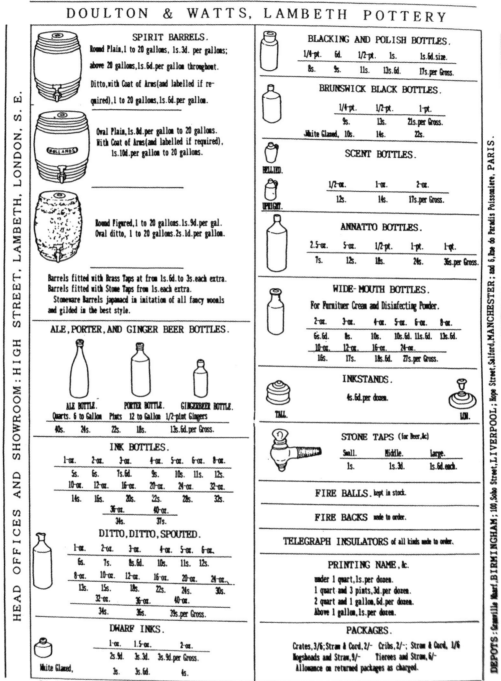

圖6　英國 Doulton & Watts 公司於1873年公告的炻器價目表

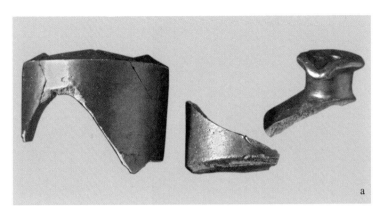

圖7　炻器殘件
　　　臺灣熱蘭遮城遺址出土

二、帶把小口瓶

　　弧形把和筒狀器身殘片分別出土於第一、二、三號探坑。其中，二號探坑出土的弧形把表施褐釉，露胎處呈灰白色調（圖10：a、b）。其器式特徵酷似日本長崎市勝山町遺跡（圖11）[8]和出島荷蘭商館等遺址所出遺物（圖12：a、b），[9]據此可復原出熱蘭遮城遺址一至三號探坑所見表施褐釉的筒式瓶身殘片，可能均屬此類帶把小口瓶的殘部件。

圖8　褐釉瓶 a 外觀 b 線繪圖
　　　日本東京郵政省飯倉分館構內遺跡出土

　　類似器形的小口帶把瓶常見於國外考古遺址，以日本為例，除了前述長崎勝山町遺跡、出島荷蘭商館遺跡（護岸石牆復原處）之外，於關東東京大學本鄉構內（七號遺跡）、[10]汐留遺跡、[11]神奈川縣宮ヶ瀨遺跡[12]或九州興善町遺跡、[13]長崎裁判所、[14]櫻町遺跡[15]以及出島荷蘭商館長官別墅區[16]等遺跡都有出土。

圖9　日本丸善（Maruzen's）製墨水瓶
　　　臺灣臺北市植物園遺跡採集

　　就目前的資料看來，類似器式的褐釉帶把小口瓶應是來自複數地區許多窯場所生產，比如說日本出島荷蘭商館護牆範圍所出標本器身有「AMSTERDAM」印銘，[17]可知其來自荷蘭；而東京汐留遺跡和宮ヶ瀨遺跡標本則鈐印「NASSAN」和「SELTERS」銘文（圖13），由

圖10　褐釉殘件
　　　臺灣熱蘭遮城遺址出土

圖11　褐釉殘件
　　　日本勝山町遺跡出土

於前者字銘爲德國西部地名，後者指的是礦泉水，從而可知指的是來自德國萊茵蘭‧普法爾茨州（Rheinland-Pfalz）Nassan市的鹽釉瓶裝礦泉水。[18]其次，從日本所見同類標本及其伴出遺物的相對年代而言，可以估計此類歐洲小口瓶的年代集中於十八世紀後期至十九世紀，這從1845年失事沉沒的*Desaru Ship*也打撈出帶「SELTERS」、「HERZUGTHUM」、「NASSAN」銘文的小口瓶一事（圖14），[19]亦可得到證實。

　　熱蘭遮城遺址所見推測屬此類帶把小口瓶的標本不足十件，其中三號探坑出土瓶身殘片上有「⊡ & NOL⊡」銘記（圖15：a、b），儘管字母已殘

圖12
a 褐釉瓶褐釉瓶及殘件
b 褐釉瓶及殘件
日本出島和蘭商館遺跡出土

（左）圖13　褐釉瓶　日本東京汐留遺跡出土
（右）圖14　褐釉瓶　馬來西亞*Desaru Ship*沉船（1845）打撈品

缺不齊，不過仍可經由國外類似遺物得以復原得知，其原應是鈐印「BLANKEN-HEIJM & NOLET」，是設廠於荷蘭鹿特丹（Rotterdam）琴酒廠的容器（圖16-⑭）。BLANKENHEIJM公司成立於1714年，並在1790至1815年期間與NOLET合資經營，故熱蘭遮城遺址標本年代應

圖15　褐釉瓶殘片圖　a 實物　b 拓片　臺灣熱蘭遮城遺址出土

在1790至1815年之間。[20]有趣的是，林口鄉太平村海岸採集的褐釉小口長瓶瓶身部位則押

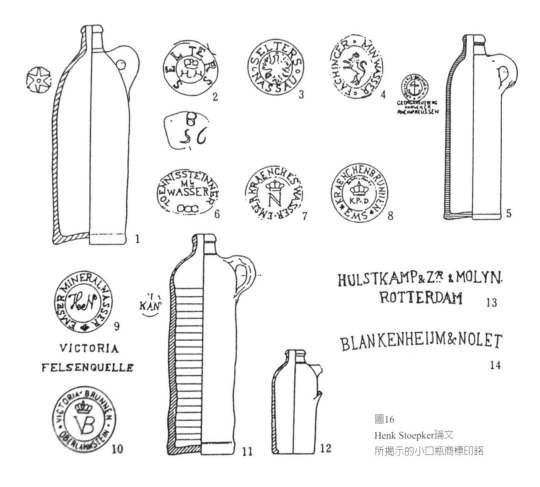

圖16
Henk Stoepker論文
所揭示的小口瓶商標印銘

圖17
褐釉瓶殘件
臺灣臺北縣林口鄉太平村採集

圖18　荷蘭鹿特丹琴酒商標

圖19
褐釉瓶殘件
臺灣臺北縣林口鄉太平村採集

印「□ULST□AMP□Z□□M□□Y□／ROTT□／」（圖17），檢索國外現存文物可知，其原應鈐印「HULSTKAMP & Z..R & MOLYN／ROTTERDAM」（圖16-⑬），[21]即Hulstkamp & Zoon & Molyn Gin distiller & distributer 1775年設於鹿特丹的琴酒廠牌（圖18）。[22]1818年以後改稱「HULSTKAMP & HOFWEGEN」，至1823年又改名如圖16-⑬。[23]此外，同樣是由張新福先生採集自林口鄉太平村的瓶肩押印NID／KAN／印銘的標本（圖19），亦屬荷蘭琴酒容器（圖16-⑪），[24]KAN表示容量，1 KAN相當於一公升。另外，應予留意的是，熱蘭遮城一號坑出土同類器身標本內壁整體沾黏有黑色表垢，是否可能為墨汁遺留？還有待科學化驗來證實。

三、直口筒形瓶

　　瓶身以轆轤拉製成形，瓶身下方底處斜削一周做出稜面與前述小口尖嘴瓶略同。除瓶內壁之外，器表和外底施罩淡褐色釉，外底施釉較薄，約略可見線切割痕及三處支釘痕跡（圖20：a、b）。瓶身下部一側押印內容已難辨識的圖形銘記，其上方另有「12」數字（圖20：c），另一側則鈐印菱形銘記（圖20：d），由上而下可見「IV」、「28」、「Rd」和位於最下方正中的「W」等。類似的印銘曾見於前述汐留遺跡發掘出土的西洋陶瓷標本，後

者除了青花銅版轉印瓷盤之外，亦見與熱蘭遮城遺址所出於褐釉筒式瓶下方押印菱形印記的作品（圖21），[25]據此可以推測熱蘭遮城七號探坑發現的筒式瓶上部可能原亦呈短直口、斜肩造型。

　　如果依據Ralph & Terry Kovel的說法，則此類菱形銘記是十九世紀英國官方所認可的登錄商標（Registration Mark），並且依年代的不同，菱形印格內的內容配置及其意涵亦有所變化。[26]熱蘭遮城遺址出土標本所見印記是屬於同氏所區分的B類，即1868至1883年通行的印

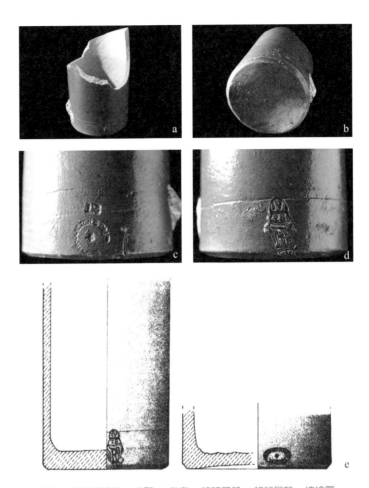

圖20　褐釉瓶殘件　a 外觀　b 外底　c 銘記局部　d 銘記局部　e 線繪圖
　　　臺灣熱蘭遮城遺址出土

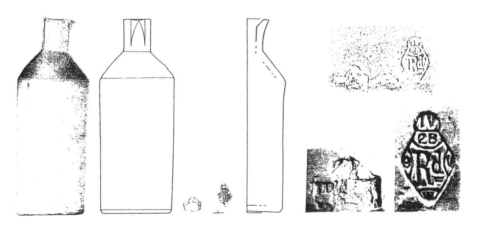

圖21　褐釉瓶線繪圖及銘記拓片　日本東京汐留遺跡出土

記。具體而言，印記上方的「IV」表示材質，即陶瓷類，接下的「28」為日，最下方的「W」指月份，中間的「Rd」為登錄標誌（Registered）。儘管登錄標誌右側表示年份的銘記已難辨識，不過仍可大致得知熱蘭遮城出土標本乃是於1868至1883年的某一年間3月28日向英國政府登錄的商品。附帶一提，汐留遺跡所出標本的菱形印記年份欄內有「V」，月份欄內為「W」，日期為「28」，故知其為1876年3月28日所登錄的製品。[27]

四、小口扁壺

　　採用前後合模的技法製成壺身，一面平坦，另一面半圓形拱起（圖22）。以平坦面為底，一側置帶頸小口，口部呈平口造型，平口上有陰刻弦紋一周，口沿下方飾凸稜。除壺內壁和平底之外，整體施罩淡褐色釉，露胎處呈灰白色調。圓拱壺身下方部位押印長方格中夾飾橢圓穿帶的幾何式連續紋一周，印紋上方另見泥條貼飾，可惜殘缺過多，難以辨識具體的貼花內容。其次，平坦面和拱弧面相接處下方近口頸部的位置押印有「LONDON」字銘，可知其應是英國倫敦一帶窯場的製品。從其胎釉特徵判斷有可能亦屬十九世紀產品，但還有待日後的查證。另外，類似胎質還見於一件大型褐釉蓋鈕（圖23：a、b）。

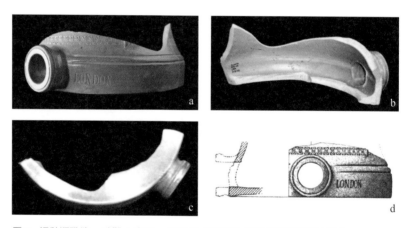

圖22　褐釉瓶殘件 a 外觀 b 內面 c 俯視圖 d 線繪圖　臺灣熱蘭遮城遺址出土

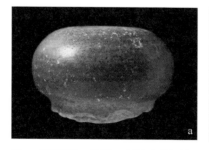
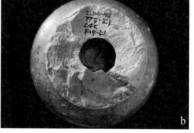

圖23　褐釉蓋鈕 a 外觀 b 內面　臺灣熱蘭遮城遺址出土

五、黃釉瓷

　　熱蘭遮城遺址出土的本文所謂黃釉瓷可以區分為兩式。一式出土於三號探坑，為瓶口沿部位殘片，口沿較厚形成唇口，以下飾弦紋，淡褐色黃釉釉面不甚勻潤（圖24右），類似的作品於新加坡西貢島（Pulau Saigon）遺址曾經出土（圖25），[28]是十八世紀後期至十九世紀歐洲常見的瓶式之一。另一類出土於五號探坑，僅存頸部殘片，釉質透明光亮，器壁較薄，胎質緻密呈灰黑色調（圖24左），其胎釉和殘片所見器形特徵均和林口鄉太平村海邊採集標本一致（圖26：a、b），故可據以復原後者口頸部位器形特徵；日本長崎興善町（圖27）、[29]出島荷蘭商館長官別墅，[30]以及本文屢次提及的東京汐留遺跡都曾出土此類黃釉長頸瓶。

　　儘管這類黃釉瓶的產地可能不只一處，但就我個人目前所能掌握的資料而言，汐留遺跡（3I-072）所出標本瓶身下方有「GROSVENOR／11／GLASGOW」橢圓式印銘，由此可知是英國格拉斯哥（Glasgow）地區的製品，報告書並推測其年代約在1869至1926年之間。另外，汐留

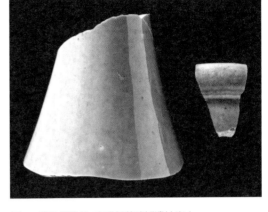

圖24　黃釉瓶殘片　臺灣熱蘭遮城遺址出土

圖25　黃釉瓶　新加坡西貢島遺址出土

圖26　黃釉瓶殘件 a 外觀 b 內面
　　　臺灣臺北縣林口鄉太平村採集

圖27　黃釉瓶線繪圖
　　　日本興善町遺跡出土

遺跡和宮ヶ瀨遺跡亦見一式造型呈寬平口，以下內收置粗直頸的黃釉罐，罐身下方橢圓印內有POWELL／BRISTOL字母（圖28），可知是英國南西部港都William Power (& Sons) 製品，其相對年代約在1830至1906年之間，[31]而林口鄉太平村則亦採集到與此器式一致的標本（圖29：a、b）。參照前引英國Doulton & Watts於1873年通告的炻器價目表（圖30），則此類造型的鹽釉瓶可能是內盛果醬外銷的容器（Export Jam Jars）。

應予一提的是，熱蘭遮城遺址一號探坑曾出土一件我以前曾為文介紹過的白陶煙斗之煙管（stem）部位殘片，上方押印「ⒸLAS」字銘（圖31）。由於日本新橋車站遺址亦曾出土帶「DAVIDSON GLASGOW」完整銘記的白陶煙斗（圖32），[32]從而可知，熱蘭遮城遺址一號探坑的白陶煙斗也應是1862至1911年設廠於格拉斯哥之Thoman Davidson公司所出產的製品。

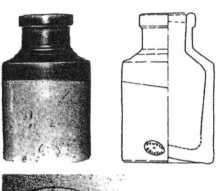

圖28
黃釉瓶
日本東京
汐留遺跡出土

圖29 黃釉瓶殘件 a 外觀 b 內面 臺灣臺北縣林口鄉太平村採集

圖31 英國白陶煙管
臺灣熱蘭遮城遺址出土

圖32 英國白陶煙斗 日本新橋車站遺址出土

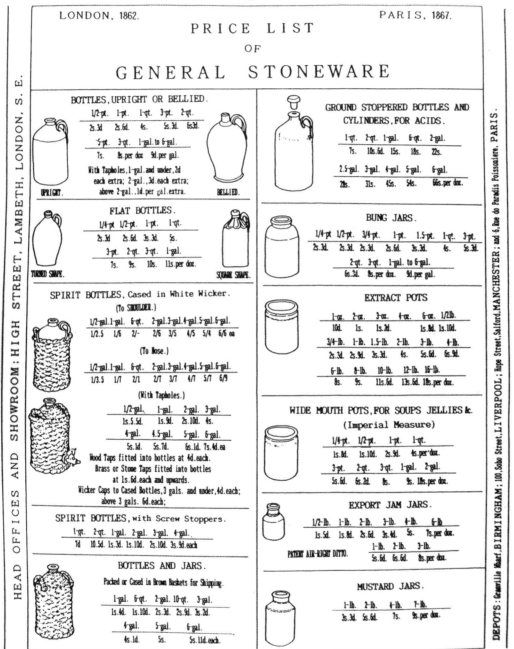

圖30　英國Doulton & Watts公司於1873年公告的炻器價目表

小結

　　自1624年荷蘭人在南臺灣安平建築熱蘭遮城，西班牙人也於1629年在北臺灣淡水築聖多明哥城（San Domingo）。上述兩座由歐洲人所建構的殖民城寨遺址都曾發現十七世紀中國陶瓷等遺物，特別是經正式考古發掘的熱蘭遮城遺址還出土了日本、越南、泰國和荷蘭、德國等地陶瓷，首次證實了臺灣本島考古遺址也出土有歐洲和東南亞等地陶瓷。繼荷、西之後，臺灣又歷經了鄭氏時代（1661－1683）、清國時代（1683－1895）和日本時代（1895－1945），本文以上所介紹的十九世紀歐洲炻器，則相當於清國時代後期。

　　眾所周知，英法聯軍後所簽訂的天津條約（清咸豐十年〔1860〕）清國開放臺灣滬尾（淡水）允許西洋人前來通商，同時在淡水設立海關。《淡水廳誌》卷四載：「（咸豐）十年奏請派道員區天民，會同臺灣鎮林向榮、道孔照慈、府洪毓深等商辦，在淡水之八里坌（今八里鄉）為通商碼頭，對岸之滬尾設立海關……凡四口，以滬尾（淡水）為正口，雞籠（基隆）、打狗（峙後）、鹿耳（安平）為外口。」[33]因此，安平熱蘭遮城遺址出土以及北縣八里和林口交界處的太平鄉海邊採集得到的十八世紀後期至十九世紀歐洲炻器，或許可說是此一史實的反映。

　　就本文所涉及的臺灣兩處遺址所見十九世紀歐洲炻器標本

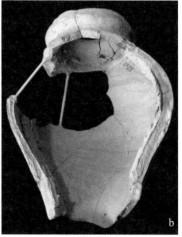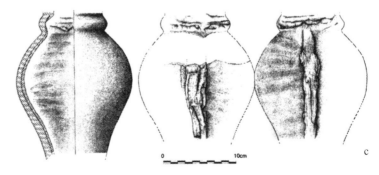

圖33　小口硬陶罐 a 外觀 b 內面 c 線繪圖 臺灣熱蘭遮城遺址出土

的用途而言，計包括來自德國的礦泉水瓶和荷蘭的琴酒瓶，以及產地尚待確認的墨水瓶等容器，初步推測其使用者有較大可能屬旅臺西洋人，特別是熱蘭遮城遺址出土的歐洲白陶煙斗更是如此。

　　另一方面，我們也應留意經正式考古發掘的熱蘭遮城遺址所見歐洲陶瓷標本，種類其實頗為多樣，除了馬約利卡錫釉陶、德國萊茵蘭地區弗勒亨（Frechen）窯場的鹽釉器以及本文以上所述以十九世紀為主的鐵釉系炻器之外，亦見造型呈圓口、束頸、鼓腹的素燒陶罐（圖33：a、b、c），罐殘高近二十二公分，係以轆轤拉坯成形後再於內壁以施泥條補強，作法特殊。但其整體外觀特徵和西班牙產橄欖油罐（Spanish Olive Jars）有些近似之處。後者西班牙橄欖油罐亦隨著船員的出航而出沒各地，如1600年*San Diego*、[34]1668年*Sacramento*，[35]或1690年*Sainte Dorothea*[36]等沉船均見類似器形的陶罐，雖然上述熱蘭遮城第五號探坑之十八至十九世紀清代建築遺構內出土的素燒陶罐，其造型特徵和Mitchell W. Marken所分類的B型（十七世紀）有些類似（圖34），[37]不過前者口徑部位粗大且以高溫燒結，故其是否確屬西班牙製品？而其時代是否能上溯十七世紀？此均還有待日後進一步的比對來證實。

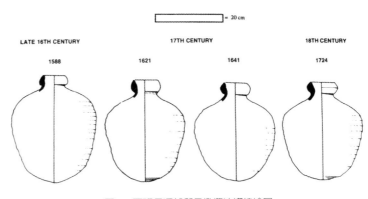

圖34　西班牙沉船所見橄欖油罐線繪圖

〔改寫自《故宮文物月刊》293（2007）所載相同篇名拙文〕

3-4 關於「清香」壺── 從臺灣發現例談起

一、臺灣遺址所見「清香」壺標本

　　1960年代初期，任職於我國文獻委員會的盛清沂先生在調查北海岸遺址時，於臺北縣貢寮鄉福隆村雙溪河口右岸的福隆遺址採集到一件繫耳罐殘片，上有「清香」長方印銘。[1]可惜報告未刊載圖版，因此標本的胎、釉或者字銘的外觀特徵一概不明。1970年代，我赴臺灣外島澎湖的幾處歷史時期遺址進行地表採集時，也在中屯嶼的貝塚拾得帶銘殘片。後者胎色灰青，羼有雜質，表施黃褐釉，裡不掛釉。從殘片的器形、銘文所在位置以及銘文上方所能觀察到的一圈細凸帶紋等推測，應是壺甕類肩部殘片。銘文以押印技法印出縱式陽文，上方「清」字明顯可見，下方只殘存由右面斜向左的「ノ」撇筆劃，但正確字跡已無從判讀。不過若比較流傳於世的其他類似帶銘壺罐類，「清」字以下極有可能為「香」字（圖1）。如果上述推測無誤，則中屯貝塚的「清□」銘瓷片，應該就是所謂的清香壺的殘片。[2]這樣一來，臺灣本島福隆和外島澎湖都發現

圖1 「清ノ」銘破片 臺灣澎湖中屯遺址採集
　　國立臺灣大學藝術史研究所藏

了清香壺標本。前者福隆遺址傳說昔屬三貂社，亦為臺灣原住民凱達格蘭居地，明代天啓六年（1626）西班牙人曾至其地；後者中屯嶼遺址位於白沙島和澎湖本島之間，貝塚陶瓷標本數量龐大，但多屬中國南宋至元代東南沿海窯場所生產。

　　另一方面，我們也能在臺灣以外其他國家發現清香壺標本。其中在今蘇丹國境的紅海岸上，做為十三至十四世紀紅海岸重要的貿易港，並曾被記錄在十四世紀著名旅行家伊本拔都塔（Ibn Battuta）旅遊記的阿伊札布（Aidhab）港，也曾發現一件押印有「清香」銘

文的黑褐釉壺壺肩殘片（圖2）。[3]由於阿伊札布港所採
集到的中國陶瓷標本之時代上自唐代晚期，晚迄明代初
期，而該港又毀於十四世紀後半，故而學者雖可大略粗
估此處採集陶瓷標本多屬明代早期以前的遺物，卻難特
定「清香」銘殘片的具體年代。

圖2　「清香」銘殘片
　　　蘇丹國境紅海阿伊札布港出土

二、 沉船所見「清香」壺

　　自1970年代開始進行打撈的韓國新安海底沉船蘊
藏文物極為豐富。截至近年，打撈上岸的中國陶瓷總數
已達一萬八千餘件，當中包括部分押印銘記的褐釉四耳
壺，印銘內容計有「寶」、「正寶」、「準寶」、「頻
石」、「玉元」、「金王」、「□西」、「圙二」以及「清
香」等（圖3：a、b），[4]多數並於銘文外側飾長方形邊
框，個別印記則於銀錠形框中飾「寶」字，大約是意指
元寶之意。從沉船中發現的「慶元路」銘文銅權，以及
書有「至治參年」、「東福寺」等木簡推測，該船應是
在至治三年（1323）之後不久，自浙江寧波解纜揚帆
卻不幸於航向日本的途中遇難沉沒的。[5]因此，新安沉
船的「清香」銘褐釉四耳壺可做為判斷中屯遺址或阿伊
札布港發現的同類印銘瓷片年代的參考。其次，就沉船
伴出的押印有內容不同各式印記或全無印銘的褐釉四耳
壺造型而言，押印同樣印記作品之造型未必完全相同，
而造型特徵幾乎一致的作品有的並無印記，或者卻捺押
不同的印記，此說明了同一時期並存著幾種相異的壺罐
造型，而印記的有無或文字內容與壺罐的造型並無絕對
的關係。如揭載有圖版的兩件「清香」印銘四耳壺之口
頸部位特徵就有所不同，而其中一件口沿以下斜直外
敞、頸部相對較長的作品，卻又與押印「正寶」銘記的

圖3　「清香」銘壺
　　　a 外觀　b 銘記局部
　　　韓國新安沉船打撈品

同類壺造型基本一致。[6]

　　儘管新安沉船所見四耳壺於細部特徵上可區分出數種不同的樣式，但大體而言，其一般呈小口、短頸、弧肩，肩以下內弧收縮，頸肩處置四只橫繫，帶印銘者印記均捺押在繫耳之間，壺通高三十餘公分。據說個別作品在打撈上岸時，壺內似裝填有藥草類物，或內置更小的黑釉小罐，然而詳情不明；[7]三上次男亦曾推測阿伊札布港的「清香」壺原是裝盛香料的容器。[8]無論如何，目前有關該類壺用途的各種見解均止於臆測的階段，並且恐怕誰也無法斷言這類具實用器形的壺只能限於某一特定的用途，雖則「清香」銘記容易使人聯想到茶、酒之類。

　　新安沉船之外，1990年代於印尼加里曼丹海峽（Kalimantan Strait）西邊Bakau島所發現的一艘以松木製成的中國商船*Bakau Wreck*，也打撈出了數十件完整的施罩褐釉或黑褐釉的四繫罐，其中即包含了於長方形雙框內置「清香」字銘的作品（圖4：a、b、c）。[9]上述所謂*Bakau Wreck*雖已由Michael Flecker指出其應屬中國十五世紀的早期商船，但相對於同氏是以碳十四測定值和伴出的「永樂通寶」銅錢做為沉船年代的判斷依據，[10]我因有幸親自調查沉船所出絕大多數遺物，故想補充指出：*Bakau Wreck*所見一式口沿略往外卷的龍泉青瓷碗，既和中國江蘇省南京市中華門外永樂五年（1407）宋晟墓出土的龍泉窯碗完全一致，[11]同時*Bakau Wreck*伴出的泰國褐釉四繫罐也和泰國暹羅灣*Ko Si Chang III*沉船打撈[12]以及燒毀於1450年代的日本沖繩首里遺跡所出作品相近。[13]因此，*Bakau Wreck*的相對年代確如Michael Flecker所推測，應在十五世紀早期。

　　這樣看來，相對年代約於1320年代的韓國新安沉船，以及相較之下要晚一個世紀的印尼十五世紀前期沉船都打撈出了帶「清香」銘記的鐵釉系四繫罐，這說明了「清香」字銘是中國製陶作坊喜好且長期沿用不輟的銘記，也

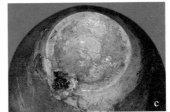

圖4 「清香」銘壺 a 外觀 b 銘記局部 c 底部 印尼 *Bakau Wreck* 打撈品

因此我們很難針對各遺址發現的帶有此類字銘的殘片進行準確的年代判斷。其次，儘管*Bakau Wreck*的清香壺之銘文書體和邊框格式酷似阿伊札布港所採集的同類標本（同圖2及4：b），然而其同時也和新安沉船此類作例有共通之處（圖5）。所以，就目前有限的資料看來，字銘書體的比對分析，顯然不足以做為年代判斷時的有效依據，故而應結合作品的胎、釉和器式特徵予以推敲。就此而言，日本收藏的一件「清香」印銘褐釉四繫罐（圖6）之造型特徵[14]因和新安沉船的一件無銘記的同類罐極為類似，[15]故可推測前者相對年代亦約於十四世紀二十年代。換言之，押印具有類似書體的「清香」銘壺未必是同一時代的產物，而相同時代甚或同一窯區的製品不僅並存多種不同的印銘，亦存在無任何印記的作品。如前述新安沉船所見一式褐釉四繫罐，除「清香」銘記之外，亦有押印疑似巴思八文之「囘」銘記，但也有完全不見印銘的作品。

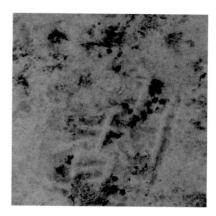

圖5 「清香」銘壺局部 韓國新安沉船打撈品

圖6 「清香」銘壺 日本私人藏

三、 流傳日本的清香壺

考古發掘表明，日本列島許多中世遺跡均曾出土同類的壺罐，少數帶有印記者之印銘內容包括「大吉」、「寶貝」、「招財」、「利市」等，[16]但絕大多數作品均無印記。從遺跡伴隨出土遺物或四耳壺本身的造型特徵等推測，多數是屬於宋元時期遺物。不過福岡縣勝山町松田經塚出土的四耳壺是與大治二年（1127）帶銘銅經筒共同出土，故該類壺有可能早在十二世紀前半已經輸入日本。[17]雖然日本至今未能發現「清香」銘壺出土的考古實例，不過東京永青文庫（肥後細川家傳世品）（圖7：a、b）、宇治上林紀念館（宇治御物茶師上林春松家傳世品）（圖8：a、b），或傳說是豐臣秀吉側室賜與伊達政宗的小野寺文雄個人藏品（圖9：a、b），以及推測是尾張德川家傳世的褐釉帶繫壺都捺印有「清香」銘記（圖10：a、b、c）。[18]其中小野寺藏品肩置四橫繫另一縱繫，「清香」印記捺印於縱繫

反對側，較為特殊。其餘
作品均置四橫繫，印銘均
位於各繫耳之間。而除了
上林紀念館藏品於「清香」
銘文外側飾葫蘆形邊框之
外，其餘日本傳世的清香
壺銘文均為長方框，說明
了「清香」銘記頗為多
樣，繫耳數目亦不一而
足，器身多施加化妝土，
通高在三十至四十公分之
間。

　　日本古文獻如《異制庭
訓往來》（1349－1372）、
《桂川地藏記》（1417－
1427）、《撮攘集》（1454）
等都有「清香」茶壺的記
載。而室町時代（1392－
1573）其他文書中所見的
「青香」、「青苴」、「西江」
或「西峽」等茶壺，也可能
是指清香壺。[19]此外，《祇
園執行日記》康永二年
（1343）條的記載，則是目
前所知記錄清香壺的時代最
早的文獻。該書記述了師阿
彌將一件清香壺抵押給清
水坂的當舖，雙方約定借貸
三貫文，師阿彌於同年十

圖7 「清香」銘壺 a 外觀 b 銘記局部 日本永青文庫藏

圖8 「清香」銘壺 a 外觀 b 銘記局部 日本宇治上林紀念館藏

圖9 「清香」銘壺 a 外觀 b 銘記局部 日本私人藏

圖10 「清香」銘壺 a 外觀 b 局部 c 底部墨書 日本德川美術館藏

月晦日償還了一貫五百文的借貸金額，並在同年十一月二十七日還清賒欠的半數餘款一貫五百文另五文的利息。從清香壺可做爲抵押品一事看來，在性質上已超過一般的實用容器，且其價格要比同日記康永二年十月二日條所載「天目」黑釉茶碗只值四百文，要高出七倍之多。[20]室町時代是日本史上所謂「唐物萬能」崇尚中國舶來品的時代，由中國進口的包括「清香」印記在內的鐵釉系四耳壺，既被做爲茶道具來使用，同時也是威權的象徵和鑑賞、炫耀的道具。傳爲八代將軍足利義政門下的能阿彌於文明八年（1476）所撰的

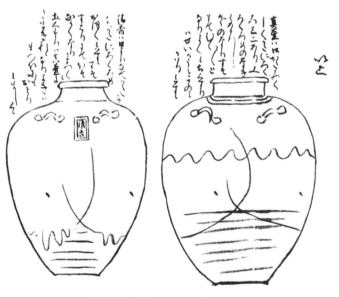

圖11 《君臺觀左右帳記》所見「清香」銘茶葉壺

《君臺觀左右帳記》，記錄了許多中國繪畫和其他文物的鑑賞和擺飾情況，其中即包括有清香壺。[21]從書中收錄的一幅白描清香壺插圖得知（圖11），其造型特徵和印記位置等均與目前所見部份傳世作品基本一致。另外，從上述現存的一件傳爲尾張德川家傳來的帶「清香」銘記的淡褐釉壺壺底有「延德貳年（1490）庚戌九月二日識」

墨書（同圖10：c），[22]亦可窺知後者早在十五世紀末期已被做爲裝盛茶葉的容器而予以收藏。

日本傳世的中國製鐵釉系四耳壺數量不少，其中有的於繫耳間押印蓮花圖案，或於蓮花圖案中加飾「王」字的所謂「蓮花王」印記（圖12：a、b）。[23]「蓮花王」一名，最早見於室町天文十三年（1544）的《茶具備討集》，同書「葉茶壺」條載：「眞壺、蓮花王、碜、數寄者所言，清香，或有此印，遠山肩以篦銳畫連山之形也。裳野，腰下畫連山形，上二類好壺

圖12 「蓮花王」壺 a 外觀 b 銘記局部 日本私人藏

（左）圖13 「蓮花王」壺殘片 （右）圖14 褐釉壺殘片
陳得仁採集自臺灣淡水河邊

也，或及眞壺者亦有。」[24]所謂蓮花王壺或清香壺都是因壺上的印記內容而得名，在當時屬於茶道具。值得一提的是，臺灣北部淡水河邊亦曾採集到押印此類銘記，以及於罐身陰刻垂幕形的帶繫罐標本（圖13、14）。[25]上述兩件標本器表均施褐釉，從胎釉特徵推測極有可能是屬於同一個體的殘片，參酌日本同類遺物，可復原得知其應是於罐肩繫耳間押印「蓮花王」印記，且於罐身篦劃「連山」的所謂蓮花王壺。無獨有偶，臺灣外島澎湖亦曾打撈出一件器形完整的蓮花王壺（圖15），[26]其外觀特徵和現藏日本伊達文化保存會被命名爲「松嶋」的茶壺大體類似（圖16）。後者另添附桐木蓋，蓋裡墨書「從陽德院樣被進候蓮花王」，從而可知是伊達正宗（1567－1636）正室、三春城主田村大膳大夫清顯之女陽德院的舊藏。[27]

四、豐臣秀吉和茶陶鐵釉系四耳壺

圖15 「蓮花王」壺
澎湖海域打撈上岸　臺灣私人藏

　　十六世紀，隨著市民階級的興起，做爲日明貿易港而繁榮的堺地方流行「侘茶」飲茶。所謂「侘茶」是相對於東山時代（1444－1490）武家貴族講求格式端正中國舶來品的書院茶，而傾向於品鑑冷、枯、破調的粗相美茶具，意圖從人爲的造作中尋出自然的美感，並經由武野紹鷗（1502－1555）、千利休（1522－1591）等人的提倡而漸風靡全國。由於中國輸入的鐵釉系四耳壺的質樸外觀頗能契合這股新興的鑑賞美學，因而成爲當時人的賞玩對象。其中有的因流傳有緒，或因作品本身的造型裝飾、釉色等特徵而被賦予名稱，成爲名壺或名物。[28]特別是永祿十一年（1568）織田信長將這類四耳壺做爲公開的陳設裝飾具以來，其更成爲了茶道具上重要的物品及大名的格式道具。《松屋會記》也記載了豐臣秀吉在天正十五年（1587）所舉行的「北野大茶湯」茶會中，將一件由千利休所借的名爲「捨子」的茶壺做爲裝飾道具，茶壺的價格自然隨之水漲船高。在千利休的弟子山上宗二（1544－1590）之《山上宗二記》中被評爲天下第一、命名爲「三日月」的茶壺，其價格更是驚人。該壺原爲興福寺之內西福寺所有，輾轉流傳到出身阿波的梟雄三好實休手中，其時壺雖已破損，仍向太子屋典當了三

圖16 「蓮花王」壺
日本伊達文化保存會藏

千貫文，後經千利休修補由織田信長從太子屋取得。三千貫文相當於三十萬疋，時米價一石約一貫文，三千貫文在當時不啻是個天文數字。[29]

　　就是因爲這類中國壺的價格高揚，奇貨可居，遂出現了豐臣秀吉的所謂呂宋壺貿易。《當代記》文祿三年（1594）條載：有商賈自菲律賓呂宋島攜回大量的壺，因售價低廉造成搶購熱潮，豐臣秀吉得悉此事，對於將「日本國之爲寶物」的貴重壺廉價出售一事頗不以爲然，一時充公後，令翌年支付雙倍的代價，壺歸買主。[30]當時的菲律賓殖民地代理總

督莫魯卡（Antonio de Morga）所著《菲律賓諸島誌》有如下一段珍貴的記述：「在呂宋島的原住民間，可發現有極爲古老的陶壺，褐色的外觀其貌不揚，有的是中型，有的屬小型，雖押印有銘記，但無人知曉是何時由何地帶來的，因爲目前任何地方都無攜來，島上也未生產。日本人珍重並蒐尋這種壺。這是由於彼等飲茶，日本國王和諸侯之間只用這種壺來貯存茶之故。價格極爲昂貴，縱使是有璺或缺損者，因不礙於茶葉的保存，並不減其價值。原住民一方面儘量提高價錢把這種壺販售給日本人，同時拼命地找尋。不過時至今日因太過急於賣出以至完全不存。」[31]從遺留在菲律賓的作品似可推測，莫魯卡所稱的褐色古壺，應該包括一部分來自中國南方窯場所燒製的宋元時期褐釉四耳壺。[32]

　　路易‧佛洛依斯（Ludovicum Frois）在1595年的《耶穌會年報》中記載：豐臣秀吉曾派遣二人赴菲律賓大量購買盛茶湯的容器，這種容器被日本人視爲寶石般的最大財富。豐臣秀吉既擬利用兩地的差價賺取高額利潤，甚至將所有商品歸爲己有，嚴禁其他商人進行同樣的貿易活動。同年派駐日本的耶穌會傳教士佩德羅‧巴蒂斯塔（Pedro Baptista）由長崎寄予菲律賓總督的信件也提到：日本國王豐臣秀吉以死罪來規範除了長谷川法眼等少數欽定商人之外，禁止攜入這類茶壺。[33]結合前引《當代記》的記載，渡邊基認爲：對於這類壺，豐臣氏顯然是採行了商業壟斷獨佔市場的手段，而推測成書於文祿元年至慶長四年（1592－1599）的平戶《松浦家文書》也記錄了從呂宋歸抵五島的船隻，由船頭肋大夫將買來的壺先呈送給秀吉過目，不中意的才退還給商人，則是透露出豐臣秀吉對於自己統轄下的松浦領內所運達的呂宋壺等貨物，有先行選擇購買的權利，而其販售的方式極有可能如文祿三年（1594）《組屋家文書》所載，是委託大商賈賣出，而後向商人收受貨款。豐臣秀吉對於由南洋攜回的所謂呂宋壺的控制，可說是挖空心思，極爲嚴格。1597年抵達長崎的佛羅倫斯商人法蘭斯克‧卡里提（Franceseo Carletti）在其紀行（1701年刊）中有一段生動的記載，即於上岸的前一天都有官員登船檢查，「通常是尋找由菲律賓或鄰近諸島帶來的某種陶製容器。由於日本國王的命令，彼等欲全部買斷該種容器，故以死刑的重罰來要求持有者務必要申報。上述情事，恐怕是誰都無法置信，然而全屬事實……，等到這些官員完成搜索上記的壺後，即刻就給予上岸許可。」[34]而若依據上述紀行的記載，則菲律賓當地壺一個價值只1 giulio，即25 centimos，然而見於《組屋家文書》文祿三年（1594）的壺販售價格，低價者一件金六兩，貴者一件達金四十九兩，若換算成其時歐洲匯率，則於日本售出壺一件之價格約相當於耶穌會年間傳教費用的五至六分之一。[35]

　　值得一提的是，由菲島攜入日本的茶葉壺往往經過日本茶人的挑選，如C. R. Boxer關於1590年代日菲貿易記載：「**另有一重要的向日本輸出品，即於菲島墓葬發現的中國古陶瓷。當中有的爲日本茶道的鑑識家賦予行情之外的價碼，也因此造成商品成爲極具投機性的市場。之所以這麼說，是因爲無論是西班牙人或菲律賓人均完全無法掌握何種壺才能滿足茶人的喜好。**」[36]由呂宋輸入的所謂「呂宋眞壺」一方面滿足了當時日本國內茶人的需求，卻也造成日本近世將許多前代輸入的中國壺訛稱爲呂宋壺。然而，更重要的或許如岸野久前引文所指出般：以呂宋壺輸出爲契機所形成的對比貿易制度爲往後朱印船制度提供了重要的基盤，此對於日本近世貿易體制的成立功不可沒。

五、遺留在臺灣澎湖島的褐釉四繫罐

　　從以上的敘述可知，施罩黃釉、褐釉、黑褐釉等鐵釉系四繫罐的存在年代既長，印銘內容也不一而足，並有不少無印銘的作品。澎湖中屯貝塚所見鐵釉系四繫罐殘片不少，其繫耳造型有直繫和橫繫兩類，四耳橫繫者有的在繫耳上方或繫耳處加飾一道陰刻弦紋或凸弦紋。從僅存的標本觀察，其口頸的造型特徵、繫耳的安置方式以至於胎和釉，均與新安沉船或日本出土的推測屬宋元時期的褐釉四耳壺有共通之處，而同遺址的「清香」銘殘片之胎釉特徵，則又與部分該類施罩褐釉或黃褐釉四耳壺大體一致，說明兩者應屬同類壺。值得留意的是中屯遺址的四耳壺中還存在有於繫耳處飾一周陰刻弦文，並於弦文下方加飾帷幕狀波形陰文的作品（圖17）。[37]

繫耳處裝飾有同樣波形陰刻文的褐釉四耳壺於日本佐賀鹿島市片山第一經塚（圖18）、奈良縣於美阿志神社十三重塔塔基等不少中世遺跡中都可見到，[38]是大量輸往日本的陶瓷之一。結合前引《茶具備討集》所載「遠山肩山篦銳連山之形」，則中屯遺址發現的於肩部繫耳之間劃出連山狀的標本，即爲日本茶道史上的所謂「遠

圖17　褐釉帶耳壺殘片　陳信雄採集自臺灣澎湖中屯遺址

山」壺。其次，福岡勝山
町松田經塚等遺址也出土
了與前述鹿島市片山第一
經塚類似的四繫罐，後者
內置銅版製經筒，經筒造
型與大宰府出土1120年紀
年作品相似，而松田經塚
四繫罐內亦置入大治二年
（1127）紀年銅經筒。[39]
看來此類於繫耳間陰刻垂

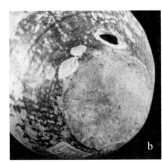

圖18　褐釉四耳壺
　　　a 外觀　b 底部
　　　日本佐賀縣鹿島市
　　　片山第一經塚出土

幕式連山形的鐵釉系四繫罐的年代，有的可上溯至十二世紀前期，即中國的北宋時期。

　　就中國宋元時期鐵釉系四耳壺的具實用器形看來，刻意考察並限定其具體單一功能，似乎並無太大的意義。不過元代汪大淵《島夷志略》記載與位於暹羅灣西岸的東沖古剌貿易之貨用「大小水埕」（埕是廣闊地區墰的俗字）；與麻里魯（今馬尼拉，Manila）貿易之貨包括了「水埕」、「大甕」等。[40]參酌前述遺留在菲律賓的作品可以推測，汪大淵所稱的墰甕類中有的就是褐釉四耳壺。因此至少在十四世紀前半汪大淵的理解中它們有的是屬於盛水的壺甕，而這些可裝載液態物質的容器，在漂洋過海輸往異域之後於用途方面產生的變化，則是貿易陶瓷研究的課題之一，不容忽視，其中又以輸入日本的作品表現最為突出。如前引佐賀縣片山第一經塚出土的肩飾波狀陰線的遠山式壺或福岡縣勝山町松田經塚的褐釉四耳壺都是做為經筒的外容器來使用；福岡縣添田町英彥山出土的作品則被做為骨灰罈。[41]從文獻記載得知，室町時期的褐釉四耳壺既是威權、財富的象徵和時尚的裝飾道具，隨著侘茶風的流行更成為體現冷枯寂美學觀的鑑賞對象，同時也是貯藏茶葉的容器。這類茶壺在十七世紀初石田三成西軍與德川家康東軍於關原一定天下的所謂關原合戰，或德川家康一舉殲滅豐臣氏完成江戶幕府統治全國的大坂合戰等戰役中也曾做為賞品下賜立有戰功的人，[42]其與中國本土做為民間實用容器的性質有天壤之別。除了室町時代的文獻記錄之外，許多屬於該一時代的考古遺跡也都出土了褐釉四耳壺標本，但部份遺跡的相對年代要晚於該類四耳壺的實際燒造年代，這除了是因做為茶陶的特殊性質，即傳世問題之外，亦應考慮商人為博取利益，而將流傳於中國或其他地區的古壺輸入日本，而前述豐臣秀吉的所謂呂宋壺貿易即明示了該一可能性。另一方面，觀察日本出土的鐵釉系四

耳壺，其胎、釉或細部造型及裝飾特徵，彼此之間往往不盡相同，因此，儘管1970年代發掘廣東石灣奇石窯窯址時除發現捺有「政和六年」(1116)（圖19）、「嘉祐□□」等北宋年號的鐵釉系壺肩部殘片之外，也出土了於繫耳之間押印蓮花圖紋，或於蓮花圖案中夾飾一漢字的青黃釉或褐釉四耳壺標本以及壺肩陰刻「遠山」的殘片，[43]可說明日本傳世的一部份此類壺可能來自宋代廣東瓷窯所燒製，但另有部份作品的具體產地和時代，於目前仍難確認。比如說，廣東明代墓葬曾出土於肩貼置四只橫繫另一縱繫的鐵釉系五繫罐（圖20），[44]其繫耳的配置方式和前述日本藏傳說是豐臣秀吉側室賞賜伊達政宗的「清香」印銘五繫罐一致（同圖9），[45]由於同一類的鐵釉系五繫罐亦曾見於1600年沉沒於菲律賓海域的 *San Diego*[46]或非洲肯亞耶穌堡（Fort Jesus）打撈上岸的葡萄牙沉船 *Mombasa Wreck*。[47]後者之相對年代為1697年，故不排除上述日本傳世的五繫罐亦可晚迄明代甚至清初。當然，就目前的資料看來，我們仍缺乏確實的資料得以檢證具有四橫繫另一縱繫的五繫罐是否確為明代以來的新構思。不過，本文至少可以指出，中國方面將1970年代於西沙群島北礁打撈上岸的一件僅存口肩部位的同式五繫罐殘器之年代訂在唐代，顯然不足以令人信服（圖21）。[48]無論如何，中國南方地區晚迄明清時期仍然持續生產該類用品，除了細部特徵之外，整體造型仍與宋代作品有共通之處，如近年分別於越南和馬來西亞海域打撈上岸的明代萬曆年間沉船 *Binh Thuan Shipwreck*[49]和所謂 *Wanli Shipwreck*[50]就發現此類黑褐釉帶繫罐（圖22）。據

圖19 帶繫罐殘片
中國廣東省石灣奇石窯窯址出土

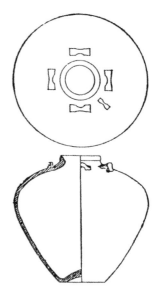

圖20 黑褐釉五耳壺線繪圖
中國廣東省明代墓葬出土

圖21 五繫罐殘器 中國西沙群島北礁打撈品

此可知，過去臺灣海峽發現之類似製品（圖23）[51]
的年代亦約於十七世紀，而日本於十六世紀末由
南洋再輸入的四耳壺中可能包括部分明代的作
品。[52]文獻記載在十六世紀的三十年間菲島華人已
有上萬人，至1603年西班牙人大舉屠殺華人時，
居住在呂宋的閩南漳州和泉州人更高達二萬五千
人，他們多住在八聯（Parian）特區，是當時最大
的海外華人社區，並有人以販瓷為業。[53]此外，十
六世紀日本瀨戶燒製的鐵釉四耳壺造型亦與中國
同類壺有近似之處（圖24），[54]因此室町時代遺跡
出土的褐釉四耳壺的確鑿年代和產地顯然不易一
概而論。最後，我應聲明，由於我所能掌握到的
日本中世遺跡發掘調查報告書極為有限，因此有
關此類鐵釉系壺的系統分類或編年考察或許應期
待今後日本的學者來進行。至於流傳於日本的鐵
釉系茶壺，早已有日本的研究者從各種不同的角
度進行了探討，其中又以最近去世的德川義宣氏
所蒐集的資料最為齊備。此外，我亦曾從戰前的
新村出、岩生成一、滿岡忠成、渡邊基等諸位先
生的論文中獲益良多，謹在此致上謝意。

〔原載於*Shinan Underwater Relics and 14th
Century Asian Marine Trade*, National Maritime
Museum of Korea, 2006（紀念新安沉船發現三十
周年國際學術研討會論文集）〕

圖22　黑褐釉帶繫罐
　　　馬來西亞*Wanli Shipwreck*打撈品

圖23　黑褐釉帶繫罐　臺灣海峽打撈品

圖24　日本瀨戶燒四耳壺　十六世紀

3-5 澎湖發現的 十七世紀日本肥前青花瓷

　　2006年秋，筆者受邀赴澎湖參加由縣文化局主辦的研習營，任務是向當地民眾介紹臺灣出土的貿易陶瓷。研習營結束之後在文化局的安排下，參觀了局庫房的陶瓷收藏。庫房陶瓷主要以清代以來本地居民日常使用的各式壺、罐、甕等容器為大宗，同時包括部分海撈文物，以及受當時「縣立文化中心」委託，1980年代陳信雄博士於澎湖所採集得到的標本。由陳博士所採集的標本均屬殘片，其數量至少有數百件，雖然文化局方面並無與之相關的檔案資料，但從不少標本胎釉明顯可見經水浸泡沖刷痕跡，可知其主要是海岸水邊的遺留。另外，就標本的年代和產地而言，無疑是以中國福建省的產品居多，其年代有的可以上溯宋代，晚迄清代、民國時期。有趣的是，在這批採集自澎湖的標本當中，卻屬有幾件日本九州肥前地區燒造於十七世紀的青花瓷器，是前所未知的新資料，茲介紹如下。

一、臺灣考古遺址出土的日本肥前陶瓷

　　經正式發表的臺灣出土有日本肥前陶瓷的考古遺址計三處，其分別是：（一）左營清代鳳山縣舊城聚落遺址；[1]（二）臺南安平熱蘭遮城（Fort Zeelandia）遺址；[2]（三）臺南縣新市鄉社內遺址[3]以及臺南市南安路地下街工地。[4]除了南市南安路工地肥前青花瓷係地表採集，經正式發掘的三處考古遺址當中，熱蘭遮城遺址另伴出有所謂二彩唐津炻器，其餘所見之肥前陶瓷均屬青花瓷器。其中，左營舊城聚落和社內遺址出土的「宣明」款青花碗來自肥前地區有田長吉谷等窯場，其相對年代約於1660至1680年；[5]而社內遺址出土的內底心繪飾鯉魚躍龍門，即日本所謂荒磯紋青花碗於肥前地區雖量產於1650至1680年代，但社內標本之紋飾已呈簡化，故推測有較大可能是有田周邊諸窯燒製於1660至1680年代的產品。[6]除了上述既見於日本國內消費遺跡同時出現在東南亞考古遺跡的一般型青花瓷之外，社內遺址則出土了一件主要是輸往東南亞、歐洲，甚至西亞的卡拉克型（Kraak Porcelain）、亦即日本所謂「芙蓉手」青花瓷盤（圖1）。與後者類似的標本曾見於肥前猿

川窯、稗古窯場等內山諸窯和
外尾山窯，其相對年代亦約在
1660至1680年。[7]陳博士所採
集現藏澎湖縣文化局的四件肥
前青花瓷標本，即是屬於這種
典型的外銷用卡拉克類型。

圖1 日本卡拉克型青花瓷殘片 十七世紀臺灣臺南社內遺址出土

二、 澎湖採集標本的外觀

澎湖縣立文化局所藏四件
日產卡拉克型青花瓷標本分別
屬於不同的個體，但均為大盤
殘片。

標本一（圖2：a、b），為
盤底和壁殘件。內底和壁交接
處以二道弦紋區隔，內底繪花
葉紋，壁僅存區隔盤壁花卉等
開光裝飾的隔間下方部位，係

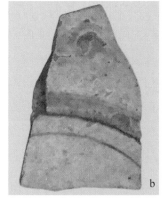

圖2 日本卡拉克型青花瓷殘片 十七世紀 a正面 b背面 臺灣澎湖採集

圖3 青花瓷線繪圖 十七世紀
日本肥前長吉谷窯出土

以雙鉤塡彩形成兩側邊欄，下方近盤底弦紋塗飾橫
格，上有橫欄，再上為兩條下方不齊平的瓔珞垂蘇。
除了圈足著地處之外，整體施釉，外壁足牆上方飾弦
紋二周，外底近圈足部位另飾一道弦紋。外壁施釉不
均匀，有漏釉痕跡。就目前的資料看來，於雙鉤塡彩
的邊欄當中飾兩條垂蘇的日本卡拉克型青花盤，見於
肥前長吉谷窯出土品（圖3），其相對年代約為1660至
1680年代。[8]

標本二（圖4：a、b），亦為盤底和壁殘片。內底

和壁交接處飾弦紋一周，以下再繪二道弦紋。內底飾葉片、松菓，和以兩個寬幅不同的半弧所組成的不知名物。盤壁隔間兩側邊欄下方塗橫格，上有雙鉤塡彩橫欄和橫線，再上則爲三條瓔珞垂飾。隔間兩側明顯可見開光邊框，其中一開光中飾花卉圖形。除圈足著地處之外整體施釉。外壁飾連枝花卉，下方弦紋一周，盤壁下方和圈足交接處另飾弦紋二周。其瓔珞部位垂蘇樣式見於肥前猿川窯、山邊田二號窯等窯址出土標本，即大橋康二所區分的C－イ類（圖5），[9]其相對年代約於十七世紀後半。[10]

　　標本三（圖6）爲盤壁開光部位。係以雙鉤塡彩繪飾邊框，再於框內飾花卉。開光下方和盤內底青料塗飾之間亦以弦紋區隔，外壁無紋飾。從現存標本看來，其雙鉤塡彩的開光邊廓造型呈上寬下窄的倒梯形，開光內飾連枝花卉，整體作風與大橋康二C－イ（同圖5）近似，[11]推測應係十七世紀後半期製品。

　　標本四（圖7：a、b）爲盤壁至圈足部位殘片。內底和盤壁交接處飾弦紋一周，底心飾花卉。盤壁隔間和開光僅存下部邊框，下有弦紋二周。除圈足著地處之外，整體施釉。

 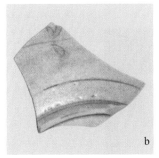

圖4　日本卡拉克型青花瓷殘片　a 正面　b 背面　臺灣澎湖採集

圖5　卡拉克型青花瓷線繪圖　十七世紀
日本肥前瓷窯出土

圖6　日本卡拉克青花瓷殘片
十七世紀　臺灣澎湖採集

 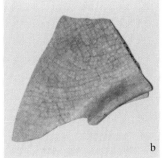

圖7　日本卡拉克青花瓷殘片　十七世紀　a 正面　b 背面　臺灣澎湖採集

從殘存的開光邊角推測作品開光
亦屬倒梯形雙鉤塡彩，其次，瓔
珞部位雙欄之間下方塗抹淡色青
料部位較大，與肥前1660至
1690年代作品有近似之處（圖
8），[12]推測其相對年代亦約相當
於這一時期。

圖8　卡拉克型青花瓷殘片　十七世紀　日本肥前瓷窯出土

三、 澎湖發現肥前卡拉克型青花瓷的意義

經由標本的外觀特徵，可以確認上述四件採集自澎湖海邊的肥前青花瓷的年代約在
1660至1690年之間。就目前的資料看來，1641年廢棄的平戶荷蘭東印度公司倉庫群遺址雖
出土有中國景德鎮產的卡拉克瓷，卻未見日本肥前卡拉克類型青花瓷，這說明了此時肥前
地區瓷窯可能尚未燒製卡拉克型外銷青花瓷，至少並未經由荷蘭人之手外銷。[13]不過，從1993年發現的沉沒於1659年之荷蘭東印度公司*Avondster Wreck*，可知肥前卡拉克類青花瓷於1650年代後期業已生產並予外銷。[14]上述考古發掘資料也反映了荷蘭東印度公司檔案所載1640年代景德鎮因明清鼎革受戰火波及，造成中國「燒瓷匠人多有死者」、「瓷器產地遭戰火波及，幾乎沒有任何精良瓷器裝運上船」，[15]致使荷方不得不放棄景德鎮陶瓷製品，轉而向日本肥前瓷窯訂購瓷器輸往歐洲等地。[16]

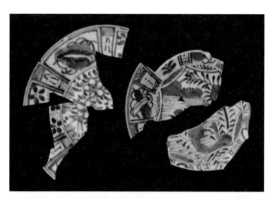

圖9　日本卡拉克型青花瓷殘片　十七世紀
　　　印尼萬丹Tirtayasa遺址出土

就考古資料所見肥前卡拉克類型青花瓷的國外出土地而言，除了荷蘭阿姆斯特丹市（Amsterdam）或做爲荷蘭經

圖10　日本卡拉克型青花瓷殘片
　　　十七世紀　墨西哥市出土

在亞洲的經略據點，以墨西哥的白銀
等換取亞洲包括生絲、香料等在內的
各種物資牟取暴利，亦即利用其所擁
有的三桅帆船（Galleon），將聚集在
菲律賓馬尼拉（Manila）的亞洲各國
物產運往中南美洲，這也就是大航海
時代著名的馬尼拉大帆船（Manila
Galleon）貿易。[17]雖然墨西哥出土有
中國明代晚期至清代陶瓷一事早已爲
學界所熟知，[18]墨西哥遺址所見中國陶
瓷乃是經由馬尼拉大帆船貿易所攜入
之推測基本上也已成爲學界的共識。[19]
問題是，墨西哥出土肥前卡拉克型青
花瓷一事，雖早在1970年代已經確定
（圖10），[20]但馬尼拉亦出土肥前瓷器
則要晚至2005年才由野上正紀、田中
和彥和洪曉純人等所證實。野上氏等
同時觀察到馬尼拉出土的肥前瓷器之
年代除了有1650至1670年代的早期作

營亞洲據點的印尼巴達維亞（Batavia）等地遺
址之外，於非洲好望角或中南美洲瓜地馬拉、
墨西哥甚至中近東土耳其都曾出土。除了印尼
巴達維亞、萬丹（Bantam）等遺址之外（圖
9），出土有肥前卡拉克型青花的亞洲遺址包括
了臺灣、菲律賓和中國澳門。其中，菲律賓諸
島早在十六世紀前半已被西班牙人佔領做爲其

圖11　日本卡拉克型青花瓷殘片　十七世紀　菲律賓馬尼拉出土

品之外，所見肥前卡拉克型青花瓷多屬1660至1680年代製品（圖11）。[21]眾所周知，清廷為孤立鄭成功海上勢力，分別在1656年、1661年施行海禁令和遷界令，嚴禁中國沿海住民與鄭氏貿易往來，並且直到1681年鄭經降清才發布展海令，鼓勵沿岸居民出海進行貿易活動。基於上述歷史背景，野上氏遂推測馬尼拉所見1660至1680年代肥前陶瓷若非是鄭氏據臺期間由日本長崎經中國廈門、安海所攜入，即是自長崎經臺灣臺南所運達。[22]

應予一提的是，依據近年方真真針對西班牙文書的梳理，可知臺灣大員（今安平）至馬尼拉商船始見於1664年，自該年至1684年這二十年間由臺灣至馬尼拉的船數計五十一艘。其中1666年4月2日由日本經臺灣運抵馬尼拉的貨物清單中記載有「日本盤子」，[23]野上以為所謂「日本盤子」可能即肥前卡拉克型青花大盤，[24]我不排除該一看法。問題是位於臺灣本島和日本長崎之間的澎湖群島於當時是否曾扮演貿易中繼角色？因缺乏文獻記載，至今不明。就此而言，澎湖所採集的十七世紀肥前卡拉克型青花瓷就顯得格外重要，因為它說明了往返於臺灣本島和日本長崎之間的商船似乎往往停泊澎湖，而後由澎湖北上長崎，或自澎湖南下安平。前述東南亞菲律賓或印尼萬丹遺址出土的肥前卡拉克型青花瓷（同圖9），[25]也不排除是曾經經由澎湖、安平而攜至的。

圖12　日本肥前青花油壺　十八世紀
　　　臺灣蘭嶼採集

事實上，除了十七世紀日本肥前陶瓷之外，過去於澎湖亦曾採集得到十四至十五世紀越南青瓷，[26]上述遺留在澎湖的陶瓷標本可說是彌補了臺日之間貿易路線的缺環，值得今後予以留意。另外，可以附帶一提的是，距臺灣本島南端鵝鑾鼻東方海面七十餘公里的蘭嶼（Orchid Island）亦曾發現日本肥前青花瓷，如揭載於臺灣民間學者徐瀛洲《蘭嶼之美》的青花小罐（圖12），即為一例。[27]類似的作品除曾出土於日本岡山縣百間川當麻遺址，[28]九州陶磁文化館等亦見此類藏品（圖13）。後者年代約於1700至1750年之間。[29]

圖13　肥前青花油壺
　　　日本佐賀縣立九州陶磁文化館藏

一般以爲其是裝盛梳髮用水油的油壺，亦即幕末《守貞漫稿》所載「古時以水油梳髮」的髮油。[30]不過，蘭嶼發現的十八世紀日本肥前國內型青花油壺之傳入途徑已不得而知，遑論雅美族人是否亦曾經利用壺中髮油？此外，近年米澤容一曾報導蘭嶼曾出土肥前燒小瓷罐，[31]可惜未揭載圖版，所以無法判明其是否即徐氏上引書所披露的肥前青花油壺？還是另有所指？此有待日後查證。

餘論

眾所周知，有關卡拉克瓷的語源眾說紛紜，除了指稱陶瓷器「龜裂」、瓷釉「開片」等之外，還有認爲「卡拉克」是來自荷蘭語「Kraken」或意謂「大舶」。一般的說法則是，荷蘭人在1603年掠奪一艘名爲「卡特琳那」（*Santa Catharina*）號的葡萄牙商船，舶載自澳門的包括瓷器在內的戰利品在被運回阿姆斯特丹以高價拍賣之後，引起轟動，「中國瓷器大帆船」（Kraakborselein）一名亦不逕而走，[32]而舶載的包括以邊欄間隔開光的明代萬曆時期（1573－1620）陶瓷逐被稱爲卡拉克瓷器。就目前的資料看來，景德鎮卡拉克型青花瓷主要燒造於十六世紀後期至十七世紀中期，菲律賓海域1600年沉沒的西班牙旗艦*San Diego Wreck*，[33]或相對年代約於1640年代的*Hatcher Junk*[34]打撈上岸的同類作品可爲

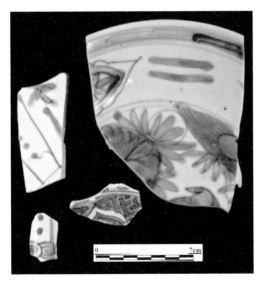

圖14　澎湖馬公風櫃尾採集青花標本　十七世紀
　　　國立臺灣大學藝術史研究所藏（廖佐惠攝）

圖15　中國景德鎮卡拉克型青花瓷
　　　中國江西省南城朱翊鈏墓（1603）出土

其例。相對地，日本肥前卡拉克型青花瓷則始燒
於1650年代，流行於1660至1680年代，其是因中
國戰亂致使荷蘭人轉而向日本訂製瓷器以因應歐
洲所需一事已如前所述。1660至1680年代正值鄭
氏集團據臺時期（1661－1683），此時福建漳州
瓷窯亦燒製卡拉克型青花瓷大量輸往日本和東南
亞等地，臺灣外島澎湖風櫃尾由荷蘭人於1622年
構築的城堡遺址則共伴出土了景德鎮和漳州窯場
的卡拉克型青花瓷器（圖14）。[35]從京都公家宅邸
廢棄於十九世紀中後期的水井出土有十七世紀前
半景德鎮窯場製卡拉克型青花折沿帽式大缽
（Klapmutsen）等標本看來，[36]胎、釉和青花發色
相對精良，同時又繪飾有主要是銷往歐洲的嶄新
紋樣佈局和器式的此類製品確實博得當時日本貴
族階層的喜愛。

　　另一方面，始燒製於十六世紀末期的景德鎮
卡拉克瓷之圖樣裝飾佈局，特別是於盤內壁飾開

圖16　景德鎮卡拉克型青花瓷
中國澳門聖奧斯汀修院遺址出土

圖17　景德鎮卡拉克型青花瓷
中國遼寧省赫圖阿拉城出土

光，開光之間以邊欄相間隔的裝飾意念
其實是接受歐洲人的訂製（圖15）。這類
製品在中國的出土分布除了江西省景德
鎮窯址、同省廣昌縣墓葬以及福建省漳
州平和窯場之外，亦限於澳門聖奧斯汀
修院遺址（圖16）[37]或澳門正式開埠前葡
萄牙人在中國的貿易據點廣東台山上川
島遺址等和歐洲人有關的處所。[38]比較特
別的是遼寧省新賓縣努爾哈赤建立後金
政權的第一個都城赫圖阿拉城（內城建
成於1603年，外城建成於1605年）也出

圖18　義大利馬約利卡錫釉陶 十六世紀

土了景德鎮所燒製的卡拉克型青花瓷（圖17），[39]而景德鎮卡拉克型青花瓷之原型則來自歐洲荷蘭等地窯場所生產的所謂馬約利卡（Majolica）錫釉陶（圖18）。話雖如此，當歐洲人目睹薄胎而略具透明度，採用潔白瓷土於高溫下燒成的景德鎮卡拉克瓷時仍然深受吸引，以致於荷蘭、英國、德國甚至西班牙和伊朗等地十七至十八

圖19　Jan van de Velde III《荷蘭靜物畫》（1660）

世紀瓷窯，都曾模仿此一原型本來就出自馬約利卡陶器的中國或日本製卡拉克型陶瓷。從十七世紀歐洲荷蘭等地靜物畫作當中同時見有中國景德鎮和日本肥前卡拉克型青花等情形看來（圖19），歐洲一般消費者恐怕並無能力或者說根本無意去鑑別中日兩國製品的確實產地，無疑只是將之理解為遙遠東方所輸入之帶有異國情趣的手工藝品。另一方面，所謂馬約利卡陶器之語源，係因西班牙於十五世紀所燒造之伊斯蘭風錫釉陶（Hispano-Moresque Ware）往往經由馬約利卡港輸入義大利而得名，其作品並影響到十五至十六世紀義大利及尼德蘭（the Netherlands）等地區錫釉陶器的生產，馬約利卡也因此成為義大利、荷蘭、法國、英國、德國等地所生產之錫釉陶器的總稱。值得一提的是，做為馬約利卡陶器前身的西班牙製伊斯蘭風錫釉陶則又是受到十三至十四世紀伊朗西部蘇丹那巴德（Sultanabad）或所謂拉

圖20　伊朗白地藍彩兔紋缽　十三至十四世紀

圖21　伊斯蘭三彩鉛釉陶　九至十世紀

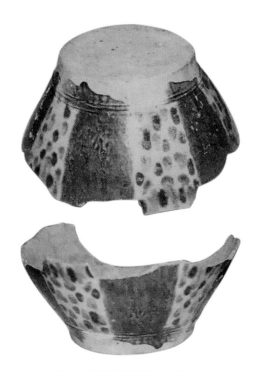

圖22　埃及三彩鉛釉陶　十世紀
　　　菲律賓呂宋島南部八打雁出土

吉維迪娜（Lajvardina）陶瓷的影響（圖20）。[40]於碗盤內壁施以間隔邊框而後進行彩飾的類似作例還見於九至十世紀所謂伊斯蘭三彩鉛釉陶（圖21）。[41]從菲律賓呂宋島南部八打雁（Batangas）曾出土十世紀的埃及三彩鉛釉陶（Fayum Pottery）看來（圖22），[42]伊斯蘭三彩陶還曾輸入東亞。就目前所見中國陶瓷紀年資料而言，具有類似裝飾作風的作品至遲在陝西神龍二年（706）永泰公主及其駙馬武延基墓所出三彩敞口碗已可見到（圖23），[43]問題是後者之器式特徵和1970年代同省碑林區何家村窖藏出土之銀碗一致，[44]可知永泰公主墓三彩碗和金銀器的親緣關係，而與唐代金銀器樣式淵源深厚的七世紀薩珊（Sasan）波斯金銀器亦見類似的開光佈局（圖24）。[45]這樣看來，日中兩國卡拉克型陶瓷樣式雖來自歐洲的馬約利卡錫釉陶，但後者的風格來源卻可上溯八至九世紀的三彩鉛釉陶，甚至時代更早的薩珊王朝金銀器皿，中國宋代以來常見的於碗、盤內壁施加隔間的作法（圖25）[46]

圖23　三彩鉛釉陶　唐代
　　　中國陝西省永泰公主墓（706）出土

可能也來自同樣的裝飾意念。

　　在廣義的大航海時代，日本和中國的卡拉克型陶瓷經常是經由臺灣轉運至巴達維亞等地，而後再輸往歐洲。荷蘭東印度公司的文書還記載荷蘭人於1635年於臺灣製作木製樣本提供中國瓷窯燒造符合歐洲人口味的各類陶瓷。[47]就卡拉克型陶瓷的流行時代而言，不排除於臺灣生產的木製樣本當中可能就包括了卡拉克型製品在內。無論如何，文獻記載和考古發掘都表明日本肥前陶瓷的輸出往往經由臺南大員（安平）再轉赴東南亞巴達維亞或馬尼拉等地。從澎湖採集得到的相對年代約在十七世紀後半的肥前卡拉克型青花瓷看來，其時臺灣和日本之間的交通還曾停泊澎湖，此為具體復原當時亞洲、歐洲和美洲新大陸間的陶瓷貿易航路提供了重要的線索。

〔改寫自《故宮文物月刊》303（2008）所載相同篇名拙文〕

圖24　薩珊王朝銀鎏金碗　七世紀

圖25　景德鎮青白瓷印花碗　南宋　中國四川省遂寧市窖藏出土

3-6 遺留在臺灣的東南亞古陶瓷——從幾張老照片談起

　　如果從考古學嚴密定義下的「遺物」角度來審視本文的議題，那麼做為本文討論對象的「物」，有的未免不倫不類。這也就是說，對於講究遺物和遺址之間關係，探索遺物在遺址存在脈絡的考古家而言，脫離遺址的遺物往往已非可以嚴肅討論的對象，更何況實物已難追索的照片中的圖像呢？雖然，運用石刻、畫軸、壁畫等不同材質的圖像資料來探索、復原畫面所見器物的存在情況，是包括陶瓷史在內許多學科研究者所經常採行的手法之一，然而這些圖像資料若非亦屬古物，至少也是古物的印拓或摹模，這也和本文部份內容以近代照片中的圖像做為探討的對象不可同日而語。因此，我很清楚本文以下的論述，有的只是立足於近代民間學者田野調查時所拍攝的影像資料，故其可靠性或許見仁見智，然而與其坐等今後未可預期的考古發掘成果，或可將之視為另類珍貴線索給予必要的關注。幾張舊照所見泰國古陶瓷的器形種類，包括了泰國中部Singburi（信武里）地區所燒製的無頸和帶頸四繫罐，以及Sawankaloke市Sisatchanalai窯群的鐵繪小罐，分別介紹如下。

一、泰國Singburi窯系無頸四繫罐

　　1970年代劉文三著《臺灣早期民藝》一書，主要是收錄劉氏走訪臺灣民間古厝時所拍攝或收購的手工藝品。其中包括一件廣口四繫罐，罐口沿呈唇口，無頸，口以下近肩處飾數道陰刻弦紋，弦紋上方罐肩部位以粗泥條對稱置四只半環形繫耳，最大徑約在器正中，以下弧度內收成平底（圖1）。[1]雖然照片無法清楚顯示作品尺寸或施釉與否，但從其造型和裝飾特徵，可以判斷是來自泰國中部Singburi縣Bang Rachang郡Ayutthaya（阿瑜陀耶，即大城）北西Mae Nam Noi，即Noi河窯系所生

圖1　泰國Singburi窯系四繫罐
　　　臺灣古厝傳世品

產，[2]該窯系之二號窯曾經泰國藝術考古部進行發掘，其中報告書所分類的第二型壺（圖2），[3]其造型就和上引劉氏攝自臺灣古厝的四繫罐大體一致。有關Singburi地區所生產的這類無頸四繫罐的年代，學界主要是參照（A）沉船，（B）陸地考古遺址所出同類標本來訂定的。

圖2　四繫罐線繪圖
　　　泰國Mae Nam Noi
　　　二號窯窯址出土

（A）沉船打撈品

　　發現有泰國Singburi窯系此類四繫罐的沉船分佈較廣，至少見於東南亞菲律賓、泰國、馬來西亞和東北亞日本海域。另外，澳洲或大西洋聖海倫那島（St. Helena）以及非洲西部幾內亞灣（Gulf of Guinea）等沉船遺留亦可見到同類標本。其中，菲律賓八打雁（Batangas）幸運島海域打撈上岸的西班牙籍旗艦*San Diego*（聖迭戈號），是於1600年12月14日遭受荷蘭艦的砲擊而沉沒；[4]非洲幾內亞灣南部洛佩斯角（Cape Lopez）發現的荷蘭東印度公司*Mauritius*（毛里西斯號），則是1607年自萬丹（Bantam）滿載商貨於返航中失聯，直到1609年倖存者返回阿姆斯特丹（Amsterdam）後，才得知該船於1609年3月19日觸礁沉沒。[5]其次，於1613年赴大西洋聖海倫那島補給物資的荷蘭東印度公司*Witte Leeuw*（白獅號），因遭逢葡萄牙船，雙方交戰結果，*Witte Leeuw*終於在1613年11月1日被擊沉。[6]另外，同樣是荷蘭東印度公司所屬的*Vergulde Draeck*（費尼得‧德雷克號）（圖3）則是自荷蘭駛往印尼巴達維亞（Batavia）的途中於西澳海域觸礁沉沒，時在1656年4月28日。[7]以上四艘帶有明確紀年的十七世紀初期沉船都發現了Singburi窯系無頸四繫罐。

圖3　泰國Singburi窯系四繫罐
　　　荷蘭籍*Vergulde Draeck*沉船
　　　（1656）打撈品

　　另一方面，雖乏明確紀年資料，但從伴出遺物可大體判明其相對年代的數艘沉船亦見同類四繫罐。其中泰國*Ko Kradat Wreck*（Kradat島號沉船）因伴出「大明年造」、「永保長春」等常見於明代嘉靖（1522－1566）、萬曆（1573－1620）時期的青花瓷，估計其相

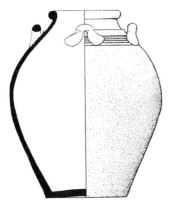

圖4　泰國Singburi窯系四繫罐
　　泰國*Ko Si Chang I*沉船
　　打撈品

圖5　四繫罐
　　荷蘭籍 *Risdam*沉船
　　（1727）打撈品

圖6　泰國Singburi窯系四繫罐
　　荷蘭籍*Witte Leeuw*沉船
　　（1613）打撈品

對年代約在十六世紀中期或偏後；[8]*Ko Si Chang I*（Si Chang島一號船）（圖4）則因伴出萬曆款青花瓷，故其年代應在十六世紀後期至十七世紀初期。[9]此外，馬來西亞*Singtai*和因伴出「宣德」銘款青花瓷而得名的*Xuande*（宣德號）等兩艘沉船，學者們也早已經由打撈上岸的中國陶瓷推定均屬十六世紀中期沉船。[10]至於日本九州山見沖海底遺跡，則因伴出推定屬明代萬曆年間的青花瓷，所以推測其相對年代也應在這一時期。[11]

　　綜合以上沉船資料，可以認爲泰國Singburi窯系四繫罐可能是做爲某種貿易商品的外容器而隨著各國船舶出沒各地，其年代可早自十六世紀，但集中見於十七世紀前期。不過，個別十八世紀沉船亦見同類無頸四繫罐，如馬來西亞柔佛州（Johor）發現的沉沒於1727年之荷蘭東印度公司*Risdam*（理斯頓號），即見同類標本（圖5）。[12]過去，向井亙曾經指出：比起十七世紀前半作品，*Risdam*沉船所見四繫罐頸和肩的交界愈趨模糊，器身亦漸趨圓。[13]就目前的資料看來，Singburi地區有複數窯場都曾燒製此類四繫罐，而經發掘的Bang Rachang二號窯也是並存幾種不同形式的四繫罐，[14]由於菲律賓*San Diego*沉船亦曾伴出兩式造型不盡相同的這類四繫罐，並且*Risdam Wreck*所見個別發現例，其罐體上部因燒成不良而變形，同時考慮到沉船常見的古物傳世使用現象，故其詳細的分類和編年仍有待日後進一步的資料來解決。雖然如此，僅從作品外觀的粗淺比對而言，劉氏所揭示遺留在臺灣的Singburi窯系無頸四繫罐的造型特徵，要和1613年荷籍*Witte Leeuw*沉船作品最接近（圖6），故其相對年代可能也在十七世紀初期。

（B）陸地考古遺址

經正式發表的出土有泰國Singburi窯系無頸四繫罐的遺址，明顯集中於日本列島，此一出土分布除了表明日本的考古發掘工作進行得較爲細緻，似乎也反映了日方已儲備不少足以辨識此類陶瓷產地的田野考古工作者。不過，若參酌沉船發現例看來，這樣的出土分布情況恐怕也和我個人的資料取得途徑極爲有限，並未取得日本以外地區的考古發掘報告書一事有關。無論如何，歷年來日方學者針對Singburi窯系四繫罐的基礎研究，提供本文極大的助益。以博多地區而言，由森本朝子所彙整的五例當中，有四處遺址的相對年代在十六世紀後期至十七世紀初期之間；其中四例造型與1600年*San Diego*沉船所出作品相似。[15]其次，扇浦正義和川口洋平二人也梳理了長崎縣內二十一個出土案例，[16]其遺址性質包括1641年荷蘭人在出島這一人工島上所設置的商館、荷蘭長官公署等十七世紀遺址，以及金屋町、萬才町、五島町、櫻町、榮町等遺址，其中除了萬才町中一例是出土於十七世紀至十八世紀遺址，其他均集中見於十六世紀後期至十七世紀初期遺址。

另外，大阪堺環濠都市遺跡（SKT）出土同類標本則有森村健一和續伸一郎二人的研究，前者結合沉船遺物針對作品的年代和產地進行了考察，[17]後者則予以型式編年（圖7），而其所分類的IV式之外觀特徵則和前揭臺灣古厝傳世的四繫罐造型最爲接近，該式除有一

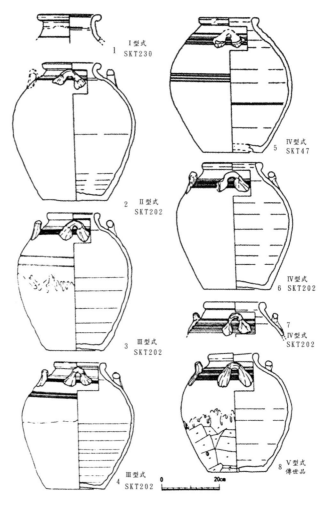

圖7　四繫罐線繪圖　日本大阪堺環濠都市遺跡出土

例是出土於十七世紀後半至十八世紀初期遺址，其餘大都見於慶長二十年（1615）燒土層中。[18]應予一提的是，有關泰國Singburi窯系四繫罐的分類和編年，以近年向井互的論稿最具參考價值，我將做爲本文主要論旨的劉氏前揭四繫罐稱爲「無頸四繫罐」即是參考了向井氏的器形分類方案。雖然向井氏對於沉船出土作品的掌握仍有所遺漏，不過泰國Singburi窯系之無頸四繫罐罐式確如同氏所指出，約出現於十六世紀中期，除了馬來西亞海域*Singtai*和*Xuande*兩艘沉船之外，日本大分市大友城下町因天正十四年（1586）島津入侵而發生的火

圖8　四繫罐（內盛硫礦）
日本堺市堺環濠都市遺跡出土

災遺留或愛媛縣松山市湯築城址推定屬十六世紀中期之第三階段區劃七等遺址都出土了同類四繫罐標本，至於十七世紀標本則見於堺市數處考古遺址。[19]

綜觀以上沉船和陸地考古遺址並結合窯址調查資料，可知該類無頸四繫罐的尺寸大小不一，也因此向井互將之區分爲大型（約六十公分）、中型（約四十五公分）、小型（約二十五公分），小型者是以轆轤拉坯成形，大、中兩型則是分別做出上下二段後，再予以接合。[20]這類罐器壁一般較厚，可區分爲無釉素燒和施釉等兩類製品，後者施釉罐釉色呈色不一，有的呈暗褐或橄欖綠色，也有施加褐中偏綠或偏灰白的狀似化妝土的失透釉（圖8）。從已發掘的Bang Rachang二號窯資料看來，兩類製品並存於同一窯爐當中。[21]

儘管Singburi窯系這類無頸四繫罐的尺寸、釉色和胎質不盡相同，但均於肩上部陰刻數周弦紋，弦紋上方對稱加置四只繫耳。繫耳是隨意地將略呈馬蹄狀半環形的粗泥條捺押黏附於罐肩，故繫耳兩端留下明顯的以手捺押或不經心的整修痕跡，極具特色。值得留意

圖9　泰國Singburi窯系帶繫罐標本　劉益昌採集自臺灣澎湖風櫃尾遺址

的是，中央研究院劉益昌教授在調查澎湖風櫃尾遺址所採集標本當中，即包括數件泰國Singburi窯系無頸四繫罐的口肩部位殘片，其器表無釉，露胎處胎略呈磚紅色（圖9）。

眾所周知，1622年荷蘭艦隊司令雷約茲（Cornelis Reijerszn）率艦隊入澎湖媽公澳（今馬公港），同年派遣船隻航向大員（今臺灣安平地區），並開始在位於澎湖西南端的風櫃尾蛇頭山上構築城堡。[22]1624年荷蘭在中國武力的壓力下同意著名海商李旦的斡旋撤離澎湖，交換條件是中國允許荷蘭人赴當時迄未納入中國版圖的臺灣貿易，故荷蘭人於同年八月自毀風櫃尾城寨轉赴大員北端的高地建築城堡，初稱奧倫治城（Fort Orange），1627年奉總公司命令改稱熱蘭遮城（Fort Zeelandia）。因此，風櫃尾遺址所採集之Singburi窯系四繫罐標本的相對年代有可能在十七世紀二〇年代前後不久。如果說，本文依恃當代民間學者的攝影圖像試圖說明臺灣古厝流傳有十七世紀的泰國古陶瓷一事未免一廂情願，那麼上引劉益昌在澎湖島採集到的標本，無疑為此推測增添了有力的註腳。不僅如此，令人振奮的是，2003年、2005年劉益昌考古團隊接受臺南市政府委託正式發掘熱蘭遮城遺址時，也出土了同類Singburi窯系四繫罐標本。[23]此類標本計有二件。其中一件為繫耳殘件，表施褐釉，出土於第五號探坑（TP5-IV.9 L4f）。另一件亦屬罐肩部繫耳部位殘件，後者係出土於遺址第三號探坑的最底層（TP3 A-I2, L4a），與所謂的安平壺殘片共伴出土，素燒無釉，淺磚紅色胎中夾雜有砂石狀雜質（圖10）。有趣的是，同類磚紅色胎無釉素燒四繫罐，於荷蘭阿姆斯特丹市十七世紀居住遺址亦曾出土（圖11），據說是做為收貯壁爐灰燼的容器。[24]這樣看來，考古發掘既證實熱蘭遮城遺址出土有泰國中部Singburi窯系無頸的繫罐，而若結合國外沉船或陸地遺址所見同類標本，同時參酌熱蘭遮城築城史事以及出土遺址層位和共伴瓷片的相對年代，可以認為熱蘭遮城遺址出土的Singburi窯系標本之年代應在十七世紀，而前引劉文三拍攝自臺灣古厝的同類罐，也極有可能是十七

圖10　泰國Singburi窯系帶繫罐標本　臺灣熱蘭遮城遺址出土

圖11　泰國Singburi窯系四繫罐　荷蘭阿姆斯特丹市出土

世紀攜入臺灣後流傳至現代的傳世品。由於荷蘭東印度公司所屬1609年*Mauritius*、1613
年*Witte Leeuw*、1656年*Vergulde Draeck*等沉船，以及1622年由荷人構築的風櫃尾城城址
均見Singburi窯系四繫罐，因此又可推測1624年破土開基，[25]大體竣工於1632年的臺南熱
蘭遮城遺址所出土同類標本，很有可能是由荷蘭人所攜來的。

二、泰國Singburi窯系短頸四繫罐

1980年代初期日本東京都涉谷區舉辦了名為《臺灣高砂族の服飾》特展，展出了涉谷區民瀨川孝吉滯臺期間所蒐集得到的原住民文物，配合瀨川氏多幅攝影照，生動地傳達出臺灣原住民的衣冠配飾情況。圖錄當中有一幀由瀨川氏所拍攝的排灣族內文社（Chakobokoji社）頭目盛裝照，頭目身旁女子前方置一高度及膝的施釉大口四繫罐（圖12）。[26]依據湯淺浩史所撰〈瀨川孝吉先生略傳〉，則瀨川孝吉（1906－1998）早在1928年就讀東京農業大學期間已曾來臺灣採集植物標本，1931年自同校畢業

圖12　排灣族頭目盛裝照　瀨川孝吉攝（1928-1939）

後隨即任職臺灣總督府理蕃課，曾參與制定臺灣原住民的教育、醫療或生活指導等工作，
及至1939年轉任拓務省離開臺灣的十一年間，其以重達一點五公斤玻璃版Alpin和當時新

發明的膠卷Leica相機所拍攝的臺灣原住民影像，估計超過一萬張。[27]上揭舊照即為其中的一張，拍攝時間應該是在1928至1939年之間，所以我認為可以做為理解當時排灣族物質文明的人類學田野調查記錄。瀨川氏本人顯然也對這件和排灣族低溫素燒陶器迥然不同的高溫色釉四繫罐頗為好奇，以致於還另外拍了一張以

圖13　排灣族寶物　瀨川孝吉攝（1928-1939）

這件四繫罐搭配頭目寶劍的特寫近照（圖13）。[28]可惜四繫罐目前下落不明。

　　照片上的四繫罐口沿向外翻卷，口以下置上斂下豐的喇叭式短頸，斜弧肩，最大徑在器肩，肩以下弧度內收。頸肩交界處對稱置四只半環形橫繫，器肩另飾陰刻弦紋數周。器外整體施釉，但器身腹部分施釉不勻，有明顯流釉痕跡。從作品與照片中人像的高度比例推測，罐通高約在五十公分左右。依據上述器形外觀特徵，可以得知其應是來自泰國瓷窯所生產，並且可能和前述臺灣古厝傳世或熱蘭遮城遺址出土的四繫罐同屬Singburi縣Noi河窯系製品。當今學界對於此一類型四繫罐的年代訂定，主要也是基於沉船和陸地考古遺址出土標本，以下分別敘述之。

（A）沉船打撈品

　　發現有此一類型泰國黑褐釉四繫罐的沉船，分布於泰國、菲律賓和越南海域。泰國海域沉船包括相對年代於十五世紀末的*Ko Si Chang III*[29]和十六世紀前半的*Klang Aow II*；[30]菲律賓海域沉船則包括年代約於十五世紀中期的*Pandanan Wreck*[31]以及前述件出有Singburi窯系無頸四繫罐的*San Diego*號（圖14）。[32]另外，越南中部會安（Hoi An）發現的

圖14　泰國Singburi窯系四繫罐
　　　　菲律賓*San Diego*沉船（1600）打撈品

十五世紀後半至十六世紀前半的所謂*Hoi An*沉船也可見到類似標本。[33]上述沉船發現例當中，以1600年*San Diego*號四繫罐（圖17）和瀨川攝自排灣族的作品造型最爲近似，兩者亦均在器肩部位飾數道陰刻弦紋。

（B）陸地考古遺址

陸地考古遺址主要集中於日本（圖15）。其中又以當時的琉球王國，伴出有大型元代青花蓋盒等珍貴文物的沖繩首里京之內遺址出土作品最爲人們所熟知。京之內遺跡（SK01）推測是毀於1459年火災的王朝庫房遺留，所出七十餘件泰國陶瓷當中至少包括三十餘件四繫罐（圖16）。相對於報告書執筆者金城龜信同意並援引尾崎直人的看法，認爲所見泰國四繫罐多來自該國中北部蘇可泰（Sukhothai）北方Satchanalai古城北邊Yom河（Mae Nam Yom）沿岸一帶的所謂Sisatchanalai窯系製品，[34]森村健一則極力主張京之內遺址四繫罐應是來自Noi河窯系，[35]我個人則是同意近年向井亙的分類，認爲京之內遺址出土的四繫罐，既包括Si Satchanalai窯系製品，亦見Mae Nam Noi窯系作品。[36]見於臺灣排灣族頭目家的四繫罐則和京之內遺址所出Mae Nam Noi系作品較爲接近（向井Noi系短頸Ⅰ類），但後者肩部相對圓聳，肩以下內收弧線亦較緩；1980年代泰國藝術局考古部在Singburi縣Noi河西岸發掘的二號窯址亦見類似造型的四繫罐（向井Noi窯系短頸Ⅱ類）。[37]就可大致判明相對年代的日本遺址所出Noi窯系短頸四繫罐而言，博多第一二四次調查所出標本約於十五世紀末至十六世紀；[38]日本堺環濠都市遺跡二三〇地點第五次燒土層第五次生活曲SB14貼床[39]以及高知縣高岡郡姬野野土居跡所出作品，[40]因是和十五世紀後半備前燒擂缽共伴出土，故其相對年代也約於這一時期。

圖15
四繫罐
日本大分市出土

圖16　四繫罐
　　　日本沖繩首里京之內遺跡出土

綜合以上沉船和陸地考古遺址，可知泰國Noi窯系短頸四繫罐的年代集中於十五至十六世紀，最晚的實例見於1600年*San Diego*沉船。如前所述，與瀨川排灣族頭目家攝影照所見四繫罐造型最為類似的作品，則是見於*San Diego*沉船打撈品（圖17），後者器形又和泰國海域十六世紀前半之*Klang Aow*沉船所出作品一脈相承，故可推測流傳於臺灣排灣族的Noi窯系四繫罐的年代約於十六世紀，至遲也不會晚於十七世紀初期。在此應予一提的是，新近公布的臺灣淇武蘭遺址（現象H166）也出土了泰國短頸四繫罐，罐口沿外卷、束頸、弧肩、肩以下微弧內縮成大平體，頸肩部位置四半環形橫繫並施罩偏黃的橄欖色釉，從圖片看來製品燒結良好，通高五十八點八公分（圖18）。[41]

圖17　四繫罐 菲律賓*San Diego*沉船（1600）打撈品

由於其整體器式特徵和前引相對年代約於十六世紀前半之*Akang Aow*沉船以及1600年*San Diego*沉船所見泰國四繫罐相近，故可推測淇武蘭遺址同類帶繫罐的年代也和流傳於臺灣排灣族Noi窯系四繫罐般，約於十六世紀且不晚於十七世紀初。考慮到1626年西班牙人侵佔臺灣基隆，1634年又將蘭陽平原命為Cabaran的傳教省區，其時並有淇武蘭（Qiparaur）的村落名稱。[42]結合淇武蘭遺址所出陶瓷組合，如十六至十七世紀中國製黃褐釉劃花罐等製品又見於西班牙籍*San Diego*沉船打撈品，看來淇武蘭遺址之泰國陶瓷極有可能是由西班牙人所攜入。另外，香港大嶼山竹篙灣也曾發現同屬Noi窯系的帶頸四繫罐殘片出土遺址被認為是明代進出廣東和東南亞商船的中途補給站。[43]

圖18　泰國四繫罐 臺灣宜蘭淇武蘭遺址出土

三、熱蘭遮城遺址出土的泰國印紋陶

熱蘭遮城遺址出土的泰國印紋陶標本共計七件，均出土於2005年發掘的第七號探坑，由殘片推測是屬於罐的口頸和身腹部位殘件（圖19），另外，從標本的胎質和印紋裝飾特徵，可以確認其應是泰國中部

圖19　泰國印紋陶殘片　臺灣熱蘭遮城遺址出土

Ayutthaya，即《清史・暹羅傳》之「阿由提亞」，華僑所謂「大城」及其鄰近地區窯場所燒造。[44]關於其年代，我以前曾經粗略地整理過東南亞海域沉船以及日本陸地考古遺址之發現例，指出前述發現有泰國Singburi窯系四繫罐的Ko Khram、Ko Si Chang I、III（圖20）或Witte Leeuw等十五至十七世紀沉船都伴出了同類印紋陶。其次，出土有Singburi窯系四繫罐的日本考古遺址如沖繩（首里京之內）、福岡（博多）、長崎市（萬才町、榮町、興善町）等遺址也都出土了此類陶器。[45]綜合目前所見出土有這類印紋陶器之沉船或陸地遺址的相對年代，可以認為其集中於十五至十七世紀，故熱蘭遮城遺址出土的泰國印紋陶標本的年代也應在這一時期。

圖20　印紋陶線繪圖
　　　泰國Ko Si Chang III沉船打撈品

圖21　泰國印紋陶殘片
　　　日本長崎市興善町遺跡出土

另一方面，我們應該留意到熱蘭遮城遺址所見屬於罐身腹部位殘片之印紋裝飾，和日本長崎市興善町遺跡八尾邸宅出土同類標本幾乎完全一致（圖21），[46]也因此興善町八尾邸宅出土標本的相對年代就成了進一步判別熱蘭遮城遺址印紋陶年代時的重要參考資料。今日所謂的興善町，原稱新町（自江戶時期至昭和三十八年〔1963〕改名為止），是長崎代官末次平藏之父末次興

善於文祿元年（1592）所建設的市鎮，末次興善則是長崎開港不久即往來於博多、臺灣之間貿易並因而致富的著名資本家。發掘出土有與熱蘭遮城遺址酷似的泰國印紋陶的地點，位於江戶時代擔任新町乙名（世襲的協助處理市政的要員）八尾家的邸宅。文獻記載八尾家的先祖是出身地河內之八尾的以商販甲冑爲業的源左衛門，亦即新町初代乙名，其就任日期可能在元和四年（1618）或寬永十五年（1638）。[47]無論如何，連同遺址住居柱石、地下室、水井等遺構所出遺物計約三萬餘件，而從大量的燒造於1650至1660年代之有田皿山外銷用陶瓷係出土於充斥瓦礫和燒土的灰坑，結合文獻記載，報告書執筆者永松實等人推測，其極可能是發生於寬文三年（1663）江戶期最嚴重的一次火災後的遺留。[48]這從遺址出土日本和中國陶瓷主要集中於十六世紀末至1660年代之前一事，亦可得到佐證。[49]如果此一判斷無誤，則興善町遺跡（八屋邸宅）出土的泰國印紋陶壺，以及與之雷同的熱蘭遮城所見標本之相對年代，也應在十六世紀末至十七世紀中期。

四、熱蘭遮城遺址出土的越南陶瓷

遺址出土的越南陶瓷包括硬陶和施釉炻器等兩類。硬陶至少有四件，其中三件呈紅褐色調，無釉，器表略呈鐵鏽光澤，薄胎，胎中屬白色雜質，整體以高溫燒成。器表陰刻複線弦紋，弦紋上方另飾垂幕式波形梳紋（圖22）。類似的標本於日本九州長崎市榮町、[50]勝山町、[51]金屋町、[52]爐粕町、[53]岩原目付屋等遺跡[54]或堺環濠都市遺址等都曾出土，[55]據此可知上述熱蘭遮城遺址標本應屬壺、罐或甕類之頸肩部位的殘片。就目前的資料看來，這類高溫硬陶器應來自越南窯場所生產，特別有可能是越南中部窯場的製品（圖23）。[56]另一方面，1970年代劉文三著《臺灣早期民藝》

圖22　越南陶瓷殘片　臺灣熱蘭遮城遺址出土

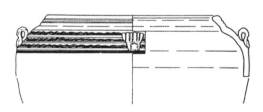

圖23　帶繫罐線繪圖　越南窯址出土

圖24 越南帶繫罐 臺灣古厝傳世品

一書所收錄的一件臺灣古厝傳世的四繫罐（圖24），[57]罐口沿略呈唇口，口部下方肩部部位飾三道凸弦紋，弦紋之間陰刻波狀梳紋，並於對稱部位安四只繫耳。繫耳和凸弦紋下方另飾四道陰刻複線紋，複線紋之間裝飾有淺陰刻的波形梳紋，無疑亦來自越南所產。[58]參酌越南會安或日本九州、堺市等可判明該類作品相對年代的考古資料看來，前述熱蘭遮城遺址或古厝傳世的越南硬陶器的年代也約在十七世紀。

　　熱蘭遮城遺址出土的另一件越南硬陶（ZLDA-94-TP7－III, 1, L4c），為罐的身腹部位殘片。從殘片看來，是以轆轤拉坯成形，修整不講究，器內外留有明顯的拉痕。從斷面看來，器胎青灰當中夾有淺灰狀色層，整體呈大理石或所謂「墨流」般之層狀紋理，極具特色（圖25：a、b）。而這種以青灰、淺灰兩種不同胎土揉合而成的高溫硬陶，則是越南炻器常見的特徵之一，[59]結合殘片器形，可以推測熱蘭遮城遺址標本應是越南中部一帶窯場所燒造的大口高瓶（圖26）。就目前的資料看來，越南中部廣平省首都同會（Dong Hoi），特別是蒴莊省（Sóc Trăng）窯群都燒造有這類高瓶。由於後者蒴莊省窯址已經正式發掘，從而可知，日本等地出土的此類大口高瓶應是來自越南中部窯場所生產，窯場的存續時代

圖25 越南硬陶罐殘片 a正面 b背面 臺灣熱蘭遮城遺址出土

圖26 大口高瓶 越南窯址出土

圖27　白釉綠彩石灰罐片
　　　臺灣熱蘭遮城遺址出土

約於十六世紀中後期至十七世紀前半期。[60]另一方面，就日本出土例而言，類似的大口高瓶多見於森本朝子所區分的第三期（十六世紀中葉至十七世紀中葉），出土地點則集中在以堺、大阪爲中心的九州東岸和瀨戶內海沿岸，值得一提的是，平戶荷蘭商館建造之前的地層也出土了此類高瓶。[61]另外，前引日本金屋町或爐粕町等遺跡亦如熱蘭遮城遺址所見，均同時伴出了越南複線陰刻弦紋硬陶以及大口高瓶等兩類標本。

　　熱蘭遮城遺址出土的越南施釉炻器是見於第五號探坑的一件白釉綠彩標本（圖27）。從標本的胎、釉特徵結合其所貼飾的檳榔藤蔓和椰果，可知其應爲裝盛食用檳榔石灰的容器（Limepot）（圖28）。學界對於這類越南石灰罐的年代見解分歧，有十五世紀、[62]十五至十六世紀[63]和十六至十七世紀等不同說法。[64]雖然熱蘭遮城遺址標本是否確實用來裝盛檳榔用石灰，目前已難確認。不過，從相對年代約在十五世紀後期至十六世紀越南*Hoi An*沉船發現有施罩單色釉的石灰罐，[65]可知此類小罐年代或可上溯十五至十六世紀，但若參酌熱蘭遮城的築城年代以及遺址白釉綠彩標本的共件遺物等看來，於白釉上施綠彩之石灰罐的相對年代有可能是在十六至十七世紀之間。此一年代觀有助於今後越南白釉綠彩石灰壺的定年。

圖28　白釉綠彩石灰提梁壺
　　　日本福岡市美術館藏

五、臺灣的中途轉運站位置和澎湖水道打撈上岸的 Sisatchanalai窯系鐵繪小罐

　　自荷蘭東印度公司於1624年在臺南設立據點以來，即以臺灣做爲連結日本、中國或東南亞、歐洲諸國的貿易中途站；1661年鄭成功登陸臺灣，翌年驅逐荷蘭在臺勢力，同樣也是以臺灣爲基地與日本和東南亞諸國進行貿易，而日本的朱印船也經常往返於臺灣與東南

亞之間。因此，臺灣出土或傳世有十七世紀東南亞陶瓷一事，毋寧是極爲自然的事。比如說鄭成功於1655年就親自派遣二十四艘船赴東南亞各地，其中兩艘赴東京（今越南北部），另有四艘抵廣南（今越南中部）。[66]在此之前，日本朱印船亦經常往返於臺灣和南洋進行貿易，[67]其中又以僑寓日本平戶的華人領袖李旦最爲活躍。自1614年至1625年間由李旦及其胞弟華宇派往東京、交趾、呂宋等地的計二十三艘朱印船中，有十一艘抵臺灣；[68]故熱蘭遮城遺址出土的越南陶瓷或許就是以臺灣爲據點往返東南亞的貿易船所攜回。

如前所述，澎湖風櫃尾採集或臺南熱蘭遮城遺址出土的泰國Singburi窯系無頸四繫罐極有可能是由荷蘭人所攜來，不過流傳於臺灣古厝的十七世紀同式罐，則除了荷蘭人之外，也有可能是由鄭氏集團或日本朱印船海商之手帶入的。有關十七世紀之經由臺灣與泰國進行貿易往來的文獻記載極爲豐富，如1629至1634年任荷蘭東印度公司暹羅商館長的范符立特（Van Vliet）著《暹羅國志》就提到：「粗細瓷器及其他中國貨乃由公司之船隻從臺灣（Tajouan）或兩三艘戎克船從漳州（Chin Scheeuw）每年運抵此地」；英國東印度公司駐暹羅職員懷特（George White）於1678年向倫敦總公司所提報告也指出：「每年有大批硝石由廈門王（King of Amoy，即鄭經）及交趾支那王（即廣南阮王）之代理商運返其國。」[69]《熱蘭遮城日誌》也記載了1632年裝載有鹿皮和兩仟餘件粗瓷器等貨物由暹羅赴日本貿易的戎克船，因季風關係而停泊臺灣；[70]《巴達維亞城日誌》也有許多暹羅船來到臺灣的記事，其中包括暹羅王子曾派遣大使赴日本，返國時於臺灣採買不少陶瓷器和絲織品等物資，無奈卻於1637年1月11日在臺灣麻豆河附近遇颶風而遭難，除大使和十四名暹羅人以及十一名中國人溺死，所購入的物資亦全數泡湯。[71]這樣看來，臺灣古厝的泰國Singburi窯系無頸四繫罐，既有可能由荷蘭人、鄭氏集團、朱印船海商所帶來，亦不排除是得自暹羅王的貿易船。從西川如見著於1709年之《增補華夷通商考》所記：「自該國每年有一二艘國王之大船來日本，其船員均爲居住該地之唐人，此外暹羅人亦有乘船來日者」等文獻記載可知，所謂暹羅船，其實有不少是由泰國華僑所經營。[72]無論如何，由於臺灣在日本和東南亞貿易之間往往扮演著重要的中繼角色，因此不排除目前日本出土有同類罐的近四十處遺址當中，有部分標本是經由臺灣而後輾轉傳入日本的。

事實上，高雄左營清代鳳山縣舊城遺址即曾出土十七世紀後半日本肥前地區的青花瓷，[73]2002年發掘臺南熱蘭遮城遺址時也曾出土肥前二彩唐津，[74]後者於泰國拉布里（Lop Buri）宮廷接待所或馬來半島那空是貪瑪叻（Nakhon Si Thammarat）等遺址亦曾出土。[75]泰國濤坤寺（Wat Thao Khot）出土燒製於1650至1670年之間的肥前青花帶頸小罐，[76]也

和流傳於臺灣民間後歸臺南市延平郡王祠民族文物館藏的作品完全一致，[77]依據臺南市文化局登錄資料，後者係出土於臺南市南郊蛇仔穴南明永曆三十六年（清康熙二十一年〔1682〕）洪夫人墓。[78]

此外，見於瀨川氏攝影照的排灣族頭目家藏十六至十七世紀Singburi窯系短頸四繫罐亦有多種可能的取得途徑。由於荷蘭在臺期間曾設置「贌社」，委由漢人「社商」與原住民進行以物易物的交易，而該一贌社制又為後來的鄭氏和清代所承襲，[79]因此目前已無從判斷排灣族人獲得此類陶瓷的具體時間和途徑。另一方面，分布於臺東和高屏地區的臺灣東部排灣族居地，正是北赤道洋流之北上支流，即所謂「黑潮」的行經路線，所見出土有此類短頸罐的沖繩本島或九州鹿兒島，正是近代學者模擬黑潮的航行據點。[80]其次，琉球自尚巴志元年（1422）統一全國以來，即熱衷於與東南亞的海上貿易活動。收錄於《歷代寶案》的琉球中山王於洪熙元年（1425）給予暹羅王的咨文中，也提到琉球國早在明洪武、永樂年間已遣使赴暹羅；十五世紀後期漂流至琉球宮古島並曾短暫居留沖繩本島的朝鮮人肖德誠在歸國後談及首府港：**「市在江邊，南蠻、日本國、中原商船來互市。」**[81]所謂的「南蠻」，是以中國為尊之泛指包括臺灣在內的暹羅、呂宋、爪哇等南洋諸國的呼稱。對於順著季風往返於暹羅和琉球的貿易船隻而言，臺灣東部外海是其行經之路，所以我也不排除排灣族人有機會直接自主要是由華僑所經營的暹羅商船獲得陶瓷等物資。

然而，在考慮排灣族人獲取泰國古陶瓷的多種可能的途徑時，排灣群傳世的彩色玻璃珠無疑亦可提供若干重要的啟示。相對於陳奇祿依據玻璃珠的化學成分不含鉛而主張其應屬東南亞系，[82]鮑克蘭（Inez de Beauclair）則結合阿姆斯特丹市十七世紀玻璃工廠資料，認為其中包含了荷蘭玻璃珠。[83]就目前的資料看來，流傳於排灣群的玻璃珠之來源頗為複雜，僅就陳奇祿論文附圖所見現藏國立臺灣大學人類學系之臺北帝大時期得自排灣群的玻璃珠而言，我認為其中至少包括了荷蘭珠、威尼斯珠（Venezia）、印度珠和日本江戶時期生產的江戶玻璃珠。[84]由於荷蘭、威尼斯和印度玻璃珠於十七至十八世紀經由荷蘭、西班牙人等之手大量外銷非洲和東亞，因此排灣內文社傳世的泰國Singburi窯系四繫罐很有可能如玻璃珠般，是透過與歐洲人的交易而獲得的。

以上，本文籠統地介紹了臺灣出土或傳世的泰國和越南十六至十七世紀陶瓷，然而僅止於陸地調查資料而未涉及臺灣海域的發現。雖然臺灣目前仍未見具嚴格學術意義的水下考古案例，不過由漁民打撈上岸的古代文物的數量卻不少，可惜作品多已流入古董市場，其中即包括泰國古陶瓷在內。設若以個別藏家的收集品做為討論的對象，很可能會因作品

的確實來源已難求證而爲人所詬病，所以以下我只挑揀曾任職臺灣文獻委員會具學者身份的簡榮聰著《臺灣海撈文物》一書所揭載的相關作品試著做一介紹。

　　成書於1990年代的《臺灣海撈文物》收錄了一件簡氏判定爲元代陶瓷的彩繪小罐（圖29）。[85]不過，由於小罐的造型和繪彩技法極具特色，因此光是從圖版就可確認其應是來自泰國中北部蘇可泰北邊Yom河一帶Sisatchanalai窯系所生產的釉下鐵繪器。[86]有關Sisatchanalai窯系鐵繪作品的年代問題以往雖有諸多的推測，但直到近年才由數艘有相對年代可考的沉船所出同類作品而得以釐清（圖30）。由於1996年打撈自菲

圖29　泰國鐵繪小罐　臺灣海域打撈上岸

律賓呂宋島西岸的十六世紀中期*San Isidro*沉船伴出有同類Sisatchanalai窯系鐵繪作品，[87]故可輕易得知前述臺灣海域打撈上岸的鐵繪小罐的年代也約在這一時期。這樣看來，臺灣本島和外島澎湖既出土有泰國Singburi窯系製品，臺灣海域更打撈出年代不晚於十六世紀的泰國Sisatchanalai窯系鐵繪罐，結合臺南市立安平文化中心典藏一件品名卡片上明確標示是海撈獲得的所謂明代碗，[88]有較大可能是十四至十五世紀的越南陶瓷，以及我於古董舖親眼目睹的幾件傳說得自臺灣海峽的泰國十五世紀鐵繪魚紋盤，或可勾勒出東南亞國家陶瓷北上輸出情況之一端，而臺灣海域打撈上岸的作品即是商船遇難失事的遺留。我雖無法確定十七世紀之前經由臺灣海域往來於日本、中國和東南亞國家之間的船隻是否曾停靠臺灣本島與原住民進行交易？但是，我們應該留意到，1980年代陳信雄著《澎湖宋元陶瓷》所刊載的一件採集自澎湖的同氏所謂宋元時期泉州青瓷（圖31：a、b），[89]其實是越南製品。類似的青瓷印花標本曾見於日本博多十四至十六世紀遺跡（圖32）以及對馬的水崎遺

圖30　泰國鐵繪小罐　菲律賓*San Isidro*沉船打撈品

跡，[90]森本朝子認爲其應是越南北中部十四世紀後半至十五世紀之間的製品，[91]並曾針對越南Ha Lan遺址出土同類標本進行了成分分析。[92]另外，現藏法國吉美博物館（Musée Guimet）的著名漢學家馬伯樂（Henri Maspero）採集標本（圖33：a、b），[93]也和上述澎湖越南青瓷完全一致（同

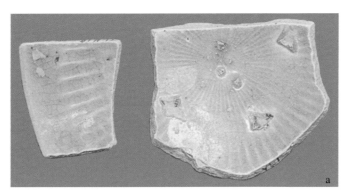

圖31 越南印花青瓷 a 正面 b 外底 臺灣澎湖採集

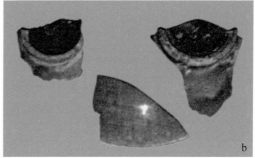

圖32 越南印花青瓷 a 正面 b 外底 日本博多出土

圖33
越南印花青瓷
a 正面 b 外底
馬伯樂採集
法國吉美博物館（Musée Guimet）藏

圖31：b）。[94]從標本的外觀看來，兩者之圈足均爲器身成形後再予接合，是越南十五世紀以前流行的成形技法之一。臺灣海峽和外島澎湖出土有東南亞陶瓷，既提示我們日本博多遺跡的同類東南亞陶瓷有的可能就是經由澎湖而後運達的。更重要的是，前述澎湖越南印花青瓷殘片若非海船失事遺留而後沖刷上岸，則又說明了澎湖至遲在十四至十五世紀已經具有貿易轉運站的功能，此對於正確評估澎湖中屯等處貝塚所見大量陶瓷標本的性質以及澎湖所扮演的歷史角色有很大的助益。

小結

　　早在1970年代，三上次男已經提到開鑿臺南安平之間運河時曾經出土大量的泰國陶瓷。[95]可惜同氏論文並未出示任何圖版，也未透露消息來源或明白交代是否親眼實見。就此而言，本文以幾張照片和出版品之圖版爲線索，結合近年考古發掘遺物，初步證實了臺灣本島、外島澎湖以及臺灣海域確實遺留有泰國、越南等地東南亞古陶瓷。其中，Singburi窯系無頸和短頸四繫罐可以從造型和尺寸大小判斷其有可能是裝盛某種物品的外容器。過去日方學者也嘗試結合《歷代寶案》所載暹羅國王多次餽贈琉球國王香花酒一事，推測沖繩出土的這類泰國四繫罐可能即是香花酒罈，[96]然而也僅止於推測，並無確證。無論如何，如果說該類泰國四繫罐只是做爲某種商品的外容器被攜入臺灣，故罐體本身不屬於嚴格定義下的所謂外銷瓷範疇，那麼臺灣海域所見小罐和碗等標本，則是名符其實的東南亞外銷陶瓷。

　　對於習慣用中國外銷瓷無遠弗屆的單向思考角度，同時總是以已經高度成長的中國窯業來評估東南亞陶瓷水準的人而言，往往容易誤以爲中國瓷窯囊括了東亞所有的陶瓷外貿活動。姑且先不論臺灣熱蘭遮城遺址發掘出土有十七世紀日本和泰國陶瓷，以及德國萊茵蘭地區的鹽釉炻器或荷蘭所燒製的馬約利卡（Majolica）錫釉陶器等分別來自日本、東南亞和歐洲等地的陶瓷器。[97]我們應留意香港九龍西貢沙咀（Sha Tsui, Sai Kung）所發現的一艘沉船亦見泰國陶瓷，從報告書所揭示的圖版看來，我推測沉船所出黑褐釉長頸罐口沿殘片可能來自Sisatchnalai窯系製品（圖34）。[98]由於罐的口頸部位特徵和馬來半島Turiang、[99]印尼加里曼丹Bakau[100]等兩艘十五世紀前半沉船打撈上岸的同類四繫罐的外觀特徵一致，故可推測西貢沙咀沉船的泰國陶瓷的年代也在十五世紀前半，並且同屬四繫罐的殘片。

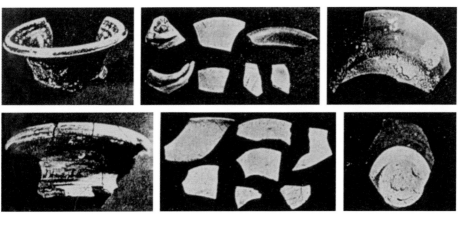

圖34
泰國陶瓷標本
中國香港九龍
沉船打撈品

　　事實上，東南亞陶瓷不僅曾出現在中國廣東省外島香港，也出沒於中國沿海省分，甚至於還因其有利於夏日貯水而博得時人好評，以致於還被課以關稅。如張燮《東西洋考》就記載萬曆十七年（1589）「番泥瓶」每百個稅銀四分，至萬曆四十三年（1615）因恩詔量減各處稅銀，故「**每百個稅銀三分四釐**」。[101]明末崇禎年間（1628–1645）修撰的福建《海澄縣志》也提到有一種「夷瓶」，是「**以夷泥為之，陶而成器俗名干杯，夏日貯水可以不敗。出下港者其色紅。**」[102]我認為所謂「番泥瓶」應即「夷瓶」。問題是傳言出自下港（今印尼萬丹）的紅胎番泥瓶或夷瓶指的到底又是什麼呢？就目前的資料來看，其極可能就是此次熱蘭遮城遺址亦曾出土並流行於東南亞地區，主要來自泰國中部Ayutthaya地區所燒造的低溫素燒陶罐。由於器體無釉可以透氣，同時因外表水分蒸發時所產生的氣化熱可以冷卻罐內的水，因此確實有利夏日貯水。應予一提的是，該類泰國素燒陶罐也隨著船舶出沒各地，如本文前亦提及的*Bakau*（圖35）、*Koh Khram*、*Pattaya*、*Ko Si Ching*、

圖35　泰國印紋陶罐　印尼*Bakau*沉船打撈品

圖36　泰國陶瓷標本　中國香港大嶼山竹篙灣遺跡出土

*Witte Leeuw*等多艘十五至十七世紀沉船都可見到這類標本。臺灣之外，前引西貢沙咀十五世紀沉船[103]以及大嶼山竹篙灣一處推測是往來廣東至東南亞的中途據點，也出土了同類素燒罐殘片。報告者認爲竹篙灣遺跡陶瓷可能和來華的葡萄牙人的活動有關（圖36）。[104]此或與大嶼山即葡人首次來到中國登陸的屯門（Tamao）之說法有關？不過，由於葡萄牙人首次訪問中國的年代是在1514年，並於1518年初次造訪暹羅，[105]因此，相對年代約於十五世紀前半的竹篙灣出土泰國陶瓷不太可能和葡萄牙人有關，[106]而有較大可能是暹羅或中國商船的遺留。另一方面，圍繞於這類泰國素燒陶罐的浪漫典故似乎不少，除了前述夏日貯水可以不敗的中國記事，日本亦將泰國素燒陶罐轉用於茶席中裝盛洗濯茶碗、補充茶釜用水的水指或裝盛洗濯茶碗廢水的建水；荷蘭畫家科奈利斯‧貝加（Cornelis Bega，1631/32－1664）繪於1663年的畫作當中也將臺南熱蘭遮城亦曾出土的泰國四繫罐做爲畫面的題材（圖37），[107]其和瀨川孝吉所拍攝的排灣族頭目盛裝照和寶物照（同圖12、13）所欲傳達的訊息形成有趣的對比。

〔改寫自《國立臺灣大學美術史研究集刊》22（2007）所載相同篇名拙文〕

圖37　Cornelis Bega繪作《The Alchemist》（1663）所見泰國四繫罐

IV中國外銷瓷與瓷窯考古篇

4-1 十七至十八世紀
中國對歐洲貿易中的瓷器

　　十六世紀以降，中國與歐洲的海上交通漸趨發達，雙方的交流也愈形密切。在美術工藝方面，歐洲的圖畫、鐫版術以及其他藝術品陸續地被介紹到中國來，豐富了中國美術的內容並且增添了許多異國的浪漫。相對地，中國瓷器一經輸入歐洲也即時贏得好評（圖1）。成書於1610年的《葡萄牙王國記述》就曾對中國瓷器下過一番讚語：「這種瓷瓶是人們所發明的最美麗的東西，看起來要比所有的金、銀或水晶瓶都更爲可愛。」[1]到了十八世紀初，歐洲人甚至還相信中國瓷器是經過百年的埋藏蘊育才完成的，1716年的 "L'Embarras de la Foire de Beaucaire en vers Burlesques"（《Beaucaire大市繁華狂詩》）之中有以下般的描述：「看這個瓷器，我被它的美麗所誘惑，魂牽夢縈。它來自新的世界……它來自中國，在大地蘊育有了百年之久。」[2]

　　由於中國瓷器的刺激和歐洲人積極不斷地努力，德國煉金師包吉爾（J. F. Böttger）終於在十八世紀初於麥森（Meissen）燒造出歐洲第一個硬瓷（圖2），除了仿燒中國宜興茶壺和德化窯白瓷（圖3），並於1725年至1740年大量模做日本的柿右衛門瓷器（圖4）。[3]賴痕（A. Reichwein）曾說過：「瓷器可視爲中國所賜，至於中國畫法，亦可由此窺見，取爲模範焉。」[4]受到中國美術影響的歐洲洛可可（Rococo）時期用瓷器裝飾居室的風尚，或法蘭德派（Frandre）靜物畫中對中國瓷器的精心描繪（圖5），也間接地說明了中國瓷器被喜愛的程度。文明越過國界互相地影響、融合，而陶瓷器在先天上既具有不易磨滅的優點，因此觀察陶瓷貿易應該也有助於理解中西之文化交流。

圖1
畫有葡萄牙國王馬努埃爾一世（1495－1521）天球儀的青花執壺 十六世紀前期

圖2　獅紋長頸瓶
　　（左）中國康熙朝（1662－1722）
　　（右）德國麥森（1725）
　　德國德勒斯登國立美術館
　　（Die Staatliche Kunstsammlungen Dresden）藏

圖3　茶壺
　　（上）德國麥森瓷廠（1710－1712）
　　（下）中國德化窯（1661－1772）
　　德國德勒斯登國立美術館
　　（Die Staatliche Kunstsammlungen Dresden）藏

圖4
柿右衛門樣式八方碟
　（左）德國麥森瓷廠（1725－1727）
　（右）日本有田燒（十七世紀後期）
德國德勒斯登國立美術館
（Die Staatliche Kunstsammlungen Dresden）藏

圖5
《Still Life with Cheese》（1615－1620）
荷蘭阿姆斯特丹國立美術館
（Rijksmuseum, Amsterdam）藏

一、中國瓷器的輸出

中國早在三千多年前商代中期已經出現胎質頗爲緻密高溫煅燒而成的高溫灰釉炻器，到了東漢時期，在浙江省一帶更燒造出胎釉俱佳的青釉器。陶瓷的外傳，據說印尼加里曼丹（Kalimantan）曾發現漢代陶碟，萬丹（Bantam）發現過漢代陶瓶；[5]馬來半島等地也發現過屬於漢代的陶瓷標本，[6]可惜未有正式的考古發掘記錄，詳情不明。不過，朝鮮半島忠清南道夫天原郡等地考古遺址出土有六朝青瓷雞頭壺、四耳罐等文物，[7]則是中國陶瓷外傳的確切考古例證。

唐代東西交流頻繁，中國陶瓷器也到達日本、韓國或菲律賓、印尼等東南亞諸國，甚至遠銷至非洲東岸距離中國一萬五千公里以上海路的埃及福斯塔特城（Fustat）等遺址。以福斯塔特城遺址來說，唐代的瓷窯如越窯系青瓷、北方的白瓷，出現的數量既多，品質也精良。[8]部分瓷窯可能已接受訂製，波斯灣西北岸西拉夫（Siraf）遺址中的屬於九世紀前半文化層內出土的陰刻阿拉伯文字中國製褐釉四耳壺即爲一例。[9]1990年代印尼海域打撈上岸的伊朗籍*Batu Hitam*（黑石號）沉船所裝載的數萬件唐代陶瓷，也說明了唐代外銷陶瓷的盛況。[10]

宋代的瓷業不論在技術上或窯的構築、器物的造型、釉色等各方面都有所成就。隨著造船業的發展帶來開闊的海外市場，北宋時先後於廣州、杭州、明州、泉州設立市舶司，掌管對外貿易，促進陶瓷外銷。南宋時更鼓勵海外貿易，賺取外匯以爲國用，外銷瓷器成爲國庫的重要財源之一。當時甚至規定凡購買外貨，率以絹帛綺瓷器爲代價，不用金銀銅錢。在民間，宋人朱彧（約卒於1148前後）撰《萍洲可談》說廣人「富者乘時畜繒、帛、陶貨，加其直與求僦者計息何啻倍蓰」，瓷器竟成爲囤積居奇的貨物。據宋人趙汝适（1170－1228）《諸蕃志》一書的記載，當時自東亞至非洲，已經有十六個國家購買中國瓷器，陶瓷貿易之盛可想而知。

元代瓷業基本承襲宋代，但在數量上又有所開展。泰定年間（1324－1328）提領止脫課民窯，一時民窯稱盛。成書於宋元之間的蔣祈《陶記》說景德鎮當時瓷窯有三百座之多，並且「窯火既歇，商爭取售」。元代景德鎮所燒製的珍貴青花瓷器，於埃及福斯塔特城遺址就發現有數百片；土耳其伊斯坦堡（Istanbul）砲門宮博物館（Top Kapu Sarayi Müzcsi）和伊朗西北部阿得畢爾靈廟（Ardebil Shrine）至今也還收藏著經由貿易而運達的元代青花瓷傳世品。此外，南方不少瓷窯的產品也行銷至東南亞和中東，甚至運銷到摩洛哥。難怪

旅行家馬可波羅（Marco Polo，1254－1324）要驚嘆元朝瓷器「外銷到全世界」。[11]

明初成祖永樂三年（1405）始至宣宗宣德八年（1433），鄭和（1371－1433）率領大規模艦隊七次出使西洋（今南洋及印度洋），足跡所至，進行「貢賜性」物物交換的貿易活動。隨行人員馬歡所著《瀛涯勝覽》（成書於1451年）敘述爪哇「**國人最喜中國青花瓷器，並麝香、銷金紵絲，則用銅錢買易**」，並提到占城（今印度支那半島）對「**中國青瓷碗盤等品**」鍾愛有加，嘗以金易之。另一隨行人員費信的《星槎勝覽》（成書於1436年）也有「青碗」、「青白花瓷器」等多種瓷器用來和外國交易的記載。鄭和部分艦隊甚至經由阿拉伯南岸進入東非沿岸，遺留下大量而精美的瓷器。[12]

從以上的敘述大致可以知道，中國瓷器的對外貿易，自唐宋以來已經發展成熟，並且持續不絕，俟鄭和出使西洋，海運大開，瓷器貿易更得到進一步的推廣。相形之下，在歐洲直接市場的開拓則較晚；英國考古學家懷特郝斯氏（White House）雖曾於義大利半島巴里縣（Bali）的魯西拉（Lucera）古城遺址發現十二世紀中國龍泉窯青瓷殘片，日本三上次男也於南西班牙阿魯美尼亞（Almeria）的阿魯卡巴沙（Alcazaba）城址出土遺物中，親眼看到有十至十二世紀的中國白瓷殘片參雜其中，[13]但一般認為上述中國瓷器或由伊斯蘭回教徒，或由威尼斯和熱那亞的商人輾轉販運到達的。

十五世紀末，由於歐洲資本主義的發展急需尋找海外的殖民市場以滿足歐洲商人尋求黃金的美夢，另一方面也由於土耳其人在1453年攻佔君士坦丁堡後，歐洲諸國通過地中海的東方貿易路線遭受阻礙，因此興起了各種遠航探險熱潮。1488年迪亞士（Bartholmeu Dias）發現好望角（Cape of Good Hope），1497年瓦斯哥·達·伽馬（Vasco da Gama）繞過好望角，翌年橫斷印度洋到達印度，通往東方新航線的利用才為中國陶瓷輸入歐洲奠定基礎。1515年葡萄牙人亞爾發耳（Alverza）首先於廣州的屯門登陸，次年二月貝爾那歐德·安達德（Bernaode Andrade）從印度果阿（Goa）載運香料於1517年到達廣州，並要求明朝政府准予通商。當時葡萄牙雖未能與中國朝廷建立正式的商務關係，卻在浙江、福建沿海一帶利用走私而獲得不少中國物產。而早於明正德九年（1514），葡萄牙人便活躍於沿海一帶，「**皆得出售其貨，獲大利而歸**」；相對地，中國商人亦涉大海灣，載運麝香、大黃、珍珠、錫、瓷器、生絲及各種紡織品至滿剌加（即麻六甲，Malaka）與葡萄牙人貿易。[14]

二、荷蘭東印度公司及各國東印度公司舉例

　　十六世紀據有海上霸權的葡萄牙和西班牙，先後利用在東方建立的殖民市場，營運販賣兼掠奪獲得暴利。1511年，葡萄牙人入侵當時馬來半島南部的滿剌加做為對東方經略的貿易基地，且於1540年勾結商人與倭寇在浙江寧波的雙嶼港建立據點，與中國沿海居民進行大規模的走私貿易，部分瓷器因此得以轉販歐洲。而盤據菲律賓群島的西班牙則以馬尼拉（Manila）為中心，經常和到達當地的中國商船進行交易，並且橫渡太平洋將中國瓷器運銷到墨西哥；[15]部分瓷器甚至橫渡大西洋運抵西班牙。[16]

　　1602年，荷蘭人以六百六十萬基爾德（guilder）的龐大資金設立了東印度公司，它是世界上第一個有完備貿易系統的統一組織，不僅可以擁有戍衛軍，建立堡壘，還領有代表政府宣戰、談和，及在其所屬地區頒布法令及鑄造貨幣等權利。同年，荷蘭截獲一艘載運有中國瓷器的葡萄牙商船*San Diego*（聖地牙哥號），船載的瓷器被運到米德帕哥（Middle Burg）當眾拍賣；其後又於1604年攔截一艘由中國滿載貨物歸程途中的葡萄牙商船*Catharina*（凱莎琳娜號），劫獲的中國瓷器有六十噸，全部為明萬曆時期（1573－1620）的青花瓷器（圖6）。[17]這批瓷器經荷蘭船隻運抵阿姆斯特丹（Amsterdam）後，歐洲各地商販雲集，由貴族們率先領導的對中國瓷器喜愛的熱潮亦普遍擴大。而荷蘭人經過幾次掠奪販賣得到厚利後，亦萌發利用東印度公司大力經營中國瓷器輸往歐洲的決心。我們從公

圖6　中國青花瓷　十七世紀　荷蘭阿姆斯特丹出土

司成立之後，由荷蘭本國向東印度公司總督下達的第一道指示令即是催促「購買中國瓷器」一事看來，運輸中國陶瓷的事業對於荷蘭人確是有莫大的吸引力。此後運銷歐洲的中國瓷器數量至1695年止，年年激增，在歐洲掀起陣陣搶購高潮。[18]

　　早期荷蘭東印度公司以萬丹和北大平（Patani）爲貿易基地，但不久即轉移到巴達維亞（Batavia）。1624年又在臺灣的赤崁設立據點，經由《熱蘭遮城日誌》、《巴達維亞城日誌》或遺留在荷蘭的文書檔案可知，臺灣在荷中陶瓷貿易中曾扮演了轉運站的角色。依據T. Volker《瓷器與荷蘭東印度公司》所載，自1624年至1657年經由臺灣、澎湖轉送至巴達維亞銷往歐洲的中國陶瓷總數近約三百萬件。另一方面，自從1610年荷人載運九千二百二十七件瓷器回到荷蘭，至1612年增加到三萬八千六百四十一件，1614年更增加到六萬九千零五十七件，又有價值約六萬兩千五百弗羅林（florin）、約合三十五萬件的瓷器也運送到荷蘭。其次，至1615年有二萬四千個計值四千二百五十弗羅林，以及1616年有四萬二千個計值兩萬五千弗羅林的大批瓷器也運抵荷蘭本國。而據巴達維亞給荷蘭公司的文書，在1636年載運回荷蘭的瓷器有二十五萬九千三百八十件，同年馳往麻六甲的諾威奇號（Norwich）船長庫珀於七月二十八日報告巴達維亞說，快艇薩拉姆號和達曼號於巡邏歸隊時在彭亨（Pahang，今屬馬來西亞）攻取六隻三桅船及開赴麻六甲的西班牙船和由澳門來的中國商船，共得瓷杯十萬零七百三十件，瓷盤一萬零四百個，甕五十一個。運銷歐洲的中國瓷器的種類甚多，據1620年荷蘭東印度公司要求由中國輸入的瓷器有：深牛油碟、淺牛油碟、大果盤、小果盤、大杯、小杯、大型碟、中型碟、小型碟、大碗、小碗、茶盤、餐碟等各種器形（圖7）。

　　由於中國瓷器受到

圖7　*Diana Cargo*（1817）打撈上岸的中國製白瓷餐具組合

歐洲人的普遍歡迎，商販們也經常因載販瓷器牟得巨大利潤，而神秘的東方國——「理想中的黃金國」——中國，更是歐洲人垂涎的獵物。荷蘭對中國瓷器的販運優勢持續至十七世紀末，漸為英國所取代，歐洲的瓷器貿易市場亦由阿姆斯特丹移至法國南部的商業中心南特（Nantes）。英國早於1600年成立了「倫敦商人對東印度貿易公司」，但在這之前（1578），英人德累克（Drake）就曾在危地馬拉海岸掠劫一艘滿載中國絲織品與中國瓷器的西班牙船隻，[19]1637年凱莎琳號載運五十三包瓷器運往歐洲，1640年前後，且在波斯灣頭的貢布朗（Gombroom）設置貿易站，中國瓷器亦由此輸入英國，英人一般稱為貢布朗貨（Gombroomware）。[20]然而，直到1700年英國船隻進入廣東裝載茶和瓷器攜回本國，才是中英兩國正式的瓷器貿易的開端。這裡僅需舉出若干實例，就可窺知其貿易數量相當不少，例如：1701年由英國船舶載運回國的瓷器有十萬件；1717年則增加到三十萬零五千件；1720年有一百一十二箱另五百包；1723年有四百八十五箱，1724年有一百五十箱瓷器被運往英國；而1734年的貿易總額計達二百四十箱二十四萬件。

　　中國朝廷對於瓷器貿易的巨大利潤以及英國人對於茶或瓷器的需求亦知之甚熟，乾隆五十八年（1793）與英王敕諭中曾自大地提到：「天朝物產豐富，無所不有，原不藉外夷貨物以通有無，特因天朝所產茶葉、瓷器、絲觔為西洋各國及爾國必需之物，是以加恩體恤，在澳門開設洋行，俾得日用有資並沾餘潤」，[21]在此前一年（1792），乾隆皇帝亦給予攜禮來北京訪問的英國正副使及團員許多物品，其中包括瓷器四百多件。隨著英國飲茶風尚的流行，中英瓷器貿易直到1774年《倫敦指南》中，還記錄著當時倫敦至少居住有五十二個專門處理包括中國瓷器在內的被稱為「華人」的東方貨物商，而這些「華人」其實是猶太人和荷蘭人。[22]

　　利益的驅使，歐洲各國繼荷蘭、英國之後，法國於十七世紀由首相馬札蘭（Cardinal Giulio Mazarin）策劃成立中國公司，從1698年第一艘商船抵達中國載貨回國到1797年為止，銷售至法國的瓷器至少有兩百多萬件。1722年瑞典於荷蘭設立王立東印度公司後，光是在十八世紀前半的十年間，輸入瑞典的瓷器就有十萬件，其中以特別訂製的瓷器和青花瓷器數量最多。而在1750年至1775年之間，輸入其總數量高達一千一百萬件。[23]

　　此外，丹麥於十七世紀初期也設立了對東方貿易的阿爾托那（Altona）會社，商船於1731年首次進入廣東後，每年約維持有二艘至三艘商船的貿易，進出中國載運瓷器並構築倉庫。從〈表一〉所列在1760年的一次向中國的訂貨單中，可以看出其不僅數量多，種類式樣也很豐富。[24]

三、歐洲的中國瓷器收藏及其流通

　　十七世紀初，荷蘭人將截獲自葡萄牙船艦上的大量中國瓷器運往阿姆斯特丹拍賣後，歐洲人才較全面地了解中國瓷器，並且當做象徵財富、時髦的工藝品加以收藏。這一次的拍賣盛會使得歐洲不少國家的商販雲集，法皇亨利四世買了一套精美的餐具；英王詹姆士一世也買到精緻的中國器皿。在這之前，如十六世紀時曾由葡萄牙人向中國訂製的畫紋章帶葡萄牙文字款的瓷器（圖8、9），[25]或於1501至1517年在印度蘇拉（Surat）、卡利卡特（Calicut）、南洋巴丹（Patani Patane）收購中國陶瓷運往歐洲，然而數量較小。[26]值得一提的是，作為澳門正式開埠之前葡萄牙人在中國的重要貿易據點廣東上川島，也出土了繪有葡萄牙國徽的景德鎮十六世紀前期青花執瓶（圖10）。[27]

　　著名的中國美術品收藏家—法王路易十四和首相馬札蘭對於瓷器的收集更是不遺餘力；馬札蘭曾受路易十四之命，創立中國公司，派人到廣州訂製帶有法國甲冑紋章的瓷器。[28]當時以德法二國為中心的王室貴

圖8
青花獅子滾繡球葡萄牙文玉壺春瓶
（1552）
美國華特美術館
（The Walters Art Museum）藏

圖9　青花拉丁文格言花口碗　十七世紀
英國大英博物館（The British Museum）藏

圖10
繪葡萄牙國徽的青花殘執壺
十六世紀前期
美國大都會博物館藏

圖11
德國柏林夏洛騰堡皇宮
（Schloss Charlottenburg, Berlin）

族或富裕人家多於自宅設一「中國室」或「瓷器室」（圖11、12），陳列著數量不少的中國精瓷，並且「中國室」內的裝飾壁紙「**其題材不出於種茶及製瓷**」。[29]《凡爾賽城略記》敘述路易十四的嫡孫、當時的王太子，其居室亦是飾滿了中國瓷器，其中尤以青花瓷器的收藏最為豐富。另外1686年泰使節也代表泰王將為數不少的中國瓷器呈獻給這位王子，至1689年英皇訪問凡爾賽宮時看了不禁嘆為觀止，[30]其至十七世紀末宮內至少已收藏有一百八十八種類，一千多個中國瓷器了。[31]路易十五甚至下令將法國所有的銀器鎔化改為它用，而以瓷器代替，上下風從，一時極盛，[32]以當時法國對中國美術品的熱愛程度來推測，這些取而代之的瓷器，應該包括來自遙遠東方的中國瓷器。

在一則流傳甚廣的軼聞中還記有當時普魯士（Prussia）王兼薩克森（Sachsen）選帝侯奧古斯特（August der Starke）通過外交手

圖12　The Embroidered Room　瑞典皇后島中國宮
（The Chinese Pavilion at Drottningholm, Sweden）

腕於1717年4月19日，以六百名（一說七百八十二名）
薩克森騎兵，交換一百二十七件中國陶瓷之事。上述
被用來交換的瓷器包括有：大盤十八件，蓋罐七件，
大杯五件，大缽三十七件，金襴大盤二十件，中型青
花盤十六件，青花小碟二十四件。[33]另外，據小林太市
郎譯注殷弘緒（d'Entrecolles, François Xavier，1664
－1741）《中國陶瓷見聞錄》一書，則記載至1733年奧
古斯特去世為止，其收藏的中國瓷器幾乎網羅了康熙
時期（1662－1722）的所有種類。舉凡青花、鬥彩、
法花三彩、青瓷、釉裏紅、吹青，以及德化窯觀音
（圖13）、老君白瓷像、雍正時期（1723－1735）的洋
彩器、明代的青花瓷，以及宋代的龍泉窯。

圖13　德化白瓷觀音像　十七世紀後期

　　在中國方面，為了供應歐洲的趣味收藏和實用需
要，因此接受了各式各樣的訂製。尤其是在十八世紀
中期為了提供給顧客
所需的準確圖樣和所
要使用的顏色，中國
還設計了一種「樣盤」
運往歐洲。「樣盤」
邊框的彩飾為四等
分，每四分之一都繪
出不同的式樣，而每
個式樣都用加釉阿拉
伯數字標明號碼，這
種號碼據說是表明另
外所附的目錄中標明
價格的地方。[34]另據
十八世紀中期法國王
室御用貴金屬師，即

（左）圖14　西洋人物像　十八世紀　葡萄牙Mme Espirito Santo Collection, Lisbon藏
（右）圖15　騎馬軍士像　康熙時期（1662－1722）

專門販賣珍玩裝飾品而受到當時貴族富人所歡迎的杜瓦各司（Lazare Duvaux）的《販賣日誌》，也記錄了不少當時王室貴族購買中國瓷器的詳細內容（表二參照）。我們從歐洲傳世的各式瓷人俑（圖14、15）或動物俑（圖16、17、18）可以間接窺知《販賣日誌》中此類中國陶瓷的造型和價格，如一對價值二百四十里為爾（livre）的中國「瓷雄雞」有可能和現藏荷蘭阿姆斯特丹國立美術館（Rijksmuseum, Amsterdam）釉上五彩雞（同圖17）是相類似的作品。著名的赴中法國傳教士殷弘緒，在其書簡中也曾提到他本人在景德鎮見過一種奇巧的瓷器燈籠，燈籠內外一體做成，映出的燭光足可照明一室，而這件作品乃是七、八年前法國王子的訂製品。除此之外，這位王子還訂製了一種高一尺許，由十四支管拼合而成能發出優美音色的瓷笙，以及瓷雲鑼等樂器；[35]以及從英國維多利亞與亞伯特美

圖16
瓷狗
乾隆時期（1711－1799）

圖17
瓷雞
十七世紀後期至十八世紀前期
荷蘭阿姆斯特丹國立美術館
（Rijksmuseum, Amsterdam）藏

圖19
紫砂笙式壺
英國維多利亞與亞伯特博物館
（Victoria & Albert Museum）藏

圖18　獨角獸　葡萄牙Essayan Collection, Lisbon藏

圖20　青花貓形燈　*Hatcher Junk* 打撈品

術館（Victoria & Albert Museum）藏紫砂笙式壺（圖19），1640年代沉船*Hatcher Junk*打撈上岸的青花貓形燈（圖20），不難想像這類極具巧思的貿易陶瓷。[36]

　　在1635年10月23日荷蘭駐臺灣總督給阿姆斯特丹的報告上提到，由於中國商人答應在下次季風時帶來成套上好的細瓷，因此他交給中國商人大盤、大碗、瓶、冷飲器、大罐、餐具、大杯、鹽盒、小杯、芥末瓶、水瓶和寬邊扁盤、帶水罐臉盆等樣品（圖21、22、23）。這些樣品都是鏇出的木製品，上面畫有各式的中國圖案；[37]而中國商人也認為可以做製，並答應在下次季風時交貨。目前所見上述訂製瓷器上的圖案，除了中國風景人物之外（圖24、25），還包括有代表歐洲貴族身份、榮耀的個人或家族紋章（圖26）；或依照歐洲印畫（print）、銅版畫等作為藍本的風景人物圖（圖27、28、29）、狩獵圖、船舶圖（圖30）、花卉圖（圖31），也有以希臘、羅馬神話作為題材的各式圖樣（圖32）。另外，還有

圖21　五彩束腰盆（1730－1740）
瑞典洛維薩‧烏爾里卡
（Lovisa Ulrika）皇后藏

圖22　五彩小口扁瓶（1780）
丹麥私人藏

圖23　粉彩折沿盤（1730－1740）

圖24
青花人物山水折沿盤

圖25
青花五彩人物山水折沿盤（1740）

圖26
荷蘭東印度公司紋章盤（1728）

（左）圖27　瓷盤（1738）和樣稿（1734）　（中）圖28　瓷盤（1740－1750）和畫稿（1740）　（右）圖29　瓷盤（1740）和畫稿
荷蘭阿姆斯特丹國立美術館（Rijksmuseum, Amsterdam）藏

圖30
船舶圖瓷盤（1756？）
法國吉美博物館
（Musée Guimet）藏

圖32　神話人物圖折沿盤（1750）

圖31
仿里蒙（Limoges）燒琺瑯的康熙五彩帶把碗
法國吉美博物館（Musée Guimet）藏

圖33
耶穌受刑圖盤和杯
荷蘭阿姆斯特丹國立美術館
（Rijksmuseum, Amsterdam）藏

所謂的「耶穌會瓷」（Jesuti china）係以宗教裝飾性畫為題材，圖樣包括了耶穌誕生、洗禮、受刑、復活、升天等等（圖33、34、35），是具有相當特色的外銷瓷器之一。

此外，耶穌會士李明（Fr. Louis le Comte，1655－1728）於《中國現勢》中分瓷器為三種，一為黃色瓷器，二為灰色帶裂紋的瓷器，三為多彩瓷器，而歐洲慣見的即是屬於第三種的繪有人物鳥獸花卉的白地瓷器。清人陳瀏《匋雅》也說：「歐羅巴人之於瓶件，頗喜彩地夾彩者，是以黑地獨尊，黃地次之，若素地五采，則已不甚重視」，並且指出「洋商喜購瓷佛」，亦「甚重梅花罐」（圖36），看來歐洲人對於中國陶瓷的需求種類雖說不一而足，然而所輸入者似為彩瓷佔最大多數。另外，在十七世紀初期，中國輸往日本及歐洲的畫有芭蕉、卷雲、山石人物的所謂「明末清初樣式」（Transitional style）瓷器或所謂「卡拉克瓷」（Kraak Porcelain）的青花瓷器也受到廣泛的歡迎。「卡拉克」一說指瓷釉「開片」，另說則意謂「巨舶」，總之是1603年荷蘭虜獲葡萄牙商船*Catharina*並將其裝載的中國青花瓷運抵荷京拍賣後而得名。這類瓷器以各種尺寸的盤居多，也有碗缽及瓶壺等器形，圖案多以青料描

圖34　耶穌受刑圖折沿盤（1745）
巴西里約熱內盧M. W. Antique Store, Rio de Janeiro藏

圖35　耶穌升天圖折沿盤（1745－1750）
瑞典北歐博物館（The Nordic Museum）藏

繪花卉、瓔珞等紋飾，整體畫風有如一朵綻開的芙蓉花，因此日本人又稱之爲「芙蓉手」，其畫風也影響了肥前青花瓷的製作。這些瓷器在十七世紀以荷蘭爲中心的法蘭德派靜物畫中，曾因廣被取爲繪畫題材而出盡風頭，並且完美地保存在繪畫中。

圖36
青花冰梅紋蓋罐（1661－1772）
英國利物浦列維夫人畫廊
（Lady Lever Art Gallery,
Port Sunlight, Liverpool）藏

四、景德鎮的瓷器生產和外銷瓷的沒落

在中國陶瓷大量輸出的十七、十八世紀，南方的瓷業重地景德鎮以其悠久的燒瓷歷史和純熟的燒窯技藝，扮演舉足輕重的角色：不僅供應中國許多地區日常所需，並且接受外國訂製將產品行銷海外。正如明末宋應星（1587－1666）所說的：「若夫中華四裔，馳名獵取者，皆饒郡浮梁景德鎮之產也」，[38]景德鎮生產的外銷瓷，無論在質或量上，都足以代表當時外銷陶瓷的一個側面。

法國赴中國傳教士殷弘緒在其著名的書簡中曾記道：「當時景德鎮的窯戶們爲了儘快完成歐洲客户的訂製瓷器，經常採取翻模的方式來製瓷，而原來就擁有歐洲訂製瓷款式模型的窯户，由於能直接採用，節省生產時間，從而可降低成本，獲得較多的利潤。」[39]而景德鎮亦設有「洋器作」，「其倣古各泑色有西洋雕鑄像生器皿，畫法渲染，悉用西洋筆意；有西洋黃紫紅綠烏金諸色器皿；有洋彩器皿，新倣西洋法瑯畫法，山水人物花卉翎毛，無不精細入神」（《景德鎮陶錄》卷三「洋彩器皿」）。這些「洋彩器皿」也多經由粵東商販之手轉售外人，不但「式多奇巧，歲無定樣」（見《景德鎮陶錄》卷二「洋器」），並且「畫碧睛棕髮之人，其於樓台花木，亦頗參用界算法」（《匋雅》）（圖37、38）。景德鎮當時的生產規模，據《饒州府志》引黃墨舫《雜志》說是「列市受廛，延袤十三里許，烟火愈十萬家」；殷弘緒書簡中也稱有「窯廠三千座」；然而乾隆八年（1743）唐英（1682－1756）所著《陶冶圖說》，僅稱景德鎮當時民窯有二、三百區，後者應該是比較可信的記載。

雖然景德鎮生產的瓷器，質地堅緻潔白，但因距離當時外銷貨物的集散地廣州還有一段路程，載運頗爲費時，遂起有由景德鎮燒製瓷坯，再運至粵補加彩飾者。如民國初年劉子芬《竹園陶說》所敘述的：「海通之初，西商之來中國者，先至澳門，後則逕趨廣

州。清代中葉，海舶雲集，商務繁盛，歐土重華瓷，我商人投其所好，乃於景德鎮燒造白器，運至粵垣，另雇工匠做照西洋畫法，加以彩繪，於珠江之南，開爐烘染，製成彩瓷，然後售之西南。蓋其器購自景德鎮，彩繪則粵之河南廠所加者也，故有河南彩及廣彩等名稱。」（圖39）而歐洲船舶亦有將景德鎮燒造的歐洲型素

（左）圖37　開光人物瓶
荷蘭阿姆斯特丹國立美術館
（Rijksmuseum, Amsterdam）藏

（上）圖38　軍士折沿盤
乾隆時期（1711－1799）
法國吉美博物館（Musée Guimet）藏

瓷運往歐洲，由「歐洲瓷畫手」加繪釉上彩飾，爐燒後再行發售的情形。[40]

　　儘管景德鎮的窯戶曾經為燒造外銷瓷器做過種種的努力，然而客觀的環境因素，則帶給中國陶瓷貿易嚴重的打擊，至十八世紀末，瓷器外銷已漸趨於沒落。1708年1月15日，德國煉金師包吉爾首先於德國麥森燒造出歐洲第一個白色硬瓷，並設立了瓷器工廠，[41]不久歐洲各國亦隨之鑽研燒瓷技術。1740年法國的凡桑瓷廠，1745年英國的柴爾西瓷廠亦完成硬瓷的燒造；英國甚至在1760年於博屋（Bow）設立「新廣州瓷廠」，陶工多至三百人，燒瓷設備亦全由廣州訂製直接輸入。而在十八世紀中葉，瑞典、西班牙、丹麥、荷蘭等國亦相繼完成硬瓷的製造，其中以德國麥森瓷廠的精良產品最受歡迎。[42]

　　面對著歐洲各地崛起的競爭對手，中國瓷器在必需經過長程舶運的自然環境限制下，很難與之競爭。特別是自中國揚帆出發抵達歐洲往往需費時兩年，期間歐洲流行的款式已多有改變。其次，歐洲人對於來自遙遠東方中國的「異國趣味」也大為降低，這

圖39　廣彩紋章八方盤
Collection of Mr. Antióno Manuel Sapage藏

些因素造成了中國瓷器價格大跌。十八世紀中葉，德國麥森瓷器在巴黎的平均價格是六十至一百四十四里爲爾，法國的賽普魯瓷（Sèvres）價值更高；而當時中國青花瓷卻僅能售到十三至十四里爲爾，多彩瓷器充其量也只能賣到十六至三十里爲爾的低價錢了；[43]十八世紀初東印度公司的拍賣目錄也顯示日本瓷器的價格往往高出中國陶瓷，如中國青花帶盤可可亞杯估價四便士，但日本製同類製品則需一至二奧幣。[44]英國東印度公司有鑑於此，下令減少對中國瓷器的購買量，1791年8月4日又下了絕對命令，禁止採購中國瓷。1792年春，最後一批用公司購買的中國瓷器輸入英國，東印度公司一向對中國陶瓷之輸入不遺餘力，如今卻存貨充斥，至1798年才能脫售。

除了歐洲各地如雨後春筍般地成立瓷廠帶給中國外銷瓷打擊之外，亞洲日本也燒瓷外輸，與中國競爭。如自日本萬治二年（1659）荷蘭東印度公司因景德鎮遭戰火波及，轉而向日本訂製陶瓷，至寶曆七年（1757）自荷所完成的最後一筆正式交易的一百零八年之間，見於記錄的由荷蘭東印度公司經手銷往歐洲的日本陶瓷總數計一百二十三萬三千四百一十八件。[45]特別是日本柿右衛門瓷器，胎質潔淨，彩釉明亮，贏得歐洲人的喜愛；十八世紀歐洲瓷廠除倣燒中國瓷器之外，也多倣燒柿右衛門瓷器，是日本瓷器輸歐洲中最具影響力的產品（同圖4）。此外，十七世紀初，伊朗統治者阿巴斯（Shah Abbas）也自中國招聘陶工三百人連同眷屬在波斯築窯燒造具有中國風味的青花瓷器，其產品不但輸至中亞，並且經由「荷蘭東印度公司」之手運抵巴達維亞再轉售歐洲。據荷蘭文獻，1665年有四千六百四十六個、1668年有二千二百六十八個、1681年有四千五百五十六個瓷器由波斯輸入。在二十五年間，平均每年約有一千五百個瓷器運抵歐洲。[46]這些少量的瓷器固然難以和中國龐大的外銷瓷器相提並論，但卻也說明了當時各國努力向中國學習製瓷，最後終能獨立生產，有的甚至成爲中國瓷器的競爭對手，其精美的程度比之中國陶瓷毫不遜色。

小結

中國明末政治動盪不安，景德鎮的陶工飽受摧殘。萬曆二十年（1592）及二十五年（1597），中國朝廷派兵支援朝鮮共同抵禦日本豐臣秀吉（1536-1598）侵犯，國庫大虧。而於萬曆二十七年（1599）施行的「礦稅法」搜刮民脂，景德鎮在宦官礦稅監潘相的苛暴監理之下，更是受到嚴重的打擊。荷蘭東印度公司的文書更是具體提到崇禎十七年（1644）景德鎮工匠因戰火而多有死者。[47]

　　這一次的交流，中國帶給歐洲各國對於瓷器製作的正確認識，並提供良好的範本，促使歐洲成功地燒造出堅硬潔白的瓷器。1670年由法王路易十四下令建造的「瓷器的特利安諾宮」（Trianon de Porcelaine），整幢建築覆以施釉的燒板，意圖模倣南京報恩寺的琉璃塔。宮內以青白兩色作為主要裝飾色調，據說其靈感亦是得自中國的青花瓷器。十八世紀首先起於法國而後風靡歐洲的洛可可作風，所講求的輕情、優美、愉快、自然，也正與中國瓷器採用纖細和自由舒展的畫風相契合，中國瓷器的溫雅清脆不僅象徵了洛可可時代的基調，也十足地滿足了歐洲人對於異國情趣的嗜好。

　　然而瓷器的先進國中國，由於傳統思想根深蒂固普遍存在民間，入明以來瓷器製作倣古蔚為風氣，因此在這次的交流中受惠較小，部分模倣西洋圖樣、造型的產品，除能迎合外國口味之外，很難在國內佔有市場（圖40～43）。殷弘緒在其書簡中就指出這種專為輸入歐洲的訂製瓷器「因為完全不合中國人的口味，故在國內銷售困難」，荷

圖40　蓋盆　十八世紀晚期
葡萄牙Mme Abel de Lacerda
Collection, Caramulo, Portugal藏

圖41
雙把壺
法國Lataillade Collection, Paris藏

圖42　鑲金紫砂壺　十七世紀後期
荷蘭阿姆斯特丹國立美術館
（Rijksmuseum, Amsterdam）藏

圖43　牛頭蓋缽　十八世紀
美國溫特圖爾博物館
（Winterthur Museum）藏

蘭地方長官於1616年給公司董事會的信中更明白地說：在中國這類瓷器不論損失多少，也是要出口賣掉的。[48]外銷式樣瓷器在中國本土很少流傳下來，即是因為具有這種特殊的性質，此亦同時意謂著，大量承接燒製輸歐訂製瓷的景德鎮窯戶當然必須承擔荷蘭人預付訂金之後，卻又未必全數買進的風險，其悲慘情景不難想像，即：削價出清，終至傾家蕩產。另一方面，由於西洋畫法採用透視和明暗的表現手法，因此「人物山水花卉翎毛，無不精細入神」，這種畫法雖然曾被清初院畫家鄒一桂（1686－1772）譏笑是「雖工亦匠，不入畫品」，但是卻也博得了部分人士的喜愛。朱琰《陶說》記道：「今瓷畫樣，十分之，則洋彩得四，寫生得三，倣古二，錦段一也。」上述的洋彩雖不只侷限於仿西洋畫面的所謂倣洋瓷，而應指粉彩而言，然而從《景德鎮陶錄》等記載或目前可見的作品看來，倣西洋畫法的瓷器在當時亦自佔有一定的地位。追其根源，可以說是自傳教士將西畫介紹到中國之後自然醞釀的結果，也是中國美術所受西方影響的一例。

〔改寫自日本《青森大學學術研究會會報》3、4卷（1981）所載相同篇名拙文〕

表一　丹麥阿爾托那會社向中國訂購的商品清單

巧克力碗	6,008	咖啡碗	149,337	紅茶碗	3,073,118
牛油盛物	804	麥片粥盤	5,602	湯盤	10,448
晚餐盤	20,289	甜點盤	5,333	盛醋具	322
綜合盤	24	沙拉盤組合	70	兔子擺飾	15
人俑組合	42	唾壺	17	晚餐用具	446
茶具組合	522	咖啡組合	28	桌飾	92
盛湯具	202	咖啡壺	162	牛奶盛具	748
茶壺	3,928	潘趣酒碗組合	321	潘趣酒碗	2,813
潘趣酒杯	28	啤酒杯	3,005	化妝組合	86
醬油盛物	114				

※ 本表取自吉田光邦，〈景德鎮の陶磁生產と貿易〉（京都：京都大學人文科學研究所，1970）

表二　十八世紀歐洲王室貴族購買中國瓷器的詳細內容

編號	日期（西元）	購買貨主	商品種類	價格（里爲爾）
1	1748.12.23	S. A. R. Mademoiselle, ou Louise-Anne de Bourdon-Codé	四方三層中國瓷青盒	96
2	1750.05.25	Madame de Pompadour	中國瓷雄雞擺置物一對	240
3	1750.06.04	Comtesse d'Egmont	中國瓷砂糖壺	6
4*	1750.09.01	Monsieur de Boulogne	中國瓷壺	不詳
5*	1751.03.17	Duc de Tallard	削稜瓷瓶	48
6	1751.04.09	Comte du Luc	中國青花溺器四件	15
7	1751.11.24	同1	中國瓷捏粉盒六件	18
8	1752.02.14	同1	貼花樹葉紋桶形大花瓶一對	152
9	1752.02.17	Leonor la Fresnaye	中國瓷壺一對	144
10	1752.03.29	同3	中國瓷人俑四件	36
11	1752.04.12	Boucher	黑地中國瓷壺	121
12	1752.07.16	同3	附銅製鍍金具中國瓷水盤	36
13	1752.07.22	同3	中國貼花大花瓶一對	1440
14	1752.11.06	Madame d'Epinay	中國瓷雄雞擺置物一對	168
15	1753.09.20	Le P. Pufour	附銅製鍍金具中國瓷瓶一對	288
16	1754.01.06	Duchesse de la Chaulne	中國大瓷人俑一對	288
17	1754.07.02	同2	中國瓷桶	168
18	1754.09.04	Duc de la Valliére	中國瓷香盒一對	96
19	1755.07.09	Madame Geoffrin	中國草花紋小瓷壺一對	120
20	1755.08.02	同19	中國瓷四方花瓶一對	60
21*	1755.11.26	Monsieur d'Azincourt	中國瓷貓擺置物	144
22	1756.04.27	同2	帶把手中國瓷碗及瓷托一打	27
23	1756.06.30	Comte de Valentionois	中國大瓷人俑一對	60
24	1756.06.30	同23	中國瓷蹲踞人俑一對	60
25	1756.06.30	同23	中國瓷人俑一對	72
26*	1756.07.24	Monsieur de Julienne	帶根葉瓷果實擺置物	288
27	1758.02.27	Monsieur de Fontferriére	中國瓷碗及瓷托兩件	4
28	1758.06.13	同6	中國青花砂糖小壺	210
29	1750.12.17	凡爾賽宮	附銅製鍍金裝具天青瓷水注二件	600
30	1751.08.18	同2	素紋天青瓷暖爐飾一組（瓷貓一對、附裝具龍耳瓶三件）	1480
31	1751.08.18	同2	蔥翠雙魚形花瓶	120

※（一）　里爲爾（livres）爲法國舊幣制。

　（二）　編號1-28於杜瓦各司《販賣日誌》〔Livre Journal de Lazare Duvaux, *Marchand-bijoutier Ordinaire Du Roy, 1748-1758*, tome 1-2 (Publié par L. Courajod, Paris MDCCCLXXIII)〕中

均明確記爲「中國瓷」，編號29-31僅記爲「蔥翠色」（céladon）或「天青色」（blueéc leste），但推想可能包括若干中國瓷器在內。其餘例子甚多，詳見小林太市郎，《支那と佛蘭西美術工藝》（京都：東方文化學院京都研究所，1937）。

（三）　加註＊記號者，爲傳世古物。

（四）　本表據小林太市郎譯注、殷弘緒（d'Entrecolles, François Xavier）《中國陶瓷見聞錄》一書所引之杜瓦各司《販賣日誌》，由本文作者彙編而成。

4-2　關於所謂印坦沉船

　　1997年由德國海床探勘公司（Seabed Exploration）及印尼老海成公司（P.T. Sulung Segarajaya）協同打撈的所謂*Intan Wreck*（印坦沉船）遺跡位於印尼海域雅加達（Jakarta）以北，距邦加島（Bangka Island）半途約一百五十公里（東經一百零七度，南緯五度又三十分）的二十五公尺深的海底。*Intan Wreck*一名則是打撈公司緣於附近有Intan油田所做的命名。

　　依據參與打撈作業的Michael Flecker的報告，則*Intan Wreck*所出物品計約一萬一千件。以材質而言，包括有金（戒、耳環、帶扣、飾件、爪哇錢幣）、銅（碗、盤、三角架、鏡、神像和圓頂平柱形銅塊約二噸）、錫（金字塔形）、鉛（長方柱形器、南漢錢幣）、玻璃器（瓶等）以及陶瓷器和香脂、香材等等。就可判別產地的工藝品而言，有來自爪哇（Java Island）的金屬飾件（圖1）、金幣、銅鏡（圖2）等，以及製作於中東的玻璃器，另外就是以中國爲主的陶瓷器等製品。另從船身的榴槤木材、船體是由木製合板釘合而成等材料的工序看來，*Intan Wreck*應是來往於中國和東南亞各國之間的東南亞籍商船，結合船載物品之相對年代，同氏認爲其應是十世紀航行於東南亞之著名所謂拼合船（Lashed-lug Vessel）。[1]

　　我個人也曾於千禧年受邀前往德國調查*Intan Wreck*文物，當時打撈上岸的遺物均收貯於巴哈（Johann

（上）圖1　爪哇金器品
（下）圖2　印尼帶柄銅鏡
*Intan Wreck*打撈品

Sebastian Bach，1685－1750）故居聖高爾（St. Goar）山頂的一棟木構民宅，此地空氣清新，景色秀麗怡人，萊茵河就在山腳緩緩流過。想起當時茶餘飯後廁身於陶瓷之間隨性觀摩的情景，至今仍然感懷不已。

　　儘管數年來已有多篇考察*Intan Wreck*的專論，但各家對於所載運陶瓷的年代和產地之判斷則不盡相同，其結果當然也會影響到與該沉船有關之各項歷史議題的正確性。在此，我擬先簡短地評述以往諸說，再結合陸地考古發掘資料試著釐清沉船陶瓷的年代和產地，最後則擬參酌近年發展的*Cirebon Cargo*（井里汶）沉船來評估*Intan Wreck*在研究史上的位置。

一、*Intan Wreck*陶瓷的年代和產地

　　依據論文發表年序，*Intan Wreck*所裝載陶瓷之年代和產地判斷，計有以下三說，即：A說，依據中國陶瓷之相對年代和碳十四標本年代測定，推測沉船年代約於918至960年；[2] B說，從中國陶瓷之相對年代，認為屬五代至北宋早期，即十至十一世紀沉船；[3] C說，主要依據沉船伴出的南漢（917－971）「乾亨重寶」鉛幣（圖3）（始鑄於乾亨二年〔918〕），以及相對年代在930至970年的中國陶瓷，認為沉船約於

圖3　南漢「乾亨重寶」鉛錢 *Intan Wreck*打撈品

920至960年之間或稍晚。[4] 雖然A說和C說之年代判斷似乎頗受沉船伴出「乾亨重寶」鉛幣的影響，但三說卻均聲稱沉船的年代判定主要是經由中國瓷窯作品之觀察所得出的結果。所以，本文試做檢驗如下：

（一）A說（918至960年）

　　此說先依釉色將中國陶瓷區分為：（Ⅰ）越窯青瓷或越窯系（而後依器形進行外觀描述，如瓶、注、盒、枕……）；（Ⅱ）白瓷（認為均來自北方如定窯、邢窯或磁州窯，而後依器形進行作品外觀描述，如注、壺……）；（Ⅲ）青白瓷（此說認為來自景德鎮或江西地區，而後依器形進行作品外觀描述）；（Ⅳ）褐釉（圖4）或綠釉（來自廣東，若干

屬所謂的杜順罐〔Dusun Jar〕，認為後者可能亦來自
廣東所產）。

圖4　褐釉罐 *Intan Wreck* 打撈品

　　其實，除了所謂杜順罐曾見於廣東唐墓之外，A
說並未列舉出 I 至Ⅲ類訂年的確切依據。不僅如此，
作者對於瓷窯的產地比定也不正確，比如說Ⅱ（白瓷）
多非北方所產，有相當一部份來自安徽繁昌等瓷窯：
Ⅲ（青白瓷）之器式、胎釉特徵與景德鎮迥異，應該
也是來自安徽地區窯場。因此，918至960年的說法並
非考察陶瓷年代後的結果，而應該是在南漢「乾亨重
寶」影響之下，同時主觀地以為越窯劃花青瓷鼎盛於
五代吳越時期（907－978）（960年宋太祖趙匡胤簒後周建立宋朝）等兩個先入為主看法交
融滲透下所提出的年代觀。

（二）　B說

　　此說將沉船的中國陶瓷依釉色區分為青瓷、白
瓷、青白瓷和褐釉，但對各種色釉瓷的產地判斷明顯
有誤。以青瓷而言，作者在並未出示任何依據的情況
下就將學界一般認為應屬浙江越窯的素面及裝飾浮雕
蓮瓣的青瓷（圖5）定為廣東筆架山窯製品，此應是
重大的誤判。其次，將一群飾粗線深刻花之確實窯址
尚待證實的浙江窯系青瓷，分別定為上林湖窯、溫州
窯和筆架山窯，也讓人難以理解。另外，將沉船白瓷
和青白瓷視為廣東潮州瓷窯製品的推測，更是不符合
考古發掘事實。

圖5　越窯蓮瓣紋蓋罐 *Intan Wreck* 打撈品

（三）　C說（920至960年或稍晚）

　　相對於A、B兩說法的作者分別是海底沉船打撈專家和東南亞美術史學者，C說一文
作者計二人，其一為劍橋大學的中國史教授，另一是同校地理考古研究所的研究員。也就
是說Denis Twitchett教授負責從文獻史料來觀察*Intan Wreck*文物及其在中國經濟史、南海

貿易史上的地位，Janice Stargardt除提供沉船文物檔案等資料外，還擔任沉船陶瓷的鑑識工作。Stargardt認為：沉船陶瓷除了浙江越窯和廣東地區褐釉粗陶之外，還包括有河北定窯長頸瓶以及由安徽繁昌生產的碗和蓋盒。不過平心而論，*Intan Wreck*包括有越窯和廣東地區褐釉製品之判斷雖然正確，但此屬常識層次，且已見於A說。至於指出沉船存在有繁昌窯製品，雖亦可信，但其卻只是依據中國安徽省和景德鎮專家的鑑定結果，而就現今的考古發掘資料看來，這些未被點名、姓名不詳的專家所主張繁昌窯唇口碗等製品的年代約在930至940年之間的說法，應該只是臆測。

如果依據我個人觀察*Intan Wreck*陶瓷的心得，則其除了Michael Flecker亦曾指出的西亞翡翠藍釉標本（圖6），和可能來自泰國南部的細陶器等之外（圖7），[5]中國陶瓷顯然是以浙江省的越窯系青瓷、安徽省繁昌地區的白瓷和青白瓷為大宗，但不排除部分白瓷可能來自華北地區瓷窯製品，個別作品則屬所謂的磁州窯。

若以裝飾區分，越窯系青瓷計有素面、細線劃花（圖8）、深刻花（圖9）等三種類型。其

（上）圖6　伊斯蘭翡翠藍釉殘片
（下）圖8　越窯劃花紋枕
*Intan Wreck*打撈品

（左）圖7　泰國細陶軍持　（中）圖9　浙江窯系劃花魚紋瓶　（右）圖10　越窯執壺
*Intan Wreck*打撈品

中，素面雙繫注壺（圖10）之器式和日本
宇治市木幡淨妙寺跡推定出土作品一致，[6]
知其相對年代約於十世紀。不過，沉船所
見一群越窯細線劃花作品的精細年代則不
易確定，比如說和沉船青瓷蓋盒盒面所見
細線刻劃對蝶紋類似的圖紋（圖11），曾見
於浙江上林湖窯址出土的帶「**太平戊寅**」
（即北宋太平興國三年〔978〕）銘青瓷碟，[7]
亦見於內蒙古遼開泰七年（1018）陳國公
主暨駙馬墓的青瓷盤，[8]而後者是否屬傳世
古物？學界迄今並無定論，所以目前只能
保守地估計越窯此類細線劃花紋的相對年
代約在十世紀中後期至十一世紀初之間。
至於沉船所見施加深刻花的粗線青瓷壺罐
以往亦見於日本九州鴻臚館、菲律賓浦端
（Butuan）以及我國澎湖等地遺址，一說認
為是中國浙江溫州亦即所謂甌窯系製品，[9]
但還有待證實。

　　另一方面，就目前的瓷窯考古資料看
來，*Intan Wreck*的白
瓷或青白瓷有不少是
來自安徽省的製品，
如圈足略外敞的白瓷
五花口碟（圖12）和
安徽涇縣宴公窯址出
土標本雷同，[10]盤口
束頸雙繫青白瓷注壺
（圖13）或唇口碗
（圖14）之器式也和

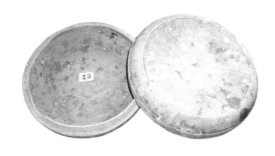

（上）圖11　越窯劃花對蝶紋盒
（下）圖12　白瓷五花口碟
　　*Intan Wreck*打撈品

a

b

圖13　青白瓷注壺
　　*Intan Wreck*打撈品

圖14　青白瓷唇口碗　a 正面　b 背面
　　*Intan Wreck*打撈品

圖15
青白瓷注壺
中國安徽省繁昌宋墓（M1）出土

安徽繁昌柯家村等地瓷窯標本一致。[11]不僅如此，和沉船所見青白瓷器式相近的製品亦屢見於安徽境內宋墓，如繁昌老霸沖北宋墓（M1）出土的注壺（圖15），或蓋盒（出自M11墓，見圖16）即為實例（圖17）。[12]就此類安徽窯系白瓷的年代而言，前述沉船所見五花口碟（同圖12）曾見於安徽合肥南唐（937－975）保大十一年（即後周廣順三年〔953〕）墓（圖18），[13]而和江蘇南京南唐昇元七年（即後晉天福八年〔943〕）李昇陵的唇口殘腹碗（圖19）或北宋建隆二年（961）李璟陵的敞口弧腹碗等白瓷雷同的製品（圖20）[14]亦見於*Intan Wreck*（同圖14及圖21）。就此而言，前述C說引用中國學者說法，將沉船

圖16　青花瓷蓋盒 中國安徽省繁昌宋墓（M11）出土

圖18　白瓷五花口碟 中國安徽省合肥南唐墓（953）出土

圖19　白瓷唇口碗 中國南京李昇陵（943）出土

圖17　青白瓷蓋盒 *Intan Wreck*打撈品

圖20　白瓷弧腹碗 中國南京李璟陵（961）出土

唇口碗和蓋盒等安徽白
瓷或青白瓷製品之年代
定於930至940年之間，[15]
或許即是參考此類紀年
墓資料所做出的相對年
代。但該年代跨幅過於
狹隘，不宜輕信。

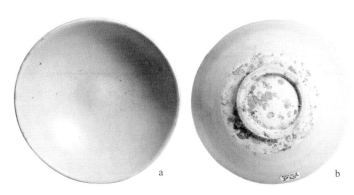

圖21　白瓷弧腹碗　a 正面　b 背面　*Intan Wreck* 打撈品

　　事實上，安徽繁昌
瓷系青白瓷的年代亦不
易訂定，如前引沉船所出握柄已失的青白瓷注壺即爲一例
（同圖13）。就其器形特徵而言，明顯和安徽老霸沖北宋一
號墓「Ⅰ式執壺」相近（同圖15），[16]由於該墓另伴出有帶
溫碗的「Ⅰ式注子」，而後者之器式不僅和浙江江寧縣東山
北宋早期墓（M19）雷同，[17]也和北方十世紀後半流行的青
瓷注壺一致，[18]從而可知*Intan Wreck*此式的注壺之相對年代
約於十世紀後期。其次，我們應該留意*Intan Wreck*還伴出

圖22　伊斯蘭盤口玻璃瓶殘片
Intan Wreck 打撈品

有做爲中國此類注壺之原型的伊斯蘭玻璃壺殘件（圖22），後者盤口沿向外翻捲，其和年代
可上溯八世紀的唐代唾壺或前述同船出土的繁昌系注壺酷似（同圖13），但卻和安徽望江北
宋嘉祐七年（1062）墓出土之盤口下部已趨圓弧的器式有較大差別，[19]此再次說明*Intan
Wreck*繁昌系青白瓷注壺是最接近伊斯蘭玻璃原型的祖型，故其相對年代可粗估在十世紀後

半至十一世紀初之間。另
外，由於江西省德安縣北
宋乾興元年（1022）墓出
土的青白瓷石榴式蓋盒之
器式（圖23），[20]和*Intan
Wreck*所見同類作品（圖
24）確有類似之處，這再
次提醒我們必須愼重思考
沉船的年代下限問題。換

圖23
青白瓷蓋盒
中國江西省德安縣宋墓（1022）出土

圖24
青白瓷蓋盒
Intan Wreck 打撈品

言之，*Intan Wreck*主要舶載陶瓷之年代集中於十世紀後半，但少數作品之樣式則具有十一世紀初期作風。但結果如何？還有待日後利用考古資料對此一時期陶瓷進行樣式之比較分析。

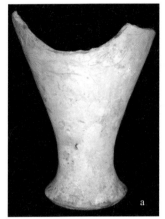
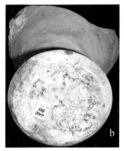

圖25
磁州窯白釉剔花長頸瓶
a 身部　b 器底
*Intan Wreck*打撈品

中國南方陶瓷之外，*Intan Wreck*還伴出一件白釉剔花盤口細頸長瓶（圖25），類似的作品曾見於發現有絹地青綠山水和設色花鳥畫軸之著名遼寧省葉茂台遼墓（圖26），[21]由於葉茂台墓之相對年代約於十世紀後半，可知伴出白釉盤口瓶亦應相當於這一時期。從中國河南登封曲河、密縣西關窯窯址採集到同類器式標本，知其應屬磁州窯系製品。[22]另外，據說河北邯鄲地區北宋早期墓亦曾出土同類製品，[23]此則又說明了這類剔花製品應為北宋早期磁州窯作例。

二、*Intan Wreck*與南漢國關係的省思

如前所述，經由舶載中國陶瓷的年代考察可以大致將沉船的相對年代訂定於十世紀後期至十一世紀初。此一近約半個世紀的年代跨幅當然不夠細緻，難以如人之意，但卻也如實地反映了各瓷窯陶瓷型式編年上的困境。弔詭的是，學界對於*Intan Wreck*歷史地位的評估及從中所引申出來的經貿史相關議題，則又和沉船的絕對精確年代息息相關。除了可能來自南唐轄域的安徽窯系白瓷和青白瓷，以及數千件浙江吳越領地的

圖26
磁州窯白釉剔花長頸瓶
中國遼寧省葉茂台遼墓出土

越窯青瓷之外，*Intan Wreck*另發現有百餘枚五代十國之南漢國鑄造的「乾亨重寶」鉛錢。文獻記載立國於嶺南的南漢有南海貿易之便，而羅隱（833－909）代吳越王錢鏐（907－932在位）所撰的《杭州羅城記》亦載：「東晞巨浸，贛閩粵之舟檣，北倚郭邑，通商旅之寶貨。」[24]南唐和南海貿易的史料不多，但中主李璟（943－961在位）時有「海國進

象數頭，皆能拜舞山呼」，《資治通鑑》甚至記載南吳（907－937）和南唐從南海占城（Champa）輸入猛火油再轉售契丹。[25]這樣看來，*Intan Wreck*舶載的大量中國陶瓷既有可能得自南漢，但亦不能排除是和吳越、南唐貿易後的結果，而前引Twitchett教授（C說）則是極力主張其和南漢劉氏的關連，進而發揮史家長才試圖結合文獻史料來復原南漢鑄幣、銀錠、鹽稅等一系列外貿商稅史議題，其文獻資料詳實，論述清晰，應該給予正面的評價。

　　然而，如前所述，*Intan Wreck*舶載的中國陶瓷目前不易準確定年，但是只能籠統概括的陶瓷相對年代跨幅已足以讓學者坐立難安。眾所周知，南漢大寶二年（即北宋開寶三年〔970〕），宋令江南主李煜（961－975在位）致書南漢後祖劉鋹（958－971在位）向宋稱臣，南漢後祖不從，宋太祖因於是年遣大將潘美（925－991）伐南漢，年底宋師下五嶺，入韶州，次年（971）二月入廣州，南漢亡。南唐甲戌年（即北宋開寶七年〔974〕），宋軍破金陵城，李煜白衣出降，舉族被俘赴汴京，南唐亡。太平興國三年（978）二月，吳越國王錢俶（948－978在位）朝宋，聞陳洪進（914－985）獻漳、泉二州地於宋，旋於五月一日上表納土，至此國除。換言之，*Intan Wreck*所舶載的中國物資若爲與南漢、南唐或吳越當中某國貿易後的結果，那麼其年代就不得晚於971年、975年或978年，否則「五代沉船」一說即無法成立，而與之相關的議論亦將失去合理的基盤。就學界的現況看來，自Twitchett教授的南漢貿易說發表以來，旋即爲經濟史學者所正面引用，[26]所以我想有必要先就*Intan Wreck*所見與Twitchett教授該一說法有關的遺物做些說明。即沉船除了發現百餘枚南漢「乾亨重寶」鉛錢之外，亦見部分可能爲廣東地區瓷窯所燒製的褐釉粗瓷。不僅如此，沉船還伴出近百件的銀鋌，銀鋌上鑄有「桂陽監」三字陽文，後者有的還包裹在銀箔的封套中，銀箔上刻有「鹽務銀貳拾參兩肆……」、「鹽稅上色銀五十兩專知官陳訓」等字銘（圖27、28）。Twitchett教授即是基於上述遺物以及伴出陶瓷的年代認爲：*Intan Wreck*這艘可能隸屬南海經貿中繼點三佛齊

（上）圖27　（下）圖28　銀鋌　*Intan Wreck*打撈品

（即後稱舊港〔Palembang〕之古國名，在今印尼蘇門答臘〔Sumatra〕之巨港）的東南亞拼合船，是與南漢自廣東貿易歸來而失事沉沒的。銀鋌上「桂陽監」銘文表明其是湖南南部郴州所鑄造。而銀箔「鹽稅」、「鹽務銀」字銘，則分別表示政府向產鹽者或地方食用者所徵收的款項，以及鹽商自地方分支機構購買鹽轉運出售時所付的款項。由於939年郴州屬楚國轄地，951至963年由南漢所佔領，Twitchett教授遂認為：設若*Intan Wreck*是939年以前的船隻，則楚國便曾經由地方上的鹽務機關向其人民或商販收取至少兩種以上的鹽稅，然後再以桂陽監所發出的銀鋌來整合這些稅款，並向鄰國南漢購買居民所需的銀，而南漢君主或他的採買則再自國庫提領這些銀錠給付將南海貨物攜至廣州的商人和使節。但是設若*Intan Wreck*是南漢佔領桂陽監時期（951－963）的商船，那麼這些銀錠可能即消費稅，或是不明州縣向商販課收的稅款，並以桂陽監所出的銀錠整合後，再供入廣州的國庫。在此，我想提請讀者留意一個史實，即乾和八年（950）南漢劉晟（943－958在位）趁南唐攻滅楚國之際，從楚國取回五十年前被攻佔的失地，次年（951）又出兵宜章，奪取南唐佔領的楚地郴州，至北宋乾德二年（964），宋軍又從南漢手中掠奪到郴州，因郴州在南漢手中僅十四年，所以除非*Intan Wreck*的年代早於964年，否則郴州桂陽監已入宋版圖，與南漢國無涉。

三、從*Intan Wreck*到*Cirebon Cargo*

如前所述，*Intan Wreck*的相對年代約於十世紀後期至十一世紀初，而此一橫跨五代至北宋初期的年代幅顯然無法解決沉船之中國物資到底是來自南漢、南唐、吳越抑或是北宋王朝。

說來也巧，正當我個人因此議題而困惑不已之際，幸運地在一次偶然的聚會得見印尼P. T. PPS公司於2004年在爪哇島井里汶港北邊約一百四十五公里處打撈上岸的沉船文物圖片。據說這艘被命名為

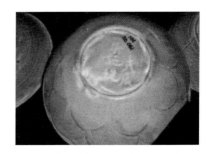

圖29　「戊辰徐記燒」銘越窯青瓷缽
*Cirebon Cargo*打撈品

*Cirebon Cargo*的沉船自2004年4月正式打撈至翌年10月作業截止，所打撈出的貨物計約二十五萬件，包括十二萬件越窯青瓷和二千五百件的中國白瓷，越窯青瓷當中還見一件蓮瓣飾平底缽，外底心陰刻「戊辰徐記燒」（圖29），打撈公司進而參酌沉船伴出之其他文

物，認為沉船的絕對年代應在968年。[27]此一年代正值南漢亡國（971）、南唐亡國（975）以及吳越上表納土降宋（978）的前數年，距北宋開國（960）十餘年。

　　*Cirebon Cargo*的詳細資料尚未正式公布，但就我所過目的部分文物圖照，結合近年受邀赴現場參訪的學者們所撰述之數篇珍貴筆談，[28]已可粗略地拼湊出該沉船所載運中國陶瓷的大體情況。儘管*Cirebon Cargo*出土陶瓷的種類、數量等詳細情況眾說紛紜，很不一致，但可確認的是其中有高達數萬件的越窯青瓷、數千件的白瓷以及若干鉛釉陶器。引人側目的是*Cirebon Cargo*運載文物的種類、形制、組合等許多方面均和*Intan Wreck*雷同。中國陶瓷之外，兩艘沉船所見同類且具相近造型的遺物至少包括：伊斯蘭玻璃器、泰國細陶器、印尼銅鏡、金剛鈴、金剛杵、馬來半島懸掛式錫幣和平頭錫茅以及來自東南亞錫礦的大量錫錠等等。更重要的是，*Cirebon Cargo*不但發現和*Intan Wreck*形制一致的中國銀錠，更打撈出七千餘枚的經常被做為*Intan Wreck*定年依據之一的南漢「乾亨重寶」鉛錢。[29]事實上，發現於距邦加島（Bangka Island）不遠的*Intan Wreck*和沉沒於Cirebon港北邊百餘里的*Cirebon Cargo*同是位於蘇門答臘東南方、爪哇島北方、勿里洞島（Belitung Island）南方的海域之間。我們目前所面臨的情況是：*Cirebon Cargo*正式報告尚未公布，而學界對於*Intan Wreck*的海底考古遺跡所知其實極為有限。不過，如果我們同意參與沉船打撈作業的前述A說作者Michael Flecker，其依據散落於海床的錫錠和周邊的陶瓷遺留而推定復原此確是長約三十餘公尺的沉船遺留，那麼結合兩船相近的貨物內容，我認為*Intan Wreck*和*Cirebon Cargo*不僅應屬同一船隊，很可能也是因相同事故而同時沉沒的。否則就只能將所謂*Intan Wreck*海底遺留視為*Cirebon Cargo*因遭逢海難致使船艙解體、舶載貨物散落兩處的遺留之一了。無論如何，儘管推測原是釘飾於船身的各種青銅牌飾（圖30）可說明*Intan Wreck*發現地遺留有附屬於船體的配件，但由於兩處海底遺留內容極為接近，而*Cirebon Cargo*發現之遺物不僅幾可涵蓋*Intan Wreck*的整體內容，其舶載文物的種類亦更加豐富，數量也更為驚人。所以可以預估至少在舶載器物的研究方面，*Intan Wreck*將會被*Cirebon Cargo*所取代，而漸喪失其做為獨立沉船的魅力。

圖30　各種青銅牌飾 *Intan Wreck*打撈品

小結

　　如果暫不理會年代不早於十二世紀的爪哇文金戒（圖31），[30]或常見於亞洲各地遺跡的南宋時期小口陶瓶[31]等可能是後世混入的物件，則數千件*Intan Wreck*所見的中國青瓷、白瓷、青白瓷之相對年代均約於十世紀後期至十一世紀初期。如果說，總數超過二十萬件的*Cirebon Cargo*的中國陶瓷標本已經囊括*Intan Wreck*之全部類型，那麼*Cirebon Cargo*年代的釐清即意謂著正面解決了*Intan Wreck*年代的難題。

　　如前所述，*Cirebon Cargo*遺物當中包括一件底刻「戊辰徐記燒」的越窯青瓷蓮瓣紋缽（同圖29），所以我們似可參酌北宋建隆二年（961）江蘇省虎丘雲岩寺塔出土的蓮瓣飾托碗[32]或浙江省黃岩市靈石塔出土之帶北宋咸平元年（998）紀年墨書的越窯鏤空青瓷薰爐[33]等紀年陶瓷的蓮瓣形式（圖32），推定此干支「戊辰」應即吳越錢弘俶以宋朝為正朔的開寶元年（968）。另外，*Cirebon Cargo*所見施罩鉛釉的鸚鵡形注壺亦曾見於內蒙古和林格爾土城子遼墓[34]和河北定縣淨志寺塔基（圖33），[35]後者靜志寺舍利塔因係北宋太平興國二年（977）昭果大師所建，可知此類於近年被疑為定窯所燒製的鉛釉鸚鵡形注壺之相對年代約於十世紀中後期。[36]

　　問題是，在*Cirebon Cargo*大量的陶瓷遺物當中，其實還包括部分晚唐九世紀時期的越窯青瓷碗，[37]不僅如此，伴出的幾件越窯青瓷龍紋盤更和北宋咸平三年（1000）宋太宗元德李后陵出土的越窯龍紋盤完全一致。[38]因此，就目前學界對於越窯青瓷的編年資料看來，*Cirebon Cargo*所舶載陶瓷之年代跨幅近一個世紀，所以不宜以前述「戊辰」，即西元968年之年代來概括整

圖31　爪哇文金戒　*Intan Wreck*打撈品

圖32
越窯青瓷薰爐
中國浙江省黃岩靈石塔（998）出土

圖33
鉛褐釉鸚鵡形注壺
中國河北省定縣靜志寺塔塔基（977）出土

艘沉船遺物。就此而言，*Cirebon Cargo*的大量陶瓷資料依然未能解決其所裝載之同時見於*Intan Wreck*的越窯刻劃花青瓷的絕對年代問題。

　　陶瓷器之外，兩艘沉船所載運之伊斯蘭玻璃製品的年代亦存在著同樣的問題。比如說，以往學界均將沉船亦發現的伊斯蘭製造型呈盤口、細頸、圓筒腹的玻璃紙槌瓶式之年代定於十至十一世紀（圖34、35）。[39]中國內蒙古遼開泰七年（1018）遼陳國公主暨駙馬墓[40]或奉納於遼清寧四年（1058）的河北天津市獨樂寺塔塔基[41]等兩處十一世紀遺跡也出土了類似的伊斯蘭玻璃紙槌瓶。另外，1970年代土耳其Serçe Liman發現的沉船亦見相同器式的玻璃瓶。後者因伴出有拜占庭（Byzantine）巴西爾二世（Basil II，976－1025在位）錢幣，和分別來自北非法蒂瑪王朝（Fatimid Dynasty）哈基姆時期（al-Hakim bi-Amr Allah，996－1021）、阿里查希爾時期（Ali az-Zahir，1021－1035）以及可能帶有回曆415年（1024/5）的玻璃砝碼，可知該沉船是沉沒於十一世紀二十年代或之後。[42]因此從目前的資料看來，似乎很難將*Intan Wreck*和*Cirebon Cargo*所見伊斯蘭玻璃紙槌瓶訂定一個精確的年代，而只能給予十至十一世紀般之相對年代。不過，此一籠統的年代觀或許正符合*Intan Wreck*沉船陶瓷的客觀年代亦未可知。

（上）圖34
（左）圖35
伊斯蘭玻璃紙槌瓶
*Intan Wreck*打撈品

〔未刊稿〕

4-3　《清異錄》中的陶瓷史料

　　《清異錄》舊題陶穀所撰。陶穀，邠州新平人，本姓唐，避後晉石敬瑭（936－942在位）諱改陶氏，生於晚唐天復年間（901－904），卒於北宋開寶三年（970），享年六十八歲。該書係採摭唐和五代的新事物和流行語彙，分門各爲標題，並註事實緣起於其下。當中，也收錄了幾則經常爲陶瓷史論著所引用之直接涉及陶瓷器的記述。如同書「器具門・小海鷗」條：「耀州陶匠創一等平底深盌，狀簡古，號小海鷗。」[1]鑑於陶穀雖歿於北宋初，實爲五代舊人，故在耀州窯五代窯址或遺物尚未證實之前，頗有學者據此記載以爲五代時期耀州窯窯業生產的證據之一。[2]而當考古發掘業已證實耀州窯遺址五代堆積的今日，設若有人企圖從遺址標本中去尋覓這樣的一種造型古樸、喚爲小海鷗的碗式，也不足爲奇。

　　然而，早在宋代已經存在對《清異錄》之成書年代或眞僞問題的爭議。其主要議論內容大致收錄於《百部叢書集成》所選寶顏堂秘笈本之《清異錄》附錄中，此或屬版本學界的常識問題？擇要言之，有正反兩造的意見，明末胡應麟（1551－1602）認爲是書命名造語皆頗入工，「恐非穀不能」；[3]但南宋陳振孫（1183？－1262）卻又以爲該書「語不類國初人，蓋假託也」。[4]近人則以王國維（1877－1927）的考辨最爲具體和詳細，王氏基本上同意陳振孫的說法，並舉例申明陶穀既卒於開寶三年，而書中卻有多處涉及陶穀卒後的記事，甚至稱宋太祖（960－976在位）之諡，故屬僞書無疑。[5]有關《清異錄》的版本學研究尚有不少待釐清的課題，但很明顯的是，諸如前引對所謂小海鷗的比附考察般，貿然地將書中記事全都視爲年代確鑿的史料而予以引用，未免有草率之嫌。本文在充分意識到此一難題的情況下，試著談論幾則與陶瓷史有關的記事。

一、閩中造盞花紋鷓鴣斑

　　《清異錄》中另有一則與陶瓷直接相關的記述，即「禽名門・錦地鷗」條：「閩中造

盞，花紋鷓鴣斑，點試茶家珍之，因展蜀畫鷓鴣于書館，江南黃是莆見之曰：鷓鴣亦數種，此錦地鷗也。」

圖1　兔毫建盞 宋代 日本京都國立博物館藏

就目前福建境內的窯址調查資料看來，具有類似釉色花紋之受到鬥試家喜愛的茶盞，無疑要屬建陽縣水吉鎮一帶所燒造的建窯黑釉盞了。建窯茶盞釉的變化極為豐富，既有於黑釉中顯露呈棕黃色或鐵鏽色調毫狀流紋的所謂兔毫釉（圖1），也有在釉面凝聚不規則呈灰金屬光澤小點的俗稱油滴釉的作品（圖2）。過去對於文獻所載「鷓鴣斑」的兩種主要理解，一說是指兔毫釉，一說則以為是油滴釉。前一看法著重強調其與鷓鴣鳥背上不同顏色相間羽紋的類似性，後一說法則是以鷓鴣鳥胸前形如珍珠的白色斑點為觀察的重點。[6]此外，也有人認為陶穀是誤將「錦地鷗」當成了鷓鴣鳥，而鷗鳥幼時身體的短縱斑紋應與兔毫釉相近。[7]從近年建窯窯址出土的黑釉鐵鏽斑作品（圖3）或一件底刻「供御」的黑釉白斑點殘件（圖4），[8]以及國立臺灣大學藝術史研究所收藏的同類標本看來（圖5、6），文獻記載的鷓鴣斑釉也有可能是指這類於黑釉上筆蘸白釉或鐵料點飾而成的作品。[9]無論如何，上述各種說法，其實只是單純地將現存實物逕與鳥羽紋理進行外觀的

圖2　油滴建盞 宋代 日本大阪市立東洋陶磁美術館藏

圖3　鐵斑建盞 宋代 中國福建省建陽窯址出土

粗淺比較，故其結論當然也僅止於聊備一說。問題是，前引《清異錄》有關鷓鴣斑的記事，不僅經常被學者援引為建窯早在陶穀的時代已經生產鷓鴣斑釉茶盞的證據，[10]甚至於被做為考古發掘窯址定年的依據之一。[11]然而，主要用於飲茶、鬥茶的建窯鷓鴣斑黑釉盞的年代果真能上溯至五代或北宋早期嗎？

歷年來幾次建窯窯址的發掘表明，該窯初創於晚唐時期，但晚唐至北宋初產品是以青

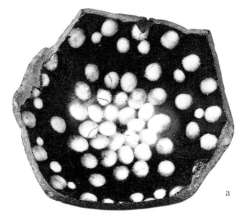

圖4　鷓鴣建盞 宋代 a 正面 b 底部「供御」款 中國福建省建陽縣出土

釉瓷器爲主，黑釉碗最早見於庵尾山窯址第八號窯的最上層。[12]姑且不論發掘報告書將該一層位出土的黑釉碗定年於五代末至北宋早期的年代判斷是否確實可靠？首先應予釐清的是，建窯始燒黑釉瓷和建窯生產兔毫紋等帶變化的黑釉茶盞是不同的兩回事。其次，庵尾山第八號窯上層所出施罩淺黑、醬黑的單調色釉既不符合《清異錄》中對鷓鴣斑紋釉的描述，其呈直折腹淺身碗的造型，也和宋徽宗（1100－1125在位）《大觀茶錄》提到的受到鬥試家青睞之「**底必差深而微寬**」的深腹茶碗大異其趣。

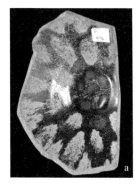

圖5　鷓鴣斑建盞殘片 宋代 a 正面 b 底部 國立臺灣大學藝術史研究所藏

建窯黑釉茶盞的精細編年極爲困難。其主要的原因在於紀年墓出土可確認屬建窯燒製的黑釉茶盞的年代，均集中於南宋時期；而經常可用做中國陶瓷編年參考資料的日本遺跡所見建窯類型

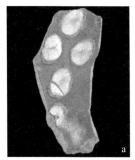

圖6　鷓鴣斑建盞殘片 宋代 a 正面 b 底部 國立臺灣大學藝術史研究所藏

標本，亦多屬十二世紀後半的作品。[13]或許是因爲上述的考古發掘現象，近來李民舉遂將以往被視爲北宋末期之底帶「供御」、「進琖」銘記的建窯黑釉兔毫紋茶盞，全都改定爲

南宋孝宗（1162－1189在位）至理宗（1224－1264在位）時期作品，並將之命名為供御型茶盞。[14]不過，蔡襄（1012－1067）於北宋皇祐年間（1049－1054）進呈仁宗（1022－1063在位），後修訂於治平元年（1064）的《茶錄》「茶盞」條提到：「**茶色白，宜黑盞，建安新造者紺黑，紋如兔毫，其坯微厚，熁之，久熱難冷，最爲要用。**」從南宋祝穆《方輿勝覽》載：「**兔毫盞，出甌寧**」，甌寧縣屬宋代建州的附郭縣，北宋元祐四年（1089）析建安縣置，今建窯遺址所在地建陽縣水吉鎮一帶即在原屬建安縣地的甌寧縣境內，[15]故可推測建窯於皇祐年間或稍早時期「新造」的這類適於鬥茶的黑釉兔毫盞之相對年代，大約是在十一世紀中期。其次，安徽合肥政和八年（1118）馬紹庭夫婦合葬墓，[16]或宣和二年（1120）包永年墓[17]也出土了和建窯茶盞器形極爲類似的黑釉盞；儘管兩墓出土作品胎色潔白，與建窯的烏黑胎質有別，恐非建窯所產，但也間接地透露出傳世的部分具有相近器形的建窯黑釉茶盞之可能燒製年代。無論如何，建窯黑釉碗縱或可能於五代或北宋初期已經出現，但就施罩有呈鷓鴣斑等斑紋的黑釉茶盞而言，其年代上限應該是在北宋中期。關於這點，我們還可從宋代歌詠鷓鴣斑茶盞詩文的作者活動時代，如黃山谷（1045－1105）「**金縷鷓鴣斑**」（《山谷情趣外篇》卷一），或惠洪（1071－1128）「**玉甌絞刷鷓鴣斑**」（《石門文字禪》卷十）[18]，間接推測所謂的鷓鴣斑茶盞是北宋後期至南宋時期流行的茶具之一；而江蘇江浦南宋慶元元年至五年（1195－1199）張同之夫婦墓也出土了典型的建窯兔毫黑釉盞（圖7）。[19]

如果以上的推論無誤，則《清異錄》所載「鷓鴣斑」茶盞之年代，就無法早到陶穀卒歿的北宋早期。在此，我們可基於陶瓷史的立場針對《清異錄》是否均屬陶穀所撰之宋代以來的爭議做出判斷，[20]即本文同意南宋陳振孫所指出的，該書係假托陶穀之名的僞書。

圖7 兔毫建盞 宋代 中國江蘇省江浦張同之夫婦墓（1195－1199）出土

二、大小脫空和王字鯉

《清異錄》「喪葬門‧大小脫空」條載：「**長安人物繁，習俗侈，喪葬陳拽寓像，其表以綾綃金銀者，曰大脫空，褚外而設色者曰小脫空。**」眾所周知，唐代厚葬成俗，

流行以大量的俑陪葬入墓。其中，也
包括了部分裝飾金銀、毛髮的偶像，
如《唐會要》「葬」條所載憲宗元和元
年（806）明令：「明器並用瓦木為
之，四神不得過一尺，餘人物等不
得過七寸，並不得用金銀彫鏤帖毛
髮裝飾。」當然，朝廷三令五申的厚
葬禁令，卻因其時「厚葬成俗久矣，
雖詔命頒下，事竟不行」，只能形同
具文。雖然，目前還未發現這類穿戴

圖8　半身陶俑　中國陝西省長安楊思勗墓（740）出土

華麗衣著的偶像，但是1950年代調查敦煌老爺廟唐墓時，曾出土一批僅塑造頭部和上半身
的陶女俑。俑下端平齊，露出管狀空穴，夏鼐推測原來當另置有絹帛的衣裳，並用木杆插
入穴中以為支柱，只是支柱腐朽而不留痕跡了，[21]我同意這個看法。事實上，除了中國西
北地區的敦煌唐墓之外，於河南鄭州、[22]陝西西安等唐墓亦可見到該類半身俑（圖8）。[23]
唐代的裸體陶俑雖早在貞觀八年（634）的隋代豐寧公主及駙馬合葬墓中已可見到，[24]但以
西安地區元和（806－820）至唐末時期的墓葬最為常見，近年公布的唐長安醴泉坊窯址亦
見此類俑的陶模。[25]其次，從《資治通鑑》後梁太祖開平四年（910）將吏祭徐溫母條載：
「為偶人高數尺，衣以羅錦」一事得知，這類穿衣俑於五代時仍可見到。[26]就目前的考古
發掘資料而言，入宋以後，除了江西、福建、四川等少數幾個地區以外，一般不再流行以
陶俑陪葬。因此，儘管我們已難確認《清異錄》所載穿戴衣飾的俑類，到底是由陶、木抑
或其他質材所製成？然就明器史的觀點而言，這類穿衣俑似是唐代中後期流行的陪葬物之
一。此既可說明《清異錄》的相關記事仍基本符合陶穀或稍早時代的風俗，而推測原應罩
著衣錦的半身陶俑，於當時可能是被稱呼為「脫空」。

　　此外，《清異錄》「魚名門‧王字鯉」條載：「鯉魚多是龍化，額上有真書王字者，
名王字鯉，此尤通神。」眾所周知，各個時代不乏以鯉魚做為裝飾圖紋的陶瓷作品，但
於魚紋另施王字者卻極少見。就我所知，目前似只見於浙江鎮海縣墳溪公社唐代小洞嶴窯
址所出標本，[27]該窯所見大盤（IV式），係在盤內底印雙魚紋，紋中另壓印一王字。[28]據此
或可間接推測，《清異錄》的該一記載可能是對唐代事物的記述。果若如此，則被視為宋
代龍泉窯雙魚紋飾前身的唐代小洞嶴窯作品上的魚紋，也應正名為「王字鯉」。

三、漏影春

　　《清異錄》中直接涉及陶瓷的記述不多，但亦存在幾則可供陶瓷史愛好者參考的有益資料，特別是以同書「茗荈門」中有關茶戲的記載最令人興趣盎然。該門「生成盞」條載：「饌茶而幻出物象于湯面者，茶匠通神之藝也」；「漏影春」條又載：「漏影春法，用鏤紙貼盞糝茶而去紙，偽為花身。」從上述記事不難窺知，為了使茶湯能幻出種種物象，達到茶戲的娛樂效果，甚至出現了以剪紙貼於碗之內壁偽為花身的「漏影春法」，這不禁讓人聯想到宋代江西吉州窯所生產的剪紙漏花茶盞。後者一般是在陶瓷坯上施黑釉或醬色底釉，貼上剪紙後，再上一道白釉，取下剪紙則圖案呈醬黑色調，其與底層黑釉和頂層白釉因燒造後釉化合形成的呈黃綠、藍白等不規則色調的所謂蛋斑釉，相互襯映，頗具裝飾效果（圖9）。[29]剪紙漏花的裝飾技法雖早在唐代的安徽壽州窯，[30]或被推測係來自河北地區窯場的唐代陶瓷上均可見到，[31]但似乎要到宋代江西吉州窯才普遍地應用成為茶碗的主要裝飾手法之一。我們無法確認吉州窯的陶工們是否意圖以剪紙漏花的加飾技法，來營造出茶戲進行時碗內映出的種種幻象，但若說剪紙漏花茶碗是所謂「漏影春法」的另一表現形式，似並不為過。另外，青木正兒也曾援引楊萬里（1127－1206）《澹菴坐上觀上人分茶》詩中「怪怪奇奇真善幻」和「注湯作字勢嫖姚」，認為應即《清異錄》所載「生成盞」和「茶百戲」之流，此亦屬可信的推測。[32]就此而言，《清異錄》的上述記載，對於今後如何來看待吉州窯剪紙漏花，甚或建窯兔毫、油滴釉等宋代茶盞所見富於變化之釉色的發生或流行契機，或亦可提供若干有意義的啟示。

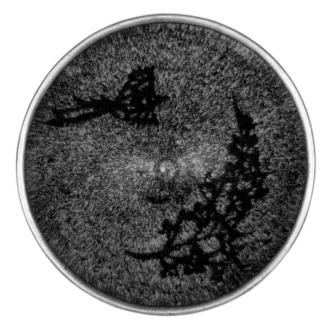

圖9　吉州窯剪紙漏花碗 宋代 日本京都國立博物館藏

四、占景盤

對於從事器物研究的人而言，《清異錄》「器具門」的記載無疑是饒富趣味的珍貴史料。以下，我擬以現存的陶瓷實物，試著復原《清異錄》中一件器物的可能造型特徵，同時依據同書的記載反思該一式樣陶瓷器的用途和名稱。「器具門·占景盤」載：「郭江州有巧思，多創物，見遺占景盤，銅爲之，花唇平底，深四寸許，底上出細筒殆數十。每用時，滿添清水，擇繁花插筒中，可留十餘日不衰。」我們雖可從該文字敘述概括地設想出這類奇妙花器的大體造型特徵，卻不免有隔靴搔癢之憾。另一方面，經由現藏於英國薩塞克斯大學（University of Sussex）和美國波士頓美術館（Museum of Fine Arts, Boston）的同一樣式北宋晚期耀州窯青瓷作品，則可輕易地揭示所謂「占景盤」

圖10　吉州窯青瓷花器 宋代　a 正面　b 背面
　　　英國薩塞克斯大學
　　　（University of Sussex）藏

圖11　耀州窯青瓷花器 宋代　a 外觀　b 缽體與台座
　　　美國波士頓美術館（Museum of Fine Arts, Boston）藏

的廬山眞面目。前者之巴洛氏收藏（The Barlow
Collection）作品是於折沿深腹圈足缽之缽內設一鏤
孔平頂圓台，圓台黏結固定於缽心，不能取下。缽
內壁近口沿部位對稱貼飾六組管狀飾，每組三管
（圖10）；[33]後者波士頓霍依特收藏（The Hoyt
Collection）之舊藏品亦於同式的缽內置半圓形的鏤
空台座，台座周圍等距繞飾張口的獸首（圖11）。[34]
就其基本構造而言，上述兩件作品並無太大的差
別，不同的只是巴洛收藏之六組管狀飾於霍依特收
藏是以帶頸獸首的華麗姿態出現，且後者另配置有
承載缽體的獸足台座，但我很懷疑獸足台座可能並
非原先配套使用的部件。無論如何，就缽內略顯繁
縟的裝置構造而言，正和盤內設細筒用以插花的
「占景盤」有著異曲同工之妙。也就是說，耀州窯
缽內的鏤孔和帶頸獸首等管飾是爲便於插置花卉，
據此可初步復原專門設計用來插花的占景盤之大體
器形特徵。其有如後世於大口瓶內另置鏤孔的銅膽
一般，現實上當然很難因此而延長花卉的壽命，但
既有劍山的功能頗利於插花，同時也有支托花莖、
維持花卉挺拔不易傾墜的作用。如果上述的推測無
誤，那麼以往有不少學者將這類青瓷鏤孔飾缽視爲
香爐或薰爐的看法，[35]就有修正的必要。當然，我
目前並無法判明《清異錄》「占景盤」條的確實寫
作年代，但該一記述無疑說明了耀州窯青瓷鏤孔飾
缽正是精心設計出的插花道具。與此相關的是，宋
墓常見的所謂「多管瓶」也有再次分類和命名的必
要。當中，如景德鎮湖田窯址出土的宋代青白瓷六
管瓶，[36]瓶口以圓板封實後鏤空七孔，若結合口沿
下方貼飾的覆蓮瓣，則瓶上方整體有如一朵綻開的

圖12　景德鎮窯花器　宋代
　　　中國江西省景德鎮陶瓷研究所藏

圖13　龍泉窯多管瓶　宋代
　　　元豐三年（1080）銘
　　　日本大和文華館藏

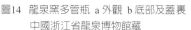

圖14　龍泉窯多管瓶 a 外觀 b 底部及蓋裏
中國浙江省龍泉博物館藏

圖15　五穀倉罐　宋代　建中靖國元年（1101）銘
中國香港九如堂藏

蓮花（圖12）。就其構思而言，可能亦屬花器，並且不排除是《大日經》等佛教典籍所載插置生花或人造花，供養於佛前的所謂「華瓶」一類的插花具，其和同樣具備多管形制的帶蓋瓶罐於功能用途方面截然不同。後者如龜井明德所指出日本大和文華館藏北宋元豐三年（1080）紀年銘龍泉窯青瓷五管瓶爲盛裝香酒陪葬的明器（圖13）；[37]而從近年發表的一件北宋龍泉窯青瓷多管瓶（圖14：a），其蓋內墨書「**張氏五娘五谷倉櫃**」等銘文（圖14：b），[38]更可確認應是埋葬墓中供應死者糧食的明器穀倉罐，其和一件釉下褐書「**建中靖國元年**」（1101）、「**五谷倉罐**」等字銘之所謂多角瓶（圖15）[39]具有相同功能。

　　文末，我想聲明的是，本文雖同意《清異錄》乃是假托陶穀之名的看法，但從書中「大小脫空」所載長安葬俗等看來，該書確有部分內容是對唐、五代風俗的忠實記述。不過，若將書中記事全視爲陶穀所處時代之確鑿的史料而予以引用，則又有所不宜。清乾隆大學士紀昀（1724－1805）在《四庫總目提要》中早已指出，宋人詩集已曾引用《清異錄》的內容，故是書雖有部分難以理解的疑點，然因「**宋代名流即已用爲故實，相沿既久，遂亦不可廢焉。**」本文所述及的「漏影春」、「占景盤」等記事，即是在該一認知前提下所進行的談論。

〔改寫自《故宮文物月刊》190（1999）所載相同篇名拙文〕

4-4 東窯小記

　　北宋官窯問題，可說是中國陶瓷史上的一大懸案。雖然南宋顧文薦《負暄雜錄》記載：「宣政間京師自置窯燒造，名曰官窯」；同時代葉寘的《坦齋筆衡》也提到南宋修內司官窯乃是「襲故京遺制」，間接地透露出北宋官窯的存在，然而汴京遺址卻由於幾次遭受黃河肆虐，早已掩埋於泥沙之下。依據《中國陶瓷史》所引考古鑽探成果，則宋汴京遺址深埋在今開封市地下六公尺深處，而黃河在開封上下，河床高於地面，開封地下水位頗高，無法進行考古發掘。[1]就是因為所謂的汴京官窯，既是一處無法從窯址得到實證的瓷窯，從而出現了對於北宋官窯的許多分歧的論爭。

　　回顧以往研究者的各種見解，有的持否定說，認為北宋官窯並不存在，[2]相對地也有不少研究者肯定它的存在，後者並試圖通過與現存作品的比較來印證所說。如大谷光瑞推測汴京官窯可能是一種薄胎厚釉的青瓷；[3]霍普森（R. L. Hobson）認為北宋官窯作品應與南宋官窯相似。[4]其次，相對於大衛德（S. David）[5]或尾崎洵盛[6]兩位爵士主張汴京官窯應即所謂的汝官窯或與此類似的作品，個別學者甚至認為北宋官窯除裹足支燒這一點之外，其胎、釉均與汝瓷不同，極易分辨。[7]隨著河南汝州市張公巷遺址的發掘，近年又有不少學者大力鼓吹張公巷窯即北宋官窯。[8]此外，小山富士夫更是主張北宋官窯可能就是文獻上所記載的東窯。後者北宋官窯或即東窯的說法以及東窯作品的比定，固然頗有爭議，然而不可否認的是，該一說法確曾引起當時研究者的關注。時至今日，在某些鑑賞書刊中仍具有相當程度的影響力。本文一方面嘗試回顧東窯即北宋官窯說的形成軌跡，另一方面則擬約略地介紹近年來有關所謂東窯青瓷的研究概況。

一、文獻所見東窯

　　1930年代初期，由北平觶齋書社印行的《校注項氏歷代名瓷圖譜》，是當時古瓷鑑賞家耳熟能詳的基本參考圖錄。據校注者郭葆昌氏所言，譜原為明末藏家項元汴（墨林）

（1525－1590）晚年所做，其選生平所見所藏歷代
名瓷，逐一為之圖解。原本出於清光緒（1875－
1908）中葉怡王府，後為英人卜士禮（Stephen
W. Bushell，1844－1908）所得，旋毀於火。所
幸在未歸卜氏之前，嘗由畫師李澄淵臨寫，上述
校注圖譜即是依據李氏臨本校勘而成。其中，收
錄了一件「宋東青瓷菱花洗」（圖1），項氏原圖解
稱其：「沺色青如疊翠，粟文隱起，洗身花文
高妙，儼若黃荃等寫生之趣」；郭葆昌注曰：
「東窯，宋初民窯也。在陳留縣，以其地居汴京
之東，故曰東窯，器皆青色，簡稱東青。」[9]依
照郭氏的說法，則明代項元汴所謂的宋東青瓷，
其實就是宋代民窯東窯青瓷。

圖1 《校注項氏歷代名瓷圖譜》中的
「宋東青瓷菱花洗」

　　有關東窯的具體描述，最早見於清嘉慶（1796－1820）年間藍浦所撰《景德鎮陶
錄》。同書卷六「東窯」條載：「北宋東京民窯也，即今開封府陳留等處。土脉黎細胎
質頗粗厚，淡青色亦有淺深，多紫口鐵足，無紋，比官窯器少紅潤。唐氏肆考誤以為
董窯，又云核之董窯似官，其不同者，質粗欠滋潤。蓋東、董聲相近，唐氏半採格古
要論，乃傳聞之訛也（中略），陶成記事亦稱東窯，載東青有淺深二種，唐氏於東青
色則書冬青，何不自知東之訛董也。」[10]藍浦的這一則記載，不僅明確地指出東窯的民
窯性質、燒造地點、胎和釉的特徵，並且還批判了明人曹昭的《格古要論》和清人唐秉鈞
的《文房肆考》，認為兩書都由於東、董聲相近，而將東窯訛為董窯。此外，又提到清唐
英（1682－1756）《陶成記事》也稱東窯，唐英並認為東青瓷有深淺兩種釉色。藍浦上述
說法的根據何在？目前已不得而知。不過其既為郭葆昌或同一時期的葉麟趾（1826－1887）
所繼承，[11]晚至近年刊行的《簡明陶瓷辭典》[12]亦採此說。

　　被藍浦指責誤將東窯訛為董窯的《格古要論》，形容董窯是「淡青色，細紋多，亦有
紫口鐵足，比官窯無紅色，質粗而不細潤，不逮官窯多矣，今亦少見。」[13]以後清代
以迄民國陶書，如清人朱琰《陶說》、唐秉鈞《文房肆考》、梁同書（1723－1815）《古銅
瓷器考》或民初劉子芬《竹園陶說》等，除了後者《竹園陶說》曾提及當時人又將董窯稱
為馬窯之外，均輾轉傳抄，基本上並無任何增刪。就《景德鎮陶錄》所載東窯和《格古要

論》所描述的董窯而言，兩者確有許多共通之處，不過東窯無紋不開片，董窯則多有細紋。另外，早在1930年代尾崎洵盛已曾徵引宋人張耒（1054－1114）詩之「**碧玉琢成器，知是東窯瓷**」，著重強調東窯碧玉般的釉色並和南宋官窯釉相提並論。[14]無論如何，董窯是否確爲東窯之訛？時至今日已難證實，至於藍浦所稱東窯爲北宋開封府陳留民窯這一說法的根據，更是無從查證。

二、北宋官窯即東窯說的提出

最早提出北宋官窯或即東窯的是小山富士夫。然而如前所述，宋人筆記雖曾記載北宋政和（1111－1118）、宣和（1119－1125）年間於京師汴京設置官窯，可惜既未指出具體的燒造地點，也未對作品本身進行任何描述。因此，就宋人的記載而言，顯然欠缺可確認兩窯作品之基本樣式特徵或確實燒瓷地點等相互比較時不可或缺的先決條件。而回顧小山氏的論著，不難發現北宋官窯即東窯說的提出，有一循序漸進的軌跡可尋。其關鍵之一，則在於郭葆昌《校注項氏歷代名瓷圖譜》的解說，以及《宋會要》食貨五十五「窯務」條的相關記載。「窯務」條載：「**京東西窯務掌陶工爲甎瓦器給營繕之用，舊東西二務，景德四年（1007）廢止，於河陰置務，於京城西置受納廠，歲六百萬，大中祥符二年（1009）復置東窯務。**」小山氏於1935年發表的〈支那青磁考〉，[15]據此主張既然郭氏在校注項元汴所藏宋東青瓷菱花洗時注曰：東窯又稱東青，窯址在汴京之東，《格古要論》也稱董窯屬青瓷，那麼若結合《宋會要》東窯務的記載，則東窯的名稱可能源自東窯務。至於文獻記載東窯務乃燒造建築用的磚瓦窯一事，小山氏則推測其或許是受到當時汴京官窯燒製青瓷風尚的刺激，遂亦生產青瓷器。姑且不論其推論是否得當？總之，小山氏於上文中，既未將北宋官窯與東窯相提並論，也未將兩窯作品與現存實物進行比附。

數年之後，同氏於其著名的《支那青磁史稿》[16]一書中，則出現了極爲大膽的推論，而該一立論無疑又與1941年春天同氏滯留開封時，與當時任河南博物館館長的關美廷的一次訪談密切相關。依據小山氏的回憶，關氏曾經提到：「**宋朝官窯相傳在開封東南鄉。**」小山氏因此推論《宋會要》的東窯務可能即指北宋東窯，而舊傳東窯窯址既然在今開封東南鄉的陳留縣，北宋官窯也正位於開封東南鄉，兩者可能在同一地點，因此政和、宣和年間設置的北宋官窯，或即景德（1004－1007）、大中祥符（1008－1016）年間設有官窯的東窯務。換言之，北宋官窯即是東窯。其次，小山氏更依據《格古要論》「董窯」條和

（上）圖2　青瓷剔劃花注壺
（下）圖3　青瓷花瓣式碗
舊奉天博物館藏

《校注項氏歷代名瓷圖譜》中收錄的「宋東青瓷菱花洗」的解說等線索，進一步推測所謂的東窯應是一種施淡青色釉，胎質不甚細膩的淡色青瓷，有的還裝飾剔花浮雕花紋。舊藏於奉天博物館的青瓷牡丹唐草紋雙流水注（圖2）和花瓣式碗（圖3）與上述條件相符，可能即為東窯。此外，類似的淡色調青白瓷片於內蒙古遼永慶陵奉陵殿址亦曾採集得到，考慮到遺址為遼聖宗（982－1031在位）、興宗（1031－1055在位）、道宗（1055－1101在位）遺留，不見南宋以後標本，故該類北宋北方所燒製的高品質淡青釉瓷，非東窯莫屬。

儘管小山氏的推論存在著不少令人疑惑不解之處，如所據以論證的郭葆昌之東窯所在位置的說法，並非出自宋代文獻而係來源於清代《景德鎮陶錄》的記載。其次，東青瓷是否可等同於東窯？東窯是否即董窯？北宋官窯的所在位置亦不過是得自近人傳聞，至於《校注項氏歷代名瓷圖譜》所稱「**花文高妙**」是否可解釋成凸起的剔花浮雕技法？更是有待商榷。然而無論如何，北宋官窯即東窯，傳世的一類剔花浮雕紋青瓷可能即東窯青瓷的說法，幾十年來確有其相當程度的影響力。而小山氏終其一生亦秉持該一說法，除前引《支那青磁史稿》之外，同氏所撰寫的較具代表性的相關論著如：〈宋代青磁〉、[17]《唐宋青磁》、[18]《陶器講座》、[19]《青磁》[20]等均可見到類似的論述。甚至於1950年代，陳萬里依據陝西邠縣出土的耀州窯纏枝剔花青瓷（圖4）與所謂東窯青瓷風格相似，而指責小山氏將該類作品附會成東窯是「談瓷者好以耳食之言來相互標榜，抑何可笑？」[21]小山氏依然不為所動，堅持己說。這到底透露了什麼訊息呢？

圖4　青瓷剔劃花三足壺
中國陝西省邠縣出土

三、所謂東窯青瓷的課題

　　鑑於北宋官窯既是一處無法從窯址得到實證的瓷窯等客觀因素，因此自小山氏有關東窯青瓷說法提出之後，數十年來雖有部分圖錄沿用東窯的名稱，但事實上並未引起學界廣泛的討論。隨著中華人民共和國考古發掘的進展，陝西耀州窯窯址等考古遺址又陸續出土了若干東窯類型的剔花浮雕青瓷作品（圖5、6、7）。由於其刻花技法或造型等方面，均與小山氏所謂東窯青瓷極為類似，因此繼1950年代陳萬里提出的質疑，近年來有不少研究者再次指出，小山氏所謂的東窯實際上屬耀州窯的產品。儘管如此，仍有少數研究者持保留的態度。如1980年代長谷部樂爾在針對法國吉美博物館（Musée Guimet）所藏著名東窯類型水注進行解說時，就認為該水注實與越窯青瓷有許多共通之處（圖8），而所謂東窯類型青瓷，彼此間的意匠或釉調也不盡相同，故而推測其有可能來自複數的窯場所燒造。[22] 綜觀目前所能見到的國內外公私收藏東窯類型青瓷剔花紋水注，確有若干作品與耀州窯址出土標本頗為類似，特別是窯址發現不少獅流、雞流壺標本（同圖6），與所謂東窯同類作品相同（圖9、10）。[23] 其次，宋代周煇（1127－？）《清波雜志》載：「耀器*白者為上*」，傳世東窯作品中事實上亦包括若干近似白瓷者（同圖8），說明兩

（左）圖5 （右）圖6　青瓷剔劃花注壺　中國陝西省耀州窯窯址出土

圖7
青瓷剔劃花倒流壺
a 外觀　b 底部
中國陝西省邠縣出土

者有著密切的關係。不過
也有作品於造型、紋飾的
工整度上，或釉的呈色
上，與目前經正式發表的
耀州窯青瓷略有不同，不
過考慮到耀州窯窯址規模
宏大，故上述的釉色和精
緻度的差異毋寧可說是自
然之事。可以附帶一提的
是，與東窯青瓷類型造
型、紋樣頗為類似的作
品，還見於北宋磁州窯系
剔花作品（圖11），後者
的年代推測約於十一世紀
前半或稍早。[24]

　　另一方面，與小山氏
將之歸類為東窯的極為類
似的青瓷，於部分遼墓中
亦可見到。遼墓出土的該
類青瓷多為碗類，但個別
墓葬如河北平泉縣小吉溝
遼墓則出土了水注。[25]碗
的造型多樣，有的呈弧壁
斂口造型，內蒙古開泰七
年（1018）遼陳國公主
墓則出土了斜直壁敞口碗
（圖12）和花瓣式碗（圖
13）。[26]另外，遼寧省朝
陽遼開泰九年（1020）

圖8
青瓷剔劃花注壺
法國吉美博物館（Musée Guimet）藏

圖9
青瓷剔劃花注壺
美國克利夫蘭美術館
（The Cleveland Museum of Art）藏

圖10
青瓷剔劃花注壺
法國吉美博物館（Musée Guimet）藏

圖11
白釉剔劃花注壺
日本東京國立博物館藏

圖12　青瓷敞口碗　中國內蒙古陳國公主墓（1018）出土

耿延毅墓出土的五瓣式碗（圖14），[27]其器形也
和前述舊奉天博物館藏品一致（同圖3）。值得
留意的是，上述遼墓出土青瓷碗的相對年代均
於十世紀末至十一世紀早期。儘管有人對於上
述遼墓出土作品的產地有不同的意見，如陳國
公主墓的敞口碗（同圖12）於發掘報告書中就
被定為浙江越窯製品；而1960年代內蒙古呼倫
貝爾盟科右前旗白辛屯遼墓的瓜瓣式碗，也被
認為是來自南方越窯所產。[28]但就目前的資料
看來，我認為其均是來自陝西省的耀州窯。[29]
就此而言，遼墓出土此類耀瓷無疑可為耀州窯
瓷的編年提供相對準確的年代，進而糾正耀州
窯址調查報告書的失誤。[30]

　　通過對於遼墓出土以及國外公私收藏同類
青瓷碗的細心觀察，長谷部樂爾做了一個重要
的提示。即該類青瓷碗既為十世紀末至十一世
紀初北宋前期北方窯產品，敞口碗造型由小圈
足向口沿斜直開敞，胎薄身淺，製作規整，其
造型作風與以往被定為北宋後期的同式作品一
致（圖15）。因此遼墓出土的所謂東窯青瓷
碗，可說是北宋後期同式作品的前身。至於過
去被定為北宋晚期的具有上述特徵的若干作品
的年代或亦有再檢討的必要。[31]換句話說，所
謂東窯青瓷所呈現的樣式作風，很可能是理解
目前尚處於曖昧不明的北方北宋前期青瓷樣式
的重要線索。而這或許才是所謂東窯青瓷問題
的重點所在。

　　回顧小山富士夫先生的學瓷生涯，不難發現北宋官窯問題是他終其一生無法釋懷的重
要課題之一，東窯青瓷說法的提出，也應與其意圖解答該一課題息息相關。不可否認，小

圖13　青瓷瓣式碗
　　　中國內蒙古陳國公主墓（1018）出土

圖14　青瓷瓣式碗
　　　中國遼寧省耿延毅墓（1020）出土

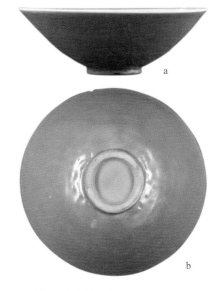

圖15　青瓷敞口碗　a 外觀　b 底部
　　　國立臺灣大學藝術史研究所藏

山氏所謂東窯於名稱上或相關文獻的解釋上，存在著有待商榷或強行附會之處，不過東窯作品的重要性卻也隨著考古發掘的進展而逐步加深。陝西耀州窯亦曾燒造東窯類型青瓷，已由考古發掘得到證實，然而這只是所謂東窯青瓷問題冰山的一角，並非問題的全部。比如說長谷部樂爾就曾指出，所謂東窯青瓷所施淡青色釉，不僅與汝窯青瓷釉有共通之處，似乎又與南宋官窯之淡青色調有關；[32]禚振西也認爲五代晚期耀州窯青瓷與宋代的汝瓷和南宋官窯的部分青瓷有近似之處。[33]所以，所謂東窯青瓷問題，事實上隱含著理解北宋早期北方青瓷樣式，及其與汝官窯或宋代官窯關係的重要線索，值得予以留意。另外，近年公布的兩件五代時期越窯青瓷墓誌罐，罐身刻有「東窯蠱內」或「余姚縣上林鄉東窯之里」等刻銘，[34]此是否又與前引張耒詩「碧玉琢成器，知是東窯瓷」有關，有必要一併考慮。

〔改寫自《故宮文物月刊》111（1992）所載相同篇名拙文〕

4-5 遼瓷札記

　　本文是想試著以個人的體會，針對遼領域出土陶瓷及其問題點做一評述。

　　除了窯址之外，墓葬、塔基或其他住居遺址出土陶瓷，是我們理解遼領域陶瓷器用的主要資訊來源。不過，我們首先應該留意，相對於內蒙古赤峰遼代窖藏或開泰七年（1018）陳國公主與駙馬合葬墓等契丹人貴族墓，分別出土了銀鎏金和木製雞冠壺（圖1），[1]北京地區如遼統和十五年（997）漢人官僚韓佚夫婦墓則未見此類製品，[2]這反映了遼領域當中還可因區域或族屬的不同，而出現相異的器式選擇，這也是過去佟柱臣觀察遼代西京、南京、東京和中京等地區遼墓出土陶瓷組合，試圖論證西京

圖1　木雞冠壺
　　　中國內蒙古陳國公主墓（1018）出土

（大同府轄區）、南京（析津府轄區）等漢族集聚區仍然使用漢式陶瓷的原因所在。[3]但是，無論是契丹人還是漢人均對高溫釉瓷表現出極大的興趣，除了遼地生產的白瓷等作品之外，陝西耀州窯青瓷、浙江越窯青瓷以及江西景德鎮窯系青白瓷都是遼代墓葬或塔基常見的作品。如果參酌文獻記載，可知遼國絕大多數這類作品應是得自以牙僧為媒介的榷場交易，其主要的交易據點則在雄州、霸州、安肅軍、廣信軍等大榷場。[4]另從《宋會要稿》北宋景德四年（1007）的詔令得知，進入榷場交易的瓷器，甚至包括北宋朝廷「瓷器庫」中的越窯、定窯和景德鎮窯等作品。當然，遼國和中國沿海吳越、閩國的貿易交往也是其獲得越窯青瓷等物資的重要管道。在此應予一提的是，遼國與吳越的交往多循赴山東的海路，然因契丹人不諳海事，故多借重東丹國人來達成海上貿易，後者是被遼太祖所滅的渤海國遺民，太祖改渤海國為東丹國後，雖立長子耶律倍（926－930在位）為東丹王，但實際上則是由耶律羽之（941歿）掌政。因此，我們幾乎可以認為耶律羽之生前對於其墓中

亦伴出的越窯青瓷夾耳
罐（圖2）等作品應該並
不陌生。[5]另外，從吉林
哲里木盟遼太康六年
（1080）墓所出南方青白
瓷碗的形制，[6]和江西九
江北宋元豐六年（1083）
墓的青白瓷碗式[7]幾乎一
致可知，遼領域居民獲
得宋朝物資的管道既暢
通而且快速，因此兩地
年代相近的墓葬所出同
類陶瓷之器形極為類似。

圖2　越窯青瓷夾耳罐
　　中國內蒙古耶律羽之墓（942）出土

圖3　三彩劃花瓶　金至元代
　　中國遼寧省博物館藏

　　就如同其他地區許多案例般，輸入陶瓷的器形或紋飾往往成為進口消費地窯場所模倣
的對象，但是模倣的手法以及模倣時的再創造等細節則極為複雜。除了遼窯白瓷模倣定窯
等以類似色釉進行模倣的案例之外，也有以低溫鉛釉模倣高溫瓷器器式的案例，如習稱為
「矮身橫梁式」的鉛釉皮囊式壺的原型即來自高溫釉瓷。就目前的編年資料而言，遼寧省
博物館藏的金元時期三彩劃花筒瓶（圖3），[8]其瓶式和劃花紋飾之構思有可能來自中國南
方景德鎮窯系的青白瓷（圖4）。[9]另一方面，我們亦應留意遼瓷器形原本就有許多倣自金
銀器者，因此我們往往難以分辨遼瓷的某一特定器
形到底是倣自某一瓷窯的同類製品？抑或根本就是
對當時金銀器的直接模倣？這類的案例極多，但我
們可以內蒙古哲里木盟庫倫旗五號遼墓出土的白瓷
摩羯杯為例（圖5）[10]做一省思。因為類似的作品至
少見於陝西耀州窯青瓷（圖6）、[11]浙江省越窯青
瓷，[12]以及從胎、釉等特徵判斷可能是來自河北邢
窯或定窯的白瓷等製品。[13]由於此類陶瓷摩羯杯之
外觀裝飾特徵酷似金銀器，因此儘管上引之耀州窯
青瓷摩羯杯乃是出土於遼寧北票的遼墓，我們仍然

圖4　景德鎮青白瓷　宋代　日本出光美術館藏

圖5　白瓷摩羯杯
　　　中國內蒙古哲里木盟庫倫旗遼墓（M5）出土

圖6　耀州窯青瓷摩羯杯　中國遼寧省博物館藏

無法確認遼代瓷窯所生產的類品，到底是倣自輸入遼領域瓷器之器式？抑或與其他瓷窯同樣是直接模倣自金屬器？其實，現存許多與邢窯或定窯白瓷器式相近，但同時又具金銀器裝飾特徵的遼代白瓷，也有可能是對於當時貴重金銀器的直接模倣，而不必然透過先進瓷窯輸入的產品進行間接的倣製。另外，我們從天津遼清寧四年（1058）獨樂寺塔或內蒙古

圖7
伊朗玻璃紙槌瓶
中國內蒙古陳國公主墓
（1018）出土

圖8
紙槌瓶
中國內蒙古赤峰缸瓦窯窯址出土
臺灣私人藏

遼開泰七年（1018）陳國公主墓伴出的伊朗製玻璃紙槌式瓶（圖7），[14]可知其為赤峰缸瓦窯窯址所見類似瓶式的祖型（圖8），[15]而伊朗玻璃的此一瓶式也成了北宋汝窯青瓷模倣的對象，後者並影響至汝州市張公巷窯、杭州老虎洞南宋修內司官窯甚至高麗青瓷同類瓶式的製作。

　　耶律羽之墓（942）出上的白瓷提梁壺（圖9）再次說明了此一器式是遼領域所謂倣皮囊式壺的早期樣式之一。由於耶律羽之墓白瓷提梁壺極可能來自河北定窯所生產，因此如

果說遼代貴族曾向中原地區等地瓷窯訂製符合其品味好尚的器式，或者說中原地區等地瓷窯的陶工們爲了迎合契丹貴族的好尚而特別生產了符合其趣味的器形輸入遼地，似乎也言之成理？問題是，此類提梁壺器式不僅可上溯八世紀盛唐三彩，其同時也是晚唐邢窯、鞏縣窯白瓷流行的造型之一，後者標本更曾出土於江蘇省揚州遺跡，[16]看來耶律羽之墓的白瓷、黑釉提梁壺所反映的還是唐代以來的傳統趣味，未必一定和契丹游牧民的器用有關。不過，有些輸入遼地的陶瓷之器式確實成了遼地陶工倣效的對象，如耶律羽之墓出土的黑陶缽形口帶頸壺（圖10），[17]其原型有可能即來自同墓伴出的定窯系柿釉壺（圖11）；[18]而兩者之器式來源則又可溯自內蒙古科爾沁左翼後旗呼斯淖遼建國之前的契丹墓所出，我推測可能是由中原輸入的鉛釉陶壺。[19]

　　一旦提及鉛釉陶器，迎面而來的即是遼代三彩器的諸多難題。遼代自太祖耶律阿保機神冊元年（916）建國至天祚帝耶律延禧保大五年（1125）亡，共歷二百零九年。如果依據發掘報告書的記述，則早在遼應曆八年（958）北京趙德鈞及其妻种氏墓已曾出土三彩殘片。[20]然而就紀年墓資料而言，除了前引趙氏夫婦墓之外，三彩陶不僅不見於遼代中期墓葬，且集中於十一世紀後半遼代晚期墓，並且晚至宣化縣天慶六年（1116）張世卿墓仍有出土，[21]也因此學界一般傾向所謂遼三彩多屬遼代後期產品，[22]至於趙德鈞夫婦墓的三彩殘片則被視爲燕雲十六州尚未入遼版圖之前由中原所輸入，非遼代製品。[23]另一方面，內蒙古敖漢博物館典藏的一件三彩印花飛鳥紋盤因係和推測是十世紀末至十一世紀初之「官」款白瓷水注共件出土，長谷部樂爾因而認爲此應即遼代早期三彩器。[24]雖然長谷部氏因未

（左）圖9　白瓷提梁壺　（中）圖10　黑陶壺　（右）圖11　柿釉壺
中國內蒙古耶律羽之墓（942）出土

圖12
三彩鳥紋盤　遼代
中國內蒙古敖漢旗貝子府鎮驛馬吐遼墓出土

圖13
三彩魚紋盆
中國內蒙古耶律元寧墓（1015）出土

被允許拍照所以未能在其見聞錄中揭示圖版，但我認爲該三彩鳥紋盤極有可能即1980年代敖漢旗貝子府鎮驛馬吐墓葬出土品（圖12）。[25]由於同墓伴出的「官」款白瓷注壺之器式確實具有十世紀後期至十一世紀初期特徵，同時此一年代觀也符合「官」款白瓷最晚見於遼寧省開泰九年（1020）耿延毅夫婦墓之情事，[26]所以這件三彩鳥紋盤應可視爲遼領域出土早期三彩的珍貴實例。另外，就其押印紋樣邊廓的裝飾手法而言，也容易讓人想起河南鞏義開元十六年（728）潘權夫婦墓的盛唐三彩鳥紋盤，[27]但兩者是否確有繼承的關係？還難遽下結論。印花三彩之外，內蒙古統和三十年（1012）卒，葬於開泰四年（1015）的耶律羽之嫡孫、耶律元寧墓（圖13），[28]以及遼寧省彰武縣大沙力土遼墓（沙M1）這座遼代中期亦即相對年代約於遼興宗（1031－1055在位）的墓葬則出土了陰刻紋樣邊廓的白釉綠彩折沿盆，[29]上述資料說明了遼領域出土鉛釉三彩器當中，包括相對年代約爲遼代早中期的印花三彩（同圖12）、中期偏後階段的陰刻輪廓線紋三彩或白釉綠彩（同圖13），以及初見於內蒙古巴林左旗四方城遼咸雍二年（1066）墓出土的三彩印花紋硯。[30]問題是，遼代早中期墓葬出土的以陽紋印具捺押紋飾邊廓的印花三彩或陰刻線紋三彩和白釉綠彩是否確爲遼窯所生產？抑或是

圖14
三彩印花方碟　遼代
中國遼寧省錦西縣蕭孝忠墓（1089）出土

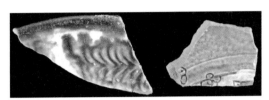

圖15　三彩印花、劃花殘片　中國內蒙古赤峰缸瓦窯窯址出土
國立臺灣大學藝術史研究所藏

圖16　白釉綠彩劃花紋碟
*Batu Hitam*沉船（826）打撈品

由中原或關中等地區所輸入？還有待日後的資料來解決。無論如何，初見於咸雍二年（1066）之具有特色且有窯址調查資料可予確認的三彩印花標本，特別是以印模成形並模印出陽紋印花，並於其上施罩綠、褐、白等鮮豔三彩色釉之遼寧省錦西縣西孤山遼太安五年（1089）蕭孝忠墓的三彩方碟（圖14），[31]至少表明繽紛豔麗的遼代三彩鉛釉陶器應是成熟於十一世紀後半的遼代晚期。截至目前，遼上京林東南山窯、東京缸官屯窯和中京缸瓦窯或北京龍泉務窯等瓷窯均生產有三彩鉛釉陶，其中位於今內蒙古昭烏達盟赤峰、燒瓷年限自遼至元代的缸瓦窯之三彩鉛釉陶器還可區分成模印印花和陰刻線畫兩類製品（圖15）。[32]從可能沉沒於晚唐寶曆二年（826）不久的*Batu Hitam*（黑石號）沉船發現的陰刻線紋三彩鉛釉陶器（圖16）等情事看來，遼領域出土飾陰刻線紋的三彩器甚至波斯線刻多彩鉛釉陶器，很有可能都是承襲晚唐以來刻線紋鉛釉陶器的傳統進一步發展而成的。[33]

　　經常被視為具有「契丹形式」、[34]富有遼瓷特色的所謂鳳首瓶是十一世紀初期前後不久始見的新器式。屬於十世紀末十一世紀前期的遼寧北票水泉一號墓出土的綠釉鳳首瓶，花式杯口下方鳳首形塑寫實，鳳喙啣珠（圖17），[35]但到了前引出土有三彩的遼太安五年（1089）蕭孝忠墓[36]或義縣清河門墓（M2），[37]其綠釉鳳首瓶之鳳首已趨小到難以輕易辨識（圖18）。另一方面，除了中亞高昌壁畫之外（圖19），伊斯蘭陶瓷或祖型來自中亞粟特和薩珊（Sasan）波斯的唐代陶瓷（圖20）以及宋代南方瓷窯亦見不少鳳首瓶式（圖21），也因此學界對於遼代鳳首瓶器式的淵源出自不僅未有共識，甚至可說頗為分歧。換言之，有認為其為唐代鳳首瓶之退化形式者，[38]也有主張遼代鳳首瓶上的「鳳」應即契丹人鍾愛的海東青鶻，而瓶整體氛圍實和波斯的鳥首瓶接近。[39]當然，也有依據高昌壁畫圖像強調來自西域的影響。[40]另外，長谷部樂爾則指出遼代鳳首瓶其實和中國南方晚唐、五代白瓷更

為接近，由於朝鮮半島亦曾經出土中國南方白瓷鳳首瓶，故而同氏又推測做為遼代鳳首瓶原型的南方製品可能是由朝鮮半島輾轉傳入遼地。[41]針對上述分歧的見解，首先我想提示的是，相對於唐代的鳳首瓶多帶把，[42]遼代墓葬則除了遼寧省北票東官營鄉墓出土可能是由河北或河南等外地輸入的十世紀中期綠釉鳳首瓶（圖22），[43]及內蒙古敖漢旗下灣子五號墓「煮茶進飲圖」壁畫鳳首瓶等少數例子帶有把之外（圖23），[44]一般所見遼代鳳首瓶既不帶把，也無注流。因此帶有把手的唐、五代鳳首瓶和高昌壁畫鳳首瓶應該不會是遼代無把鳳首瓶的祖型。至於長谷部氏於1970年代論文中所稱朝鮮半島出土的唐至五代南方白瓷鳳首瓶，因未揭示圖版，詳情不明。[45]不過，就今日所累積的資料看來，中國南方地區如越窯於晚唐時期已生產青瓷鳳首瓶，[46]晚迄福建順昌北宋墓仍見施罩青綠釉的此類瓶式（圖24），[47]但白瓷或青白瓷鳳首瓶則要到五代、北宋初才出現，其中又以北宋時期廣東窯系製品最為常見，[48]間可見到安徽繁昌窯群製品。[49]後者之鳳首和瓶身造型與朝鮮半

（左）圖17　綠釉鳳首瓶　中國遼寧省北票水泉遼墓（M1）出土
（右）圖18　綠釉鳳首瓶　中國遼寧省義縣清河門遼墓（M2）出土

圖19　高昌壁畫所見鳳首瓶

島開城出土的青白瓷鳳首瓶有類似之處（圖25），[50]值得予以留意。無論如何，就宋代南方窯系的鳳首瓶的器式而言，可大致區分為三式：Ⅰ式，帶把帶流（圖26）；Ⅱ式，無把但有流（同圖25）；Ⅲ式，既無把手又不設注流（圖27）。[51]一般所見遼代陶瓷鳳首瓶屬Ⅲ式，個別作品呈Ⅰ式，但極罕見。雖然細部特徵不盡相同的上述三式宋代鳳首瓶的產地鑒定並非易事，但從作品的胎、釉和印劃花裝飾特徵似可大致地將之區分為兩群，一群以廣

圖20　三彩鳳首瓶　唐代
　　　日本私人藏

圖21　白瓷鳳首瓶　宋代
　　　朝鮮半島開城出土

圖22　綠釉鳳首瓶
　　　中國遼寧省北票東官營鄉遼墓出土

圖23　「煮茶進飲圖」所見鳳首瓶
　　　中國內蒙古敖漢旗下灣子遼墓（M5）壁畫

圖24　青釉鳳首瓶　中國福建省順昌宋墓出土

圖25　青白瓷鳳首瓶 宋代 朝鮮半島開城出土　　　　圖26　白瓷褐斑鳳首瓶 宋代 中國廣東窯系

東窯系爲主，但亦包括安徽、福建瓷窯系製品（如同圖21、25、26），另一群則屬景德鎮窯系製品，後者既見白瓷另包括不少青白瓷製品（如同圖27）。考古發掘資料表明：景德鎮的青白瓷應該頗受遼領域契丹人和漢人的歡迎，這從遼代的墓葬、塔基經常出土景德鎮青白瓷一事亦可輕易地證實。如前所述，遼代無把無流鳳首瓶最早出現於遼寧省北票水泉一號墓等十世紀末至十一世紀初遼代早期墓，而景德鎮窯系鳳首瓶之年代亦可上溯北宋早期，因此有理由推測遼代無把無注鳳首瓶之原型不僅無必要由朝鮮半島輾轉傳入，且極有可能直接來自中國南方景德鎮窯系的Ⅲ式鳳首瓶，至於罕見的遼代帶把和注流鳳首瓶之祖型是否亦來自南方？抑或和中原等地輸入或來自中亞高昌的瓶式有關？目前不明。應予一提的是，百田篤宏曾經指出：唐代三昧蘇嚩羅所譯千手觀音像的儀軌《千光眼觀自在菩薩秘密法經》載：「若求善

（左）圖27　景德鎮窯系鳳首瓶 宋代
　　　　　瑞士玫茵堂（The Meiyintang Collection）藏
（右）圖28　《大悲心陀羅尼並四十二臂圖像》所見鳳首瓶

和眷屬者，當修胡瓶法。其持瓶觀自在像。相好威光如上説，唯右手執胡瓶，其瓶首如金翅鳥也。左手當齊上，向上受胡瓶勢」，而「瓶首如金翅鳥」的「胡瓶」應即鳳首瓶，亦即意味和金翅鳥（Garuda）傳說有關的「甘露之壺」。[52]眾所周知，遼代不僅崇尚佛教，提倡密宗，聖宗（982－1031在位）、興宗（1031－1055在位）、道宗（1055－1101在位）更是篤信三寶，講讀經義、修建廟宇、雕造佛經。雖然，目前所見幾件千手觀音圖像中的鳳首瓶多帶把或注流，如約完成於日本久安四年（1148）之後不久的紙本白描《大悲心陀羅尼並四十二臂圖像》之鳳首瓶即帶把和流（圖28），[53]但我仍認爲，風靡於十一世紀的遼代無把、無注陶瓷鳳首瓶應有必要將之置於此一脈絡中予以掌握。

〔改寫自 “Some Thoughts on the Origins of Liao Ceramics,” *Orientations*, 37-6 (2006)〕

4-6　中國初期鉛釉陶器新資料

　　有關中國鉛釉陶器的出現年代問題，學界迄今尚未達成一致的看法。相對於歐美、日本絕大多數的陶瓷史學者相信中國鉛釉陶器始燒於戰國時期，中國方面學者卻都認為其國鉛釉陶是出現於西漢武帝（西元前141－87在位）的關中地區，[1]並且參照河南燒溝漢墓等發掘資料認為：年代較早的作品多呈黃褐色釉，宣帝（西元前74－49在位）至王莽（8－23在位）時出現了於同一器上施加黃褐、綠的多彩釉，綠釉則是在漢成帝（西元前33－7在位）時期才開始問世的。[2]中國學界之所以會和歐美日學者在鉛釉陶出現年代上有如此巨大的落差，其原因似乎不難理解，那就是中國學者在討論鉛釉陶起源問題時，始終未曾提及被歐美、日本學者視為極可能屬戰國鉛釉陶器的幾件分別收藏於英、美、日的作例。我個人認為，除非鉛釉陶戰國起源說荒謬到不值一駁，否則應有義務於論文中交待此說或逕行批判。這樣看來，中外學界對於中國鉛釉陶器起源年代的歧異，應該是由於中方並未掌握到歐美、日本等國的研究動態所導致。

　　那麼，歐美、日本收藏的所謂戰國鉛釉陶是否確實可靠呢？被比定為戰國鉛釉陶的作品當中，以一群於紅陶胎上以「玻璃漿料」裝飾模倣自戰國時期玻璃珠（蜻蜓玉）紋樣的帶蓋小罐最為著名。截至近年所知，這類器形和彩飾大同小異的陶罐計四件，分別收藏於：英國大英博物館（The British Museum）、美國波士頓美術館（The Museum of Fine Arts, Boston）（圖1）、美國納爾遜美術館（The Nelsen-Atkins Museum of Art）（圖2）和日本東京國立博物館（圖3）。[3]早在1950年代，梅原末治已在勞倫斯‧希克曼（Laurence Sickman）將傳安徽省壽縣出土、現藏美國納爾遜美術館的該類小罐之年代訂定於西元前三世紀戰國後期的基礎之上，進一步指出陶罐上的玻璃漿料裝飾和洛陽金村出土戰國玻璃珠的類似性。[4]其後，美國波士頓美術館The Hoyt Collection和英國大英博物館Mrs. Walter Sedgwick Collection所藏同類小罐亦經X射線衍射等分析，目前已初步證明陶罐上的玻璃漿料應即低溫鉛釉。[5]

　　如果說，上述和玻璃蜻蜓玉紋飾相近的彩飾罐非典型鉛釉陶，而與戰國玻璃珠或陶胎

飾彩珠有較大關連，卻也難否認其係於陶胎上施加鉛釉彩這一事實。應予一提的是，數年前出現於市肆、後由瑞士玫茵堂（The Meiyintang Collection）購藏的一件戰國陶盒，也是以玻璃漿料彩飾聯珠紋飾（圖4），[6]其和上述陶罐應屬同類製品。其次，納爾遜美術館之陶罐傳說出土於安徽省壽縣，[7]康蕊君（Regina Krahl）則指出玫茵堂戰國彩飾盒的形制和湖北雲夢秦墓的漆器盒有相近之處。[8]

另一方面，當學界苦思上述所謂戰國鉛釉陶的產地而不得其解，甚至幾乎要疑心起這類風格近似、並且又非考古發掘出土的特異作例會不會竟是一批近人偽造的贗品？中國浙江省私人收藏家（中國浙東越窯青瓷博物館）則又公布一件同類聯珠紋罐（圖5），但將之標示為商代「原始陶罐」。[9]我未親見實物，但由於該收藏家的藏品多來自杭州古物市場，所以若非贗品，則不排除這件鉛釉陶罐可能出土於浙江省或鄰近地區？

說來實在很巧，2003年至2004年，考古學者發掘江蘇省無錫市錫山區鴻山鎮東北約一公里處戰國越國貴族墓地時，於邱承墩一號大墓（WHD-VII M1）發現了前所未見的四件「琉璃釉盤蛇玲瓏球形器」（圖6、7）。[10]除了器形之外，其於陶胎上賦彩的作法和所謂陶胎琉璃珠（圖8）或上述戰國鉛釉器大體一致。邱承墩一號大墓為長方形覆斗狀土墩墓，東西向，封土長七十八點六公尺、寬五十點八公尺、高五點四公尺。墓葬位於土墩中部，平面呈「中」字形，由墓道、墓室和後室所構成，墓室內另有木板隔間成主室和南、北側

圖1　鉛釉彩陶罐　戰國
　　　美國波士頓美術館
　　　（The Museum of Fine Arts, Boston）藏

圖2　鉛釉彩陶罐　戰國
　　　美國納爾遜美術館
　　　（The Nelson-Atkins Museum of Art）藏

圖3　鉛釉彩陶罐　戰國　日本東京國立博物館藏

圖4　鉛釉彩陶盒　戰國　a 外觀　b 盒蓋　c 盒身
瑞士玫茵堂（The Meiyintang Collection）藏

圖5　鉛釉彩陶罐
中國浙東越窯青瓷博物館藏

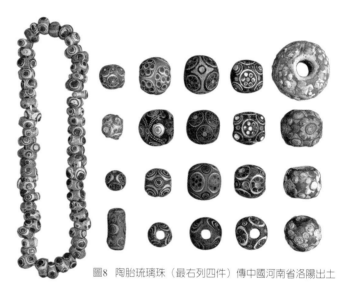

圖8　陶胎琉璃珠（最右列四件）傳中國河南省洛陽出土

（左）圖6　琉璃釉盤蛇玲瓏球形器　戰國　a 外觀　b 俯視
（上）圖7　琉璃釉盤蛇玲瓏球形器　戰國
中國江蘇省鴻山大墓出土

室，主室長二十三點六公尺、
寬六點三公尺，後室長十一點
九公尺、寬三點二公尺，墓道
長二十一點二公尺，後者南
壁設長三點四公尺、寬零點
九公尺、高零點五公尺的長
圓形壁龕。墓葬整體規模宏
大，雖然早年被盜，出土遺
物仍達一千零九十八件之
多。除了此類玻璃漿料彩飾
球形鏤空陶器之外，另伴出
大量的高溫灰釉盉、匜、

（左）圖9 青釉甬鐘 戰國 （右）圖10 蛇鳳紋玉帶鉤 戰國
中國江蘇省鴻山大墓出土

鼎、甬鐘、句鑃等禮樂器（圖9）[11]以及鑲嵌玻璃珠和玉製「蛇鳳紋帶鉤」（圖10）。[12]後者
玉帶鉤四角向內出鳳首，四蛇身與四鳳相連，蛇身穿過中心圓環之構思其實和同墓出土
「琉璃釉盤蛇玲瓏球形器」之裝飾意念一致。由於邱承墩一號戰國墓所出高溫灰釉器均來
自浙江境內越窯所燒造，而玉器也極可能爲越地所製造，據此可以推測同墓伴出之「琉璃
釉盤蛇玲瓏球形器」可能爲浙江或鄰近之南
方地區所生產。如果此一推測無誤，則邱承
墩一號大墓的「琉璃釉盤蛇玲瓏球形器」或
可間接證實前述戰國小罐或盒之產地有可能
也是在長江流域。就此而言，分別收藏於美
國納爾遜美術館和中國浙東越窯青瓷博物館
的戰國玻璃漿料陶罐，前者據稱出於安徽省
壽縣，後者則被視爲越地商代製品，此雖均
止於傳說和臆測，但若除去定年的錯誤，其
傳稱出土地點亦耐人尋味。不過，我們也應
稍加留意湖北省雲夢縣睡虎地四十三號秦墓
所出形制和玫茵堂玻璃漿料彩飾陶盒（同圖4）
頗爲似近的漆盒（圖11），[13]其盒身和蓋分別

圖11 漆盒 秦代 a 外觀 b 打開貌
中國湖北省雲夢出土

烙印「咸包」和「亭上」字銘，說
明漆盒可能是在秦都咸陽（今陝西省
咸陽市）官府監管下所製作的。另
外，如前所述，河南省洛陽金村也曾
出土表飾鉛釉彩的陶胎琉璃珠（同圖
8）。

　　除了上述幾件於陶胎上施玻璃漿
料的製品之外，歐美、日本的學者一
般還都相信現藏美國納爾遜美術館、
傳洛陽金村韓君墓出土的綠褐釉螭紋
蓋壺（圖12）[14]亦屬戰國時期鉛釉陶
的珍貴實例。該綠褐釉壺雖是未經正

圖12　戰國鉛釉壺　戰國
　　　美國納爾遜美術館（The Nelson-Atkins Museum of Art）藏

式考古發掘的個別存世遺物，但就外觀看來，整體施罩溶融的鉛釉，器形和紋飾與戰國時
期銅器酷似，所以我也傾向其為戰國鉛釉陶器。

　　另外，中國方面的研究者亦曾對1980年代中期上海青浦縣金山墳遺址水井遺跡出土的
一件被定年於戰國的黃釉泥質紅胎雙繫罐，進行表面釉層定性（光譜）分析，結果表明雙
繫罐上的黃釉屬低溫鉛釉。[15]我雖未見實物，但從報告書揭示的圖版看來，上海出土雙繫
罐的確實年代是否可上溯戰國時期？頗有可疑之處，所以似可暫時不予理會。另外，2006
年發掘甘肅天水
張家川馬家塬戰
國墓也出土了一
件報告書所謂的
「釉陶杯」，[16]不過
從揭載的彩圖看
來（圖13），我個
人傾向其有較大
可能為玻璃器。
如果以上判斷不
錯，那麼納爾遜

圖13　「釉陶杯」（？）
　　　中國甘肅省天水戰國墓出土

圖14　鉛綠釉四管瓶　東漢
　　　中國浙江省上虞出土

圖15　青釉五管瓶　東漢　中國浙江省博物館藏

（左）圖16　鉛綠釉四管瓶　東漢　（右）圖17　鉛綠釉五管瓶　東漢
中國浙東越窯青瓷博物館藏

圖18　鉛綠釉虎子　東漢
中國浙東越窯青瓷博物館藏

圖20　鉛綠釉多管瓶　東漢
中國浙江省上虞博物館藏

（左）圖19　鉛綠釉柱　東漢　中國浙江省上虞博物館藏
（右）圖21　越窯黑釉柱形堆塑壺　東漢　中國浙江省鄞縣漢墓出土

美術館所藏的綠釉壺無疑仍是戰國鉛釉陶持論者極重要的例證之一。不過，學界對於戰國至西漢早期之間鉛釉陶的燒造情況，目前仍一無所知。雖則據報導，山東省臨沂西漢早期曾出土所謂黃釉壺和鼎，[17]但我觀察圖片後認為其有較大可能屬高溫灰釉器，而非低溫鉛釉。其次，森達也曾指出陝西西安市南郊伴出有和景帝（西元前157－141在位）陵類似裸體陶俑的新安機磚廠所出，報告書所謂施罩米黃色釉的泥質陶壺或為鉛釉陶器。[18]然而報告書未載圖版，詳情不明。雖然如此，考慮到同墓伴出的兩件施罩黃綠色釉的「釉陶罐」之器式以及掛半截釉的施釉特徵均酷似南方高溫灰釉器，[19]因此不能排除未揭載圖版的泥質「釉陶壺」，可能亦屬南方高溫灰釉器。

　　儘管漢代鉛釉陶器明顯以今北京、河北、山西、山東、河南、陝西等北方地區出土頻率最高，數量也最豐富，以致於以往有學者將漢代鉛釉陶逕稱為「北方釉陶」。[20]然而黃河流域之外，長江流域部分省分或西南地區四川省漢墓，甚至漢武帝於元封三年（西元前108）在今韓半島平壤所設置的樂浪郡遺址都曾出土鉛釉陶器。

　　數年前，我曾經由器形的比對初步地確認了江西境內南昌市等地東漢墓出土的釉陶器應是當地所生產的南方鉛釉陶。[21]當時雖也懷疑做為南方高溫灰釉最為重要的產區，即長江下游浙江越窯系瓷窯可能亦曾燒製部分鉛釉陶器，可惜並無確實的考古案例。幸運的是，近年浙江省考古文物研究所正式公布同省上虞驛亭謝家岸後頭山第十一號東漢墓出土的一件四管瓶。其是於平底的葫蘆式罐的下方罐身部位等距貼附三管，表施褐綠色釉（圖14），[22]整體造型和長江下游地區東漢至三國墓中常見的俗稱五管瓶（圖15）的器式有明顯的親緣關係，[23]無疑是該地區所生產。我雖未能親見實物，但從報告書所揭示的彩圖看來，其器表薄施綠釉，有明顯流釉淚痕，積釉處呈鮮豔翠綠色調，缺損部位露胎處呈帶鬆脆質感的肉白色，所以應該就是以低溫燒成的鉛釉陶器。如果此一判斷無誤，那麼這件發掘報告書將之和南方高溫灰釉相提並論且被共同歸類於「釉陶」的製品，就可做為高溫灰釉中心產區之浙江地區亦燒造有低溫鉛釉陶器的重要例證。

　　無獨有偶，正當我因浙江東漢鉛釉陶器的確認而雀躍不已，其實卻也憂心此一孤例是否只是自己一廂情願的誤判？我再次幸運地從圖錄得知，上述中國浙東越窯青瓷博物館也收藏有多件從器式上可判斷應屬浙江製品的東漢時期鉛釉陶器，其器形除了四管瓶（圖16）、五管瓶（圖17）之外，還包括水井模型和虎子（圖18）等，[24]釉色也有綠釉和褐釉兩種。除了私人籌設的浙東博物館藏品之外，最近由浙江博物館研究人員披露的所謂「東漢褐釉窐堵波」（圖19）和「東漢黑釉三管瓶」（圖20），[25]在我看來也是確切無疑的鉛釉

陶器，而其器式特徵因和越窯高溫灰釉器一致（圖21），[26]從而又可判斷應是浙江地區瓷窯所燒造，是一群前所未知、珍貴的漢代浙江鉛釉陶器。

〔原載於《故宮文物月刊》309（2008）〕

註釋

1-1 國立故宮博物院藏兩件汝窯紙槌瓶及相關問題

1. *Two Song Treasures From A Japanese Collection, Sotheby's* (11 April 2008 Hong Kong, HK0284), no. 2601.

2. 河南省文物研究所等，《汝窯的新發現》（北京：紫禁城出版社，1991），圖58。

3. 孫新民，〈汝州張公巷的發現與認識〉，《文物》2006年7期，頁85，圖3。

4. 杜正賢主編，《杭州老虎洞窯址瓷器精選》（北京：文物出版社，2002），圖28-34。

5. *Early Chinese White, Green and Black Wares, Sotheby's* (14 May 2008 London, Lo8211A), no. 210.

6. 伊藤郁太郎，〈北宋官窯探訪〉，《陶說》620（2004），頁61-76；〈「北宋官窯探訪」余談〉，《陶說》625（2005），頁86-92。

7. Roxanna M. Brown ed., *Guangdong Ceramics from Butuan and Other Philippine Sites* (Manila: The Oriental Ceramics Society of the Philippines, 1989/ Singapore: Oxford University Press, 1989), p. 90, fig.14.

8. 內蒙古自治區文物考古研究所等，《遼陳國公主墓》（北京：文物出版社，1993），彩版14之2。

9. 天津市歷史博物館考古隊等（紀烈敏），〈天津薊縣獨樂寺塔〉，《考古學報》1989年1期，圖版貳肆之5。

10. 谷一尚，〈中國出土の單把手廣口ガラス瓶—11世紀初頭におけるイスラム・ガラスの中國流入〉，《岡山市オリエント美術館研究紀要》7（1988），頁105；安家瑤，〈試探中國近年出土的伊斯蘭早期玻璃器〉，《考古》1990年12期，頁1121。

11. Hsieh Ming-liang, "Some Thoughts on the Origin of Liao Ceramics," *Orientations*, 37-6 (2006), p. 67, fig. 5.

12. 蔡玫芬，〈論「定州白瓷器，有芒不堪用」句的真確性及十二世紀官方瓷器之諸問題〉，《故宮學術季刊》15卷2期（1998），頁76。

13. George F. Bass, "An 11th Century Shipwreck at Serce Liman, Turkey," *The International Journal of Nautical Archaeology and Underwater Exploration*, 7-2 (1978), pp. 119-132.

14. Michael Flecker, *The Archaeological Excavation of the 10th Century Intan Shipwreck*, BAR International Series 1047 (2002), pp. 87-88.

15. 齊東方，〈玻璃料與八卦鏡—井里汶沉船文物札記〉，《故宮博物院院刊》2007年6期，頁127-128，圖8-11。

16. 由水常雄，《香水瓶—古代からアール・デコ・モードの時代まで》（東京：二玄社，1995），頁25-34。

17. 揚之水，〈玻璃瓶與薔薇水〉，《文物天地》2002年6期，頁58-62。

18. 關於十至十一世紀伊斯蘭長頸瓶於中國的出土情況，可參見山田正樹，〈10-11世紀中國におけるイスラム・ガラスの流入と宋代陶磁長頸瓶について〉，《GLASS》47（2004），頁35-51。

19. 浙江省博物館，〈浙江瑞安北宋慧光塔出土文物〉，《文物》1973年1期，底頁圖2。

20. Cirebon（井里汶）沉船資料尚未全部公開，此處圖是引自齊東方，同前引〈玻璃料與八卦鏡—井里

汶沉船文物札記〉，頁127，圖8；頁128，圖10。

21. 大阪市立東洋陶磁美術館編，《宋磁—神品とよばれたやきもの》（大阪：朝日新聞社，1999），頁98，圖61。

22. Regina Krahl（康蕊君），〈「玉津園」官窯粉青釉紙槌瓶—南宋宮廷御用珍器〉，收入前引 *Sotheby's* (11 April 2008 Hong Kong, HK0284)，頁30。

23. 尾崎洵盛，〈砧手青磁考〉，《やきもの趣味》1卷1期（1935），頁7-11。

24. 小山富士夫，〈支那青磁史稿〉，收入同氏著，《小山富士夫著作集》（東京：朝日新聞社，1977），頁158。

25. 傅振倫等，〈唐英瓷務編年譜長編〉，《景德鎮陶瓷》1982年2期，頁27。

1-2 唾壺雜記

1. 會津八一，〈正倉院に保存せられる公驗辛櫃について〉，《東洋美術》特輯「正倉院の研究」（1929）；正倉院事務所編，《正倉院のガラス》（東京：日本經濟新聞社，1965）；花田雄吉，〈正倉院御物紺瑠璃唾壺考〉，《東京大學史料編纂所報》3（1968），頁1-11。

2. 原田淑人等，〈正倉院ガラスの研究〉，收入前引《正倉院のガラス》，頁17-18。

3. 由水常雄，〈正倉院の紺瑠璃壺について〉，《美術史》66、67（1967），頁95-108；〈日本のガラス〉，收入由水常雄等著，《世界ガラス美術全集》5・日本（東京：求龍堂，1992），頁41及頁198-199，圖56的說明。由水氏認為是西土耳其斯坦十世紀製品；谷一尚同意此說，並推測是中亞玻璃作坊模倣自中國器式的對中輸出品，參見同氏，《ガラスの考古學》（東京：同成社，1999），頁150。

4. 深井晉司，〈イラン高原出土の唾壺とその源流について—正倉院寶藏紺瑠璃壺に關連して〉，《正倉院年報》2（1980），頁1-16。

5. 中國科學院考古研究所編著，《西安郊區隋唐墓》（北京：科學出版社，1966），圖版參捌之2。

6. 成都市文物考古研究所（王方），〈成都市南郊唐代爨公墓清理簡報〉，《文物》2002年1期，頁68，圖4之4。

7. 李存、鄭紹方、李歸厚、穆悰等墓，均參見中國社會科學院考古研究所編著，《偃師杏園唐墓》（北京：科學出版社，2001），頁195-197及圖版22之2、3、5。

8. 河南省文物考古研究所（衡云花等），〈河南三門峽市印染廠唐墓清理簡報〉，《華夏考古》2002年1期，頁15，圖4之8及內底頁彩圖1。

9. 張郁，〈唐王逆修墓發掘紀要〉，收入內蒙古文物考古研究所編，《內蒙古文物考古文集》2（1997），頁506，圖5之1。

10. 謝明良，〈記「黑石號」（*Batu Hitam*）沉船中的中國陶瓷器〉，收入同氏著，《貿易陶瓷與文化史》

（臺北：允晨文化出版社，2005），頁87，圖20。

11. 中國上海人民美術出版社編，《越窯》（上海：上海人民美術出版社；京都：美乃美出版社，1981），
圖180。

12. 李文信，〈義縣清河門遼墓發掘報告〉，《考古學報》8（1954），頁170，圖4之2。

13. 馮文海，〈山西忻縣北宋墓清理簡報〉，《文物參考資料》1958年5期，頁49，圖5。

14. 南京市博物館，〈江浦黃悅嶺南宋張同之夫婦墓〉，《文物》1973年4期，頁66，圖21。

15. 湖北省文物管理委員會（程欣人等），〈武昌卓刀兩座南宋墓葬的清理〉，《考古》1964年5期，頁
238，圖2之1。

16. 小川裕充等編，《世界美術大全集》東洋篇5（東京：小學館，1998），頁211，圖153。

17. 中國科學院考古研究所編著，《西安郊區隋唐墓》，圖版35之2。

18. 鄭州市文物考古研究所編著，《鞏義芝田晉唐墓葬》（北京：科學出版社，2003），彩版20之5。

19. C. J. Lamm, *Glass from Iran in the National Museum, Stockholm* (Stockholm and London, 1935), pl. IA, pl.
20, pl. 15KL, 此轉引自由水常雄，同前引〈正倉院の紺瑠璃壺について〉，頁100M，圖12。

20. 洛陽市文物管理局編，《古都洛陽》（北京：朝華出版社，1999），頁161，圖上左。

21. 楊春棠編，《河南出土陶瓷》（香港：香港大學美術博物館，1997），頁33，圖1。

22. 山東省博物館文物組（夏名采），〈山東高唐東魏房悅墓清理紀要〉，《文物資料叢刊》2（1978），頁
108，圖11。

23. 山西省大同市博物館等，〈山西大同石家寨北魏司馬金龍墓〉，《文物》1972年3期，頁33，圖21。

24. 清江縣博物館（傅冬根），〈江西清江經樓南朝紀年墓〉，《文物》1987年4期，圖版伍之2。

25. 浙江省博物館編，《浙江紀年瓷》（北京：文物出版社，2000），圖102。

26. 南京市博物館，《六朝風采》（北京：文物出版社，2004），頁136，圖100。

27. 南京市博物館，同前引《六朝風采》，頁132，圖96。

28. 南京大學歷史系考古專業等編著，《鄂城六朝墓》（北京：科學出版社，2007），頁259，圖187之1及
彩版15之4。

29. 國立故宮中央博物院聯合管理處編，《故宮銅器錄》（臺北：中華叢書委員會，1958），頁211，圖
下。

30. 韓國中央博物館藏，筆者自攝。另可參考朝鮮古蹟研究會，《樂浪彩篋塚》（京都：朝鮮古蹟研究
會，1934），圖版63。

31. 梅原末治，《日本蒐儲支那古銅精華》6（大阪：山中商會，1964），圖466。

32. 國立故宮中央博物院聯合管理處編，同前引《故宮銅器錄》，頁211，圖上。

33. 安徽省文物工作隊（王襄天等），〈阜陽雙古堆西漢汝陰侯墓葬發掘簡報〉，《文物》1978年8期，頁
26，圖13之3、4。

34. 中國硅酸學會編，《中國陶瓷史》（北京：文物出版社，1982），頁159。

35. 孫機等，〈記一組邢窯茶具及同出的瓷人像〉，《文物》1990年4期，頁40。

36. 湖南省博物館（羅張），〈長沙五里牌古墓葬清理簡報〉，《文物》1960年3期，頁41，圖8。

37. 常州市博物館等（徐伯元），〈江蘇金壇方麓東吳墓〉，《文物》1989年8期，頁77，圖25。

38. 河北省文物研究所編，《宣化遼墓壁畫》（北京：文物出版社，2001），圖50、69。

39. 吳雨富，〈揚州出土的宋代石刻線畫〉，《文物參考資料》1958年4期，頁43。

40. Margaret Medley, *T'ang Pottery & Porcelain* (Boston; London: Faber and Faber, 1981), p. 47, pl. 35.

41. 宿白，《白沙宋墓》（北京：文物出版社，1957），圖版22。

42. 謝明良，〈江蘇六朝墓出土陶瓷組合特徵及其有關問題〉，《故宮學術季刊》8卷1、2期（1990），收入同氏著，《六朝陶瓷論集》（臺北：國立臺灣大學，2006），頁6。

43. 謝明良，〈福建六朝出土陶瓷初步探討〉，《故宮學術季刊》6卷3期（1989），收入前引《六朝陶瓷論集》，頁114。

44. 孫機等，同前引〈記一組邢窯茶具及同出的瓷人像〉，頁40。

45. 陳晶等，〈江蘇武進村前南宋墓清理紀要〉，《考古》1986年3期，圖版柒之6。

46. 加藤繁，《唐宋時代之金銀研究》2（臺北：新文豐出版社，1974），頁47。

47. NHK大阪放送局編，《中國の金銀ガラス展》（大阪：NHK大阪放送局，1992），頁42，圖19。

48. 桑山正進，〈罽賓と佛鉢〉，收入《展望アジアの考古學─樋口隆康教授退官記念論集》（東京：新潮社，1983），頁599。

49. 圖參見張柏主編，《中國出土瓷器全集》3（北京：科學出版社，2008），頁95，圖95。

50. 張東，〈瓷質唾壺、渣斗考辨〉，《上海博物館集刊》9（2002），頁211。

51. 愛知縣陶磁資料館等，《日本の三彩と綠釉─天平に咲いた華》（東京：五島美術館，1998），頁98，圖C-250。

52. 河原正彦，〈日本人が好んだ中國陶磁〉，收入京都國立博物館編，《日本人が好んだ中國陶磁》（京都：京都國立博物館，1991），無頁數。

53. 王世襄，《中國古代漆器》（北京：文物出版社，1987），頁15。

54. 明石貞吉，〈玉女と唾壺〉，《民俗學》5-4（1933），頁326。

55. 中野美代子，《中國の青い鳥─シノロジーの博物誌》（東京：學苑社，1985），頁7-20。

56. 小南一郎，〈壺型の宇宙〉，《東方學報》（京都）61（1989），頁177。

57. 齊東方，〈玻璃料與八卦鏡─井里汶沉船文物札記〉，《故宮博物院院刊》2007年6期，頁129。

58. 中國社會科學院考古研究所等，《定陵》下（北京：文物出版社，1990），圖174左、175右。

59. 〔明〕徐一夔等，《明集禮》卷44，收入《景印文淵閣四庫全書》，史部408，頁316。

60. 中國硅酸學會，同前引《中國陶瓷史》，頁298。

61. 南天書局，《清代宮廷生活》（臺北：南天書局，1986），頁153，圖210、211。

62. 三上次男編，《世界陶磁全集》21・イスラーム（東京：小學館，1986），頁133，圖20。

63. 深井晉司，同前引〈イラン高原出土の唾壺とその源流について一正倉院寶藏紺瑠璃壺に關連して〉，頁15。

1-3 關於玉壺春瓶

1. 陳定榮，《影青瓷說》（北京：紫禁城出版社，1991），頁11-12。

2. 劉靜，〈古瓶盛酒後簪花花酒由來本一家一宋代梅瓶、玉壺春名稱由來〉，《東南文化》1998年1期，頁126。

3. 長沙窯編輯委員會，《長沙窯》作品卷2（長沙市：湖南美術出版社，2004），圖157、158。

4. 揚之水，〈宋代花瓶〉，《故宮博物院院刊》2007年1期，頁55。

5. 中國第一歷史檔案館等編，《清宮內務府造辦處檔案總匯》7（北京：人民出版社，2005），頁709。

6. 中國國家博物館編，《中國國家博物館藏文物研究叢書》，瓷器卷・清代（上海：上海古籍出版社，2007），頁123。此承蒙國立故宮博物院余佩瑾研究員的教示，謹誌謝意。

7. 乾隆四年記事錄九月二十八日「奉旨將……青綠三箍玉壺春瓶一件留用，餘仍交磁器庫收貯欽此」。

8. 中國社會科學院考古研究所等，《定陵》上冊（北京：文物出版社，1990），頁155，圖253及下冊，圖版148。

9. 尾崎洵盛，《陶說注解》（東京：雄山閣，1981），頁544。

10. 中國美術全集編輯委員會編，《中國美術全集》繪畫編13・寺觀壁畫（北京：文物出版社，1988），圖80。

11. Chuimei Ho, "Social Life under the Mongols as Seen in Ceramics," *The Oriental Ceramic Society* (1996), pp. 41-42.

12. 龍門石窟保管所等，《龍門石窟》1（東京：平凡社，1987），圖57，拓本參見揚之水，同前引〈宋代花瓶〉，頁53，圖4之1。

13. 陝西歷史博物館等，《昭陵文物精華》（西安：陝西人民美術出版社，1991），頁34。

14. 山西省文物管理委員會等（馮文海），〈山西文水北峪口的一座古墓〉，《考古》1961年3期，頁137，圖1。

15. 西安市文物保護考古所，《西安韓森寨元代壁畫墓》（北京：文物出版社，2004），圖19。

16. 陝西省考古研究所（劉恒武），〈陝西蒲城洞耳村元代壁畫墓〉，《考古與文物》2000年1期，封二下。

17. 宿白，《白沙宋墓》（北京：文物出版社，1957），圖版貳貳。

18. 無錫市博物館（錢宗奎），〈江蘇無錫市元墓中出土的一批文物〉，《文物》1964年12期，圖版肆之3、5。

19. 遂寧市博物館等（莊文彬），〈四川遂寧金魚村南宋窖藏〉，《文物》1994年4期，頁26，圖64之1、2。

20. 吳興漢，〈介紹安徽合肥發現的元代金銀器皿〉，《文物參考資料》1957年2期，頁54，圖左下；頁55，圖下。

21. 施靜菲，〈元代景德鎮青花瓷在國內市場中的角色和性質〉，《國立臺灣大學美術史研究集刊》8（2000），頁166。

22. 謝玉珍，《明初官方用器的人物紋》（臺北：私立東吳大學歷史學系研究所碩士論文，2005），頁65。作者不幸早逝，但可告慰的是，該文後來又經其指導教授蔡玫芬無私地細心修訂，題名〈明初官方用器人物紋的意涵〉，刊登於《故宮學術季刊》25卷1期（2007），頁89-150。

23. 孫機，〈唐李壽石槨線刻的《仕女圖》、《樂舞圖》散記（上）〉，《文物》1996年5期，頁43。

24. 河北省博物館等（鄭紹宗），〈河北曲陽發現北魏墓〉，《考古》1972年5期，圖版捌之1。

25. 湖南省博物館（高至喜），〈長沙兩晉南朝隋墓發掘報告〉，《考古學報》1959年3期，圖版拾陸之8。

26. 王克林，〈北齊庫狄迴洛墓〉，《考古學報》1979年3期，圖版伍之3。

27. 河北省博物館等（唐雲明等），〈河北平山北齊崔昂墓調查報告〉，《文物》1973年11期，頁37，圖21。

28. 臨潼縣博物館（趙康民），〈臨潼唐慶山寺舍利塔基精室清理記〉，《文博》1985年5期，圖版肆之5。

29. 傅多根，〈江西清江山前南朝墓〉，《文物資料叢刊》8（1983），頁73，圖12。

30. 張季，〈河北景縣封氏墓群調查記〉，《考古通訊》1957年3期，圖版捌之1左。

31. 宜昌地區考古隊（全錦雲等），〈當陽長坂坡一號墓發掘簡報〉，《江漢考古》1983年1期，圖版參之右中。

32. 湖北省博物館等（全錦雲），〈湖北鄖縣唐李徽、閻婉墓發掘簡報〉，《文物》1987年8期，圖版肆之3。

33. 河南省博物館，〈河南安陽北齊范粹墓發掘簡報〉，《文物》1972年1期，頁46，圖2。

34. 山西省文物管理委員會晉東南文物工作組（沈振中等），〈山西長治北石槽唐墓〉，《考古》1965年9期，圖版玖之11。

35. 張季，同前引〈河北景縣封氏墓群調查記〉，圖版拾之5。

36. 長谷部樂爾，〈北齊の白釉陶〉，《陶說》660（2008），頁15。

37. 考古研究所安陽發掘隊，〈安陽隋張盛墓發掘記〉，《考古》1959年10期，圖版拾貳之7。

38. 杭德州等〈西安高樓村唐代墓葬清理簡報〉，《文物參考資料》1955年7期，頁105，圖5。

39. 和泉市久保惣記念美術館，《注器》（和泉市：和泉市久保惣記念美術館，1986），頁40，圖67。

Regina Krahl, *Chinese Ceramics from the Meiyintang Collection*, vol. I (London: Azimuth EditionsLimited, 1994), p. 158, pl. 281. 本文彩圖取自 *Early Chinese White, Green and Black Wares, Sotheby's* (14 May 2008 London, LO8211A), p. 29, no. 204, 爲Carl Kempe博士舊藏品。

40. 長沙窯編輯委員會，《長沙窯》作品卷1（長沙市：湖南美術出版社，2004），圖13。

41. 內丘縣文物保管所（賈忠敏等），〈河北省內丘縣邢窯調查簡報〉，《文物》1987年9期，頁5，圖10之16、17、18、20；河北省邢台市文物管理處編著，《邢台隋代邢窯》（北京：科學出版社，2006），頁113，圖206、207。

42. 中國社會科學院考古研究所編著，《唐長安城郊隋唐墓》（北京：文物出版社，1980），圖版17之2。

43. 河南省文物考古研究所等（趙清等），〈鞏義市北窯灣漢晉唐五代墓葬〉，《考古學報》1996年3期，圖版拾玖之3。

44. 山西大學歷史文化學院等，《大同南郊北魏墓群》（北京：科學出版社，2006），圖147B。

45. 安藤佳香，〈滿瓶意匠小考〉，收入同氏，《佛教莊嚴の研究 グプタ式唐草の東傳》（東京：中央公論美術社，2003），頁245。

46. 洛陽市第二文物工作隊（桑永夫等），〈洛陽北道元墓發掘簡報〉，《文物》1999年2期，頁54，圖5之12、13。

47. 王克林，同前引〈北齊庫狄迴洛墓〉，圖版肆之5。

48. 東京國立博物館，《アレクセンドロス大王と東西文明の交流展》（東京：東京國立博物館，2003），頁114，圖108。

49. 寧夏回族自治區博物館等（韓兆民），〈寧夏固原北周李賢夫婦墓發掘簡報〉，《文物》1985年11期，頁11，圖23；彩圖41。

50. 光復書局企業股份有限公司等編，《佛門秘寶大唐遺珍 陝西扶風法門寺地宮》中國考古文物之美 10（臺北：光復書局，1994），圖版86。另外，該玻璃瓶的年代和產地參見Jens Kroger, "Laden with Glass Goods from Syria via Iraq and Iran to the Famen Temple in China," in M. Alarm & D. Klmburg-Salter eds., *Coins, Art and Chronology*, Essays on the Pre-Islamic History of the Indo-Iranian Borderlands (Wien: Österreichische Akademie der Wissenschaften, 1999), p. 482.

51. Lam My Dung撰，菊池誠一譯，〈クーラオチャムにおける考古學調査〉，收入櫻井清彥等編，《近世日越交流史》（東京：柏書房，2002），頁143，圖3。

52. 眞道洋子，〈9-10世紀におけるガラスの東西交流―ベトナム、クーラオチャム出土のイスラームーガラス〉，《考古學ジャーナル》464（2000），頁14。

53. ダクラス・バレット等編，《東洋陶磁》5・大英博物館（東京：講談社，1980），黑白圖版39。

54. Donald B. Harden撰，岡本文一譯，〈ローマン・グラス〉，收入由水常雄等著，《世界ガラス美術全集》I・古代・中世（東京：株式會社求龍堂，1992），頁247，圖A、B。

55. 日本UNESCO協會連盟，《ターラントの黃金展》（東京：朝日新聞社，1987），頁87，圖下。

56. 日本UNESCO協會連盟，同前引《ターラントの黃金展》，頁239，圖xxiv-3。

57. 日本UNESCO協會連盟，同前引《ターラントの黃金展》，頁240，圖xxiv-6。

58. 龜井明德，〈隋唐陶瓷器の研究—弁口瓶、鳳首瓶〉，《大和文華》101（1996），頁1-18。

59. 富平縣文化館等，〈唐李鳳墓發掘簡報〉，《考古》1977年5期，圖版玖之2。

60. Sh. Pidaev撰，加藤九祚譯，《ウズベキスタン考古學新發見》（大阪：東方出版，2002），頁31，圖44。

61. 詳參見深井晉司，〈アナーヒターー女神裝飾鍍金銀製把手付水瓶—所謂「胡瓶」の源流問題について〉，收入同氏，《ペルシア古美術研究》ガラス・金屬器（東京：吉川弘文館，1968），頁145-166。

62. 楢崎彰一編，《世界陶磁全集》2・日本古代（東京：小學館，1979），頁117，圖96。

63. 國立中央博物館，《高麗陶瓷銘文》（首爾：國立中央博物館，1992），頁46。

64. Regina Krahl, "Famous Brands and Counterfeits: Problems of Terminology and Classification in Song Ceramics," *Song Ceramics: Art History, Archaeology and Technology* (London: Percival David Foundation of Chinese Art, 2004), p. 64, fig. 2.

65. 細川護貞監修，《いけばな》別冊太陽（東京：平凡社，1975），頁12。

66. 山根有三，〈いけばなと座敷飾り〉，收入同氏，《花道史研究》（東京：中央公論美術出版社，1996），頁403，圖39。

67. 奈良博物館，《特別展密教工藝・神秘のかたち》（奈良：奈良博物館，1992），頁124，圖132。

68. 文化公報部等，《新安海底遺物》（綜合篇）（首爾：文化公報部等，1988），頁448，圖72；頁448，圖186；頁525，圖288。東京國立博物館等，《新安海底引揚げ文物》（東京：中日新聞社，1983），圖41；國立海洋遺物展示館，《新安船과동아시아陶瓷貿易》（木浦市：國立海洋展示館，2006），頁29，圖7；頁37，圖15。

69. Anna Jackson and Amin Jaffer eds., *Encounters: the Meeting of Asia and Europe 1500-1800* (London：V & A Publications, 2004), pl. 4.2.

70. 蘇繼廎校釋，《島夷志略校釋》（北京：中華書局，1981），頁106-107。

71. 愛知縣陶磁資料館學藝部學藝課，《桃山陶の華麗な世界》（愛知縣：愛知縣陶磁資料館，2005），頁189，圖122。

72. MOA美術館等，《心のやきもの李朝—朝鮮時代の陶磁》（大阪：讀賣新聞大阪本社，2002），頁49，圖30。

73. 三上次男編，《世界陶磁全集》16・南海（東京：小學館，1984），圖27。

74. Thomas W. Lentz & Glenn D. Lowry, *Timur and the Princely Vision: Persian Art and Culture in the Fifthteen*

Century (Los Angeles: Los Angeles County Museum of Art, 1989), p. 163, ca. no. 32.

75. 杉村棟編，《世界美術大全集》東洋編17・イスラム（東京：小學館，1999），頁161，圖83。

1-4　關於唐代雙龍柄壺

1. 龜井明德，〈隋唐龍耳瓶的型式與年代〉，《國立臺灣大學美術史研究集刊》6期（1999），頁43-69。

2. 如穆青，〈青瓷、白瓷、黃釉瓷—試論河北北朝至隋代瓷器的發展演變〉，收入上海博物館編，《中國古代白瓷國際學術研討會論文集》（上海：上海博物館，2005），頁139圖示的兩件定年於隋代的白釉雙龍柄壺。

3. 謝明良，〈唐三彩の諸問題〉，《美學美術史論集》5（東京：日本成城大學出版，1985），頁43-44。

4. 霍明志保祿，《達古齋博物彙誌》（1914），頁17。

5. 王光堯，〈唐代雙龍柄盤口壺研究〉，《華夏考古》1999年3期，頁101。

6. 鄭州市文物考古研究所，《鞏義芝田晉唐墓葬》（北京：科學出版社，2003），頁298。

7. 今井敦，〈唐三彩をめぐる諸問題〉，收入東京國立博物館、朝日新聞社編，《遣唐使と唐の美術》（東京：朝日新聞社，2005），頁131。

8. 徐定水等，〈浙江平陽發現一座晉墓〉，《考古》1988年10期，圖版柒之4。

9. 浙江省文物考古研究所（胡繼根），〈杭州地區漢、六朝墓發掘簡報〉，《東南文化》1989年2期，頁121，圖10之5。

10. 山東省文物考古研究所等（馮沂），〈山東臨沂洗硯池晉墓〉，《文物》2005年7期，頁15，圖26。

11. 江蘇省文物管理委員會，〈南京象坊村發現東晉墓和唐墓〉，《考古》1966年5期，頁284，圖5。

12. 劉建國，〈鎮江東晉墓〉，《文物資料叢刊》8（1983），頁39，圖22之14。

13. 浙江省博物館，《浙江紀年瓷》（北京：文物出版社，2000），圖99。

14. 劉建國，同前引〈鎮江東晉墓〉，圖版肆之13。

15. 石光明等，〈四川彰明縣常山村崖墓清理簡報〉，《考古通訊》1955年5期，圖版拾貳之2。

16. 浙江省文物管理委員會（梅福根），〈杭州晉興寧二年墓發掘簡報〉，《考古》1961年7期，圖版柒之3。

17. 謝明良，〈雞頭壺的變遷—兼談兩廣地區兩座西晉紀年墓的時代問題〉，原載《藝術學》7（1992），後收入同氏，《六朝陶瓷論集》（臺北：國立臺灣大學出版，2006），頁334。

18. 代尊德，〈太原北魏辛祥墓〉，《考古學集刊》1（1981），頁198，圖3之1。

19. 山東省文物考古研究所等（吳文祺等），〈山東臨朐北齊崔芬壁畫墓〉，《文物》2002年4期，頁6，圖4。

20. 山西省考古研究所等，〈太原市北齊婁叡墓發掘簡報〉，《文物》1983年10期，圖版柒之3。

21. 山西省考古研究所等（常一民等），〈太原北齊徐顯秀墓發掘簡報〉，《文物》2003年10期，33，圖

77。

22. 中國社會科學院考古研究所，《唐長安城郊隋唐墓》（北京：文物出版社，1980），圖版17之5。

23. 山西省博物館（張德光），〈山西汾陽北關隋梅淵墓清理簡報〉，《文物》1992年10期，頁25，圖5。

24. 王敏之，〈滄州出土、徵集的幾件陶瓷器〉，《文物》1987年8期，頁86，圖2。

25. 李輝柄，〈青釉鳳頭龍柄壺年代考〉，《故宮博物院院刊》1980年1期，圖版3左上。

26. 深井晉司，〈アナーヒター女神裝飾鍍金銀製把手付水瓶〉，原載《國華》878（1965），後收入同氏，《ペルシア古美術研究》ガラス器・金屬器（東京：吉川弘文館，1968），頁162-163。

27. 慶州文化財研究所，《皇南大塚—南墳發掘調查報告書：慶州市皇南洞第98號古墳》2・圖版・圖面（漢城：文化財管理局、文化財研究所，1994），圖版27。

28. 田邊勝美，〈獅子舞からメソポタミア・エジプトへ〉，《掛川西高校「研究紀要」》20號（1989），頁3-24，以及同氏，〈ガンダーラ美術の獅子像のイラン要素〉，《金澤大學考古學紀要》20號（1993），頁50-71。

29. 山西省考古研究所等（朱華等），〈太原隋斛律徹墓清理簡報〉，《文物》1992年10期，頁7，圖14之3、4。

30. 深井晉司，〈アゼルバイジャン地方出土獅子形把手付土製壺について—作品底部にみられる二つの注口の問題について〉，原載《國華》77編9冊（1968），後收入同氏，《ペルシア古美術研究》2（東京：吉川弘文館，1980），頁18-19。

31. 東京國立博物館編，《シルクロード大美術展》（東京：讀賣新聞社，1996），頁36，圖21。

32. 曾布川寬等，《中國：美の十字路展》（東京：大廣，2005），頁151，圖133。

33. O. M. Dalton著，管平等譯，《新疆佛教藝術》下（烏魯木齊：新疆教育出版社，2006），頁611，圖33。

34. 東京國立博物館等，《ドイツ・トウルファン探險隊》（東京：朝日新聞社，1991），頁151。

35. 奈良縣立美術館，《シルクロード・オアシスと草原の道》（奈良：奈良縣立美術館，1988），頁118，圖124。

36. John Marshall, *TAXILA: An Illustrated Account of Archaeological Excavations* (New York: Cambridge University Press, 1951), vol. III, pl. 127, no. 221.

37. 陶正剛，〈山西祁縣白圭北齊韓裔墓〉，《文物》1975年4期，頁67，圖5之4。

38. 山西省考古研究所等（渠川福），〈太原南郊北齊壁畫墓〉，《文物》1990年12期，頁6，圖7。

39. 河南省博物館，〈河南安陽北齊范粹墓發掘簡報〉，《文物》1972年1期，圖版柒。

40. 石渡美江，《樂園の圖像海獸葡萄鏡の誕生》歷史文化ライブラリー97（東京：吉川弘文館，2000），頁151-152。

41. Suzanne G. Valenstein, "Preliminary Findings on a 6th-century Earthenware Jar," *Oriental Art*, vol. XL III,

no. 4 (1997/8), p. 2, fig. 1.

42. 徐氏藝術館編，《徐氏藝術館陶瓷篇Ⅰ・新石器時代至隋代》（香港：徐氏藝術館，1993），圖63。

43. John Cherry著，別宮貞德譯，《幻想の國に棲む動物たち》（東京：東洋書林，1997），頁24及頁27圖。

44. 溝井裕一，〈「飲み込む龍」と通過儀禮—ヨーロッパの圖像における「死と再生」の概念について〉，《關西大學東西學術研究所紀要》39（2006），頁83-85。

45. 董健麗，〈唐雙龍柄尊〉，《文物世界》2005年4期，頁50。

46. 〔明〕方于魯（吳有祥整理），《方氏墨譜》（濟南：山東畫報出版社，2004），頁135。

47. 〔宋〕釋適之，《金壺記》，收入（中國人民共和國）故宮博物院編，《故宮珍本叢刊》434（北京：海南出版社，2001），卷上「灑石」條。

1-5 關於魚形壺——從揚州唐城遺址出土例談起

1. 南京博物院等，〈揚州唐城遺址1975年考古工作簡報〉，《文物》1977年9期，頁16-30。

2. 長谷部樂爾，〈唐三彩の諸問題〉，《MUSEUM》337（1979），頁32。

3. 香港區域市政局，《物華天寶—唐代貴族的物質生活》（香港：香港區域市政局等，1993），頁76-77，圖43。

4. 南京博物院等，《江蘇省出土文物選集》（北京：文物出版社，1963），圖156。

5. 錢公麟，〈蘇州市郊出土唐三彩扁壺〉，《考古》1985年9期，頁842及圖版伍左。另外，有關隋唐時期扁壺的分類及器形變遷可參見龜井明德的詳細論證，見同氏，〈隋唐扁壺の系譜と形式〉，《MUSEUM》566（2000），頁39-63。

6. 矢部良明，〈晚唐五代の三彩〉，《考古學雜誌》65卷3期（1979），頁19。

7. 謝明良，〈記「黑石號」（*Batu Hitam*）沉船中的中國陶瓷器〉，收入同氏，《貿易陶瓷與文化史》（臺北：允晨出版社，2005），頁87。

8. 陳萬里，《越器圖錄》（上海：中華書局，1937），頁71，圖下。

9. 長谷部樂爾，〈三彩雙魚文穿帶瓶〉，收入相賀徹夫編集，《世界陶磁全集》12・宋（東京：小學館，1977），頁135，圖127。

10. 蕭湘，《長沙銅官窯》（上海：上海人民美術出版社；京都：美乃美出版社，1982），圖86。

11. 喀喇沁旗文化館，〈遼寧昭盟喀喇沁旗發現唐代鎏金銀器〉，《考古》1977年5期，圖版伍之1。

12. アブ・リド編著，《東洋陶磁》3・ジャカルタ國立博物館（東京：講談社，1981），黑白圖52。

13. 馮先銘，〈馬來西亞、泰國、菲律賓出土的中國陶瓷〉，收入同氏，《中國古陶瓷論文集》（香港：紫禁城出版社、兩木出版社，1987），頁331。

14. Southeast Asian Ceramic Society, *A Ceramic Legacy of Asia's Maritime Trade* (Singapore: Oxford University

Press, 1985), p. 24, fig. 71.

15. 廣東省博物館等，《廣東唐宋窯址出土陶瓷》（香港：香港大學馮平山博物館，1985），頁99，圖 16。

16. Micheael Flecker, *The Archaeological Excavation of the 10th Century Intan Shipwreck*, BAR International Series 1047 (Oxford, England: Archaeopress, 2002), p. 109.

17. Denis Twitchett等著，朱雋琪譯，〈沉船遺寶：一艘十世紀沉船上的中國銀錠〉，《唐研究》10 （2004），頁404。

18. 劉蘭華，〈黃冶窯址出土的綠釉瓷器〉，《中國古陶瓷研究》13（2007），頁462。

19. 廣東省博物館等，同前引《廣東唐宋窯址出土陶瓷》，頁87，圖74。

20. 同前引《世界陶磁全集》12・宋，頁280，圖296。

21. 河北省文物研究所等（王會民等），〈邢窯遺址調查、試掘簡報〉，《考古學集刊》14（2004），頁 225，圖29之16。

22. Regina Krahl, *Chinese Ceramics from the Meiyintang Collection*, vol. III (London: Paradou Writing, 2006), no. 3, p. 396, no. 1398.

23. 河北省博物館等，《河北省出土文物選集》（北京：文物出版社，1980），圖335。

24. 矢部良明，〈遼の領域から出土した陶磁の展開〉，《東洋陶磁》2（1973/74），頁25。

25. 《中華人民共和國南京博物院展》（名古屋：名古屋市博物館，1981），頁143，圖82的解說。

26. 姚遷，〈唐代揚州考古綜述〉，《南京博物院集刊》3（1981），頁5。

27. 〈座談會─中國陶磁を語る（一）─馮先銘氏を迎えて〉，《東洋陶磁》7（1977-81），頁35-38。

28. 中國青銅器全集編輯委員會編，《中國青銅器全集》12（北京：文物出版社，1998），圖55。

29. 孫機，〈說金紫〉，收入文史知識編輯部編，《古代禮制風俗漫談》2（北京：中華書局，1986），頁 24-25。

30. 陳舜臣，〈魚文〉，出自筆者所藏之抽印本（出處不詳），頁102-103。

31. 孫機，〈我國古代的革帶〉，收入文物出版社編輯部編，《文物與考古論集》（北京：文物出版社， 1986），頁311-312。

32. 黃正建，〈魚袋一說〉，《中國文物報》1992年10月11日。

33. 佐野大和，〈魚袋の系譜〉，《國學院雜誌》LXIX 4（1968），頁2，圖1。

34. 聞一多，〈說魚〉，收入同氏，《聞一多全集》（北京：三聯書店，1982），頁122。

35. 尙民杰，〈唐代的魚符和魚袋〉，《文博》1994年5期，頁55。

36. 馮先銘，〈三十年來我國陶瓷考古的收穫〉，《故宮博物院院刊》1980年1期，頁5。

37. Jessica Harrison-Hall, *Catalogue of Late Yuan and Ming Ceramics in the British Museum* (London: The British Museum Press, 2001), p. 413, fig. 13:8.

1-6 記皮囊式壺

1. 李文信，〈遼瓷簡述〉，《文物參考資料》1958年2期，頁20。

2. 黑田源次，〈遼金陶磁〉，收入座右寶刊行會編輯，《世界陶磁全集》10・宋遼篇（東京：河出書房，1955），頁247-249。

3. 不過，黑田源次等人於1958年的著作中則又將皮囊式壺區分爲三類六型。其中第二類c型即「矮身橫梁式」。參見黑田源次、杉村勇造，《遼の陶磁》陶器全集14（東京：平凡社，1958），頁8。

4. 杉村勇造，《遼の陶磁》陶磁大系40（東京：平凡社，1974），頁113。

5. 陝西省博物館等，〈西安南郊何家村發現唐代窖藏文物〉，《文物》1972年1期，圖版3。

6. 段鵬琦，〈西安南郊何家村唐代金銀器小議〉，《考古》1980年6期，頁536-541轉頁543。

7. 韓偉，《海內外唐代金銀器萃編》（西安：三秦出版社，1989），頁35。

8. 李宇峰，〈遼代雞冠壺初步研究〉，《遼海文物學刊》1989年1期，頁195-200。

9. 內蒙古文物考古研究所（齊曉光等），〈遼耶律羽之墓發掘簡報〉，《文物》1996年1期，封圖及頁24，圖48-1。

10. 出光美術館編，《出光美術館藏品圖錄 中國陶磁》（東京：平凡社，1987），圖79。

11. 內蒙古文物考古研究所（齊曉光等），同前引〈遼耶律羽之墓發掘簡報〉，頁25，圖49。

12. 馮先銘，《定窯》中國陶瓷全集9（上海：上海人民美術出版社；京都：美乃美出版社，1981），圖10。

13. 蓑豐，《白磁》中國の陶磁（東京：平凡社，1998），圖31的說明。

14. 劉莉，〈凌源近年出土的幾件陶瓷器及其相關問題的探討〉，《遼海文物學刊》1994年2期，頁106及圖版6-1。

15. 前熱河省博物館籌備祖（鄭紹宗），〈赤峰縣大營子遼墓發掘報告〉，《考古學報》1956年3期，圖版7-5。該式作品年代的討論另可參見矢部良明，〈遼の領域から出土した陶磁の展開〉，《東洋陶磁》2（1974），頁30-31。

16. 李宇峰，〈阜新發現一座早期遼墓〉，《中國文物報》1988年5月20日2版。圖版可參見同氏，同前引〈遼代雞冠壺初步研究〉，圖版5-2。

17. 東京國立博物館編，《東京國立博物館圖版目錄》中國陶磁篇 I （東京：東京美術，1988），頁67，圖258； Regina Krahl, *Chinese Ceramics from the Meiyintang Collection*, vol. III （London: Paradou Writing, 2006), no. 1, p. 286; 出光美術館編，《シルクロードの寶物》（東京：出光美術館，2001），頁54，圖92。

18. William Watson, *Tang and Liao Ceramics* (New York: Rizzoli, 1984), p. 238, fig. 283. 另外，楊晶（〈略論雞冠壺〉，《考古》1995年7期，頁636）則毫無根據地推測其爲晚唐之作，不足採信。

19. 國立故宮博物院編，《故宮宋瓷圖錄定窯》定窯型（東京：學習研究社，1973），圖7，當時歸入宋

代定窯系作品。另外，矢部良明，同前引〈遼の領域から出土した陶磁の展開〉，頁27則認爲是十世紀後半遼代製品。

20. 田邊昭三監修，《シルクロートの都 長安の祕寶》（東京：セゾン美術館等，1992），圖31。

21. 河北臨城邢瓷研製小組（楊文山等），〈唐代邢窯遺址調查報告〉，《文物》1981年9期，頁42，圖12。

22. 馮先銘，〈談邢窯有關諸問題〉，《故宮博物院院刊》1981年4期，頁51，圖6。

23. 李知宴，〈論邢窯瓷器的發展與分期〉，《香港大學中國文化研究所學報》17（1986），頁83及圖27-63（線繪圖）。另，復原圖參見趙慶鋼等編，《千年邢窯》（北京：文物出版社，2007），頁154。

24. 河北省邢窯研究組（張志中等），〈邢窯工藝技術研究〉，《河北陶瓷》1987年2期，頁26。

25. 河北省邢窯研究組（畢南海），〈邢窯造型裝飾研究〉，《河北陶瓷》1987年2期，頁29，圖9下。

26. 李輝柄編，《晉唐陶瓷》故宮博物院藏文物珍品全集（香港：商務印書館，1996），圖88；呂成龍，〈故宮博物院藏邢窯定窯瓷器選介〉，《文物春秋》1997年增刊號（總38期），頁33-34。

27. 繭山康彦，《中國文物見聞》（東京：繭山龍泉堂，1973），頁23及圖版15左。

28. 韓偉，同前引《海內外唐代金銀器萃編》，頁54，圖131。

29. ジョン・G・エアーズ編，《東洋陶磁》6・ヴィクトリア・アルパート博物館（東京：講談社，1981），彩版15及頁155的解說。

30. 馮先銘，同前引〈談邢窯有關諸問題〉，圖版8右上。

31. 中國社會科學院考古研究所等（王勤金），〈江蘇揚州市文化宮唐代建築基址發掘簡報〉，《考古》1994年5期，圖版8-1。

32. 玉璧足碗年代的討論可參見龜井明德，〈唐代玉璧高台の出現と消滅時期の考察〉，《貿易陶磁研究》13（1993），頁86-126。

33. 作品編號010698。

34. 如：René-Yvon Lefebvre d'Argencé, *Chinese Ceramics in the Avery Brundage Collection* (San Francisco: Diablo Press, 1967), pl. XXVⅢ ; B. Yataka Mino, *Ceramic in the Liao Dynasty* (New York: China Institute in America, 1973), pl. 1; William Watson, *Tang and Liao Ceramics*, p. 225, fig. 268; 杉村勇造，同前引《遼の陶磁》，頁87；矢部良明，同前引〈遼の領域から出土した陶磁の展開〉，頁27和〈綠釉劃花葉文皮囊壺〉，收入相賀徹夫編集，《世界陶磁全集》13・遼金元（東京：小學館，1981），圖106的解說。

35. 奈良縣立橿原考古學研究所附屬博物館編，《遣唐使が見た中國文化》（奈良：奈良縣立橿原考古學研究所附屬博物館，1995），頁73，圖67。

36. 中國社會科學院考古研究所洛陽唐城隊（王岩等），〈洛陽東都履道坊白居易故居發掘簡報〉，《考古》1994年8期，圖版4-5。

37. Harold Mok Kar Leung, "Ceramic Flasks of the Liao Dynasty," *Oriental Art* (1989), p. 157.

38. 秋山光夫編，《滿洲建國十週年慶祝滿洲國國寶展覽會目錄》（東京：滿洲國十周年慶祝會，1942），圖25。

39. 西安市文物園林局編，《長安古橋交流文物展》（香川縣：財團法人香川縣瀨戶大橋架橋紀念博覽會協會，1988），圖25。另外有關該壺的底足形制等特徵係參見畢南海，〈西北華東五省市隋唐白瓷考察紀實1〉，《河北陶瓷》1988年3期，頁12，圖8所揭示的線繪圖。

40. 趙慶鋼等，同前引《千年邢窯》，頁156。

41. 南通博物館，〈江蘇南通市發現遼瓷皮囊壺〉，《文物》1974年2期，頁69-70。

42. 東京國立博物館等編，《寄贈小倉コレクション目錄》（東京：東京國立博物館，1982），頁196，圖1043。

43. 小山富士夫，〈雞冠壺〉，原載《座右寶》4、5合併號（1946），收入同氏，《小山富士夫著作集》下（東京：朝日新聞社，1979），頁424。

44. 齋藤菊太郎，〈高麗青磁雞冠壺〉，收入座右寶刊行會編輯，《世界陶磁全集》（東京：河出書房，1955），頁319-320。以及同氏，〈慶陵出土の陶磁片の解明 十一世紀の北宋官窯、定窯及び 林東白磁と高麗青磁〉，《東洋陶磁》1（1974），頁46-47。

45. 但亦有少數人對此持保留的態度，如長谷川道隆，〈遼の雞冠壺にみる樣式の推移—遼墓出土資料を中心に〉，《古代文化》30卷11期（1978），頁39。

46. 鄭良謨，〈韓國國立博物館中國陶磁—青磁を中心に〉，《東洋陶磁》14（1986），頁67。

47. 長谷部樂爾，《陶器講座》8・朝鮮Ⅰ・高麗（東京：雄山閣，1971），頁216。

48. 長谷部樂爾，〈小倉コレクションの高麗・李朝陶磁〉，《MUSEUM》373（1982），頁4。

49. 如東京國立博物館編，《東京國立博物館圖版目錄》中國陶磁篇Ⅰ（東京：東京美術，1988），頁113圖448；大阪市立東洋陶磁美術館，《越州窯の青磁》Ⅱ（大阪：大阪市立東洋陶磁美術館，1994），頁20，圖73。

50. 國家文物局主編，《中國文物精華大全》陶瓷卷（香港：商務印書館等，1993），頁229，圖179。

51. 林亦秋，〈印尼爪哇井里汶沉船的越窯青瓷〉，《中國古陶瓷研究》12（2006），頁211-217以及刊載於《故宮博物院院刊》2007年6期的多篇筆談，特別是秦大樹，〈拾遺南海補闕中土—談井里汶沉船的出水瓷器〉，頁91-101。

52. *Chinese Ceramics From Chicago Collections* (Evanston, IL: Northwestern University Press, 1982), pl. 17.

53. 張松柏，〈關於雞冠壺研究中的幾個問題〉，《內蒙古文物考古文集》（1997），頁586。

54. 李紅軍，〈白釉鐵繡花雞形「雞冠壺」辨〉，《遼海文物學刊》1993年2期，頁132線繪圖。該壺雖曾收入遼寧省博物館編，《遼瓷選集》（北京：文物出版社，1961）圖25等許多圖錄中，但從黑田源次等，同前引《遼の陶磁》圖24可知，該壺提梁早已缺失，目前所見提梁是由近人補修而成。

55. 陝西省考古研究所，《五代黃堡窯址》（北京：文物出版社，1997），頁181圖98-2。李域錚，〈罕見的宋代提梁倒流青瓷壺〉，《考古與文物》1983年5期，頁106。

56. 內蒙古自治區文物考古研究所等，《遼陳國公主墓》（北京：文物出版社，1993），彩版13-3。

57. 北京市文物工作隊（黃秀純等），〈遼韓佚墓發掘報告〉，《考古學報》1984年3期，圖版18-1等。

58. 田村實造等，《慶陵》（京都：京都大學文學部，1953），頁216。

59. 齋藤菊太郎，〈遼白釉綠彩雞冠壺〉，收入前引座右寶刊行會編輯（1955年版）《世界陶磁全集》，頁314。另，佟柱成，〈論遼瓷的幾個問題〉，收入同氏，《中國東北地區和新石器時代考古論集》（北京：文物出版社，1989），頁80。

60. 王馬希等，〈馬盂考〉，《松州學刊》1987年4、5期，此轉引自張松柏，同前引〈關於雞冠壺研究中的幾個問題〉，頁590。另外，近年揚之水則主張文獻所見「馬盂」可能即「匜」，見同氏，〈元代金銀酒器中的馬盂和馬杓〉，《中國歷史文物》2008年3期，頁24-29轉頁35。

1-7 唐代黑陶缽雜識

1. 安家瑤，〈唐代黑陶缽考〉，收入中國社會科學院考古研究所，《漢唐與邊疆考古研究》1（北京：科學出版社，1994），頁259-263。

2. 石彰如，《遺址的發現與發掘‧丙編》附錄一‧隋唐墓葬（臺北：中央研究院歷史語言研究所，2005），上冊，頁252、312，下冊，圖105-108。

3. 中國社會科學院考古研究所西安唐城工作隊，〈唐長安西明寺遺址發掘簡報〉，《考古》1990年1期，頁53，圖11。彩圖見西安市文物園林局，《長安古橋交流文物展》（香川縣：香川縣瀨戶大橋架橋記念博覽會協會，1988），頁54，圖62。

4. 中國社會科學院考古所西安唐城隊，〈唐長安青龍寺遺址〉，《考古學報》1989年2期，頁231-261。

5. 臨潼縣博物館，〈臨潼唐慶山寺舍利塔基精室清理記〉，《文博》1985年5期，頁31，圖26之1。

6. 洛陽市文物工作隊，〈洛陽唐神會和尚身塔塔基清理〉，《文物》1992年3期，圖版7之6。

7. 河南省文物考古研究所（越志文等），〈河南登封市法王寺二號塔地宮發掘簡報〉，《華夏考古》2003年2期，頁26-37及封底圖6，以及東京國立博物館等，《遣唐使と唐の美術》（東京：朝日新聞社，2005），頁78，圖43。

8. 李學勤，〈禪宗早期文物的重要發現〉，《文物》1992年3期，頁71；楊泓，〈神會身塔披露禪宗密史〉，《中國文物報》295（1992年8月9日）等二文推測身塔塔基出土的佛具或為神會生前傳道時所用。

9. 東京國立博物館等，《黃河文明展》（東京：中日新聞社，1986），圖113。

10. 唐青龍寺遺址雖經多次調查並有報告書公諸於世，但均未涉及黑陶缽標本。此係參照安家瑤，同前引〈唐代黑陶缽考〉，頁260所載圖版確認。

11. *Fine Chinese Ceramics and Works of Art, Sotheby's* (6 June 1995 London), Lot. 150.

12. 石家莊地區文物研究所，〈河北晉縣唐墓〉，《考古》1985年2期，頁150，圖4之2。

13. 中國社會科學院考古研究所西安唐城工作隊，同前引〈唐長安西明寺遺址發掘簡報〉，頁53，圖9。

14. 唐代寺院飲茶一事可參見高橋忠彥，〈唐詩にみる唐代の茶と佛教〉，《東洋文化》70（1990），頁145-178。

15. 張翊華，〈析江西瑞昌發現的唐代佛具〉，《文物》1992年3期，頁68-70；何國良，〈江西瑞昌唐代僧人墓〉，《南方文物》1999年2期，頁8-10。

16. 石彰如，同前引《遺址的發現與發掘・丙編》附錄一・隋唐墓葬（下），頁376。

17. 安陽市文物工作隊（孟憲武等），〈河南安陽市兩座隋墓發掘報告〉，《考古》1992年1期，圖版肆之1。

18. 河北省邢台市文物管理處編著，《邢台隋代邢窯》（北京：科學出版社，2006），彩版8之1。

19. 白化文，〈說「鉢」〉，《中國文物報》270（1992年2月16日）。

20. 桑山正進，〈罽賓と佛鉢〉，收入《展望アジアの考古學—樋口隆康教授退官記念論集》（東京：新潮社，1983），頁598-607。

21. 桑山正進，同前引〈罽賓と佛鉢〉，頁604。

22. 川勝義雄，〈中國的新佛教形成へのエネルギ—南岳慧思の場合〉，收入福永光司編，《中國中世の宗教と文化》（京都：京都大學人文科學研究所，1982），頁525。

23. 藏田藏，〈經塚—造營の背景〉，《MUSEUM》147（1963），頁8。

24. 陝西省考古研究所等，〈佛門祕寶大唐遺珍 陝西扶風法門寺地宮〉，《中國考古文物之美》10（臺北：光復書局，1994），圖43。

25. 中國科學院考古研究所西安工作隊，〈唐青龍寺遺址發掘簡報〉，《考古》1974年5期，圖版12之4。

26. Regina Krahl, *Chinese Ceramics from the Meiyintang Collection*, vol. III (London: Paradou Writing, 2006), no. 1, p. 216.

27. 井上喜久男，〈畿外遺跡にみた三彩、綠釉陶器〉，收入五島美術館編，《日本の三彩と綠釉—天平に咲いた華》（東京：五島美術館，1998），頁28。

28. 巽淳一郎，《陶磁》日本の美術235・原始、古代編（東京：至文堂，1985），頁46-47。

29. 楢崎彰一，〈彩釉陶器製作技法の傳播〉，《日本考古學論集》5（東京：吉川弘文館，1986），頁380。

30. 楢崎彰一，〈三彩綠釉〉，收入佐藤雅彥編，《日本陶磁全集》5（東京：中央公論社，1977），頁56。

31. 正倉院事務所編，《正倉院の陶器》（東京：日本經濟新聞社，1971），頁8。

32. 矢部良明，《日本陶磁の一萬二千年》（東京：平凡社，1994），頁146。

33. 山邊知行等編，《原色日本の美術》24・染織・漆工・金工（東京：小學館，1990改訂二版），頁119，圖107。

34. 岡崎敬，〈近年出土の唐三彩について—唐、新羅と奈良時代の日本〉，《MUSEUM》291（1975），

頁18。

35. 藤岡了一，〈大安寺出土の唐三彩〉，《日本美術工藝》400（1972），頁78-79。

1-8 略談夾耳罐

1. 全國基本建設工程中出土文物展覽會工作委員會編，《全國基本建設工程中出土文物展覽圖錄》2（北京：中國古典藝術出版社，1955），圖206。

2. 陳萬里，〈寫在看了基建出土文物展覽的陶瓷以後〉，《文物參考資料》1954年9期，頁95-96。

3. 商承祚，〈廣州石馬村南漢墓葬清理簡報〉，《考古》1964年6期，頁309。

4. 麥英豪，〈關於廣州石馬村南漢墓的年代與墓主問題〉，《考古》1975年1期，頁62-64。

5. 謝明良，〈有關「官」和「新官」款白瓷字涵意的幾個問題〉「附記」參見，收入同氏，《中國陶瓷史論集》（臺北：允晨出版社，2007），頁112-114。

6. 中國上海人民美術出版社編，《越窯》中國陶瓷全集4（上海：上海人民美術出版社；京都：美乃美出版社，1981），圖165。

7. 蘇州市文管會等（廖志豪），〈蘇州七子山五代墓發掘簡報〉，《文物》1981年2期，頁44，圖14。

8. 內蒙古文物考古研究所等（齊曉光等），〈遼耶律羽之墓發掘簡報〉，《文物》1996年1期，頁25，圖53及頁26。

9. Sumarah Adhyatman, *Antigue Ceramics Found in Indonesia* (Jakarta: The Ceramic Society of Indonesia, 1990), pl. 183.

10. 陳萬里，《越器圖錄》（上海：中華書局，1951），圖27。

11. 根津美術館編，《唐磁》（東京：根津美術館，1988），圖86-1之1。

12. 北京市文物工作隊（黃秀純等），〈遼韓佚墓發掘報告〉，《考古學報》1984年3期，圖版18-1。

13. 蘇州市文物保管委員會（錢鏞等），〈蘇州虎丘雲岩寺塔發現文物內容簡報〉，《文物參考資料》1957年11期，圖26。

14. 弓場紀知，〈北宋初期の紀年銘をもつ越州窯青磁をめぐって〉，《出光美術館研究紀要》1（1995），頁137，圖1。

15. 大阪市立東洋陶磁美術館，《越州窯青磁展》2・唐から北宋へ（大阪：大阪市立東洋陶磁美術館，1994），頁137，圖1。

16. 浙江省文物考古研究所等，《寺龍口越窯址》（北京：文物出版社，2002），頁204，圖115之4。

17. 周世榮，《湖南陶瓷》（北京：紫禁城出版社，1988），頁114，圖4-5之20。

18. 長沙市文化局文物組（蕭湘），〈唐代長沙銅官窯址調查〉，《考古學報》1980年1期，圖版5之8。

19. 長沙窯課題組編，《長沙窯》（北京：紫禁城出版社，1996），頁40及頁47，圖45。

20. 謝明良，〈記「黑石號」（*Batu Hitam*）沉船中的中國陶瓷器〉，收入同氏，《貿易陶瓷與文化史》（臺

北：允晨出版社，2005），頁133-134。

21. 出光美術館，《出光美術館藏品圖錄中國陶磁》（東京：平凡社，1987），圖420。

22. 廣州市文物管理委員會編，《廣州西村窯》（香港：香港中文大學中國藝術考古研究中心，1987），頁61，圖58-4及圖版51-5。

23. スザンヌ・G・バアレンステイン等編著，《東洋陶磁》12・メトロポリタン美術館（東京：講談社，1982），黑白圖19。

24. 圖參見沈岳明，〈越窯的發展及井里汶沉船的越窯瓷器〉，《故宮博物院院刊》2007年6期，頁104，圖9右下。

25. 北京文物工作隊（黃秀純等），同前引〈遼韓佚墓發掘報告〉，頁366，圖6-6。

26. Yataka Mino, "Some Aspects of the Development of Liao Dynasty Ceramics," *Oriental Art* (1971), p. 249, pl. 6.

27. 廣州市文物考古研究所（朱海仁），〈廣州市北京路千年古道遺址的發掘〉，收入廣州市文物考古研究所編，《羊城考古發現與研究》（北京：文物出版社，2005），頁187，圖3之12及彩版27。

28. 長谷部樂爾，〈嶺南瑣記〉，《陶說》631（2005），頁15-16。

29. 相賀徹夫編，《世界陶磁全集》21・イスラーム（東京：小學館，1986），頁148，圖103、104；頁185，圖224。

30. 依發表年序，大致有下列數文：《陶器講座》5・中國I・古代（東京：雄山閣，1982），頁390；〈中世中國とエジプト遺跡出土の中國陶磁を中心として〉，收入出光美術館編，《陶磁の東西交流：エジプト・フスタート遺跡出土の陶磁》（東京：出光美術館，1984），頁90；〈イスラーム陶器の成立、發展と中國陶磁イスラーム陶器研究序說〉，收入前引《世界陶磁全集》，頁133；〈從工藝觀點看中國古陶瓷與穆斯林陶瓷器間的關係〉，收入中國科學院上海矽酸鹽研究所編，《中國古陶瓷研究》（北京：科學出版社，1987），頁86。

31. 此可以藍天大廈遺址出土的數百件長沙窯作品為代表。參見馬長源等，〈試論揚州藍天大廈工地出土的唐代長沙窯瓷器〉，《東南文化》1994增刊，頁65-69。

32. 宋良璧，〈長沙銅官窯瓷器在廣東〉，收入《中國古代陶瓷的外銷：中國古陶瓷研究會、中國古外銷陶瓷研究會1987年晉江年會論文集》（北京：紫禁城出版社，1988），頁39-44；李華等，〈桂林出土的唐代邢、定窯白瓷及其相關問題探析〉，《文物春秋》1997年增刊，頁31。

33. 三上次男，〈長沙銅官窯磁—その貿易陶磁的性格と陶磁貿易〉，收入同氏著，《陶磁貿易史研究》中・三上次男著作集2（東京：中央公論美術出版社，1988），頁115-132；Whitehouse, "Chinese Stoneware from Siraf: the Earliest Finds," *South Asian Archaeology* (New Jersey: Noyes Press, 1993), p.248, pl. 18.3.

34. 孫機，〈摩羯燈—兼談與其相關的問題〉，《文物》1986年12期，頁76。

35. 朱江，〈揚州出土的唐代阿拉伯文背水瓷壺〉，《文物》1983年2期，頁95，圖1。

36. 陳達生，〈唐代絲綢之路的見證—泰國猜耶出土瓷碗和揚州出土背水壺上阿拉伯文圖案的鑑定〉，《海交史研究》1992年2期，頁40-41轉頁55。

37. 周世榮，《岳州窯青瓷》（臺北：渡假出版社有限公司，1998），頁40，圖64。

38. 三上次男，同前引〈中世中國とエジプト遺跡出土の中國陶磁を中心として〉（1984），頁95，圖27。

39. 三上次男，〈南スペインの旅—中世中國陶磁を尋ねて〉，收入前引《陶磁貿易史研究》，頁301，圖116。彩圖參見同氏，《陶磁の道紀行II》（東京：中央公論美術出版，1994），頁74，圖右。

40. 三上次男，同前引〈中世中國とエジプト遺跡出土の中國陶磁を中心として〉，頁92。

41. 弓場紀知，〈揚州—サマラ—晚唐の多彩釉陶器・白磁青花に關する一試考〉，《出光美術館研究紀要》3（1997），頁107。

42. Roxanna M. Brown, *Guangdong Ceramic from Butuan and Other Philippine Sites* (Manila: The Oriental Ceramic Society of the Philippine, 1989), p. 115.

43. Aoyagi Yoji, "Trade Ceramics Discovered in Insular Southeast Asia," *Trade Ceramics Studies*, no. 11 (1991), p. 42.

44. Wilfredo P. Ronquillo and Rita C. Tan, "Yue-Type Wares and Other Archaeological Finds in Butuan, Philippines," in Chuimei Ho ed., *New Light on Chinese Yue and Longquan Wares* (Hong Kong: Centre of Asian Studies, The University of Hong Kong, 1994), p. 261, fig. 1.

45. 如Southeast Asian Ceramics Society West Malaysia Chapter, *A Ceramic Legacy of Asia's Maritime Trade* (Kuala Lumpur, 1985), p. 22, pl. 57, 58所揭示之新加坡、香港藏廣東西村窯白瓷即見有類似的浮雕蓮瓣紋飾。附帶一提，過去馮先銘曾指出出光美術館藏該白瓷夾耳罐爲新倣贋品（見同氏，〈倣古瓷出現的歷史條件與種類〉，《中國文物學會1992會刊》，頁24-32），本文不予採信。另外，我們也應留意被視爲廣東地區瓷窯所燒造之飾有浮雕蓮瓣的精緻白瓷當中，可能包括部分景德鎮作品在內，此參見龜井明德，〈北宋早期景德鎮白瓷器の研究〉，《博多研究會誌》10（2002），頁1-31。

46. 廣東省博物館（古運泉），〈廣東梅縣古墓葬和古窯址調查發掘簡報〉，《考古》1987年3期，頁215。

47. 馮先銘，〈近十年陶瓷考古主要收穫與展望〉，《中華文物學會1991年會刊》，頁9。

48. 馮先銘，〈有關青花瓷器起源的幾個問題〉，《文物》1980年4期，頁7。近年，長谷部樂爾也持同樣的看法，參見同氏，《磁州窯》中國陶磁7（東京：平凡社，1996），頁124。

49. 宋良璧，同前引〈長沙銅官窯瓷器在廣東〉，頁43。

50. 如宋良璧，同前引〈長沙銅官窯瓷器在廣東〉，頁41提到的揭西、增城墓。後者增城墓所出長沙窯一說爲五代物（參見廣東省博物館等，《廣東出土五代至清文物》〔香港：香港中文大學文物館，1989〕，頁139-140），但就其作風而言，本文較傾向其爲晚唐時期作品。

51. 藤田豐八，〈南漢劉氏の祖先につきて〉，《東洋學報》6（1916），頁247-257。不過，桑原隲藏反對此說，而主張中國回民劉姓者甚多，唐代以來頗有賜外國人以國姓，則劉姓之起源或爲五代時由南漢賜予來廣州經商之伊斯蘭教徒之姓。參見桑原（馮攸譯），《中國阿拉伯海上交通史》（臺北：臺灣商務印書館，1967年2版），頁92-94。近年，李東華則以爲藤田的說法頗有說服力，參見同氏，〈五代南漢的對外關係〉，收入中國海洋發展史論文集編輯委員會主編，《中國海洋發展史論文集》6（臺北：中央研究院中山人文社會科學研究所，1997），頁46。

52. 福建省博物館，〈五代閩國劉華墓發掘報告〉，《文物》1975年1期，頁62-73轉頁78。

53. 日野開三郎，〈五代時代に於ける契丹と支那の海上貿易—東丹國內に於ける渤海遺民の海上活動〉（上），《史學雜誌》52篇7期（1941），頁31；（中），《史學雜誌》52篇8期（1941），頁79；（下），《史學雜誌》52篇9期（1941），頁72-82。

54. 劉浦江，〈遼代的渤海遺民—以東丹國和安定國爲中心〉，《文史》2003年1期，頁183。

55. 有關契丹與吳越的使臣往來，可參見日野開三郎，同前引〈五代時代に於ける契丹と支那の海上貿易〉（上），頁29-30，所列表3。

2-1 略談對蝶紋

1. 陳萬里，《越器圖錄》（上海：中華書局，1937），頁34上。

2. 金戈，〈密縣北宋塔基中的三彩琉璃塔和其他文物〉，《文物》1972年10期，圖版捌之5，清楚彩圖可參見朝日新聞社等，《唐三彩展 洛陽の夢》（東京：大廣，2004），頁128，圖98。

3. 楊后禮，〈介紹幾件吉州窯彩繪瓷器〉，《文物》1982年12期，圖版柒之1。

4. 西安市文物管理處，〈西安西郊電熱廠基建工地隋唐墓葬清理簡報〉，《考古與文物》1991年4期，頁81，圖28之1。

5. 揚州博物館（吳煒等），〈揚州教育學院內發現唐代遺跡和遺物〉，《考古》1990年4期，圖版參之1，清晰圖可參見揚州博物館等，《揚州古陶瓷》（北京：文物出版社，1996），圖32。

6. 周長源等，〈略論揚州出土的唐代陶瓷枕〉，《文物春秋》1997年增刊（總38期），頁204，圖2。

7. 河南省文物考古研究所（衡云花等），〈河南新鄭市摩托城唐墓發掘簡報〉，《華夏考古》2005年4期，頁55，圖9之11。

8. 陝西省考古研究所等編，《唐惠昭太子陵發掘報告》（西安：三秦出版社，1992），頁5，圖4。

9. 俄軍，《甘肅省博物館文物精品圖集》（西安：三秦出版社，2006），頁227；陝西省考古研究院等，《陝西鳳翔隋唐墓》（北京：文物出版社，2008），頁232，圖158之5。

10. 陝西省法門寺考古隊（韓偉等），〈扶風法內寺塔唐代地宮發掘簡報〉，《文物》1988年10期，頁17，圖17。

11. 邢台市文物管理處（石從枝等），〈河北邢台市宋墓的清理〉，《考古》2004年5期，頁51，圖29之5。

12. 定縣博物館，〈河北定縣發現兩座宋代塔基〉，《文物》1972年8期，圖版柒之3。

13. 慈溪市博物館編，《上林湖越窯》（北京：科學出版社，2002），頁141，圖69之3。

14. 陝西省考古研究所，《五代黃堡窯址》（北京：文物出版社，1997），頁111，圖60之1。

15. 河北省文化局文物工作隊（林洪），〈河北曲陽澗磁村發掘的唐宋墓葬〉，《考古》1965年10期，頁509，圖2之19。

16. 馮先銘，〈我國陶瓷發展中的幾個問題—從中國出土文物展覽陶瓷展品談起〉，《文物》1973年7期，頁24。

17. 浙江省文物考古研究所等，《寺龍口越窯址》（北京：文物出版社，2002），頁105，圖64之6。

18. 周世榮，《湖南陶瓷》（北京：紫禁城出版社，1988），頁117，圖4-6之11。

19. 朝陽北塔考古勘查隊（董高等），〈遼寧朝陽北塔天宮地宮清理簡報〉，《文物》1992年7期，圖版伍之3。另參見遼寧省文物考古研究所等，《朝陽北塔考古發掘與維修工程報告》（北京：文物出版社，2007），圖版58之2及圖版53之1「玉對蝶」。

20. 賈敏峰，〈定窯白釉「官」字款盤紋飾小議〉，《文物春秋》2003年5期，頁74。

21. 吉田光邦，〈呪性の蝶〉，收入村山修一等，《日本の文樣》7‧蝶（京都：光琳社，1974），頁24。

22. 佐藤道子，〈供養會と樂舞「迦陵頻」〉，《古代文化》2000年11期，頁3-9。

23. 栗田美由紀，〈寶相華迦陵頻伽蒔繪冊子箱の文樣について〉，《美術史》155（2003），頁125-138。

24. Margaret Medley, *T'ang Pottery & Porcelain* (London: Faber and Faber, 1981), p. 126, pl. 120. 彩圖見*Early Chinese White, Green and Black Wares, Sotheby's* (14 May 2008 London, Lo8211A), p. 225.

25. 高至喜，〈長沙出土唐五代白瓷器的研究〉，《文物》1984年1期，頁86，圖1之5。

26. 小川裕充、弓場紀知責任編集，《世界美術大全集》東洋篇5‧五代‧北宋‧遼‧西夏（東京：小學館，1998），頁206，圖144。

27. 國立中央博物館美術部，《國立中央博物館所藏中國陶磁》（首爾：國立中央博物館，2007），頁448，圖32。

28. 內蒙古自治區文物考古研究所等，《遼陳國公主墓》（北京：文物出版社，1993），頁56，圖33之1、2。

29. 湯蘇嬰，〈臨海許市窯產品及相關問題〉，《東方博物》2（1998），頁108，圖2之1。

30. 張久崟，〈福建南平店口宋墓〉，《考古》1992年5期，頁429，圖2之10。

31. 廣州市文物考古研究所（易西兵），〈廣州市大塘街宋代河堤遺址發掘簡報〉，《羊城考古發現與研究》1（2005），頁268，圖9之3。

32. 沈仲常，〈四川德陽出土的宋代銀器簡介〉，《文物》1961年11期，頁8，圖4左。

33. 福建省博物館編，《福州南宋黃昇墓》（北京：文物出版社，1982），頁72，圖版97。

34. 馬時雍，《杭州的考古》（杭州：杭州出版社，2004），頁250，圖上。

35. 石谷風等，〈合肥西郊南唐墓清理簡報〉，《文物參考資料》1958年1期，頁68，圖12。

36. 〔宋〕熊克（顧吉辰等點校），《中興小記》卷5（福州：福建人民美術出版社，1984），頁62。

37. 李白軍，〈曲回寺金銀器考釋〉，《文物世界》2004年4期，頁6，圖3、4。

38. 南京市博物館（姜林海等），〈南京鄧府山明代福清公主家族墓〉，《南方文物》2000年2期，頁14，圖4。

39. 四川省博物館等（范桂杰等），〈明兵部尚書趙炳然夫婦合葬墓〉，《文物》1982年2期，圖版伍之2。

40. 中國社會科學院考古研究所等，《定陵》下（北京：文物出版社，1990），圖141-143；彩圖參見北京市昌平區十三陵特區辦事處編，《定陵出土文物圖典》（北京：北京出版社出版集團，2006），圖223、448、449、459。

41. 南京市文物保管委員會（李蔚然），〈南京太平門外崗子村明墓〉，《考古》1983年6期，頁573，圖2。

42. 南京市文物保管委員會（李蔚然），〈南京中華門內外明墓清理簡報〉，《考古》1962年9期，圖版伍之5。

43. 德川美術館，《文房具》（名古屋：德川美術館，1978），頁144，圖82。

44. 山邊知行、岡田讓、藏田藏著，《原色日本の美術》24・染織漆工金工（東京：小學館，1990，改訂第二版），圖41、42。

45. 愛知縣陶磁資料館、五島美術館編集，《日本の三彩と綠釉—天平に咲いた華》（愛知縣：愛知縣陶磁資料館，1998），頁140，D-26。

46. Hsien-Chi Tseng and Robert Paul Dart, *The Charles B. Hoyt Collection in the Museum of Fine Art: Boston*, vol. 1 (Boston: Museum of Fine Art, Boston, 1964), pl. 106.

47. 河原正彥，〈蝶の文樣—和樣意匠の成立と展開〉，收入前引《日本の文樣》，頁11-12。

48. 樋口隆康，〈ヘレニズム文化東漸の足跡〉，收入シルクロード學研究センター《シルクロードを翔る遣隋使と遣唐使》シルクロード奈良國際シンポジウム記錄集6（2003），頁189。

49. 沼田賴輔，《日本紋章學》（東京：明治書院，1926），頁845-846。

50. 白水隆等，《標準原色圖鑑全集》1・蝶、蛾（大阪：保育社，1966），頁V-X。

51. *Art d'Asie, Christie's* (19 November 2003, Paris 5065), p. 133, no. 342.

52. 朱家溍選編，《養心殿造辦處史料輯覽》1・雍正朝（北京：新華書店，2003），頁159。

53. Leslie Bockol, *Willow Ware Ceramics in the Chinese Tradition* (Hong Kong: Schiffer Publishing Ltd., 1995), p. 95.

54. 臧振華，《臺南科學工業園區道爺遺址未劃入保存區部分搶救考古計劃期末報告》（臺北：中央研究院歷史語言研究所，2004），頁451，圖版10-13。

2-2 「定州花瓷琢紅玉」非定窯紅瓷辨

1. 河北省文化局文物工作隊（林洪），〈河北曲陽縣澗磁村定窯遺址調查與試掘〉，《考古》1965年8期，頁394-412。馮先銘，《定窯》，收入中國上海人民美術出版社編集，《中國陶瓷全集》9（上海：上海人民美術出版社；京都：美乃美出版社，1981），頁155-158。

2. 如劉新園，〈蔣祈《陶記》著作時代考辨—兼論景德鎮與元代瓷器工藝、市場及稅制等方面的差異〉，《景德鎮陶瓷》10・《陶記》研究專刊（1981），頁20；白焜，〈宋・蔣祈《陶記》校注〉，同前引《景德鎮陶瓷》，頁43；中國硅酸鹽學會主編，《中國陶瓷史》（北京：文物出版社，1982），頁236。

3. 如小山富士夫，〈金花の紅定〉，《美術研究》109（1941），頁26；陳萬里，〈邢越二窯及定窯〉，《文物參考資料》1953年9期，頁105-106。

4. 如尾崎洵盛，〈定窯紅瓷について〉（4），《陶磁》5卷6期（1933），頁15、17；愛宕松男，〈宋代における瓷器行用の普及〉，《史窗》39（1977），頁6。

5. 如馮先銘，〈新中國陶瓷考古的主要收穫〉，《文物》1965年9期，頁40；另同氏，前引《定窯》，頁170；余譜保等，〈顏色釉的產生與發展〉，《景德鎮陶瓷》26・中國古陶瓷研究專輯 2（1984），頁238。

6. 賈祜的這句話係引自霍明志保祿，《達古齋博物誌》（1914），〈陶類・定窯條〉，頁29。

7. 劉毅，〈定州花瓷琢紅玉辨〉，《收藏家》1995年2期，頁28-29。

8. 申獻友，〈談定窯紅瓷〉，《文物春秋》2000年4期，頁63-70。

9. 李素楨等，〈中國古代詩文中的玻璃史料〉，《故宮博物院院刊》1986年2期，頁72。

10. 陶禪，〈淺說定窯〉，《中國文物報》2007年6月6日，7版。

11. 這一則記事不見於清張海鵬重刻明萬曆五卷本《東坡志林》（「學津討原」本），然見於十二卷本（稗海本）。據王松齡點校五卷本《東坡志林》（臺北：木鐸出版社，1982，頁3）稱：「商刻十二卷本皆雜說而無史論，甚為蕪雜，頗有偽竄，文字訛誤不少，不為世所重，然因其蒐羅甚豐，宋人所引《志林》不見於五卷本者，往往包容其中，故此本自有其價值，不能簡單斥為『好事者所為』」。

12. 王莉英，〈故宮博物院藏唐黑釉藍斑花鼓和元藍釉描金匜〉，《文物》1978年11期，頁94-95；李輝柄等，〈河南魯山段店窯〉，《文物》1980年5期，頁52-60，另頁53，圖2。

13. 中國硅酸鹽學會主編，同前引《中國陶瓷史》，頁213。

14. Hin-Cheung Lovell, *Illustrated Catalogue of Ting Yao and Related White Wares in the Percival David Foundation of Chinese Art* (London: School of Oriental and African Studies, 1964), pl. IX, no. 167.

15. 廣西壯族自治區文物工作隊（黃啓善等），〈廣西永福窯田嶺宋代窯址發掘簡報〉，《中國古代窯址調查發掘報告集》（北京：文物出版社，1984），頁208，圖4-10及頁210。

16. Royal Ontario Museum, *Chinese Art in the Royal Ontario Museum* (Toronto: Royal Ontario Museum, 1972),

pl. 25.

17. 馮先銘，〈三十年來我國陶瓷考古的收穫〉，《故宮博物院刊》1980年1期，頁20；及中國硅酸鹽學會主編，同前引《中國陶瓷史》，頁214。

18. 中尾萬三，〈支那陶磁と茶の關係に就て〉，《やきもの趣味》3卷8期（1936），頁23。

2-3 宋吉州窯剪紙漏花碗雜識

1. 〔明〕曹昭撰，王佐補，《新增格古要論》下（北京：中國書店，1987），卷7，頁23；卷8，頁2。

2. 蔣玄怡，《吉州窯—剪紙紋樣貼印的瓷器》（北京：文物出版社，1958），頁3。

3. 漏版印花工藝可參見張道一，〈紫定與兔毫盤—鏤刻金箔和剪紙花樣在瓷器上的應用〉，收入同氏，《工藝美術論集》（西安：陝西人民美術出版社，1986），頁315-325。

4. 西岡康弘，〈中國の螺鈿—十四世紀から十七世紀を中心に〉，收入東京國立博物館編，《中國の螺鈿》（東京：東京國立博物館，1979），頁60。

5. 岡田讓，〈元代螺鈿〉，《國華》993（1976），頁12，圖3。

6. Maggie Bickford, *Bones of Jade, Soul of Ice: The Flowering Plum in Chinese Art* (New Haven, Conn.: Yale University Art Gallery, 1985), p. 198, fig. 83.

7. 江西省文物工作隊等（陳定榮），〈江西南豐白舍窯調查紀實〉，《考古》1985年3期，頁226，圖4之1；劉禮純等，〈江西瑞昌發現南宋紀年墓〉，《考古》1991年1期，頁92，圖4之1。另外，南宋銀器或元代龍泉青瓷梅月紋可參見前引 Maggie Bickford, *Bones of Jade, Soul of Ice*, p. 197, figs. 81, 82.

8. 中國社會科學院考古研究所洛陽漢魏城隊（杜玉生），〈北魏洛陽城內出土的瓷器與釉陶器〉，《考古》1991年12期，圖版參之5。

9. 陝西省考古研究所，《唐代黃堡窯址》下（北京：文物出版社，1992），圖版90-124。

10. 胡悅謙，〈談壽州瓷窯〉，《考古》1988年8期，頁745。

11. 西田宏子等，《天目》中國の陶磁6（東京：平凡社，1999），圖18說明。

12. 揚州博物館等，《揚州古陶瓷》（北京：文物出版社，1996），圖44。

13. 宋伯胤，《枕林拾遺》（西安：陝西人民出版社，2002），頁72-73。

14. 丁送來，〈長沙窯瓷枕初探〉，《湖南博物館文集》（長沙：岳麓書社，1991），頁105。

15. 張柏主編，《中國出土瓷器全集》3‧河北（北京：科學出版社，2008），圖56。另外，河北省正定縣、隆堯縣、衡水市出土例可參見穆青，〈剪紙貼花瓷器新證〉，《文物春秋》1997年增刊，圖版1、2。

16. 陝西省考古研究院等，《法門寺考古發掘報告》（北京：文物出版社，2007），頁223及彩版197。

17. 詳見宋伯胤，〈祕色抱青瓷之響〉，《故宮文物月刊》97（1991），頁22-33。

18. 張道一，〈剪刻鏤花藝術〉，收入同氏，前引《工藝美術論集》，頁306。

19. 中尾萬三，〈天目茶碗考〉，《陶磁》8卷3期（1936），頁25-26。

20. 龜井明德，〈日本出土の吉州窯陶器について〉，《貿易陶磁研究》11（1991），頁249，圖10之7。

21. 蔣玄怡，同前引《吉州窯》，圖24。

22. 林左馬衛，〈校註「御座敷御かざりの事」〉，收入根津美術館、德川美術館編，《東山御物—「雜華室印」に關する新史料を中心に》（東京：根津美術館等，1976），頁193。

23. 奧田直榮，〈天目〉，收入德川美術館、根津美術館編，《天目》（名古屋：德川美術館等，1979），頁197。

24. 有關《君臺觀左右帳記》的成立年代及諸版本，可參見谷晃，〈「君臺觀左右帳記」の成立に關する一考察〉，《野村美術館研究紀要》3（1994），頁73-100。

2-4 金銀釦陶瓷及其有關問題

1. 陳萬里，〈越器之史的研究〉（1935），收入同氏，《瓷器與浙江》（北京：中華書局，1946），頁2-6。

2. 小山富士夫，《支那青磁史稿》（東京：文中堂，1943），收入同氏，《小山富士夫著作集》上（東京：朝日新聞社，1977），頁39-50。

3. 小林太市郎，《東洋陶磁鑑賞錄》中國篇（東京：便利堂，1950），頁139-150。

4. 陳萬里，同前引《瓷器與浙江》，頁4。

5. 陝西省考古研究院等，《法門寺考古發掘報告》下（北京：文物出版社，2007），彩版197。

6. 彩圖見揚州博物館等編，《揚州古陶瓷》（北京：文物出版社，1996），圖81。

7. 〔唐〕段成式（方南生點校），《酉陽雜俎》（北京：中華書局，1981），頁141。

8. 佐藤圭四郎，《イスラーム商業史の研究》，此轉引自愛宕松男，〈東西交涉史上における中國陶瓷、特にその輸送についての一考察〉，收入同氏，《中國陶瓷產業史》東洋史學論集1（東京：三一書房，1987），頁448。

9. 鎮江市博物館（蕭夢龍等），〈鎮江市南郊北宋章岷墓〉，《文物》1977年3期，圖版肆之1、4。

10. 定縣博物館，〈河北定縣發現兩座宋代塔基〉，《文物》1972年8期，圖版陸之2。

11. Regina Krahl, *Chinese Ceramics from the Meiyintang Collection*, vol. III (London: Paradou Writing, 2006), no. 2, pp. 430-431, no. 1429.

12. 今井敦，〈白磁金彩雲鶴唐草文碗といわゆる金花の定碗について〉，《MUSEUM》484（1991），頁14。

13. 小山富士夫，〈金花の定椀〉，《美術研究》109（1941），頁21-31。

14. R.L. Hobson著，松平義明譯，〈朝鮮古墳出土の宋元の陶磁〉，《陶磁》9卷2期（1937），頁13。

15. 如江西省歷史博物館（余家棟等），〈江西豐城羅湖窯發掘簡報〉，收入文物編輯委員會編，《中國古代窯址調查發掘報告集》（北京：文物出版社，1984），頁93。

16. 劉新園等，〈景德鎮湖田窯各期碗類裝燒工藝考〉，《文物》1982年5期，頁85-92。

17. 馮先銘，《定窯》中國陶瓷全集9（上海：上海人民美術出版社；京都：美乃美出版社，1981），頁164。

18. 李知宴等，〈浙江武義縣北宋紀年墓出土陶瓷器〉，《文物》1984年8期，頁93。

19. 國立海洋遺物展示館等，《新安船》II（首爾：文化財廳，2006），頁324，圖43。

20. 明堂山考古隊（陳元甫等），〈臨安縣唐水丘氏墓發掘報告〉，《浙江省文物考古所學刊》1（1981），圖版玖之1、3、4。

21. 前熱河省博物館籌備組（鄭紹宗），〈赤峰縣大營子遼墓發掘報告〉，《考古學報》1956年3期，圖版柒之3。

22. マーガレット・メドレイ編著，《東洋陶磁》7・デイヴィッド財團コレクション（東京：講談社，1982年版），黑白圖版7。

23. 李家治，〈中國歷代南北方著名白瓷〉，收入李家治等，《中國古代陶瓷科學技術成就》（上海：上海科學技術出版社，1985），頁187。

24. 東京帝國大學文學部，《樂浪》（東京：刀江書院，1930），頁44-45。

25. 轉引自歐志培，〈中國古代陶瓷在西亞〉，《文物資料叢刊》2（1978），頁231。

26. 彩圖見張柏主編，《中國出土瓷器全集》7・江蘇上海（北京：科學出版社，2008），圖89。

27. Michele Pirazzoli-t'Serstevens, "Chinese Ceramics Excavated in Bahrain and Oman," 收入三上次男博士喜壽記念論文集編集委員會編，《三上次男博士喜壽記念論文集》考古編（東京：平凡社，1985），頁315-335。

28. 岡田哲明，〈北宋奢侈禁令考—金銀裝飾品に對する諸規則とその變遷〉，《史泉》100（2004），頁30。

29. 加藤繁，《唐宋時代之金銀研究》（臺北：新文豐出版社版，1974），第六章〈唐宋時代之金銀器飾〉（頁32-61）參見。

30. 仁井田陞，《唐令拾遺》（東京：東京大學出版會復刻版，1964），頁503-504。

31. 古林森廣，〈宋代の金銀細工業—その技術と職人〉，《兵庫教育大學研究紀要》6（1986），收入同氏，《宋代產業經濟史研究》（東京：圖書刊行會，1987），頁169-195。

32. 蔡玫芬，〈論「定州白瓷器，有芒不堪用」句的眞確性及十二世紀官方瓷器之諸問題〉，《故宮學術季刊》15卷2期（1998），頁70。

33. 詳見古林森廣，同前引《宋代產業經濟史研究》，頁186。

34. 詳參見愛宕松男，〈宋代における瓷器行用の普及〉，《史窗》39（1977），頁7，又收入前引《中國陶瓷產業史》，頁303。

35. 李輝柄，〈定窯的歷史以及與邢窯的關係〉，《故宮博物院院刊》1983年3期，頁70-77。

36. 馮永謙，〈遼寧省建平、新民的三座遼墓〉，《考古》1960年2期，圖版參之7。

37. 遼寧省博物館文物隊（許玉林），〈遼寧北票水泉一號遼墓發掘簡報〉，《文物》1977年12期，圖版陸之2。

38. 石谷風等，〈合肥西郊南唐墓清理簡報〉，《文物參考資料》1958年3期，頁67，圖4。

39. 蔡玫芬，《定窯瓷器之研究》（臺北：國立臺灣大學歷史研究所（藝術史組）碩士論文，1977），頁137。

40. 安家瑤，〈莫高窟壁畫上的玻璃器皿〉，《敦煌吐魯番文獻研究論集》2（1983），頁439。

41. 馮永謙，〈葉茂台遼墓出土的陶瓷器〉，《文物》1975年12期，圖版肆之1；敖漢旗文化館（邵國田），〈敖漢白塔子遼墓〉，《考古》1978年2期，圖版拾之3。

42. 中國硅酸鹽學會編，《中國陶瓷史》（北京：文物出版社，1982），頁235。

43. 鄭良謨，〈高麗陶磁に關する古文獻資料〉，收入座右寶刊行會編，《世界陶磁全集》18・高麗（東京：小學館，1978），頁266-267。

44. 野守健，《高麗陶磁の研究》（京都：清閑社，1944），頁132。

45. 佐藤豐三，〈天目と茶〉，收入德川美術館、根津美術館編，《天目》（名古屋：德川美術館等，1979），頁231。

46. 根津美術館學藝部，《甦る鎌倉—遺跡發掘の成果と傳世の名品》（東京：根津美術館，1996），頁37，圖120。

47. 滿岡忠成，《日本人と陶器》（京都：大八洲出版株式會社，1945），頁114。

48. 佐藤豐三，同前引〈天目と茶〉表一（頁235-238）參見。

49. 奧田直榮，〈天目〉，收入前引《天目》，頁201。

50. 紹興縣文物管理委員會（方杰），〈浙江紹興繆家橋宋井發掘簡報〉，《考古》1964年11期，圖版肆之1。

51. 乾隆十九年正月十九日（微卷 Box No. 97, p. 193）。

52. 乾隆四十年二月初三日（微卷 Box No. 128, p. 459）。

53. 長谷部樂爾，〈中國陶磁に因んで—宋代陶磁を中心にして〉，《出光美術館館報》57（1987），頁32。

54. 朱家溍選編，《養心殿造辦處史料輯覽》第1輯・雍正朝（北京：紫禁城出版社，2003），頁19。

55. 馮先銘，《中國陶瓷全集》16・宋元青白磁（上海：上海人民美術出版社；京都：美乃美出版社，1984），圖177。

2-5 關於鋦釘補瓷術

1. 〔明〕方以智，《物理小識》卷8（上海：上海古籍出版社文淵閣《四庫全書》本・子部173・雜家類），頁921。

2. 清宮造辦處檔案相關記事，可參見傅振倫等，〈唐英瓷務年譜長編〉，《景德鎮陶瓷》1982年2期，頁19-54，以及馮先銘，《中國古陶瓷文獻集釋》上冊（臺北：藝術家出版社，2000），頁210-271。詳見謝明良，〈關於陶瓷修補術〉，收入同氏，《貿易陶瓷與文化史》（臺北：允晨出版社，2005），頁341-359。

3. 利馬竇（Mathew Ricci）著，何高濟等譯，《利馬竇中國札記》（北京：中華書局，1983），頁15。

4. 佐佐木達夫，〈十四世紀の染付と釉裏紅はどのように出土するか〉，收入楢崎彰一先生古希記念論文集刊行會編，《楢崎彰一先生古稀紀念論文集》（京都：眞陽社，1998），頁467-477，以及畢梅雪（Michéle Pirazzoli），趙冰譯，〈哈伊馬角酋長國朱爾法古城遺址出土的十四－十六世紀遠東陶瓷：斷代與評估經濟和文化狀況的參考〉，《法國漢學》4（1999），頁325-337。

5. 佐佐木達夫，〈遺跡出土の破片が語るイスラーム陶器の變遷と流通〉，收入東洋陶磁學會三十周年記念，《東洋陶磁史－その研究の現在》（東京：東洋陶磁學會，2002），頁310及頁16，圖77。

6. 櫻井清彥等編，《エジプト・イスラム都市アル・フスタート遺跡發掘調查一九七八－一九八五年》（東京：早稻田大學出版部，1992），頁284-285。

7. 鈴木重治，〈出土陶磁器にみる修復技法〉，收入森浩一編，《考古學と生活文化》同志社大學考古學シリーズ・5（京都：同志社大學考古學シリーズ刊行會，1992），頁395-410。

8. 橫濱ユーラシア文化館編，《橫濱ユーラシア文化館》（橫濱：橫濱ユーラシア文化館，2003），頁14，圖1。

9. 笠原政治編，《臺灣原住民映象－淺井惠倫教授攝影集》（臺北：南天書局，1995），頁150，圖116。

10. 大同市考古研究所（張志忠等），〈山西大同七里村北魏墓群發掘簡報〉，《文物》2006年10期，頁46，圖60。

11. 佐佐木達夫，〈インド洋の中世陶磁貿易が語る生活〉，《上智アジア學》11（1993），頁104-105。

12. Adam Kessler, *Empires Beyond the Great Wall* (Los Angeles: Natural History Museum of Los Angeles, 1993), p. 139; 另外，該青花瓷盤外盤底銅釘圖片可參見 John Carswell, "Kharakhoto and Recent Research in Inner Mongolia," *Oriental Art*, vol. XLV, no. 4 (1999-2000), p. 25, pl. 14.

13. 佐倉孫三，《台風雜記》（臺北：臺灣銀行，1961），頁51-56及陳馨，〈陶瓷修復技術之鋸釘補瓷技術的起源發展及其相關〉，《文博》2006年3期，頁50。

14. 不著撰人，《安平縣雜記》（南投：臺灣省文獻委員會，1993），頁86。

15. 〔清〕藍浦，《景德鎮陶錄》卷4，收入楊家駱編，《陶瓷譜錄》上（臺北：世界書局，1968），頁112。

16. 筆者實見攝影。

17. 〔清〕唐秉鈞，《文房肆考圖說》（北京：書目文獻出版社，1996），頁243。

18. ダントルコール（d'Entrecolles）著，小林太市郎譯注、佐藤雅彥補注，《中國陶瓷見聞錄》東洋文

庫363冊（東京：平凡社，1979），頁269-270。

19. 黃時鑑等，《中國三百六十行》（上海：上海古籍出版社，2006），圖23。

20. 鈴木敬編，《中國繪畫總合圖錄》3（東京：東京大學出版會，1983），頁60。

21. 簡榮聰，《臺灣碟盤藝術》（臺北縣：縣立鶯歌陶瓷博物館，2001），頁160-163。

22. 上海文獻叢書編委會，《朱舜水談綺》下（上海：華東師範大學，1988），頁387；以及京都大學文
    學部國語學國文學研究室編，《倭名類聚抄》本文篇（京都：臨川書店，1999年版），頁154。

23. 奧田直榮，〈東山御物〉，收入根津美術館、德川美術館編，《東山御物─「雜華室印」に關する新
    史料を中心に》（東京：根津美術館等，1976），頁106-107。

24. 今井敦著，蘇哲譯，〈東傳日本的青瓷茶碗「馬蝗絆」〉，《東方博物》3（1999），頁32。

25. 石川縣埋藏文化財センター，《普正寺遺跡》（1984），此參見小野正敏，《戰國城下町の考古學》
    （東京：講談社，1998），頁109。

26. 國立歷史民俗博物館編，《陶磁器の文化史》（千葉：歷史民俗博物館振興會，1998），頁104，圖
    27。

27. 小野正敏，同前引《戰國城下町の考古學》，頁107。

28. 小山富士夫，《支那青磁史稿》，收入同氏，《小山富士夫著作集》上（東京：朝日新聞社，1977），
    頁157-158。

29. 靜嘉堂文庫美術館編，《伝えられた名寶 美の繼承展》（東京：靜嘉堂文庫美術館，2001），頁36，
    圖19。

30. 桑田忠親，《茶道爐邊ばなし》，收入同氏，《桑田忠親著作集》8（東京：秋田書店，1980），頁
    287。

31. 筒井紘一，〈茶器─とその銘由來〉，收入茶道資料館編，《茶の湯の名器 由來と名》（京都：茶道
    資料館，1988），頁73-74，其典故出自《平家物語》卷11・屋島合戰。

32. 尾野善裕，〈北野天滿宮所藏青磁貼花牡丹唐草文花瓶の朱漆銘と修理〉，《學叢》31（1999），頁101-
    108。

33. 〔明〕宋詡，《宋氏燕閒部》（北京：書目文獻出版社，1988），頁62。《墨娥小錄》見鍾肇鵬選編，
    《續百子全書》第18冊・卷2（北京：北京圖書館出版社，1998），頁306。

34. 國立故宮博物院編，《故宮書畫圖錄》19（臺北：國立故宮博物院，2001），頁207。

35. 〔宋〕林洪，《文房職方圖贊》，收入嚴一萍選輯，《百部叢書集成》1370冊・欣賞編（臺北：藝文印
    書館，1966），頁6。

36. 南京博物館，〈江浦黃悅嶺南宋張同之夫婦墓〉，《文物》1973年4期，頁64，圖5。

37. 謝明良，〈晚明時期的宋官窯鑑賞與「碎器」的流行〉，收入中央研究院第三屆國際漢學會議論文集
    歷史組，《經濟史、都市文化與物質文化》（臺北：中央研究院，2002），頁437-466。

38. Stacey Pierson with Amy Barnes, *A Collector's Vision: Ceramics for the Qianlong Emperor* (London: Percival David Foundation of Chinese Art, 2002), p. 55.

39. 佐原眞著，金關恕等編，《道具の考古學》（東京：岩波書店，2005），頁42-53。

40. 田邊勝美，〈アケメネス朝ペルシアの美術〉，收入田邊勝美、松島英子責任編集，《世界美術大全集》東洋編16‧西アジア（東京：小學館，2000），頁261，圖226。

41. 龜田修一，〈日本の初期の釘、鎹が語るもの〉，收入考古學研究會編，《文化の多樣性と比較考古學2004》考古學研究會50周年記念論文集（岡山市：考古學研究會，2004），頁29-38。

42. 南京市博物館，《六朝風采》（北京：文物出版社，2004），頁173，圖134。

43. 遼寧省博物館，《遼寧省博物館》中國博物館叢書3（北京：文物出版社，1983），圖70。

44. シチリアの古代ギリシア展編集委員會編，《シチリアの古代ギリシア展》（甲府：山梨縣立美術館，1984），圖622及頁264的解說。

45. 王竹平，〈非關接合：陶瓷修護倫理與技術回顧〉，收入國立歷史博物館編輯委員會編，《陶瓷錮釘暨現代修護科技國際研討會論文集》（臺北：國立歷史博物館，2006），頁107。

46. Nurhan Atasoy and Julian Raby, *IZNIK: The Pottery of Ottoman Turkey* (London: Alexandria Press, 1989), fig. 283.

2-6 記一件漢代青釉壺上的「升天圖」

1. 南京博物院（鄒厚本），〈江蘇盱眙東陽漢墓〉，《考古》1979年5期，頁420，圖9。

2. 林士民，〈浙江寧波漢代瓷窯調查〉，《考古》1980年4期，頁344；林士民，〈浙江寧波漢代窯址的勘察〉，《考古》1986年9期，頁806。

3. 趙殿增等，〈「天門」考─兼論四川漢畫像磚（石）的組合與主題〉，《四川文物》1990年6期，頁3-11。

4. 曾布川寬，〈漢代畫像石における昇仙圖の系譜〉，《東方學報》京都65冊（1993），頁54-56。另鄆城縣西漢畫像石，見山東省博物館等，《山東漢畫像石選集》（濟南：齊魯書社，1982），圖467。

5. 劉增貴，〈漢代畫像闕的象徵意義〉，《中國史學》10（2000），頁97-127。

6. 中國社會科學院考古研究所等，《滿城漢墓發掘報告》上冊（北京：文物出版社，1980），頁242。

7. 盧兆蔭，〈略論漢代的玉璧〉，收入中國社會科學院考古研究所編，《中國考古學論叢》（北京：科學出版社，1993），頁386-387。

8. 小南一郎，〈壺型の宇宙〉，《東方學報》京都61冊（1989），頁178。

9. 曾布川寬，《崑崙山への昇仙》中公新書635（東京：中央公論社，1981），頁23。

10. 安志敏，〈長沙新發現的西漢帛畫試探〉，《考古》1973年1期，頁45。

11. 內江市文管所等（方建國等），〈四川簡陽縣鬼頭山東漢崖墓〉，《文物》1991年3期，頁24，圖16。

12. 重慶巫山縣文物管理所等（叢德新等），〈重慶巫山縣東漢鎏金銅牌飾的發現與研究〉，《考古》1998年12期，頁77-86。

13. 張勛燎，〈重慶巫山東漢墓出土西王母天門畫像棺飾銅牌與道教—附說早期天師道的主神天帝〉，收入安田喜憲編，《神話‧祭祀與長江文明》（北京：文物出版社，2002），頁163。

14. 林巳奈夫，《中國古玉の研究》（東京：吉川弘文館，1991），頁119-127及頁174。

15. 林巳奈夫，《石に刻まれた世界 畫像石が語る古代中國の生活と思想》（東京：東方書店，1992），頁153。

16. 邢義田，〈陝西旬邑百子村壁畫墓的墓主、時代與「天門」問題〉，《故宮學術季刊》23卷3期（2006），頁11。

17. 高文等，〈四川出土的十一具漢代畫像石棺圖釋〉，《四川文物》1988年3期，圖3。

18. 山東省博物館等，同前引《山東漢畫像石選集》，圖330。

19. 平邑縣文物管理站（李常松等），〈山東平邑東埠陰漢代畫像石墓〉，《考古》1990年9期，頁813，圖6右。

20. 八木春生，〈「勝」についての一考察—「勝」と昇天思想の關係を中心として〉，《美學美術史論集》9（東京：成城大學出版，1992），頁102。

21. 李洪甫，〈連雲港市錦屏山漢畫像石墓〉，《考古》1983年10期，圖版4之1。另本文所使用之線繪圖係轉引自曾布川寬，同前引〈漢代畫像石における昇仙圖の系譜〉，頁52。

22. 曾布川寬，同前引〈漢代畫像石における昇仙圖の系譜〉，頁53。

23. 林巳奈夫，〈中國古代における蓮の花の象徵〉，原載《東方學報》59冊（1987），後收於同氏，《漢代の神神》（京都：臨川書店，1989），頁241。

24. 林巳奈夫，〈四神の一、朱鳥について〉，《史林》76卷6號（1994），頁125-143。

25. 小南一郎，〈道教信仰と死者の救濟〉，《東洋學術研究》27卷別冊（1988），頁90。

26. 夏鼐，〈洛陽西漢壁畫墓中的星象圖〉，原載《考古》1965年2期，後收入中國社會科學院考古研究所編輯，《中國古代天文文物論集》（北京：文物出版社，1989），頁166。

27. 林巳奈夫，同前引《石に刻まれた世界》，頁168。

28. 王育成，〈南李王陶瓶朱書與相關宗教文化問題研究〉，《考古與文物》1996年2期，頁64。

29. 松村巧，〈天門地戶考〉，收入吉川忠夫編，《中國古道教史研究》（京都：同朋社，1992），頁153。

30. 林巳奈夫，同前引《中國古玉の研究》，頁246-247。

31. 曾布川寬，同前引〈漢代畫像石における昇仙圖の系譜〉，頁191。

32. 朱伯謙，《越窯》中國陶瓷全集4（上海：上海人民美術出版社；京都：美乃美出版社，1981），頁167。中國硅酸鹽學會編，《中國陶瓷史》（北京：文物出版社，1982），頁102-103。

3-1　記熱蘭遮城遺址出土的馬約利卡錫釉陶

1. 財團法人成大研究發展基金會,《第一級古蹟臺灣城殘蹟(原熱蘭遮城)城址初步研究計畫成果報告書》(臺南市:臺南市政府,2003)。

2. 財團法人成大研究發展基金會,《王城試掘研究計畫(二)及影像紀錄期初報告》(臺南市:臺南市政府,2005)。

3. Cipriano Piccolpasso(前田正明譯),*LI TRELIBRI DELL'ARTE DEL VASAIO*(《陶藝三書》),載《陶藝の美》11(1985),頁124-128;12(1986),頁124-128等。

4. 根津美術館編,《阿蘭陀》(東京:根津美術館,1987),頁14,圖18;頁16,圖22。

5. 朝日新聞社文化企畫局編,《The Edwin van Drecht Collection オランダ陶器》(東京:朝日新聞社,1995),頁101,參考圖版2。

6. G. C. Vander Pijl-Ketel, *The Ceramic Load of the 'Witte Leeuw'* (Amsterdam: Rijksmuseum, 1982), p.249.

7. 大橋康二等,〈インドネシア・バンテン遺跡出土の陶磁器〉,《國立歷史民俗博物館研究報告》82(1999),圖版9之12。

8. Hasan Muarif Ambary, *Excavation Report at Pasar Ikan Jakarta* (Jakarta: The Ceramic Society of Indonesia, 1981), p. 82, pl. 23.

9. 鈴木裕子,〈日本出土のオランダ陶器—17、18世紀を中心に〉,收入前引朝日新聞社文化企畫局編,《The Edwin van Drecht Collection オランダ陶器》,頁106。

10. 松本啓子,〈大阪城下町出土マジョリカ陶について〉,收入大阪市立東洋陶磁美術館編集,《イタリア・ファエンツァ國際陶藝博物館所藏マジョリカ名陶展》(東京:日本經濟新聞社,2001),頁169,表1;〈日本出土のヨーロッパ・マジョリカ陶器についての考古學的研究〉,《日本考古學協會第74回總會研究發表要旨》(東海大學,2008),頁92。

11. 川口洋平,〈大村、玖島城出土のオランダ陶器〉,《考古學ジャーナル》462(2000.8),頁29,圖2。

12. Keiko Matsumoto, "A Short Report about the Dutch Albarello Excavated in Osaka," 《大阪市立文化財協會研究紀要》2(1999),頁352。

13. 鈴木尚等編,《增上寺德川將軍墓と遺品・遺體》(東京:東京大學出版會,1967),此轉引自西田宏子,〈茶陶の阿蘭陀〉,收入根津美術館編,《阿蘭陀》(東京:根津美術館,1987),頁73。

14. 松本啓子,同前引〈大阪城下町出土マジョリカ陶について〉,頁171。

15. 以上兩則檔案均轉引自西田宏子,同前引〈茶陶の阿蘭陀〉,頁78-79。

16. T. Volker(前田正明譯),〈磁器とオランダ連合東インド會社(8)〉,《陶說》320(1979),頁57。

17. Claire Douquet et Dorothée Guillemé Brulon, *Les Pots de Pharmacie* (Paris: CH. Massin Éditeur, 1987), p. 22.

18. 岡泰正，〈出島、食桌の情景—平成9、10年度の發掘におけるヨーロッパ陶器、ガラス器をめぐって〉，收入長崎市教育委員會，《國指定史跡出島和蘭商館跡：道路及びカピタン別莊跡發掘調查報告書》（長崎市：長崎市教育委員會，2002），頁154，圖4。

19. 大橋康二，〈輸出した伊萬里の醫療品（1）〉，《目の眼》283（2000），頁54。

20. 陳國棟，〈十七世紀初期東亞貿易的中國棉布—Cangan與臺灣〉，收入慶祝曹永和院士八十大壽國際學術研討會，《近代早期東亞海洋史與臺灣島史》（臺北市：行政院文化建設委員會，2000）。

21. 有關臺灣總督府的角色和功能，可參見李子寧，〈殖民主義與博物館—以日據時期臺灣總督府博物館爲例〉，《臺灣省立博物館年刊》40（1997），頁241-273。另外，國立臺灣博物館藏Albarello標本是由該館人類學組李子寧組長所提供，謹誌謝意。

22. Keiko Matsumoto, "Osaka-Europe Trading in the Age of National Isolation in Japan—Majolica Albarello Excavated in Osaka," *WAC Intercongress OSAKA* (2006), pp. 1-13; 及同氏前引〈大阪城下町出土マジョリカ陶について〉，頁167。

23. 櫻庭美咲，〈オランダ東インド會社文書における肥前磁器貿易史料の基礎的研究—1650年代の史料にみる醫療製品取引とヨーロッパ陶磁器の影響〉，《武藏野美術大學研究紀要》33（2002），頁94-95。

24. 櫻庭美咲，〈オランダ東インド會社日本商館文書における肥前磁器貿易史料—1650-70年代の醫療製品取引に關する史料研究の再考〉，《東京大學史料編纂所研究紀要》16（2006），頁37。

25. John Carswell, *Blue and White: Chinese Porcelain and Its Impact on the Western World. Catalogue of an Exhibition at the David and Alfred Smart Gallery, University of Chicago, October 3-December 1, 1985* (Chicago: Chicago University, 1986), 此轉引自 Oliver Watson, *Ceramics from Islamic Lands* (London: Thames & Hudson Ltd., 2004), p. 487, cat. W. 2.

26. 浙江省輕工業廳等，《龍泉青瓷》（北京：文物出版社，1966），圖版48。

27. Lawrence Smith等編，《東洋陶磁》5·大英博物館（東京：講談社，1980），圖243。

28. Giulio Busti Coord., *Deruta: L'art de la Ceramique, Catalogue Publié pour L'exposition 'Hommage à Deruta'de Monte San Savino en 1986* (Firenze: Il Torchio, 1987), p. 94, pl. 94.

29. 張柏主編，《中國出土瓷器全集》10（北京：科學出版社，2008），圖166。

30. 宗像晉作，〈青木木米について（下）〉，《出光美術館館報》136（2006），封面圖。

3-2 熱蘭遮城遺址出土的德國鹽釉炻器

1. 前田正明，《西洋陶磁物語》（東京：講談社，1980），頁154-167；大平雅已，《西洋陶磁入門》岩波新書1117（東京：岩波書店，2008），頁90-97。

2. David Gaimster, *German Stoneware 1200-1900 Archaeology and Cultural History* (London: British Museum

Press, 1997), pp. 251-253.

3. 有關萊茵蘭鹽釉陶瓷的分區以及科隆、弗勒亨等窯場作品的樣式特徵，參見： David Gaimster, 同前引 *German Stoneware 1200-1900 Archaeology and Cultural History*, pp. 191-193; pp. 208-211. 另外，弗勒亨鹽釉陶窯址出土標本可參見： Karl Göbels, *Keramik-Scherben aus Frechen Zusammengekehrt und Aufgelesen von Köln* (Köln: Rheinland-Verlag Gmbh, 1980). 以上這筆德文資料承蒙臺灣國立故宮博物院陳玉秀女士提供，她還為我中譯了部份文字，謹誌謝意。

4. 大橋康二等，〈インドネシア‧バンテン遺跡出土の陶磁器〉，《國立歷史民俗博物館研究報告》82（1999），頁77。

5. Hasan Muarif Ambary, *Excavation Report at Pasar Ikan* (Jakarta: the Ceramic Society of Indonesia, 1981), p. 41. 另外，圖版可參見三上次男，〈パサリカン遺跡出土の貿易陶磁〉，《貿易陶磁研究》2（1982），頁120，圖50。

6. 長崎市教育委員會，《國指定史跡出島和蘭商館跡：護岸石垣復元事業に伴う發掘調查及び工事報告書》（長崎市：長崎市教育委員會，2001），頁64，圖38之60。

7. 櫻庭美咲，〈鬚德利〉，《國華》1295號（2003），頁27。

8. 盧泰康，〈澎湖風櫃尾荷據時期陶瓷遺物之考證〉，《故宮文物月刊》19卷5期（2001），頁128。

9. 中里逢庵，〈南海から出土する古唐津—三島唐津と二彩唐津〉，《陶說》645（2006），頁40。

10. 大橋康二等，同前引〈インドネシア‧バンテン遺跡出土の陶磁器〉，頁77。

11. Keramikmuseum Frechen網站資料，www.rheinische-keramik.de, KMF A175.

12. G. C. Vander Pijl-ketel, *The Ceramic Load of the 'Witte Leeuw'* (Amsterdam: Rijksmuseum, 1982), p.247.

13. 三上次男，同前引〈パサリカン遺跡出土の貿易陶磁〉，頁112。

14. 東京都江戶東京博物館，《掘り出された都市—江戶、長崎、アムステルダム、ロンドン、ニューヨーク》（東京：東京都歷史文化財團等，1996），頁84，圖2之17。

15. 櫻庭美咲，同前引〈鬚德利〉，頁27。另外，有關日本遺址出土鬚鬍男酒壺標本的考察，可參見同氏，〈江戶時代に舶載されたライン炻器酒器について一試論〉，《武藏野美術大學研究紀要》30（1999），頁101-114。

16. M. L'Hour and L. Long, "The Wreck of an 'Experimental' Ship of the 'Oost Indische Companie': The Mauritius (1609)," *The International Journal of Nautical Archaeology and Underwater Exploration*, 19-1 (1990), p. 68.

17. G. C. Vander Pijl-ketel, *The Ceramic Load of the 'Witte Leeuw,'* pp. 246-247.

18. Jan M. Baart, 〈アムステルダムの歷史と考古學〉，收入小林克編，《掘り出された都市：日蘭出土資料の比較》（東京：日外アソシエーツ，2002），頁281-282。

19. Marion Merse, " Die Erfassung von Frechener Keramik am Beispiel des Ofenkomplexe Broichgasse,"

Ausgegraben, Keramik aus Frechen von Mittelalter bis zum 19 Jahrhundert, p. 29.

20. Marion Merse, "Die Erfassung von Frechener Keramik am Beispiel des Ofenkomplexe Broichgasse," p.29.

21. 詳參見前引 Keramikmuseum Frechen 網站資料，www.rheinische-keramik.de, KMF A75.

22. 長崎市教育委員會，同前引《國指定史跡出島和蘭商館跡：護岸石垣復元事業に伴う發掘調查及び工事報告書》，頁64，圖38之60。

23. Karl Göbels, 同前引 *Keramik-Scherben aus Frechen Zusammengekehrt und Aufgelesen von Köln*, p. 62.

24. David Gaimster, *German Stoneware 1200-1900 Archaeology and Cultural History*, p. 221, fig. 69.

25. Karl Göbels, 同前引 *Keramik-Scherben aus Frechen Zusammengekehrt und Aufgelesen von Köln*, pp. 23, 79.

26. 同前引 Keramikmuseum Frechen 網站資料，www.rheinische-keramik.de, KMF A1006.

27. S. Jennings, " Eighteen Centuries of Pottery from Norwich," *East Anglian Archaeology*, 13 (1981), Norwich, fig. 49, 轉引自 David Gaimster, *German Stoneware 1200-1900 Archaeology and Cultural History*, p. 93, fig. 815.

28. Robert Sténuit, "Early Relics of the VOC Trade from Shetland: the Wreck of the Flute Lastdrage Lost off Yell, 1653," *Nautical Archaeology*, 3.2 (1974), fig. 20.

29. 前田正明，同前引《西洋陶磁物語》，頁163；David Gaimster, 同前引 *German Stoneware 1200-1900 Archaeology and Cultural History*, p. 214, fig. 53; p. 216, fig. 57; p. 218, fig. 62; p. 220, fig. 67.

30. 同前引 Keramikmuseum Frechen 網站資料，www.rheinische-keramik.de，KMF A95（1560年），KMF A242（1594年）。另外，前引 David Gaimster, *German Stoneware 1200-1900 Archaeology and Cultural History*, 亦揭示一件相對年代在1600至1650年之間的作品。

31. William A. Forster and Kenneth B. Higgs, " The Kennemerland, 1971, An Interim Report," *Nautical Archaeology*, 2.2 (1973), p. 297, fig. 7.

32. たばこと鹽の博物館編，《特別展 阿蘭陀趣味—鎖國下のエキゾチシズム》（東京：たばこと鹽の博物館，1996），圖69。櫻庭美咲，同前引〈鬚德利〉，頁27及圖版6。神戶市立博物館編，《神戶市立博物館館藏品目錄》，美術の部10・工藝品（神戶：神戶市健康教育公社，1993），頁10，第61號。

3-3 熱蘭遮城遺址出土的歐洲十九世紀炻器

1. 東京都生涯學習文化財團，《汐留遺跡III（第1分冊）：舊汐留貨物駅跡地內の調查》，東京都埋藏文化財センター調查報告第125集（多摩：東京都埋藏文化財センター，2003），頁109，圖3之17〔《報告書》I（第4分冊），圖99之36〕；頁110，圖4之30〔《報告書》II（第5分冊），圖104之24〕。

2. 石崎俊哉，〈新橋停車場構內出土の西洋陶磁器に關する覺え書き〉，收入東京都生涯學習文化財團，同前引《汐留遺跡III（第1分冊）：舊汐留貨物駅跡地內の調查》，頁102。另可參見 Geoffrey A.

Godden, *Encyclopedia of British Pottery and Porcelain Marks* (London: Herbert Jenkins, 1964).

3. 市川正史，〈宮ケ瀨出土の西洋遺物に關連して〉，《考古論叢神奈河》6（1997），頁67。

4. 東京都生涯學習文化財團，《汐留遺跡 III（第6分冊）：舊汐留貨物駅跡地內の調查》，東京都埋藏文化財センター調查報告第125集（多摩：東京都埋藏文化財センター，2003），頁138，圖88之29（3I-072）。

5. 東京都文京區遺跡調查會，《春日町遺跡》（東京：文京區遺跡調查會，1999），頁242，圖310之5。

6. 港區麻布台一丁目遺跡調查團編，《郵政省飯倉分館構內遺跡》（東京：港區麻布台一丁目遺跡調查會，1986），頁237，圖109之19。

7. 陳得仁計劃主持，《臺北市植物園遺址採集資料整理研究計劃》（臺北縣：三峽國民中學，2004），頁15及圖版117參見。

8. 長崎市教育委員會，《勝山町遺址一長崎市櫻町小學校新設に伴う埋藏文化財發掘調查報告書》（長崎市：長崎市教育委員會，2003），圖31之166。另外，本文所用彩圖是由國立臺灣大學藝術史研究所博士生王淑津所拍攝，謹誌謝意。

9. 長崎市教育委員會，《國指定史跡出島和蘭商館跡：護岸石垣復元事業に伴う發掘調查及び工事報告書》（長崎市：長崎市教育委員會，2001），彩版右下以及頁55，圖27之15；頁64，圖38之59等。

10. 堀內秀樹，〈東京都內の遺跡出土の江戶時代末から明治時代初期の遺物群〉，收入江戶遺跡研究會編，《遺跡にみる幕末から明治・江戶遺跡研究會第6回大會發表要旨》（東京：江戶遺跡研究會，1993），頁167，圖23之11。

11. 東京都生涯學習文化財團，同前引《汐留遺跡III（第6分冊）：舊汐留貨物駅跡地內の調查》，圖87之26。

12. 神奈川縣立埋藏文化財センター，《宮ケ瀨遺跡群》III・神奈川縣立埋藏文化財センター調查報告書21（橫濱市：神奈川縣立埋藏文化財センター，1993），圖版27之2。

13. 長崎市教育委員會，《興善町遺跡一日本團體生命保險株式會社長崎ビル建設に伴う埋藏文化財發掘調查報告書》（長崎市：長崎市教育委員會，1998），頁62，圖38之18、19。

14. 長崎市教育委員會，《長崎家庭裁判所敷地埋藏文化財發掘調查報告書》（長崎市：長崎市教育委員會，1992），頁39，圖17之8。

15. 長崎市埋藏文化財調查協議會，《櫻町遺跡一サンガーデン櫻町マンション建設に伴う埋藏文化財發掘調查報告書》（長崎市：長崎市埋藏文化財調查協議會，2000），頁31，圖18之5。

16. 長崎市教育委員會，《國指定史跡出島和蘭商館跡一道路及びカピタン別莊發掘調查報告書》（長崎市：長崎市教育委員會，2002），頁142，圖112之24等。

17. 長崎市教育委員會，同前引《國指定史跡出島和蘭商館跡一護岸石垣復元事業に伴う發掘調查

及び工事報告書》，頁64圖38之59左。

18. 東京都生涯學習文化財團，同前引《汐留遺跡 III（第6分冊）：舊汐留貨物駅跡地内の調査》，頁116 註10參見。

19. http://www.cosbert.com/viewstonewarecpc142pl.html，這條資料承蒙臺灣大學藝術史研究所博士生王 淑津的教示，謹誌謝意。

20. Henk Stoepker, *Graven Naar Het Kasteel van Tilburg* (1986)，此轉引自市川正史，同前引〈宮ケ瀨出土の 西洋遺物に關連して〉，頁63及同氏，〈宮ケ瀨遺跡群出土の西洋遺物に關連して〉，《考古から近 世、近代へのアポローチ─神奈川縣内の遺跡を中心にして》（神奈川縣考古學會，2004），頁 55，圖5之14。

21. Henk Stoepker, *Graven Naar Het Kasteel van Tilburg*，此轉引自市川正史，同前引〈宮ケ瀨出土の西洋 遺物に關連して〉，頁63（1986）及頁55（2004），圖5之13。

22. 取自http://www.rotterdammers.nl/dage12/advert24.htm，這條資料是由國立臺灣大學藝術史研究所廖佐 惠小姐所提供，謹誌謝意。

23. Henk Stoepker, *Graven Naar Het Kasteel van Tilburg*, 此轉引自市川正史，同前引〈宮ケ瀨出土の西洋 遺物に關連して〉，頁63（1986）。

24. Henk Stoepker, Graven Naar Het Kasteel van Tilburg, 此轉引自市川正史，同前引〈宮ケ瀨出土の西洋遺 物に關連して〉，頁63（1986）及頁55（2004），圖5之11。

25. 東京都生涯學習文化財團，同前引《汐留遺跡 III（第6分冊）：舊汐留貨物駅跡地内の調査》，頁 138，圖88之27。

26. Ralph & Terry Kovel, *Dictionary of Marks ─Pottery & Porcelain 1650 to 1850* (New York: Random House Reference, 1995), pp. viii-ix; *New Dictionary of Marks─Pottery & Porcelain 1850 to the Present* (New York: Random House Reference, 1986), pp. 238-239.

27. 原發掘報告書將年份欄内印記釋讀爲「I」，即1872年，不確。從報告書所揭載的圖版看來，福田敏 一，《新橋駅發掘─考古學からみた近代》（東京：雄山閣，2004），頁149的「V」說，即表示1876 年的觀察才是正確的。

28. John N. Miksic and Cheryl-Ann Low Mei Gek eds., *Early Singapore 1300s-1819* (Singapore: Singapore History Museum, 2004), p. 34.

29. 長崎市教育委員會，同前引《興善町遺跡─日本團體生命保險株式會社長崎ビル建設に伴う埋藏 文化財發掘調查報告書》，頁62，圖38之20、21。

30. 長崎市教育委員會，同前引《國指定史跡出島和蘭商館跡─道路及びカピタン別莊發掘調查報告 書》，頁89，圖76之75、76。

31. 東京都生涯學習文化財團，同前引《汐留遺跡III（第1分冊）：舊汐留貨物駅跡地内の調查》，頁

109，圖3之15、16、20、21等。

32. 福田敏一，同前引《新橋駅發掘—考古學からみた近代》，頁154-55。

33. 詳參見姜道章，〈臺灣淡水之歷史與貿易〉，《臺灣經濟史》10（1966），頁163-164，以及林子候，《臺灣涉外關係史》（嘉義：自家本，1978），頁205-228。

34. Jean-Paul Desroches, *Treasures of the San Diego* (Manila: National Museum of the Philippines, 1996), p. 251, cat. 39.

35. Ulysses Pernambucano de Mello, "The Shipwreck of the Galleon Sacramento-1668 off Brazil," *Nautical Archaeology*, 8:3 (1979), p. 220, fig. 14.

36. Michel L'Hour, " The Wreck of a Danish Merchant Ship, the Sainte Dorothea (1963)," *Nautical Archaeology*, 22:4 (1993), p. 311, fig. 5.

37. Mitchell W. Marken, *Pottery from Spanish Shipwreck 1500-1800* (Gainesville: University Press of Florida, 1994), pp. 134-137.

3-4 關於「清香」壺 —— 從臺灣發現例談起

1. 盛清沂，〈臺灣省北海岸史前遺址調查報告〉，《臺灣文獻》13卷3期（1962），頁102。

2. 謝明良，〈澎湖中屯嶼發現的「清囿」銘瓷片和清香壺〉，《故宮文物月刊》12卷6期（1994），頁16-31。

3. 三上次男，〈砂漠の廢港—アイザーブ遺跡〉，收入《陶磁貿易史研究》下‧三上次男著作集3（東京：中央公論美術出版社，1978），頁261。另外，圖參見同氏，〈13-14世紀の中國陶磁の商圈〉，《東洋陶磁》10、11（1984），頁83，圖32。

4. 文化公報部等，《新安海底文物‧資料篇》II（首爾：三星文化印刷社，1984），頁496-501，圖版262-267：《新安海底文物‧資料篇》III（首爾：三星文化印刷社，1985），頁384-387，圖版220-223：《新安船》II（首爾：文化財廳，2006），頁305，圖22。

5. 西谷正，〈新安海底の木簡について〉，《九州文化史研究紀要》30（1985），頁259-290。岡內三眞，〈新安沉船出土の木簡〉，收入岡崎敬先生退官記念事業會編，《東アジアの考古と歷史：岡崎敬先生退官記念論集》上（京都：同朋社，1987），頁536-570。

6. 文化公報部等，同前引《新安海底文物‧資料篇》III，頁385，圖版221「清香」壺：《資料篇》II，頁497，圖版263「正寶」壺。

7. 西田宏子，〈茶壺—貿易陶磁「褐釉四耳壺」として〉，收入德川美術館等，《茶壺》（名古屋：德川美術館等，1981），頁163。

8. 三上次男，同前引〈砂漠の廢港—アイザーブ遺跡〉，頁261。

9. 筆者實見，作品現藏紐西蘭。

10. Michael Flecker, "The Bakau Wreck: and Early Example of Chinese Shipping in Southeast Asia," *The International Journal of Nautical Archaeology*, 30.2 (2001), p. 228.

11. 朱伯謙，《龍泉窯青瓷》（臺北：藝術家出版社，1998），頁275，圖261。

12. Jeremy Green, Rosemary Haper and Vidya Intakosi, *The Ko Si Chang Shipwreck Excavation* (Australia Institute for Maritime Archaeology Special Publication No. 4, 1987), p. 23, pl. 26a.

13. 沖繩縣教育委員會，《首里城跡―京の內跡發掘調查報告書（I）》，沖繩縣文化財調查報告集第132集（1998），頁225，圖78。

14. 町田市立博物館，《南海の燒きもの―東南アジア古陶磁會コレクションを中心に》（東京：町田市立美術館，1998），圖179。

15. 文化公報部等，同前引《新安海底文物・資料篇》II，頁496，圖版262。

16. 三上次男，〈いわゆる「呂宋壺」と貿易商品としての性格〉，《陶磁貿易史研究》上・三上次男著作集1（東京：中央公論美術出版社，1987），頁195；西田宏子，同前引〈茶壺―貿易陶磁「褐釉四耳壺」として〉，頁166-167。

17. 龜井明德，〈宋代の輸出陶磁・日本―出土品を中心として〉，《世界陶磁全集》12・宋（東京：小學館，1977），頁291。

18. 德川義宣，《茶壺》（京都：淡交社，1982），圖版25、29、47、151及其解說。

19. 滿岡忠成，《日本人と陶器》（京都：大八洲出版株式會社，1945），頁122-125。

20. 德川義宣，〈茶壺鑑賞史〉，收入德川美術館等編，《茶壺》（名古屋：德川美術館等，1981），頁122-124。

21. 《君臺觀左右帳記》，收入塙保己一集，《群書類從》（東京：經濟雜誌社，1905），卷361，頁672。

22. 德川義宣，同前引《茶壺》，圖25及頁162-163的解說。

23. 德川義宣，同前引《茶壺》，圖51。

24. 滿岡忠成解題，《茶具備討集》，收入井口海仙編，《茶道》全集卷15（大阪：創元社，1937），頁596。

25. 陳得仁先生採集，筆者實見。

26. 澎湖莊姓居民藏，筆者實見。

27. 德川義宣，同前引《茶壺》，圖57及頁179-180的解說。

28. 筒井紘一，〈茶器―銘とその由來〉，收入茶道資料館編，《茶の湯の名器》（京都：茶道資料館，1988），頁67-83。

29. 矢部良明，〈冷、凍、寂、枯の美的評語を通して近世美學の定立を窺う〉，《東京國立博物館紀要》25（1990），頁66。

30. 新村出，〈呂宋の眞壺〉，原載《中央公論》1926年7月號，後收入《新村出全集》11卷（東京：築

摩書房，1971），頁186。

31. Antonio de Morga（神吉敬三等譯註），《フィリピン諸島誌》（東京：岩波書店，1966），頁326-327。

32. Cynthia O. Valdes, Kerry Nguyen Long and Artemio C. Barbosa, *A Thousand Years of Stoneware Jars in the Philippines* (Makati, Metro Manila: Jar Collectors, 1992), p. 100, no. 12.

33. 岸野久，〈「るすん壺」貿易の歷史的役割－教會史料を主として〉，《キリシタン研究》17（1977），頁148。

34. 以上均參見渡邊基，〈豐臣氏呂宋壺貿易〉，《史學》21-2（1943），頁111-119；德川義宣，前引〈茶壺鑑賞史〉，頁137-139。

35. 岸野久，同前引〈「るすん壺」貿易の歷史的役割－教會史料を主として〉，頁145-147。關於安土、桃山時代「呂宋壺」的價格和數量，另可參見武野要子，《藩貿易史の研究》（京都：ミネルヴァ書房，1979），頁98-99。

36. 岸野久，同前引〈「るすん壺」貿易の歷史的役割－教會史料を主として〉，頁145。

37. 陳信雄，《澎湖宋元陶瓷》（馬公：澎湖縣立文化中心，1985），頁64，圖105。

38. 東京國立博物館，《日本出土の中國陶磁》（東京：東京美術，1978），頁18，圖35；頁19，圖38。

39. 杉山洋，〈褐釉系陶器の受容と展開－四耳壺を中主として〉，收入前引《東アジアの考古と歷史：岡崎敬先生退官記念論集》，頁424。

40. 蘇繼廎校釋，《島夷志略校釋》（北京：中華書局，1981），頁89。

41. 龜井明德，同前引〈宋代の輸出陶磁・日本－出土品を中心として〉，頁291。

42. 德川義宣，同前引〈茶壺鑑賞史〉，頁142-143。

43. 佛山市博物館（陳智亮），〈廣東石灣古窯址調查〉，《考古》1978年3期，頁195-199；曾廣億，〈香港元朗出土古外銷陶瓷分析報告〉，《中國古陶瓷研究》11（2005），頁420，圖11、12。

44. 楊豪等，〈廣東四會發現三座明墓〉，《考古》1994年2期，頁189，圖2之1。

45. 德川義宣，同前引《茶壺》，圖151及頁224-225的解說。

46. Jean-Paul Desroches, *The Treasures of the San Diego* (Manila: National Museum of the Philippines, 1996), p. 249.

47. Robin C. M. Piercy, "Mombasa Wreck Excavation, Report no. 3," *The International Journal of Nautical Archaeology and Underwater Exploration*, 6-4 (1977), p. 335, fig. 4.

48. 廣東省文物管理委員會等編，《南海絲綢之路文物圖集》（廣州：廣東科技出版社，1991），頁61，圖下。

49. *The Binh Thuan Shipwreck, Christie's*, Australia, Melbourne 1&2 (March 2004), p. 9, fig. 62, 63.

50. Sten Sjostrand & Sharipah Lok Lok bt. Syed Idrus, *The Wanli Shipwreck and Its Ceramics Cargo* (Kuala Lumpur: Department of Museums Malaysia, 2007), p. 256, no. 6729.

51. 簡榮聰，《臺灣海撈文物》（臺北：教育部等，1994），頁64。

52. 如現藏菲律賓馬尼拉國立博物館的一件同類五繫罐（見Cynthia O. Valdes, Kerry Nguyen Long and Artemio C. Barbosa, 同前引 *A Thousand Years of Stoneware Jars in the Philippines*, p. 119, no. 49），即和日本小野寺個人藏品、傳伊達正宗遺留品（見德川義宣，同前引《茶壺》，圖151）極爲接近。

53. 王賡武，〈沒有帝國的商人：僑居海外的閩南人〉，《海交史研究》1993年1期，頁119。

54. 座右寶刊行會編，《世界陶磁全集》3（東京：小學館，1977），頁188，圖186。

3-5 澎湖發現的十七世紀日本肥前青花瓷

1. 臧振華等，〈左營清代鳳山縣舊城聚落的試掘〉，《中央研究院歷史語言研究所集刊》64本3分（1993），圖版11；謝明良，〈左營清代鳳山縣舊城聚落出土陶瓷補記〉，收入同氏，《貿易陶瓷與文化史》（臺北：允晨出版社，2005），頁223。

2. 謝明良，〈記熱蘭遮城遺址出土的十七世紀歐洲和日本陶瓷〉，收入前引《貿易陶瓷與文化史》，頁224-246；王淑津等，〈熱蘭遮城遺址出土十七世紀中國與日本瓷器〉，收入《2006年臺灣考古工作會報》（臺中：國立自然科學博物館，2007），頁8-9。

3. 李匡悌，《三舍暨舍內遺址受相關水利工程影響範圍搶救考古發掘工作計畫期末報告》（臺南：臺南縣政府，2004），頁33，圖27；頁50，圖75。

4. 野上正紀等〈台南出土の肥前磁器－17世紀における海上交易に關する考察〉，《金大考古》48（2005），頁6-10。

5. 謝明良，同前引〈左營清代鳳山縣舊城聚落出土陶瓷補記〉，頁223。

6. 野上正紀等，同前引〈台南出土の肥前磁器〉，頁6。

7. 野上正紀等，同前引〈台南出土の肥前磁器〉，頁7。

8. 佐賀縣立九州陶磁文化館，《古伊萬里の道》（佐賀：佐賀縣立九州陶磁文化館，2000），頁132，圖286；頁228，圖60。

9. 大橋康二，〈海外輸出された肥前磁器の特質について －芙蓉手を中心として〉，收入大川清博士古稀記念會編，《王朝の考古學》（東京：雄山閣，1995），頁516，圖Ｃ－イ。

10. 類似標本的定年有：大橋康二（同前引〈海外輸出された肥前磁器の特質について〉，頁516，圖Ｃ－イ）之1655至1680年；佐賀縣立九州陶磁文化館（同前引《古伊萬里の道》，頁132，圖288）之1660至1690年和（同前引《古伊萬里の道》，頁110，圖221）之1670至1690年等。

11. 大橋康二，同前引〈海外輸出された肥前磁器の特質について〉，頁516，圖Ｃ－イ。

12. 佐賀縣立九州陶磁文化館，同前引《古伊萬里の道》，頁132，圖288右下。

13. Jan M. Barrt（河島綾乃譯），〈アムステルダムの日本磁器出土遺物〉，收入前引《古伊萬里の道》，頁207。

14. 野上正紀，〈アーヴオンド・ステレ號發見の肥前磁器〉，《水中考古學研究》（2006），頁76，圖2。

15. T. Volker撰，前田正明譯，〈磁器とオランダ連合東インド會社（11）〉，《陶說》323（1980），頁56
    及頁59-60。

16. 謝明良，〈記故宮博物院所藏的伊萬里瓷器〉，收入前引《貿易陶瓷與文化史》，頁141-143。

17. 關俊彥，〈マニラ・ガレオン貿易と中國陶磁〉，收入《佐久間重男教授退休記念中國史・陶瓷史論
    集》（東京：燎原株式會社，1983），頁427-455；William Lytle Schurz, *The Manila Galleon* (New York:
    E. P Dutton, 1959).

18. 三上次男，《メキシコの中國陶磁》，原載《出光美術館館報》18（1974），收入同氏，《陶磁貿易史
    研究》（中）（東京：中央公論美術出版社，1988），頁303-310。

19. 關俊彥，同前引〈マニラ・ガレオン貿易と中國陶磁〉，頁450。

20. 三杉隆敏，〈メキシコ市の中國磁器片〉，《日本美術工藝》426（1974），頁95，圖D。

21. 野上正紀等，〈マニラ出土の肥前磁器〉，《金大考古》48（2005），頁1。

22. 野上正紀，〈ガレオン貿易と肥前磁器—マニラ周邊海域に展開した唐船の活動とともに〉，《上
    智アジア學》23（2005），頁249-250。

23. 方眞眞，〈明鄭時代臺灣與菲律賓的關係—以馬尼拉海關紀錄爲中心〉，《臺灣文獻》54卷3期
    （2003），頁82。

24. 野上正紀，同前引〈マニラ出土の肥前磁器〉，頁245。

25. 坂井隆，《「伊萬里」からアジアが見える》（東京：講談社，1998），頁91-92；彩圖參見上智大
    學アジア文化研究所等，《バンテン・ティルタヤサ遺跡》（東京：上智大學アジア文化研究所等，
    2000），頁97，圖049H、316H。

26. 謝明良，〈遺留在臺灣的東南亞古陶瓷—從幾張老照片談起〉，《國立臺灣大學美術史研究集刊》22
    （2007），頁47，圖30。

27. 徐瀛洲，《蘭嶼之美》（臺北：文建會，1999增訂一版），頁10，左下圖。

28. 佐賀縣立九州陶磁文化館，《國內出土の肥前陶磁》（佐賀：佐賀縣立九州陶磁文化館，1984）頁
    96，圖651。

29. 佐賀縣立九州陶磁文化館，《よみがえる江戶の華展—くらしのなかのやきもの》（佐賀：佐賀縣立
    九州陶磁文化館，1994），頁53，圖II-13左。

30. 大橋康二，〈肥前磁器の變遷—器の種類からみた〉，收入佐賀縣立九州陶磁文化館，《柴田コレ
    クション》VIII・華麗なる古伊萬里の世界（佐賀：佐賀縣立九州陶磁文化館，2002），頁291-292。

31. 米澤容一，〈考古學から見たヤミ族—ヤミ族の物質文化に見られる外來的要素の抽出〉，收
    入坂詰秀一先生古稀記念會編，《考古學の諸相》II（東京：坂詰秀一先生古稀記念會，2006），頁
    95。

32. T. Volker撰，前田正明譯，〈磁器とオランダ 連合東インド 會社（5）〉，《陶説》316（1999），頁73；
    張天澤（桃楠等譯），《中葡早期通商史》（香港：中華書局，1988），頁135-136。

33. Jean-Paul Desroches, *Treasures of the San Diego* (Manila: National Museum of the Philippines, 1996), p.
    313, cat. 72, 73.

34. Colin Sheaf and Richard Kiburn, *The Hatcher Porcelain Cargoes: the Complete Record* (Oxford: Phaidon,
    1988) p. 40, pl. 45, 46.

35. 〈337年風櫃尾紅毛城遺址確定〉〈1623年颱風損堡荷人強擄漁民修繕遺址發現大批青花瓷器碎片爲
    修堡人員餐具或清軍留下尙待鑑定〉，《聯合報》1999.11.10；盧泰康，〈澎湖風櫃尾荷據時期陶瓷遺
    物之考證〉，《故宮文物月刊》19卷5期（2001），頁116-134。

36. 能芝勉，〈京都公家屋敷跡出土貿易陶瓷にみる傳世－寬文11年火災資料を中心に〉，收入日本貿易
    陶磁研究會編，《傳世する陶磁器》（日本貿易陶磁研究會第28回研究集發表資料集，2007），頁
    15，圖1；同氏，〈公家町17世紀茶の湯と煎茶文化－寬文11年火災一括資料を中心に〉，《關西近
    世考古學研究》15（2007），頁24，圖2之13-17。

37. 張柏主編，《中國出土瓷器全集》10（北京：科學出版社，2008），圖231。

38. 黃薇等，〈廣東台山上川島花碗坪遺址出土瓷器及相關問題〉，《文物》2007年5期，頁83，圖19。

39. 梁振晶等，〈新賓赫圖阿拉城內建築遺址發掘簡報〉，收入方殿春主編，《遼寧考古文集》（瀋陽：遼
    寧民族出版社，2003），頁151及圖版參貳之4。

40. 愛知縣陶磁資料館，《ペルシアやきもの－800年の美と傳統》（愛知縣：愛知縣陶磁資料館，
    2007），頁72，圖138。

41. 三上次男編，《世界陶磁全集》21（東京：小學館，1986），頁185，圖222。

42. 三上次男，〈陶磁貿易史上から見た南、東アジア出土のイスラム陶器〉，《白水》10（1984），頁
    6，圖1及彩版1。

43. 陝西省文物管理委員會（杭德州等），〈唐永泰公主墓發掘簡報〉，《文物》1964年1期，頁23，圖
    32。

44. 陝西省博物館、文管會革委會寫作小組，〈西安南郊何家村發現唐代窖藏文物〉，《文物》1972年1
    期，頁41，圖32，彩圖可參見新潟縣立近代美術館等編集，《中國の正倉院・法門寺地下宮殿の秘
    寶－唐皇帝からの贈り物》（新潟：新潟縣立近代美術館等，1999），頁139，圖94。

45. Ann C. Gunter and Paul Jett, *Ancient Iranian Metalwork in the Arthur M. Sackler Gallery and the Freer
    Gallery of Art* (Washington D. C. : Smithsonian Institution, 1992), p. 161, p. 25.

46. 朝日新聞社企畫局文化企畫部，《封印された南宋陶磁展》（東京：朝日新聞社，1998），頁89，圖
    104。

47. T. Volker撰，前田正明譯，〈磁器とオランダ連合東インド會社〉，《陶説》320（1979），頁59；324

（1980），頁76。

3-6 遺留在臺灣的東南亞古陶瓷——從幾張老照片談起

1. 劉文三，《臺灣早期民藝》（臺北：雄獅圖書公司，1978），頁57，圖7。

2. Roxanna M. Brown於1970年代已經指出一件類似的四繫罐是十七世紀Singburi窯系所燒造。見同氏，*The Ceramics of South-East Asia: Their Dating and Identification* (Singapore: Oxford University Press, 2nd ed., 1988), pl. XLIII. b.

3. Caaruk Wiraikeow，〈タイ國シンブリー縣ノイ窯跡群發掘調查報告書〉，《關西近世考古學研究》X（2002），頁200。

4. Jean-Paul Desroches, *The Treasures of the San Diego* (Manila: National Museum of the Philippines, 1996), p. 237.

5. M. L'Hour and L. Long, "The Wreck of an 'Experimental' Ship of the 'Oost-Indische Companie' : The Mauritius (1609)," *The International Journal of Nautical Archaeology*, 19-1 (1990), pp. 63-73.

6. G. C. Vander Piji-Ketel, *The Ceramic Load of the 'Witte Leeuw'* (Amsterdam: RIJKS Museum, 1982), pp. 239-241.

7. Jeremy Green, "The Wreck of the Dutch East Indiaman the Vergulde Draeck (1656)," *The International Journal of Nautical Archaeology and Underwater Exploration*, 2-3 (1973), pp. 267-289.

8. Jeremy Green, Rosemary Harper and S. Prishanchittara, *The Excavation of the Ko Kradat Wrecksite Thailand 1979-1980* (Department of Maritime Archaeology, Western Australian Museum, Special Publication, no. 17, 1981), pp. 23-24; "The Excavation of the Ko Kradat Wrecksite, Thailand," *The International Journal of Nautical Archaeology*, 11-2 (1982), pp. 164-171.

9. Jeremy Green and Rosemary Harper, "The Ko Si Chang One Ship Wreck Excavation 1983-1985, A Progress Report," *The International Journal of Nautical Archaeology and Underwater Exploration*, 15-2 (1986), pp. 105-122; Jeremy Green, Rosemary Harper and Vidya Intakosi, *The Ko Si Chang Three Shipwreck Excavation 1986* (Australia Institute for Maritime Archaeology Special Publication, no. 4, 1987), p. 34, fig. 40.

10. Sten Sjostrand, "The 'Xuande' Wreck Ceramics," *Oriental Art*, vol. XLIII, no. 2 (Summer 1977), pp. 7-14; Roxanna M. Brown, *The Ming Gap and Shipwreck Ceramics in Southeast Asia* (Los Angeles: University of California, Los Angeles, 2004), p. 209.

11. 九州、沖繩水中考古協會、小值賀町教育委員會，《山見沖海底遺跡—小值賀町山見海底遺跡確認調查報告》小值賀町文化財調查報告集16（2002）。

12. Jeremy Green, "The Survey of the VOC Fluit Risdam (1727), Malaysia," *The International Journal of Nautical Archaeology*, 15-2 (1986), pp. 93-104; Roxanna M. Brown and Sten Sjostrand, *Maritime*

Archaeology and Shipwreck Ceramics in Malaysia (Kuala Lumpur, Malaysia: Department of Museums and Antiquities, 2001), p. 61, fig. 48.

13. 向井亙,〈タイ黑褐釉四耳壺の分類と年代〉,《貿易陶磁研究》23(2003),頁102。

14. Caaruk Wiraikeow,同前引〈タイ國シンブリー縣ノイ窯跡群發掘調查報告書〉,頁220第2型和頁201第3型。

15. 森本朝子,〈博多出土の東南アジア陶磁器について〉,《シンポジウム陶磁器が語る交流—九州、沖繩出土の東南アジア產陶磁器》(鹿兒島:東南アジア考古學會等,2004),頁10附表參照。

16. 扇浦正義、川口洋平,〈長崎出土の東南アジア陶磁〉,《シンポジウム陶磁器が語る交流—九州、沖繩出土の東南アジア產陶磁器》(鹿兒島:東南アジア考古學會等,2004),頁27附表參見。

17. 森村健一,〈16-17世紀初頭の堺環濠都市遺跡出土のタイ四耳壺—タイでの窯跡、沉沒船の出土例〉,《貿易陶磁研究》9(1989),頁134-151。

18. 續伸一郎,〈堺環濠都市遺跡出土のタイ製四耳壺〉,《貿易陶磁研究》9(1999),頁125,圖2之5、6、7。

19. 向井亙,同前引〈タイ褐黑釉四耳壺の分類と年代〉,頁90-105。

20. 向井亙,同前引〈タイ褐黑釉四耳壺の分類と年代〉,頁95-96。

21. Caaruk Wiraikeow,同前引〈タイ國シンブリー縣ノイ窯跡群發掘調查報告書〉;森村健一,同前引〈16-17世紀初頭の堺環壕都市遺跡出土のタイ四耳壺〉,頁140。

22. 林偉盛,〈荷蘭人據澎湖始末(1622-1624)〉,《國立政治大學歷史學報》16(1999),頁1-45,以及曹永和,〈澎湖紅毛城與天啓明城〉,收入同氏,《臺灣早期歷史研究續集》(臺北:聯經出版社,2000),頁149-183。

23. 傅朝卿、劉益昌、李德河,《第一級古蹟臺灣城殘蹟(原熱蘭遮城)城址初步研究計畫成果報告書》(臺南市政府委託國立成功大學發展基金會,2003)。筆者受邀爲該計畫的協同研究,參與陶瓷標本的鑑識。標本現暫存中央研究院考古學專題研究中心。在此要感謝計畫主持人劉益昌教授在標本尙未整理完畢的階段,就慨允我先行發表這一資料。

24. 東京都江戶東京博物館,《掘り出された都市—江戶、長崎、アムステルダム、ロンドン、ニューヨーク》(東京:東京都歷史文化財團,1996),頁118,圖1-92。不過,該文作者阿姆斯特丹市考古局Jan M. Baart是將這件四繫罐判定爲中國十七世紀製品。

25. 村上直次郎(韓石麟譯),〈熱蘭遮城築城史話〉,《臺南文化》3-3(1953),頁11-13;3-4(1954),頁45-48。

26. 涉谷區立松濤美術館,《臺灣高砂族の服飾—瀨川コレクション》(東京:涉谷區立松濤美術館,1983),頁74,左上圖。

27. 湯淺浩史,《瀨川孝吉 臺灣原住民影像誌—鄒族篇》(臺北:南天書局,2000),頁xx-xxi。

28. 鈴木秀夫，《臺灣蕃界展望》（臺北：理蕃之友發行所，1935），頁83圖下「大股頭人家所藏の寶劍と壺—高雄州內文社」。內文社（Chakobokoji社），屬「恆春上蕃」（Chaoboobol）之一，位於枋山溪中游北邊，即今屏東縣獅子鄉境。我是因王淑津（國立臺灣大學藝術史研究所博士生）的教示，才獲知此一圖照的存在，王淑津同學並告訴我此一珍貴資料是承蒙南天書局魏德文先生所提供。在此謹向二人表示謝意。

29. Jeremy Green, Rosemary Harpers and Vidya Intakosi, 同前引 *The Ko Si Chang Three Shipwreck Excavation 1986*, p. 74, KSC 326.

30. 向井亙，同前引〈タイ黑褐釉四耳壺の分類と年代〉。

31. 森村健一，〈フィリピン・パンダナン島沖沉沒船引き揚げ陶磁器と中近世貿易システム〉，《貿易陶磁研究》21（2001），頁53-62；Allison I. Diem, "The Significance of Pandanan Shipwreck Ceramics as Evidence of Fifteenth Century Trading Relations with Southeast Asia," *Bulletin of the Oriental Ceramic Society of Hong Kong*, 12 (1998-2001), pp. 28-36.

32. Jesus T. Peralta, *Saga of the San Diego* (Manila, Philippines: Concerned Citizens for the National Museum, 1993), p. 88, fig. 30; Jean-Paul Desroches, 同前引 *The Treasures of the San Diego*, p. 237.

33. *Treasures from the Hoi An Hoard, Import Vietnamese Ceramics from a Late 15th/ Early 16th Century Cargo, Butterfields* (San Francisco, 2000), *Treasures of the Hoi An/ Fine Asian of Art, Butterfields* (San Francisco, 2000), p. 52, no. 6282; 菊池誠一，〈ベトナム中部の沉沒船引き揚げ陶磁器〉，《貿易陶磁研究》18（1998），頁137-148。

34. 沖繩縣教育委員會，《首里城跡—京の內跡發掘調查報告書（I)》，沖繩縣文化財調查報告書132集（沖繩：沖繩縣教育委員會，1998），頁216。

35. 森村健一，〈15世紀代のタイ・ノイ川窯系四耳壺について—琉球國・首里城「京の內」（1459年大火層一括）を中心として〉，《南島考古》21（2002），頁1-10。

36. 向井亙，同前引〈タイ黑褐釉四耳壺の分類と年代〉，頁90-105，以及同氏，〈タイ・ベトナム陶磁器の產地と年代〉，收入龜井明德編，《明代前半期陶瓷器の研究—首里城京の內SK01出土品》，專修大學アジア考古學研究報告書1（東京：專修大學文學部，2002），頁70-83。

37. Caaruk Wiraikeow，同前引〈タイ國シンブリー縣ノイ窯跡群發掘調查報告書〉，頁199第一型。

38. 森本朝子，同前引〈博多出土の東南アジア陶磁器について〉，頁10。

39. 森村健一，〈15世紀代のタイ・ノイ川窯系四耳壺について〉，《南島考古》21（2002），頁4。

40. 葉山村教育委員會，《高知縣高岡郡葉山村姬野野土居跡・葉山村總合福祉センター建設に伴なう調查報告書》，葉山村埋藏文化財發掘調查報告第4集（2000），此參見森村健一，同前引〈15世紀のタイ・ノイ川窯系四耳壺について〉，頁4。

41. 陳有貝等，《淇武蘭遺址搶救發掘報告》4（宜蘭縣：宜蘭縣政府，2008），頁208，圖版461。

42. 中村孝志著，賴永祥譯，〈十七世紀西班牙人在臺灣的佈教〉，收入《臺灣史研究－初期》（1970）；李壬癸，《宜蘭縣南島民族與語言》（1996）。以上二文均轉引自陳有貝等，《淇武蘭遺址搶救發掘簡報》1（宜蘭縣：宜蘭縣政府，2008），頁11。

43. 香港古物古蹟辦事處（招紹瓚等），〈香港澳門五十年來的考古收穫〉，《新中國考古五十年》（北京：文物出版社，1999），頁516-517引 Weacham, "W. A Wing Trading Site at Penny's Bay, Lantaur," *JHKAS*, vol. XII (1990), pp. 100-115及1992年古物古蹟辦事處資料；感謝香港古物古蹟辦事處孫德榮先生慨允筆者拍攝標本照片。

44. 自1970年代 Spinks 指出其產地是在泰國中部阿瑜陀耶（Ayutthaya）以來（Charles N. Spinks, "The Ayuddhaya-Period Earthenwares, Some Contemporary Thai Kilns, Their Wares and Potting Methods," *Journal of the Siam Society*, 64-2 (1976), pp. 188-189），近年泰國學者也證實了阿瑜陀耶近郊帕尼亞（Paniat）即為產地之一，參見森本朝子，〈博多出土のタイ陶磁について－アマア・スリセッチャ氏に聞く〉，《法哈達》1（1992），頁49。其次，阿瑜陀耶（大城）北郊亦曾發現燒造這類印紋陶壺的窯址，參見吉良文男，〈東南アジア大陸部の陶磁器－タイを中心に〉，《東南アジアの茶道具》（京都：茶道資料館，2002），頁203。

45. 謝明良，〈乾隆和他收藏的一件泰國陶壺〉，《故宮文物月刊》21卷7期（2003），頁76-87。

46. 長崎市教育委員會，《興善町遺跡－日本團體生命保險株式會社長崎ビル建設に伴う埋藏文化財發掘調查報告書》（長崎：長崎市教育委員會，1998），頁74，圖44。與熱蘭遮城遺址印紋陶器酷似的作品之清楚圖片，參見東京都江戶東京博物館，同前引《掘り出された都市》，頁85。

47. 原田博二，〈新町乙名八尾家について〉，收入長崎市教育委員會，同前引《興善町遺址》，頁5-7。

48. 長崎市教育委員會，同前引《興善町遺跡》，頁1。

49. 大橋康二，〈出土遺物〉，收入前引《興善町遺跡》，頁36。

50. 長崎市埋藏文化財調查協議會，《榮町－ビル建設に伴う埋藏文化財發掘調查報告書》（長崎：長崎市埋藏文化財調查協議會，1993），頁64，圖43之31。

51. 長崎市教育委員會，《勝山町遺跡－長崎市櫻町小學校新設に伴う埋藏文化財發掘調查報告書》（長崎：長崎市教育委員會，2003），頁23，圖14。

52. 長崎市埋藏文化財調查協議會，《金屋町遺跡－オフィスメーション（株）ビル建設に伴う埋藏文化財發掘調查報告書》（長崎：長崎市埋藏文化財調查協議會，2002），頁107，圖13。

53. 長崎縣教育委員會，《長崎奉行所（立山役所）跡岩原目付屋敷跡爐粕町遺跡－歷史文化博物館建設件う埋藏文化財發掘調查報告書（下）》（長崎：長崎縣教育委員會，2005），頁78，圖70之943。

54. 長崎縣教育委員會，同前引《長崎奉行所（立山役所）跡》，頁56，圖48之602。

55. 續伸一郎，〈堺環濠都市遺跡出土のベトナム陶磁器〉，收入櫻井清彥等編，《近世日越交流史》（東京：柏書房，2002），頁290-91。

56. 森本朝子，〈ベトナムの古窯址〉，收入根津美術館編，《南蠻、島物—南海請來の茶陶》（東京：根津美術館，1993），頁139；菊池誠一，《ベトナム日本町の考古學》（東京：高志學院，2003），頁224，圖6之6參照。

57. 劉文三，同前引《臺灣早期民藝》，頁61彩圖。

58. 如越南中部窯群即出土有類似的四繫罐。圖參見菊池誠一，同前引《ベトナム日本町の考古學》，頁224，圖6之6。

59. 菊池誠一，同前引《ベトナム日本町の考古學》，頁194。另參見同氏和阿部百里子合著，〈ベトナム燒締陶器の製作技法〉，收入昭和女子大學國際文化研究所紀要，《ベトナム ホイアン考古學調查報告書》4（1997），頁183-191。

60. 菊池誠一，同前引《ベトナム日本町の考古學》，第四章〈中部ベトナムの陶器生產の展開と歷史的背景〉，頁211-240。

61. 森本朝子，〈ベトナム陶磁—日本における研究の成果と課題〉，收入東洋陶磁學會編，《東洋陶磁史—その研究の現在：東洋陶磁學會三十周年記念》（東京：東洋陶磁學會，2002），頁287。

62. Philippe Truong, "Limepot," in John Stevenson and John Guy eds., *Vietnamese Ceramics* (Art Media Resources with Avery Press, 1977), p. 393, fig. 426.

63. 尾崎直人，《ベトナムの陶磁》（福岡：福岡市美術館，1992），頁84，圖128。

64. Kerry Nguyen Long, "The Vietnamese Limepot," *Arts of Asia*, 27-5 (1997), p. 69, fig. 10.

65. 同前引 *Treasures of the Hoi An*, p. 53, no. 6285.

66. 村上直次郎譯注、中村孝志校注，《バタヴィア城日誌》3卷（東京：平凡社，1975），所收中村孝志氏之「序說」，頁10。

67. 據岩生成一氏的統計，自慶長九年（1604）至寬永十二年（1635）三十二年間，日本幕府派遣往南洋貿易的朱印船計三百三十五艘，其中駛往臺灣的船隻達三十六艘，參見同氏，《朱印船と日本町》（東京：至文堂，1962），頁35-38。另可參見長尾政憲，〈年次別・地方別・階層別渡航朱印船船數表〉，收入箭內健次等編，《海外交涉史の視點》2卷（東京：日本書籍株式會社，1976），頁300-301。

68. 參照岩生成一，〈明末日本僑寓支那人甲必丹李旦考〉，《東洋學報》23卷3期（1936），頁78-79。

69. 以上兩條資料均轉引自陳荊和，〈十七世紀之暹羅對外貿易與華僑〉，收入凌純聲等編，《中泰文化論集》（臺北：中華文化出版事業委員會，1958），頁153及頁175。

70. 江樹生譯註，《熱蘭遮城日誌》第一冊（臺南：臺南市政府，2000），頁93。

71. 村上直次郎譯注、中村孝志校注，《バタヴィア城日誌》1卷（東京：平凡社，1970），頁299-300。

72. 張美惠，〈明代中國人在暹羅之貿易〉，《國立臺灣大學文史哲學報》3（1951），頁161-176。

73. 臧振華等，〈左營清代鳳山縣舊城聚落的試掘〉，《中央研究院歷史語言研究所集刊》64本第3分

（1993），圖版11；謝明良，〈左營清代鳳山縣舊城聚落出土陶瓷補記〉，《臺灣史研究》3卷1期（1996），頁229-244。

74. 謝明良，〈記熱蘭遮城遺址出土的十七世紀日本和歐洲陶瓷〉，《國立臺灣大學美術史研究集刊》18（2005），頁228，圖14。

75. Pariwat Thammapreechakorn, *Ceramic Art in Thailand* (Bangkok: Osotspa Co. Ltd., 1996), p. 119.

76. 佐賀縣立九州陶磁文化館，《海を渡った肥前のやきもの展》（佐賀：佐賀縣立九州陶磁文化館，1990），頁175，圖426。

77. 臺南市政府民政局，《民族文物館藏品選集》（臺南：臺南市政府，1995），頁6，圖12。

78. 此轉引自盧泰康，〈臺南地區明鄭時期墓葬出土文物〉，收入《環臺灣地區考古學國際研討會暨2007年度臺灣考古工作會報》（臺北：國立臺灣大學人類學系，2008），v-c-1。

79. 松澤員子，〈日本領臺以前の臺灣における漢人と原住民族の交易についての一考察〉，《國立民族學博物館研究報告別冊》14號（1991），頁280-281。

80. 黑潮文化の會，《黑潮の民族・文化・言語》（東京：角川書店，1980），頁8「野性II號」航路圖。

81. 和田久德，〈十四—五世紀における東南アジア船の東アジア來航と琉球國〉，收入島尻勝太郎等三先生古稀記念論集刊行委員會編，《球陽論叢》（ひるぎ社，1986），頁45-46。

82. 陳奇祿，〈臺灣排灣群的古瑠璃珠及其傳入年代的推測〉，《國立臺灣大學考古人類學刊》28期（1966），頁1-5。

83. Beauclair, "Dutch Beads on Formosa," *Ethnographic Studies, The Collected Paper of Inez de Beauclair* (Taipei: Southern Material Center, 1986), pp. 421-430.

84. 如陳奇祿（同前引〈臺灣排灣群的古瑠璃珠及其傳入年代的推測〉），圖版I之紅褐色管珠可能來自印度Purdal Pur玻璃作坊所生產；圖版II左列最下方即荷蘭鋸齒紋珠（Chevron）；圖版IV左列最下方白地紅綠彩玻璃珠即江戶蜻蛉玉；圖版IV最右列由下而上第3、4圖即威尼斯珠。

85. 簡榮聰，《臺灣海撈文物》（臺北：教育部等，1994），頁140。

86. John Shaw, *Introducing Thai Ceramics: Also Burmese and Khmer* (Bangkok: Duangphorn Kemasingki, 1987), pp. 24-30.

87. 小川光彥等，〈フィリピン・サンイシドロ沉船の陶磁器〉，《貿易陶磁研究》21（2001），頁90-105。

88. 筆者實見，另據展品卡片說明，捐贈人是南市大勇街鄭氏居民。

89. 陳信雄，《澎湖宋元陶瓷》（馬公：澎湖縣立文化中心，1985），頁28，圖34。

90. 博多64次32號溝（十四世紀前半至十六世紀前半）及87次。此轉引自森本朝子，同前引〈博多出土の東南アジア陶磁器について〉，頁10。水崎遺跡見田中淳也等，《美津島町文化財調查報告書》第8集・水崎遺跡（長崎：長崎縣美津島町教育委員會，1999），此轉引自國立歷史民俗博物館，《東アジア中世海道 海商・港・沉沒船》（千葉：國立歷史民俗博物館，2005），頁67，圖II-31。

91. 澎湖所見上述越南印花青瓷的可能年代和產地，承蒙森本朝子女士的教示（2001年12月10日於臺大藝術史所），謹誌謝意。另可參見同氏，〈北部ヴェトナム出土の所謂宋代陶磁について〉，《東洋陶磁》9（1979-83），頁5-86；以及〈日本出土のベトナム初期貿易陶磁〉，《海路》創刊號（2004），頁61。

92. Morimoto Asako and Yamasaki Kazuo, *Technical Studies on Ancient Ceramics Found in North and central Vietnam* (Fukuoka, 2001), pl. 84, mov. 5.

93. 承蒙 Musée Guimet 東南亞研究部長 Pierre Baptiste的好意，允許本文使用該館馬伯樂採集標本（Maspero Collection, MA 5474/343），謹誌謝意。

94. 前述見於《澎湖宋元陶瓷》一書的越南青瓷標本，現在陳列於馬公市澎湖開拓館。承蒙國立臺灣大學中文系何寄澎教授的引薦，在縣文化局曾慧香局長和洪玉菇女士的大力相助之下，我才有機會上手進行目驗，並承文化局惠賜標本圖檔，謹在此致以謝意。

95. 三上次男，〈ベトナム陶磁と陶磁貿易〉，《世界陶磁全集》16（東京：小學館，1984）。另外，小西雅德也繼承了三上氏的說法，但同樣未明示出處，見同氏，〈タイ陶磁器の輸出地域について〉，《國學院大學考古學資料館紀要》3（樋口清之博士喜壽紀念，1987），頁228。

96. 金武正紀，〈沖繩出土のタイ・ベトナム陶磁〉，《貿易陶磁研究》11（1990），頁99。另外，森村健一，同前引〈15世紀のタイ・ノイ川窯系四耳壺について〉，還補充指出，《歷代寶案》還有米酒、椰子酒的記載，《瀛涯勝覽・暹羅國》條也記載該國特產中有蒸餾酒。

97. 謝明良，同前引〈記熱蘭遮城遺址出土的十七世紀日本和歐洲陶瓷〉，頁209-232。

98. Frost R. T, Ho and Ng. B, "Sha Tsui," *Journal of Hong Kong Archaeological Society*, vol. V (1974), p. 32, fig. 9。該報告書已辨識出作品屬泰國Sawankhalok窯作品，但認為年代在十四世紀。

99. Roxanna M. Brown, *Turiang: A Fourteenth Century Shipwreck in Southeast Asia Waters* (Pasadena, CA: Pacific Asia Museum, 2000), p. 29, pl. 18. 由於Turiang沉船文物與十五世紀前半印尼Bakau的作品極為類似，因此Roxanna M. Brown亦已放棄十四世紀的說法，修訂認為Turiang應是1400-1424/30沉船。參見同氏，*The Ming Gap and Shipwreck Ceramic in Southeast Asia* (PhD, Diss., University of California, Los Angeles, 2004), p. 139.

100. Michael Flecker, "The Bakau Wreck: An Early Example of Chinese Shipping in Southeast Asia," *The International Journal of Nautical Archaeology*, 30-2 (2001), pp. 221-230。文末附圖，作品現藏紐西蘭，筆者實見。

101. 張燮，《東西洋考》，國學基本叢書（臺北：商務印書館股份有限公司，1968），卷7，頁96、98。

102. 梁兆陽修，《海澄縣志》，收入《日本藏中國罕見地方志叢刊》（北京：書目文獻出版社，1991），卷11頁15（頁442）。

103. Frost R. T, Ho and Ng. B, "Sha Tsui," p. 31, fig. 8.

104. 香港古物古蹟辦事處（招紹瓚等），同前引〈香港澳門五十年來的考古收穫〉，頁516-517。另外，標本圖片可參見周若水，〈陶瓷之路─竹篙灣出土文物〉，《中國文物世界》67（1991），頁115，圖右上。但周氏認為竹篙灣遺址也有可能和十六世紀最早來華葡萄牙人的活動有關。

105. 張天澤著（姚楠譯），《中葡早期通商史》（香港：中華書局，1988），頁38、131等參見。

106. 與竹篙灣泰國印紋陶片和貼花紋壺最為接近的作品，見於相對年代約在十五世紀前半的*Bakau Wreck*等沉船，參見Michael Flecker, "The Bakau Wreck: an Early Example of Chinese Shipping in Southeast Asia," p. 227, fig. 8.

107. Peter C. Sutton et. al., *Masters of Seventeenth Century Dutch Genre Painting* (Philadelphia: Philadelphia Museum of Art, 1984), pl. 34.

4-1 十七至十八世紀中國對歐洲貿易中的瓷器

1. J. A. Lloyd Hyde and Ricardo R. Espírito Santo Silva, *Chinese Porcelain for the European Market* (1956; Lisbon, 1994), pp. 48-49, 轉引自陳萬里，〈再談明清兩代我國瓷器的輸出〉，《文物》1964年10期，頁33。

2. ダントルコール（d'Entrecolles, François Xavier）著，小林太市郎譯注、佐藤雅彥補注，《中國陶瓷見聞錄》東洋文庫363（東京：平凡社，1979），頁257。

3. 繭山順吉，〈柿右衛門寫のヨーロッパ陶磁器〉，收入座右寶刊行會編輯，《世界陶磁全集》15（東京：河出書房，1958），頁254。

4. G. F. Hudson撰，朱傑勤譯，〈論羅柯柯作風〉，收入朱傑勤譯，《中西文化交通史譯粹》（臺北：華世出版社，1974），頁132。

5. 歐志培，〈中國古代陶瓷在西亞〉，《文物資料叢刊》2（1978），頁229。

6. 韓槐準，《南洋遺留的中國古外銷陶瓷》（新加坡：青年書店，1960），頁4-6。

7. 國立清州博物館，《韓國出土中國磁器特別展》（清州：國立清州博物館，1989），頁4-11；Daegu National Museum, *Chinese Ceramics in Korean Culture* (Daegu: Daegu National Museum, 2004), pp. 8-39.

8. Bo Gyllensvärd, "Recent Finds of Chinese Ceramics at Fostat I, II," *The Museum of Far Eastern Antiquities*, no. 45 (1973), pp. 91-119; no. 47 (1975), pp. 93-117; 三上次男，《陶磁の道》岩波新書E71（東京：岩波書店，1969），頁3-37。

9. David Whitehouse, "Chinese Stoneware from Siraf: the Earliest Finds," *South Asian Archaeology* (New Jersey: Gerald Duckworth & Co. Ltd., 1973), p. 245, pl. 18.1 (b).

10. 謝明良，〈記「黑石號」（*Batu Hitam*）沉船中的中國陶瓷器〉，收入同氏，《貿易陶瓷與文化史》（臺北：允晨出版社，2005），頁81-134。

11. L. F. Benedetto撰，張星烺譯，《馬哥孛羅遊記》（臺北：臺灣商務印書館，1972），頁338。

12. 三上次男，同前引《陶磁の道》，頁61-66。

13. 三上次男，〈南スペインの旅〉，收入同氏編，《陶磁貿易史研究》三上次男著作集2（東京：中央公論美術出版社，1988），頁295-302。

14. 參見張星烺，《中西交通史料匯篇》2（臺北：世界書局，1969），頁385-386。

15. 三杉隆敏，〈メキシコ市の中國陶磁片〉，《日本美術工藝》426（1974），頁95；George Kawayama, *Chinese Ceramics in Colonial Mexico* (Los Angeles: Los Angeles County Musuem of Art, 1997), p. 67, fig. 34.

16. 鄭德坤撰，龜井明德譯，〈東南アジアにおける陶磁研究〉，《九州歷史資料館研究論集》6（1980），頁9。

17. T. Volker撰，前田正明譯，〈磁器とオランダ東インド會社（5）〉，《陶說》316（1979），頁73。

18. 西田宏子，〈清朝の輸出陶磁—歐米向製品を中心として〉，收入相賀徹夫編集，《世界陶磁全集》15・清（東京：小學館，1983），頁228-248。

19. 張軼東，〈中英兩國的最早接觸〉，《歷史研究》1958年5期，頁27-46。

20. 朱杰勤，〈十七、八世紀華瓷傳入歐洲的經過及其相互影響〉，《中國史研究》1980年4期，頁110。

21. 中國第一歷史檔案館編，《英使馬戛爾尼訪華檔案史料匯編》（北京：國際文化出版社，1996），頁57。

22. John Goldsmith Phillips, *China Trade Porcelain* (Cambridge, Mass.: Harvard University Press, 1956), p. 34, 轉引自陳萬里，〈再談明清兩代我國瓷器的輸出〉，《文物》1964年10期，頁33。

23. 參見吉田光邦，〈景德鎮の陶磁生產と貿易〉，收入藪內清等編，《明清時代の科學技術史》（京都：京都大學人文科學研究所，1970），頁565。

24. 吉田光邦，同前引〈景德鎮の陶磁生產と貿易〉，頁565-566。

25. 西田宏子，〈明磁の西方輸出〉，《世界陶磁全集》14・明（東京：小學館，1976），頁297-299：西田宏子等，《明末清初の民窯》中國の陶磁10（東京：平凡社，1997），頁87-95。

26. 王明侯，〈歐洲人是怎樣發現瓷器的〉，《景德鎮陶瓷》26（1984），頁244-251。

27. 黃薇等，〈廣東台山上川島花碗坪遺址出土瓷器及相關問題〉，《文物》2007年5期，頁84，圖26。

28. 江西省輕工業廳陶瓷研究所編，《景德鎮陶瓷史稿》（北京：三聯書店，1959），頁254。

29. G. F. Hudson撰，朱杰勤譯，同前引〈論羅柯柯作風〉，頁121。

30. ダントルコール（d'Entrecolles, François Xavier）著，小林太市郎譯注、佐藤雅彥補注，同前引《中國陶瓷見聞錄》，頁237-238。

31. 吉田光邦，增補版《やきもの》（東京：日本放送出版協會，1973），頁114。

32. Louise Wallace Hackney撰，朱傑勤譯，〈西洋美術所受中國之影響〉，收入前引《中西文化交通史譯粹》，頁150。

33. 前田正明，《西洋陶磁物語》（東京：講談社，1980），頁181。

34. 陳萬里，同前引〈再談明清兩代我國瓷器的輸出〉，頁34。

35. ダントルコール（d'Entrecolles, François Xavier）著，小林太市郎譯注、佐藤雅彥補注，同前引《中國陶瓷見聞錄》，頁236。

36. Colin Sheat and Richard Kilburn, *The Hatcher Porcelain Cargoes* (Oxford: Pahidon, 1988), p. 71.

37. T. Volker撰，前田正明譯，〈磁器とオランダ東インド會社（8）〉，《陶說》320（1979），頁57。

38. 〔明〕宋應星，《天工開物》（香港：中華書局，1978），頁196。

39. ダントルコール（d'Entrecolles, François Xavier）著，小林太市郎譯注、佐藤雅彥補注，同前引《中國陶瓷見聞錄》，頁128。

40. 韓槐準，同前引《南洋遺留的中國古外銷陶瓷》，頁38。

41. 嶋屋節子，〈初期マイセン磁器（1）—マイセン磁器發明の經緯〉，《陶說》326（1980），頁11-16。

42. 江西省輕工業廳陶瓷研究所編，同前引《景德鎮陶瓷史稿》，頁225-228。

43. 吉田光邦，同前引〈景德鎮の陶磁生產と貿易〉，頁567-568。

44. Oliver Impey，〈日本磁器の貿易〉，收入英國東洋陶磁學會編，《宮廷の陶磁器：ヨーロッパを魅了した日本の芸術1650-1750》（京都：同朋社，1994），頁20-21。

45. 山脇悌太郎，〈唐・蘭船及伊萬里燒輸出〉，收入有田町史編纂委員會編纂，《有田町史》商業篇Ｉ（佐賀縣：佐賀縣立九州陶磁文化館，1990），頁371。

46. 吉田光邦，同前引增補版《やきもの》，頁101。

47. T. Volker撰，前田正明譯，〈磁器とオランダ東インド會社（11）〉，《陶說》323（1980），頁56。

48. ダントルコール（d'Entrecolles, François Xavier）著，小林太市郎譯注、佐藤雅彥補注，同前引《中國陶瓷見聞錄》，頁230-231。

4-2 關於所謂印坦沉船

1. Michael Flecker, *The Archaeological Excavation of the 10th Century Intan Shipwreck*, BAR International Series 1047 (2002), p. 140.

2. Michael Flecker, 同前引 *The Archaeological Excavation of the 10th Century Intan Shipwreck*, p. 122.

3. John Guy, "The Intan Shipwreck: A 10th-century Cargo in South-east Asian Waters," *Colloquies on Art & Archaeology in Asia*, no. 22 (2003), pp. 176-177.

4. Denis Twitchett and Janice Stargatdt撰，朱雋琪譯，〈沉船遺寶：一艘十世紀沉船上的中國銀錠〉，《唐研究》10（2004），頁383-432；"Chinese Silver Bullion in a Tenth-century Indonesian Wreck," *Asia Major* (3rd Series) XV. I 2002 (pub. 2004c), pp. 23-72.

5. Michael Flecker, 同前引 *The Archaeological Excavation of the 10th Century Intan Shipwreck*, pp. 117-118.

6. 東京國立博物館編，《日本出土の中國陶磁》（東京：東京美術，1978），彩版4。另外，中華人民共和國亦曾出土，但定爲唐代物，參見孫維昌，〈上海市郊出土唐代遺物〉，《文物》1962年3期，頁58，圖2。

7. 慈溪市博物館編，《上林湖越窯》（北京：科學出版社，2002），頁140，圖69之3，彩圖15之1。

8. 內蒙古自治區文物考古研究所等，《遼陳國公主墓》（北京：文物出版社，1993），頁56，圖33之1、2。

9. 山本信夫，〈北宋期越州窯系青磁の檢討〉，收入中島恒次郎、森田レイ子編，《大宰府陶磁器研究—森田勉氏追悼論文集》（福岡：森田勉氏遺稿集・追悼集刊行會，1995），頁195，詳見謝明良，《貿易陶瓷與文化史》（臺北：允晨文化，2005），頁302-303。

10. 張勇等，〈宣州窯白瓷的發現與研究〉，《中國古陶瓷研究》4（1997），頁207，圖3、4。

11. 陳衍麟，〈繁昌窯釉色及造型工藝〉，《文物研究》10（1995），頁71-80；安徽省繁昌縣文物管理所（陳衍麟），〈安徽繁昌柯家村窯址調查報告〉，《東南文化》1991年2期，頁220，圖2之3；頁221，圖3之1。中國科學技術大學科技史與科技考古系（楊玉璋等），〈安徽繁昌柯家沖瓷窯遺址發掘簡報〉，《考古》2006年4期，頁44，圖9之1等。

12. 繁昌縣文化管理所（陳衍麟），〈安徽繁昌縣老霸沖宋墓的發掘〉，《考古》1995年10期，頁924，圖9之5、6（M11）及圖版陸之1（M1）、圖版捌之3（M11）。

13. 王丹丹等，〈安徽省博物館藏出土五代北宋白瓷器探討〉，收入上海博物館編，《中國古代白瓷國際學術研討會論文集》（上海：上海書畫出版社，2005），頁385及頁713，圖版83。

14. 南京博物院編著，《南唐二陵發掘簡報》（北京：文物出版社，1957），頁49，圖64；頁52，圖66-68。另參見霍華，〈南唐二陵出土瓷器窯口考〉，《東南文化》增刊（1994），頁87-92。

15. Denis Twitchett and Janice Stargardt撰，朱隽琪譯，同前引〈沉船遺寶：一艘十世紀沉船上的中國銀錠〉，頁387。

16. 繁昌縣文管所（陳衍麟），同前引〈安徽繁昌縣老霸沖宋墓的發掘〉，圖版陸之1。

17. 海寧縣博物館（潘六坤），〈浙江省海寧縣東山宋墓清理簡報〉，《文物》1983年8期，頁28，圖7之1。

18. 謝明良，《中國陶瓷史論集》（臺北：允晨文化，2007），頁72。

19. 程霽紅，〈安徽望江發現一座北宋墓〉，《考古》1993年2期，圖版捌之3。

20. 彭適凡主編，《宋元紀年青白瓷》（香港：莊萬里文化基金會，1998），頁40，圖4。

21. 馮永謙，〈葉茂台遼墓出土的陶瓷器〉，《文物》1975年12期，頁43圖4之1。

22. 劉濤，《宋遼金紀年瓷器》（北京：文物出版社，2004），頁36。

23. 劉濤，〈"磁州窯類型"幾種瓷器的年代與產地〉，《故宮博物院院刊》2003年2期，頁67，註6引馬忠理氏的談話。

24. 譚其驤，〈杭州都市發展之經過〉，收入杭州歷史叢編輯委員會編，《吳越首府杭州：及北宋東南第

一州》（杭州：浙江人民出版社，1988）；另可參見李東華，〈五代吳越的對外關係〉之言簡意賅的概括，文收入中國海洋發展史論文集編輯委員會主編，《中國海洋發展史論文集》（臺北：中央研究院中山人文社會科學研究所，1993），頁37。

25.　韓國磐，《隋唐五代史綱》（北京：人民出版社，1977），頁456。

26.　王承文，〈晉唐時代嶺南地區金銀的生產和流通─以敦煌所藏天寶初年地志殘卷爲中心〉，《唐研究》13（2007），頁534。

27.　其概略可參見林亦秋，〈印尼爪哇井里汶沉船的越窯青瓷〉，《中國古陶瓷研究》12（2006），頁211-217，但打撈文物的件數略有出入。

28.　參見《故宮博物院院刊》2007年6期〈井里汶沉船出水文物筆談〉，頁78-154。

29.　李旻，〈十世紀爪哇海上的世界舞台─對井里汶沉船上金屬物資的觀察〉，《故宮博物院院刊》2007年6期，頁85。

30.　Michael Flecker, 同前引 *The Archaeological Excavation of the 10th Century Intan Shipwreck*, pp. 72-73.

31.　筆者實見。

32.　人俊，〈（江蘇省）蘇州虎丘塔修繕完成〉，《文物參考資料》1958年1期，頁81；南京博物院等，《江蘇省出土文物選集》（北京：文物出版社，1963），圖176。

33.　台州地區文管會等（金祖明），〈浙江黃岩靈石寺塔文物清理報告〉，《東南文化》1991年5期，圖版參之1。

34.　內蒙古自治區文物工作隊（李逸友），〈和林格爾縣土城子古墓發掘簡報〉，《文物》1961年9期，頁32-33及封面圖版。

35.　定縣博物館，〈河北定縣發現兩座宋代塔基〉，《文物》1972年8期，圖版壹之右。

36.　矢部良明於1970年代已經推測靜志寺舍利塔塔基出土的褐釉鸚鵡形注壺等鉛釉陶器可能爲定窯產品（同氏，〈晚唐、五代の陶磁〉，收入《世界陶磁全集》11〔東京：小學館，1976〕，頁288及頁326對圖261的解說），可惜並未引起學界的留意，近年再度由宿白提出，見宿白，〈定州工藝與靜志、靜衆兩塔地宮文物〉，收入出光美術館編集，《地下宮殿の遺寶：中國河北省定州北宋塔基出土文物展》（東京：出光美術館，1997），頁22。

37.　沈岳明，〈越窯的發展及井里汶沉船的越窯瓷器〉，《故宮博物院院刊》2007年6期，頁102-103。

38.　秦大樹，〈拾遺南海 補闕中土─談井里汶沉船的出水瓷器〉，《故宮博物院院刊》2007年6期，頁97。

39.　谷一尚，〈中國出土の單把手廣口ガラス瓶─11世紀初頭におけるイスラム・ガラスの中國流入〉，《岡山市オリエント美術館研究紀要》7（1988），頁105；眞道洋子，《イスラームのガラス─ガラスに見るイスラームの生活と美》（東京：中近東文化センター，2002），頁9及頁51-53。

40.　內蒙古自治區文物考古研究所等，同前引《遼陳國公主墓》，彩版14之2。

41.　天津市歷史博物館考古隊等（紀烈敏），〈天津薊縣獨樂寺塔〉，《考古學報》1989年1期，圖版貳肆

之5。

42. George F. Bass and Frederick H. van Doorninck, Jr., "An 11th-century Shipwreck at Serçe Liman, Turkey," *The International Journal of Archaeology and Underwater Exploration*, 7.2 (1978), p. 126.

4-3 《清異錄》中的陶瓷史料

1. 〔宋〕陶穀，《清異錄》寶顏堂秘笈本，收入《百部叢書集成》（臺北：藝文印書館，1965）。以下所引均據該版本。

2. 馮先銘，〈瓷器淺說耀州窯〉，《文物》1959年8期，頁72；長谷部樂爾，〈十世紀の中國陶磁〉，《東京國立博物館紀要》3（1967），頁225。

3. 〔明〕胡應麟，《四部正偽》（臺北：臺灣開明書店，1969），頁72-73。

4. 〔宋〕陳振孫，《直齋書錄解題》，收入〔宋〕王堯臣等編次、〔清〕錢東垣等輯釋，《國學基本叢書》2-3（臺北：臺灣商務印書館，1968），頁328。另外，拙文於《故宮文物月刊》190期（1999）初刊時，錯將陳振孫誤植為明代人，特此更正並向讀者致歉，其批判可參見王裕民，〈謝明良的最新學術笑話〉，http://www.wangf.net/temp/haha/。

5. 王國維，〈庚辛之間讀書記〉，收入同氏著，《海寧王靜安先生遺書》4（臺北：臺灣商務印書館，1976）。

6. 小林太市郎，《東洋陶磁鑑賞錄》中國篇（東京：便利堂，1950），頁170。

7. 陳文平，〈鷓鴣斑研究〉，《中國文物世界》55（1990），頁129。

8. 曾凡，〈「建盞」的新發現〉，《文物》1990年10期，頁96。

9. 曾凡，〈關於建盞「鷓鴣斑」問題〉，收入李家治、陳顯求主編，《古陶瓷科學技術》2‧1992年古陶瓷科學技術國際討論會論文集（上海：上海古陶瓷科學技術研究會，1992），頁475。

10. 陳顯求等，〈宋供御鷓鴣斑建盞的研究〉，同前引《古陶瓷科學技術》2，頁244。另見中國硅酸鹽學會編，《中國陶瓷史》（北京：文物出版社，1982），頁278。

11. 中國社會科學院考古研究所等建窯考古隊（栗建安），〈福建建陽縣水吉窯遺址1991－1992年度發掘簡報〉，《考古》1995年2期，頁154。

12. 宋伯胤，〈「建窯」調查記〉，《文物參考資料》1955年3期，頁50-65；廈門大學人類學博物館（葉文程），〈福建建陽水吉宋建窯發掘簡報〉，《考古》1964年4期，頁191-193；福建省博物館等，〈福建建陽蘆花坪窯址發掘簡報〉，收入文物編輯委員會編，《中國古代窯址調查發掘報告集》（北京：文物出版社，1984），頁137-145；中國社會科學院考古所等建窯考古隊（李德金），〈福建建陽水吉北宋建窯發掘簡報〉，《考古》1990年12期，頁1095-1099轉1089頁；中國社會科學院考古所等建窯考古隊（栗建安），同前引〈福建建陽縣水吉窯遺址1991－1992年度發掘簡報〉，頁148-154轉159頁。

13. 森本朝子，〈博多遺跡群出土の天目〉，收入茶道資料館編，《唐物天目：福建省建窯出土天目の日

本傳世の天目》（京都：茶道資料館，1994），頁194-214。

14. 李民舉，〈建窯初論稿〉，收入北京大學考古學系編，《迎接二十一世紀的中國考古學：國際學術討論會論文集》（北京：科學出版社，1998），頁333-334。

15. 顧文璧，〈建窯「供御」、「進琖」的年代問題—《宣和遺事》「建溪異毫琖」正誤〉，《東南文化》2（1986），頁136。

16. 合肥市文物管理處（彭國維），〈合肥北宋馬紹庭夫妻合葬墓〉，《文物》1991年3期，頁30，圖11。

17. 安徽省博物館（吳興漢），〈合肥東郊大興集北宋包拯家族墓群發掘報告〉，《文物資料叢刊》3（1980），頁177，圖44。

18. 參見小林太市郎，同前引《東洋陶磁鑑賞錄》中國篇，〈建盞の詩文〉章。

19. 南京市博物館，〈江浦黃悅嶺南宋張同之夫婦墓〉，《文物》1973年4期，頁64，圖11。

20. 近年高橋忠彥也指出《清異錄》所引用傳為唐人蘇廙《十六湯品》之內容談的都是點茶而非煎茶，參見同氏論文，〈唐宋を中心として飲茶法の變遷について〉，《東洋文化研究所紀要》109（1989），頁251。陳宜君認為此亦可證《清異錄》的年代不會早於北宋初。參見同氏，〈宋代的點茶法和茶盞〉，收入謝明良監修，《宋代茶盞特展》（臺北：國立臺灣大學藝術史研究所等，2006），頁3。

21. 夏鼐，〈敦煌考古漫記〉，《考古通訊》1955年2期，頁27；1955年3期，頁32，圖1。

22. 河南省文物局文物工作隊（王與剛），〈鄭州上街區唐墓發掘簡報〉，《考古》1960年1期，頁42，圖1-3。

23. 中國社會科學院考古研究所，《唐長安城郊隋唐墓》（北京：文物出版社，1980），圖版102。

24. 戴應新，〈隋豐寧公主與韋圓照合葬墓〉，《故宮文物月刊》186期（1998），頁82，圖14。

25. 陝西省考古研究院編著，《唐長安醴泉坊三彩窯址》（北京：文物出版社，2008），彩版99。

26. 王仁波，〈西安地區北周隋唐墓葬陶俑的組合與分期〉，中國考古學研究論集編委會編，《中國考古學研究論集：紀念夏鼐先生考古五十週年》（西安：三秦出版社，1987），頁452、454。

27. 林士民，〈勘查浙江寧波唐代古窯的收穫〉，收入前引，《中國古代窯址調查發掘報告集》，頁18。

28. 馮先銘，〈三十年來我國陶瓷考古的收穫〉，《故宮博物院刊》1980年1期，頁5。

29. 謝明良，〈宋吉州窯剪紙漏花碗雜識〉，見本書第三篇。

30. 胡悅謙，〈談壽州瓷窯〉，《考古》1988年8期，頁745。

31. 穆青，〈剪紙貼花瓷器新證〉，《文物春秋》38（1997年增刊號），圖版1、2。

32. 青木正兒，《華國風味》，此轉引自高橋忠彥，〈宋詩より見た宋代の茶文化〉，《東洋文化研究所紀要》115（1991），頁102。

33. Michael Sullivan, *Chinese Ceramics, Bronzes and Jades in the Collection of Sir Alan and Lady Barlow* (London: Faber and Faber, 1963), pl. 76a. 編者將該件作品定為宋代龍泉窯花器。

34. Museum of Fine Arts, Boston ed., *The Charles B. Hoyt Collection in the Museum of Fine Arts: Boston*, vol. II

(Boston: Museum of Fine Arts, Boston, 1972), pl. 46.

35. 如吳同，參見ヤン・フォンテイン、吳同編著，《東洋陶磁》11・Boston Museum（東京：講談社，1980），頁162，圖22的解說；長谷部樂爾，《世界陶磁全集》12・宋（東京：小學館，1977），圖190的解說；以及中國硅酸鹽學會，同前引《中國陶瓷史》，頁298（馮先銘執筆）等，均持同樣看法。

36. 香港大學馮平山博物館、景德鎮市陶瓷考古研究所編，《景德鎮出土陶瓷》（香港：香港大學馮平山博物館，1992），圖24。

37. 龜井明德，〈元豐三年青磁をめぐる諸問題〉，《大和文華》91（1994），頁8。

38. 朱伯謙，《龍泉窯青瓷》（臺北：藝術家出版社，1998），頁95，圖56及頁101，圖61之2。

39. 人民美術出版社編，《九如堂古陶瓷藏品》（北京：人民美術出版社，2007），頁165，圖265。

4-4　東窯小記

1. 中國硅酸鹽學會編，《中國陶瓷史》（北京：文物出版社，1982），頁290。

2. 中國硅酸鹽學會編，同前引《中國陶瓷史》，頁291。

3. 大谷光瑞，《支那古陶瓷》（京都：便利堂，1932），頁53。

4. R. L. Hobson, *A Catalogue of Chinese Pottery and Porcelain in the Collection of Sir Percival David* (London: Stourton Press, 1934), pp. 19-20.

5. S. David, "A Commentary on Ju Ware," *Transaction of the Oriental Ceramics Society*, XIV (1936-37), pp. 18-69.

6. 尾崎洵盛，《宋元の陶磁》陶器講座24（東京：雄山閣，1938），頁83-93。

7. 如葉喆民，《中國陶瓷史綱要》（北京：輕工業出版社，1989），頁170。另外，汪慶正也提到傳世作品當中之帶細小支釘器式近似汝窯或鈞瓷的作品應即北宋官窯，見同氏，〈中國陶磁の歷史〉，收入馬承源監修，樋口隆康、長谷部樂爾編集，《中國・美の名寶》2・完璧なかたちと色をもとめて：古代・唐・宋の陶磁器（上海：上海人民美術出版社；東京：日本放送出版協會，1991），頁115。

8. 伊藤郁太郎，〈北宋官窯探訪〉，《陶說》620（2004），頁61-76；同氏，〈「北宋官窯」探訪余談〉，《陶說》625（2005），頁86-92。

9. 郭葆昌校注，福開森參訂，《校注項氏歷代名瓷圖譜》（北平：觶齋書社，1931），圖71及郭注。

10. 藍浦撰，愛宕松男譯注，《景德鎮陶錄》1・東洋文庫464（東京：平凡社，1987），頁230-231。

11. 葉麟趾，《古今中外陶磁彙編》（出版地不詳，1934），頁14。

12. 汪慶正主編，《簡明陶瓷辭典》（上海：上海辭書出版社，1989），頁40。

13. 曹昭撰，王佐補，《新增格古要論》卷7（北京：中國書店，1987），頁22。

14. 尾崎洵盛，同前引《宋元の陶磁》，頁189。

15. 小山富士夫，《支那青磁考》陶器講座2-3（東京：雄山閣，1935），頁37。

16. 小山富士夫，《支那青磁史稿》（東京：文中堂，1943），後收入同氏，《小山富士夫著作集》上（東京：朝日新聞社，1977），頁132-137。

17. 小山富士夫，〈宋代の青磁〉，收入座右寶刊行會編集，《世界陶磁全集》10・宋遼（東京：河出書房，1955），頁178-180。

18. 小山富士夫，《唐宋の青磁》陶器全集10（東京：平凡社，1965），頁13。

19. 小山富士夫，《中國II・宋》陶器講座6（東京：雄山閣，1971），頁248-253。

20. 小山富士夫，《青磁》陶磁大系36（東京：平凡社，1978），頁107-110。

21. 陳萬里，〈談耀瓷〉，收入陝西省博物館編，《耀瓷圖錄》（北京：中國古典藝術出版社，1956），頁5。

22. 長谷部樂爾等編，《中國陶磁百選》（東京：日本經濟新聞社，1982），圖版25長谷部樂爾的解說參見。

23. 陝西省考古研究所等，《宋代耀州窯址》（北京：文物出版社，1998），圖版75之3-5。

24. 長谷部樂爾，〈北宋前期の磁州窯について〉，《東洋陶磁》1（1973-74），頁23-25。

25. 平泉縣文保所（張秀夫），〈河北平泉縣小吉溝遼墓〉，《文物》1982年7期，頁51，圖6。

26. 內蒙古自治區文物考古研究所等，《遼陳國公主墓》（北京：文物出版社，1993），彩版13之1、2。

27. 朝陽地區博物館（朱子方等），〈遼寧朝陽姑營子遼耿氏墓發掘報告〉，《考古學集刊》3（1983），圖版參貳之4。

28. 李知宴等編，《中國古代瓷器珍品集錦》（香港：兩木出版社，1988），頁172。

29. 陝西省考古研究所，《五代黃堡窯址》（北京：文物出版社，1997），圖版26之4、6及圖版27之3等。

30. 謝明良，〈耀州窯遺址五代青瓷的年代問題—從所謂「柴窯」談起〉，收入同氏，《中國陶瓷史論集》（臺北：允晨出版社，2007），頁55-77。

31. 長谷部樂爾，〈東窯といわれる青磁碗について〉，《MUSEUM》426（1986），頁26-34。

32. 長谷部樂爾，〈宋磁斷想〉，收入前引《中國・美の名寶》2，頁154。

33. 禚振西，〈耀州窯唐五代陶瓷概論〉，《考古與文物》1988年5、6合期，頁154。

34. 蔡乃武，〈"東窯"出上林湖—從新發現的兩件五代越窯墓志罐談起〉，收入沈瓊華主編，《2007中國越窯高峰論壇論文集》（杭州：新華書店，2008），頁72-78。

4-5 遼瓷札記

1. 項春松，〈赤峰發現的契丹鎏金銀器〉，《文物》1985年2期，頁95及彩版；內蒙古自治區文物考古研究所等，《遼陳國公主墓》（北京：文物出版社，1993），圖XVI-1、2。

2. 北京市文物工作隊（黃秀純等），〈遼韓佚墓發掘報告書〉，《考古學報》1984年3期，頁361-380。

3. 佟柱臣，〈論遼瓷的幾個問題〉，收入同氏，《中國東北地區和新石器時代考古論集》（北京：文物出版社，1989），頁87-88。

4. 畑地正憲著，鄭樑生譯，〈北宋與遼的貿易及其歲贈〉，《食貨月刊》復刊10卷11期（1981），頁32-47。

5. 內蒙古文物考古研究所等（齊曉光等），〈遼耶律羽之墓發掘簡報〉，《文物》1996年1期，頁25，圖53。

6. 吉林省博物館等（陳相偉等），〈吉林哲里木盟庫倫旗一號遼墓發掘簡報〉，《文物》1973年8期，頁16，圖28。

7. 九江縣文物管理所（劉曉祥），〈江西九江縣發現兩座北宋墓〉，《考古》1991年10期，頁956，圖2之2。

8. 遼寧省博物館編，《遼寧省博物館藏遼瓷選集》（北京：文物出版社，1961），圖51。

9. 出光美術館編，《出光美術館藏品圖錄 中國陶磁》（東京：平凡社，1987），圖87。

10. 哲里木盟博物館等（邵清隆），〈庫倫旗第五、六號遼墓〉，《內蒙古文物考古》2期（1982），圖版肆之1。關於其用途，孫機認為是燈器（同氏，〈摩羯燈——兼談與其相關的問題〉，《文物》1986年12期，頁74），揚之水以為是飲酒的杯即酒船（同氏，〈罰觥與勸盞〉，收入《奢華之色》卷3〔北京：中華書局，2011〕，頁207）。筆者未見實物，但孫機曾指出，出土作品當中，有的腹內又被分隔成兩個部分，中間設置一道高起且向後彎卷的遮屏，而這樣的構造不利於順利傾注液體。

11. 遼寧省博物館文物隊（許玉林），〈遼寧北票水泉一號遼墓發掘簡報〉，《文物》1977年12期，頁51，圖19之1。

12. Regina Krahl, *Chinese Ceramics from the Meiyintang Collection*, vol. III （London: Paradou Writing, 2006）, no. 2, p. 406, no. 1404.

13. 座右寶刊行會編集，《世界陶磁全集》12‧宋（東京：小學館，1977），頁166，圖148。

14. 天津市歷史博物館考古隊等（紀烈敏），〈天津薊縣獨樂寺塔〉，《考古學報》1989年1期，圖版貳肆之5；內蒙古自治區文物考古研究所等，同前引《遼陳國公主墓》，彩版XIV-2。另外，請參見谷一尚，〈中國出土の單把手廣口ガラス瓶—11世紀初頭におけるイスラム‧ガラスの中國流入〉，《岡山市立オリェント美術館研究紀要》7（1988），頁97-108。

15. 窯址採集品，臺灣私人藏。

16. 中國社會科學院考古研究所等、揚州城考古隊（王勤金），〈江蘇揚州市文化宮唐代建築基址發掘簡報〉，《考古》1994年5期，圖版捌之1。

17. 內蒙古文物考古研究所等（齊曉光等），同前引〈遼耶律羽之墓發掘簡報〉，頁24，圖47。

18. 簡報未載錄。此參見蓋之庸，《探尋逝去的王朝 遼耶律羽之墓》（呼和浩特市：內蒙古大學出版社，

2004），頁89圖。

19. 張柏忠，〈科左後旗呼斯淖契丹墓〉，《文物》1983年9期，圖版貳之1、2。

20. 北京市文物工作隊（蘇天鈞），〈北京南郊趙德鈞墓〉，《考古》1962年5期，頁249。

21. 河北省文物管理處等（鄭紹宗），〈河北宣化遼壁畫墓發掘簡報〉，《文物》1975年8期，頁34，圖5。

22. 弓場紀知，《三彩》中國の陶磁3（東京：平凡社，1995），頁131；〈謎の遼代陶瓷〉，《陶說》564（2000），頁13-16、彩圖1。

23. 間萬章，〈遼代陶磁〉，收入上海人民美術出版社編集，《遼代陶磁》中國陶瓷全集17（京都：美乃美株式會社，1986），頁173。

24. 長谷部樂爾，〈赤峰の旅〉，《出光美術館館報》105（1998），頁54-55。

25. 邵國田，《敖漢文物精華》（呼倫貝爾市：內蒙古文化出版社，2004），頁144，圖下。

26. 謝明良，〈有關「官」和「新官」款白瓷官字涵義的幾個問題〉，收入同氏《中國陶瓷史論集》（臺北：允晨出版社，2007），頁112。

27. 席彥昭，〈鞏義繳獲一批珍貴文物〉，《中國文物報》1995年7月2日（總440），頁1。

28. 蓋之庸，同前引《探尋逝去的王朝 遼耶律羽之墓》，頁140-141。

29. 遼寧省文物考古研究所等（王小蒙），〈遼寧彰武的三座遼墓〉，《考古與文物》1999年6期，頁18，圖5之5。

30. 李文信，〈遼瓷簡述〉，《文物參考資料》1958年2期，頁13。

31. 雁羽，〈錦西西孤山遼蕭孝忠墓清理簡報〉，《考古》1960年2期，頁35，圖1之3。

32. 馮永謙，〈赤峰缸瓦窯村遼代瓷窯址的考古新發現〉，收入文物編輯委員會編，《中國古代窯址調查發掘報告集》（北京：文物出版社，1984），頁386-392。另參見國立臺灣大學藝術史研究所採集自缸瓦窯窯址的印花和陰刻三彩標本。

33. 謝明良，〈記「黑石號」（*Batu Hitam*）沉船中的中國陶瓷器〉，收入同氏《貿易陶瓷與文化史》（臺北：允晨出版社，2005），頁132-133。

34. 中國硅酸鹽學會編，《中國陶瓷史》（北京：文物出版社，1982），頁319。

35. 遼寧省博物館文物隊（許玉林），〈遼寧北票水泉一號遼墓發掘簡報〉，《文物》1977年12期，圖版柒左。

36. 雁羽，同前引〈錦西西孤山遼蕭孝忠墓清理簡報〉，頁35，圖1之4。

37. 李文信，〈義縣清河門遼墓發掘報告〉，《考古學報》8（1954），頁177，圖10之4。

38. 黑田源次，〈遼代の陶磁〉，《陶說》21（1954），頁11。

39. 三上次男，〈渤海・遼の陶磁〉，收入座右寶刊行會編集，《世界陶磁全集》13・遼、金、元（東京：小學館，1981），頁147-148。

40. 姜念思，〈試論遼代陶瓷的造型與裝飾特點〉，收入中國陶瓷全集編輯委員會編，《中國陶瓷全集》

9．遼、西夏、金（上海：上海人民出版社，2000），頁33。

41. 長谷部樂爾，〈北宋前期の磁州窯について〉，《東洋陶磁》1（1973-1974），頁30-31。

42. 唐代鳳首瓶的型式和編年可參見龜井明德，〈隋唐陶瓷器の研究—弁口瓶、鳳首瓶〉，《大和文華》101（1999），頁1-18。

43. 張柏主編，《中國出土瓷器全集》2．天津、遼寧、吉林、黑龍江（北京：科學出版社，2008，圖128。

44. 不著撰人，〈敖漢旗下灣子遼墓清理簡報〉，《內蒙古文物考古》1999年1期，頁78，圖18右。

45. 朝鮮半島出土南方白瓷鳳首瓶實例，可參見朝鮮總督府，《朝鮮古蹟圖譜》8（朝鮮總督府，1928；東京名著出版，1973），頁1039，no. 3526、3527。

46. 上海人民美術出版社編集（朱伯謙），《越窯》中國陶瓷全集4（京都：美乃美株式會社，1981），圖156。

47. 福建省博物館（鄭金星等），〈福建順昌宋墓〉，《考古》1979年6期，圖版肆之3。清晰彩圖可參見海のシルクロードの出發點「福建」展開催行委員會，《東アジアの海とシルクロードの拠点福建—沉沒船・貿易都市・陶磁器・茶文化》（愛知縣：愛知縣陶磁資料館等，2008），頁56，圖27。

48. 廣東省博物館編，《潮州筆架山宋代窯址發掘報告》（北京：文物出版社，1981），圖版26之4；廣州市文物管理委員會等，《廣州西村窯》（香港：香港中文大學中國考古藝術研究中心出版，1987），頁95，圖26之5-9。

49. 陳衍麟，〈繁昌窯器釉色及造型工藝〉，《文物研究》10（1995），頁78，圖4之6。

50. National Museum of Korea ed., *Chinese Ceramics at the National Museum of Korea* (Seoul: National Museum of Korea, 2007), pl. 148.

51. 關於宋代鳳首瓶式，無疑應參見百田篤弘廣徵博收的集成，見同氏，〈宋代鳳首瓶の研究—北宋代を中心とする東南アジア交易の視點から〉，《MUSE》東京富士美術館研究誌4（2002），頁33-111。

52. 百田篤弘，〈鳳首瓶について（一）—隋、唐代鳳首瓶の東南アジア的性格を中心に〉，《MUSE》東京富士美術館研究誌2（1994），頁73-74。

53. 興膳宏，《圖像蒐成》佛教美術研究上野紀念財團助成研究會研究報告書VIII（京都：佛教美術上野記念財團，2002），圖31。

4-6 中國初期鉛釉陶器新資料

1. 中國硅酸鹽學會編，《中國陶瓷史》（北京：文物出版社，1982），頁114。

2. 李知宴，〈漢代釉陶的起源和特點〉，《考古與文物》1984年2期，頁94。

3. 目前所知這類小罐計四件，分別收藏於大英博物館（Mrs. Walter Sedgwick Collection）、波士頓美術

館（Hoyt Collection）、納爾遜美術館和東京國立博物館。其簡要的討論可參見弓場紀知，〈中國における鉛釉陶器の發生〉，《出光美術館紀要》4（1998），頁21-36。

4.　梅原末治，〈玻璃質で被ふた中國の古陶〉，《大和文華》15（1954），頁8-13。

5.　Jan Foutein, *Oriental Ceramics* (Tokyo: Kodansha, 1980), vol. 10, pp. 172-173 吳同的解說及pl. 65；以及 Nigel Wood and Ian Freeston，〈"玻璃漿料" 裝飾戰國陶罐的初步檢測〉，收入郭景坤編，《古陶瓷科學技術》3・1995年古陶瓷科學技術國際討論會論文集（上海：上海科學技術文獻出版社，1997），頁21。

6.　*KAIKODO JOURNAL*（懷古堂）XIX (2001), pp. 220-223; Regina Krahl, *Chinese Ceramics from the Meiyintang Collection*, vol. III (London: Paradou Writing Ltd., 2006), no. 1, pp. 122-123.

7.　梅原末治，同前引〈玻璃質で被ふた中國の古陶〉，頁9。另弓場紀知前引〈中國における鉛釉陶器の發生〉，宣稱納爾遜美術館和大英博物館藏品傳出土於洛陽金村、東京博物館藏品傳出土於安徽省壽縣（頁26），對此本文不予採信。

8.　Regina Krahl, 同前引 *Chinese Ceramics from the Meiyintang Collection,* p. 77.

9.　陳國禎編著，《越窯青瓷精品五百件》上（杭州：西泠印社，2007），頁1。

10.　南京博物院等，《鴻山越墓出土禮器》（北京：文物出版社，2007），圖131-133。

11.　南京博物院等，《鴻山越墓出土樂器》（北京：文物出版社，2007），圖5。

12.　南京博物院等，《鴻山越墓出土玉器》（北京：文物出版社，2007），圖6。

13.　東京國立博物館，《漆で描かれた神秘の世界—中國古代漆器展》（東京：トヨタ財團，1998），頁126，圖59的解說參見。

14.　長谷部樂爾編著，《中國美術》5・陶磁（東京：講談社，1973），圖4及頁216同氏的解說。

15.　上海市文物保管委員會（張明華），〈上海青浦縣金山墳遺址試掘〉，《考古》1989年7期，頁589所附陳士萍，〈青浦縣金山墳遺址二件陶罐的鑑定〉及圖版壹之1、2。

16.　甘肅省文物考古研究所等（周廣濟等），〈2006年度甘肅張家川回族自治縣馬家塬戰國墓地發掘簡報〉，《文物》2008年9期，頁12，圖19。

17.　臨沂市博物館（沈毅），〈山東臨沂金雀山周氏墓群發掘簡報〉，《文物》1984年11期，頁50，圖37。

18.　森達也，〈中國における鉛釉陶の展開〉，收入愛知縣陶磁資料館編輯，《陶器が語る來世の理想鄉 中國古代の暮らしと夢・建築・人・動物》（愛知縣：愛知縣陶磁資料館，2005），頁120。

19.　鄭洪春，〈陝西新安機磚廠漢初積炭墓葬發掘報告〉，《考古與文物》1990年4期，頁52，圖22之2。

20.　Wang Zhong Shu（王仲殊）, *Han Civilization* (New Haven: Yale University Press, 1982), p. 144.

21.　謝明良，〈有關漢代鉛釉陶器的幾個問題〉，收入曾芳玲執行編輯，《漢代陶器特展》（高雄市：高雄市立美術館，2000），頁18-20。

22.　浙江省文物考古研究所，《滬杭甬高速公路考古報告》（北京：文物出版社，2002），頁280及頁

282，圖14之1、圖版43之1和彩版29之1。

23. 李剛主編，《青瓷風韵》（杭州：浙江人民美術出版社，1999），頁92。

24. 陳國禎，同前引《越窯青瓷精品五百件》，頁82、83、115、120。

25. 李剛，〈識瓷五箋〉，《東方博物》26（2008），頁10，圖左上、左下。

26. 上海人民美術出版社編集（朱伯謙），《越窯》中國陶瓷全集4（京都：美乃美株式會社，1981），圖6。

後記

近些年，我曾出版過幾本書，都是屬於所謂的論文集，所收錄的論文於格式體例既符合學界規範，行文亦多循規蹈矩，而內容看似客觀，卻難免有意猶未盡、甚至隔靴搔癢之憾。相較之下，我隨性寫就的隨筆小品，其格式散漫，章節舖陳頭重腳輕，行文語氣更多主觀意氣，結論往往也是臆測多過證明，不太遵從一分證據說一分話的學術天條。

其實，個人論文未必比隨筆更討作者自身的歡心，其原因經常是因為不拘形式的隨筆，正可讓作者任意騁思操作某些不具嚴格學術意義的議題，並且肆無忌憚地把尚未醞釀成熟的想法付諸文字。所以，此次收入《陶瓷手記》的隨筆，雖說提供了作者過癮的揮灑空間，但因內容包括不少未經檢證的推想，其犯錯的機率當然也會增多。共計二十六篇舊作的寫作時間跨幅達二十餘年，各篇的見解有的至今依然有效，有的則已被新的出土資料所推翻。無論如何，我勉力改寫舊作，試著將相關研究資訊增補到無愧於今日學界的行情。一個學者能有機會改正自己過往文章的缺失，又能利用新的材料補強舊文中的得意見解，同時受到出版社的青睞得以公開刊行，這實在是一件很幸運的事。我因此滿懷感激進行改寫，為能有此機會而深覺慶幸。

本書得以順利出版，首先要感謝長期資助臺大藝術史研究所各項學術活動的石頭出版社陳啟德社長之再次襄助。其次，我想感謝研究所鄭玉華助教，她為了多挪騰些時間給我，自己卻承擔了許多理應由我執行的差事；廖佐惠助理更是我所共事過的最佳伙伴，從文字繕打、圖版拍攝掃描到資料的蒐集全部由她一手打理，我由衷地感謝她們。另外，我應向慷慨提供臺灣考古遺址出土陶瓷圖檔的中央研究院史語所劉益昌教授，以及協助標本攝影等事宜的本所博士生王淑津致上謝意。至於出版社編輯也是本所畢業生蘇玲怡的文稿校對功力更是準確而細膩，此讓幸運的作者極為心安，完全無須顧慮文字的校訂。

國家圖書館出版品預行編目資料

陶瓷手記：陶瓷史思索和操作的軌跡／謝明良
著.-- 再版.-- 臺北市：石頭，2018.03
　　面：　　公分

ISBN 978-986-6660-38-2（精裝）

　1.古陶瓷　2.文化史

796.6　　　　　　　　　　　　106022666